MAGICAL
MYSTERY TOURS

Tony Bramwell
com Rosemary Kingsland

MAGICAL MYSTERY TOURS

MINHA VIDA COM OS BEATLES

Tradução: Eduardo Rado

Coordenação Editorial : MANOEL LAUAND
Capa e Projeto Gráfico: GABRIELA GUENTHER/ GENILDO SANTANA
Foto da Capa: AP
Tratamento de imagem de capa: DIEGO MARTINS

Dados Internacionais de Catalogação na Publicação (CIP)

Bramwell, Tony
Magical mystery tours : minha vida com os Beatles / Tony Bramwell com Rosemary Kingsland ; [tradução Eduardo Rado]. -- São Paulo : Seoman, 2008.
Título original: Magical mystery tours : my life with the Beatles.

ISBN 978-85-98903-11-8

1. Beatles 2. Bramwell, Tony - Amigos e associados 3. Músicos de rock - Inglaterra - Biografia I. Kingsland, Rosemary, 1941-. II. Título.

08-07234 CDD-782.42166092

Índices para catálogo sistemático:
1. Músicos de rock : Biografia e obra 782.42166092

EDITORA SEOMAN
Rua Pamplona, 1465 - cj. 72 - Jd. Paulista
São Paulo - SP - Cep 01405-002
F: (11) 3057-3502
info@seoman.com.br
www.seoman.com.br

"Este livro é uma edição conjunta das editoras Seoman e Landscape"

Para a minha família e amigos, com amor.

Em memória de Roger Houghton.
Sempre cortês, afável e atencioso,
ele era um verdadeiro cavalheiro.

PRÓLOGO

ERA 27 DE DEZEMBRO DE 1960, UMA NOITE COM NEVE, quando me preparei para ir a um concerto no Litherland Town Hall. Era o recesso escolar de Natal e eu estava louco para ver um novo grupo anunciado nos cartazes colados em todos os postes e murais. Os anúncios os chamavam de THE BEATLES! e diziam que vinham DIRETO DE HAMBURGO! Todos em Liverpool sabiam que Gerry e os Pacemakers tinham acabado de ir a Hamburgo - assim como os Silver Beetles - um lugar que soava incrivelmente exótico para jovens rapazes como eu. Mas os cartazes não ofereciam qualquer informação que nos fizesse pensar que os Beatles não fossem um grupo alemão, então imaginamos que fossem.

O ônibus 81, que fazia parada no Litherland Town Hall, saía de nosso subúrbio em Speke e contornava Liverpool, pelo lado mais distante. Naquela noite fria, tomei o ônibus no meu ponto, na Hunts Cross e, como sempre, fui até o andar de cima, para a parte da frente. Para minha surpresa, estava lá um velho amigo, George Harrison, com seu violão ao lado. Eu o conhecia bem. Mas não o via havia alguns meses, desde os dias em que ele era entregador de um açougue local, o E. R. Hughes, que tinha uma loja na Hunts Cross. Ofereciam a George – futuro vegetariano – uma bicicleta, de origem anterior a I Guerra Mundial. Ela tinha uma grande cesta na frente, que George enchia de carnes para entregar aos fregueses, dentre eles, minha mãe. Ele parava em minha casa para conversar um pouco, tomar uma xícara de chá com bolo e então ficávamos falando sobre os últimos discos. De vez em quando, depois do trabalho, George aparecia para tomar meus discos emprestados ou os de um vizinho chamado Maurice Daniels, baterista de um grupo de *skiffle*. Eu costumava emprestar discos para Maurice, ele emprestava os dele para George e assim por diante, todos trocávamos e compartilhávamos os discos. Sete polegadas de vinil com um furo no meio. Vida, magia.

Então, de repente, George Harrison desapareceu. O tempo tinha passado, mas agora ele estava ali, na minha frente mais uma vez, no ônibus 81, usando jeans e uma jaqueta preta de couro. Fiquei impressionado e senti-me ligeiramente *gauche* em meu belo terno e gravata. Quando George me viu, sorriu com seu sorriso torto.

"Oi, Tone, como vai?"

"Para onde está indo, George?", perguntei e sentei-me ao seu lado.

"Para o Litherland Town Hall", respondeu. "Vamos tocar lá hoje".

Foi então que percebi devagar. George Harrison era um dos BEATLES DIRETO DE HAMBURGO!

"*Vocês* são o grupo alemão?", perguntei assustado.

George fez que sim com a cabeça. "Direto de Liverpool", disse ele.

Apalpei as cinco moedas no meu bolso e pensei "Prefiro usar esse dinheiro para comprar um disco novo". Olhei para o violão de George.

"Posso carregar o violão para você, George? Assim posso entrar sem pagar."

"É claro que pode", respondeu ele.

Então o ônibus prosseguiu, George e eu conversamos sobre algumas coisas sem grande importância. Mas quando me lembro daquela época, vejo que era um momento estranhamente dinâmico. Estava no segundo andar de um ônibus, com um Beatle, a caminho de sua primeira apresentação em Liverpool. Nem nos sonhos mais loucos, enquanto pagávamos a passagem do ônibus, sonharíamos com o que estava por vir para George em termos de fama, dinheiro e adulação. Mas naquela noite gelada de Liverpool, o oceano de sucessos permanecia adiante, em um futuro distante. Se tivéssemos ali, naquele ônibus, uma bola de cristal em vez do violão de George em um estojo preto e surrado, podíamos ter visto estádios lotados com fãs gritando nos Estados Unidos, os picos gelados do Himalaia, estrelas de cinema e iates, e a reverência à rainha no Palácio de Buckingham. A lista é quase interminável.

Mas eu e George não víamos nada disso. Éramos apenas dois adolescentes com toda a vida pela frente, conversando sobre garotas e discos enquanto passeávamos por Liverpool dois dias depois do Natal. A cidade inteira brilhava com magia e comemorações. Enquanto olhávamos para as luzes brilhando e as árvores luminosas nas janelas, não tínhamos qualquer noção de que logo todos os dias se pareceriam com o Natal; de que em dois ou três anos nossa Liverpool arrasada pelas bombas se tornaria famosa no mundo todo.

O número 81 nos era tão conhecido quanto a família real. O pai de George, Harry, era motorista desta linha. Não sei se estava dirigindo naquela noite, mas sempre o víamos sentado na frente do ônibus usando o uniforme gasto de sarja e o boné. Sempre sorria e acenava para nós, e quase sempre, não precisávamos pagar. A idéia de que algum dia sairíamos dali, e que grandes propriedades no interior, fazendas nos EUA, apartamentos em Nova York e castelos na França abrigariam meus velhos amigos de infância, pareceria loucura. A idéia de que o rio Mersey – nada além de mais um velho rio barrento – emprestaria seu nome para um novo ritmo, o Merseybeat, um gênero próprio na história da música, teria nos feito rir. Jamais faríamos idéia de que Strawberry Fields, um campo de flores nativas por onde andávamos e brincávamos quando crianças seria idolatrado por milhões. Como poderíamos imaginar que aquele nome seria emprestado a um santuário de recordações e peregrinação em Nova York, para usar as palavras de John – *para sempre*?

Naquela noite, enquanto percorríamos o conhecido itinerário do velho ônibus, não tínhamos a menor idéia dessas coisas. Não tínhamos idéia de que passaríamos daquela vida simples para coisas tão grandiosas, levando lugares como Penny Lane para os corações de gerações, como se o próprio Shakespeare tivesse vivido por lá. A idéia de que os caminhos humildes do dia-a-dia de Liverpool seriam colocados em músicas era tão distante quanto o céu, que, segundo Eddie Cochran, estava apenas uns três passos adiante. Naquele tempo ele falava sobre barbeiros, bombeiros, banqueiros. Depois falava apenas de mulheres, mulheres e música.

No auditório da cidade, carreguei o violão de George e caminhamos com ele pela entrada para o palco, depois ficamos andando pelo salão esperando o público dos Beatles aparecer. O auditório era uma salinha pequena, com um pequeno palco e uns poucos assentos enfileirados nas paredes. Um grande globo luminoso girava no centro do teto, jogando luzes e cores sobre as pessoas, as paredes e o chão.

A lenda diz que o local ficou entupido. Não ficou. Mas os fãs que foram até lá naquela noite congelante fizeram o show valer a pena. Os Beatles correram para o palco com jeans, jaquetas de couro e botas com bico pontudo, o cabelo um pouco desfeito, mas ainda alisado para trás com brilhantina. Estava lá John Lennon – nosso delinqüente juvenil – e meu velho companheiro dos passeios de bicicleta, Paul McCartney. Chas Newby, amigo de John na escola de artes, tocava baixo naquela noite porque Stuart Sutcliffe, o baixista original,tinha decidido permanecer em Hamburgo com a namorada alemã. Sentado à bateria estava Pete Best, o rapaz malvado e genioso por quem todas as garotas suspiravam. Todos temos que agradecer à sua mãe, Mo Best, por ter aberto o Casbah, uma das melhores casas da história, no porão de sua velha casa.

Apesar do novo nome, para mim, John e Paul ainda eram os Quarrymen, o grupo de *skiffle* que tocava "Rock Island Line", coisas de Lonnie Donegan, "Cumberland Gap", e "Don't You Rock Me Daddy-O". Tornaram-se um pouco mais *rock and roll* com os Silver Beetles antes de perdermos o contato. Agora, de repente, tinham um grupo com ritmo próprio, com George e Pete Best, que eu tinha visto pela última vez com os Blackjacks.

Os Beatles tocaram muito bem naquela noite, firmes e cheios de energia. Hamburgo tinha-os feito crescer. O público gritava *mach shau* (façam um show – em alemão) nos lugares em que tocaram e foram quase literalmente atirados aos leões, sendo solicitados a tocar por oito horas ininterruptas diante de uma platéia que parecia formada principalmente por marinheiros bêbados que queriam briga. Se parassem de tocar, garrafas voariam e haveria um quebra-quebra digno de qualquer filme de faroeste.

♪

No palco, naquela noite distante de 1960, o público parecia sentir que os Beatles eram diferentes de outras bandas de Liverpool. Pareciam mais conscientes, tinham alguma vantagem, dava para sentir que eram perigosos. Parte da mística dizia que eram diferentes. Dava para dançar quando tocavam R&B ou Elvis – mesmo quando trocavam o ritmo, o que confundia tudo – mas era quase impossível dançar quando tocavam as próprias músicas. Tinham um ritmo totalmente errado, então simplesmente ficávamos na frente do palco, assistindo.

Apesar do público mais ou menos daquela noite de dezembro, foi um grande show. Mas ninguém gritou. (As meninas não começariam a gritar até a primavera de 1963, quando os Beatles explodiram fora de Liverpool com uma energia jamais vista antes.) Naqueles primeiros anos, as garotas apenas sentavam-se perto do palco, babando. Quanto ao público masculino, havia muita testosterona não correspondida no ar. Para compensar, eles brigavam depois de cada apresentação. Era uma confusão bem rápida – um dos motivos pelos quais as bandas foram banidas dos lugares chiques – enquanto as meninas iam para casa em grupos e de braços dados.

Fiquei esperando até que Brian Kelly, o organizador da apresentação, pagasse os Beatles. Ele entregou o dinheiro a eles, depois eles se juntaram em um círculo para dividi-lo – 24 xelins para cada um. Brian disse que eles tinham ido tão bem que gostaria de marcar mais uma apresentação. Quando saímos de lá, a multidão já havia se desfeito e o ponto de ônibus estava quase vazio. Os Beatles estavam eufóricos, rindo e conversando animados sobre como agora tinham agenda de shows para cuidar, coisas para tratar.

Ficamos com frio esperando no ponto, juntamos os pés e afundamos a cabeça pelos colarinhos das jaquetas. Ninguém tinha luvas, eu me lembro do quanto senti frio nas mãos, carregando o violão de George. Ficamos felizes em entrar no calor enfumaçado do último ônibus para casa. Conversando e rindo, subimos as escadas para a parte da frente, de onde se viam o panorama das ruas cheias de neve e as luzes de Natal. Os Beatles ainda estavam animados, com a adrenalina pulsando, enquanto falavam sobre como se divertiram na Alemanha. Para eles, eu era uma nova platéia, apesar de ser apenas um.

Perguntei, "Como é estar de volta?"

"Legal pra caralho!", respondeu John.

Paul disse, "É ótimo tomar um banho quente em casa, em vez de lavar-se em um pia velha no banheiro do Top Ten Club".

Acho que ficaram felizes em voltar para que pudessem descansar, comer a comida de casa, tomar banho e ter as roupas lavadas. Falavam como durões, veteranos do *rock and roll*, mas em seus corações, eram garotos de classe média, que gostavam de casa, dos amigos e da família.

O ônibus passou pela Heyman's Green, onde ficava o Casbah Club – a parada de Pete Best – pela Childwall e pela elegante Queen's Drive, casa de Brian Epstein, da loja de discos onde comprávamos os nossos. John e Paul desceram, deixando George e eu.

Às vezes me pergunto se poderia ter imaginado, naqueles dias em que pegávamos ônibus para ir às apresentações, que aqueles lugares comuns no centro de Liverpool se tornariam ícones conhecidos no mundo todo. Que John e Paul transformariam nossos pesadelos de criança em músicas e que algum dia eu filmaria tudo isso. A idéia de que um dia eu trabalharia para eles, andaria com eles e promoveria seus discos não parecia real. A idéia de que, depois de ser o gerente de seus modestos pagamentos das noites de sexta, eu veria no extrato bancário de Paul, dois anos mais tarde, a estonteante soma de um milhão de libras – seis zeros – era totalmente absurda.

Sorri. De verdade. Peguei-me fazendo isso. Lembrando-me de como, logo depois de sairmos de Londres, por volta de fevereiro de 1967, quando eu ainda tinha vinte anos, estava dirigindo a sinfonia de "A Day in the Life" para um vídeo em 35 mm, o tipo usado para os filmes de Hollywood. Mick Jagger, Keith Richards e Donovan usavam câmeras portáteis. Naquela noite, na Abbey Road, um produtor chamado George Martin instruiria a orquestra: "Comecem baixo, terminem alto".

Em uma noite calma de dezembro, seis anos antes, eu estava apenas carregando o violão de George para dentro do Litherland Town Hall para poder entrar de graça em uma apresentação dos Beatles, bem antes de suas vidas decolarem.

Quando comecei a trabalhar neste livro, assim como nas palavras assombrosas que abrem o romance de Daphne du Maurier – "Ontem à noite, sonhei que estava de volta a Manderlay" – sonhei que estava de volta a Liverpool. Em meu sono, voltei no tempo, para aquela distante noite no ônibus 81, andando com os Beatles pelas ruas vazias. Todos estávamos nos divertindo muito, mas quando olho para o reflexo das janelas do ônibus, vejo que John e George não estão mais lá. Mas de alguma forma, sinto a presença deles, assim como a de todos os outros Beatles. Do lado de fora, os flocos de neve girando no ar e as luzes de todas as árvores de Natal se misturam, formando uma só imagem.

parte 1

Liverpool 1940 - 1963

UM

Liverpool, a cidade encardida do norte, onde John, Paul, George, Ringo e eu nascemos e crescemos, era um porto movimentado, cheio de cantorias, marinheiros e música. A velha cidade há muito já era um caldeirão de influências e tradições musicais. *Jazz, soul, blues*, música irlandesa, cantigas de marinheiros, *folk* e *pop*, tudo vindo de todos os cantos, misturado para criar uma sonoridade única. A música africana foi introduzida quando, no início do século XVIII, o porto tornou-se um centro para o comércio de escravos. Marinheiros escandinavos, vendendo óleo de baleia e bacalhau salgado, trouxeram a tradição de uma música muito mais antiga do que os Vikings, que influenciou toda a música celta. Na verdade, a gíria chamava os naturais de Liverpool de *scouse*, o nome do cozido barato dos marinheiros noruegueses, feito com legumes e bolachas misturados com qualquer resto de peixe ou carne disponível. O *scouse* era o que os pobres, amontoados nas favelas próximas ao porto, comiam como refeição principal, e *scousers* foi o nome que receberam. (Todos os Beatles preferiam ser chamados de *scousers* a usarem o majestoso gentílico *Liverpudlians*.)

Importantíssima para a tradição da música ao longo de Mersey, Liverpool era a entrada para a Inglaterra para quem vinha da Irlanda. Era o caminho pelo qual muitos imigrantes irlandeses vinham, fugidos da pobreza e da fome. O maior fluxo ocorreu nos anos 1840, durante a Grande Fome, quando de uma só vez, mais de um milhão de pessoas fizeram a travessia para Liverpool, inflando uma comunidade de pouco mais de 10 mil irlandeses. Na virada do século, Liverpool tinha a maior população irlandesa entre todas as cidades da Inglaterra. A música irlandesa, com o som de violinos, gaitas, flautas, tambores, e harmonias celtas, podia ser ouvida em quase todas as casas e bares, especialmente nas favelas próximas ao porto.

O comércio marítimo levou a música de Liverpool para a costa leste dos Estados Unidos e, de modo significativo, a trouxe de volta, transformada, reciclada e mais comercial com o surgimento dos discos de música popular. Na verdade, assim como os marinheiros, a música subia e descia dos navios a cada maré. Durante a II Guerra, quando soldados e aviadores dos Estados Unidos foram colocados em grandes bases no Mersey, estabeleceu-se o intercâmbio musical. Eram os anos de guerra e os soldados carregavam com eles todos os grandes ícones dos anos 1940, estrelas como Frank Sinatra, Bing Crosby, Judy Garland, Doris Day e Ella Fitzgerald - e também Tommy Dorsey, Glenn Miller, o Western Swing do Texas, além de heróis populares como Woody Guthrie. Depois da guerra, marinheiros mercadores e trabalhadores de navios, como o recalcitrante pai de John Lennon, Fred, continuaram a levar para lá os últimos discos lançados nos Estados Unidos.

Os garotos que se transformaram nos Beatles nasceram durante a II Guerra Mundial, quando as bombas caíam. Eu nasci no final dela. Mas para todos nós, aquele foi um período de grandes mudanças, privações e agitação. Nossas vidas foram influenciadas pela grande ruína, pelas vacas magras e pelo severo racionamento que se seguiu.

Liverpool era alvo dos aviões inimigos por ser o principal porto de entrada dos suprimentos essenciais vindos dos EUA. Noite após noite, enquanto as pessoas corriam para os abrigos, o ronco dos bombardeiros Junker 88 e Dornier ficava cada vez mais alto, as luzes de busca rasgavam o céu escuro e as baterias antiaéreas começavam a disparar. Às vezes, todo o céu ficava iluminado, brilhando com as chamas radiantes e mortais que caíam lentamente dos pára-quedas. Com as docas, navios, fábricas e ferrovias iluminadas pelas labaredas, as bombas alemãs começavam a cair. O pior período de todos foi durante a chamada *blitz* a Liverpool, que começou no May Day - 1 de maio de 1941 – e prolongou-se por sete dias e sete noites. Foi o bombardeio mais pesado da guerra sobre a ilha, à exceção de Londres. As bombas atingiram um navio de munição na noite de 4 de maio, provocando a maior explosão jamais vista em Liverpool. Três mil pessoas foram mortas e 11 mil casas foram completamente destruídas somente naquela semana. O estuário do Mersey ficou tão congestionado, de lado a lado, com a fumaça e os navios destruídos, que nada mais podia entrar ou sair de lá. Setenta por cento das habitações foram destruídas. O bombardeio incessante, a pobreza massacrante e a superpopulação forjavam uma cidade em ruínas com cidadãos tão miseráveis e bravos que, após a guerra, havia apenas uma direção a seguir, e era para cima: reconstruir, recomeçar e crescer.

Este porto ao norte, áspero e enérgico, foi o lugar onde nasci e cresci. Minha mãe, bela e rica, parecida com Merle Oberon, tinha fugido com um personagem local, um desses gentis fotógrafos profissionais que povoam as praias e paradas, cheios de charme e bom papo. Ela tinha pernas longas e bem formadas e cintura fina, e ele foi atrás dela, esperou um momento de distração, fez a corte e consegui conquistá-la. Os pais dela tinham milhares de restrições, mas já era tarde: eles tinham se casado sem a benção ou permissão da família. Mamãe era uma Ferguson-Wagner, membro da dinastia dos comerciantes de algodão cuja família vivia em uma grande mansão na High Lane, com vistas para Peak District, perto de Manchester. Sua queda na escala social depois do casamento foi rápida. "Você se casou escondida", disse alguém na família, com os olhos franzidos.

Quando a guerra estourou, meu pai conseguiu um emprego em Liverpool, em uma das fábricas novas ao redor do campo de pouso de Speke, como montador daqueles bombardeiros Lancaster. Minha mãe foi atrás dele. Naquele momento, já havia sido perdoada pela família, que lhe tinha dado dinheiro suficiente para comprar uma casa na Hillfoot Avenue, em Hunts Cross. Ela não ficou lá por muito tempo antes que meu pai fosse chamado pelo exército e desaparecesse na guerra. Resumindo aquela relação fadada, mais tarde mamãe diria que toda vez que ele voltava para casa de licença, ela ficava grávida. Logo depois de meu nascimento, em 1946, meu pai ainda belo, mas desanimado, não se incomodava mais em voltar para casa e, então, eles se divorciaram. Não senti falta de quem não conheci e fico feliz por isso.

Quando eu estava crescendo, Hunts Cross ainda era uma cidade bastante rural, cercada de campos de golfe e cheia de lugares abertos onde as crianças podiam correr. O jovem Paul McCartney vivia perto, em Speke, em uma pequena casa em um grande projeto de habitação popular mantido pelo governo – conhecidos na Inglaterra como *council estates* – na Western Avenue, porque sua mãe, parteira e enfermeira local, precisava viver dentro da comunidade à qual servia. Quando Paul tinha nove anos de idade, eles se mudaram para a Ardwick Road, para outra casa no mesmo conjunto popular. Mary McCartney era uma figura bastante popular e querida no local. Ter uma enfermeira como vizinha era uma grande vantagem e muitas mães faziam questão de manter amizade com ela. Fomos para escolas diferentes (Paul foi para a Stockton Wood e eu fui para a Kingsthorne). Tínhamos uma diferença de quatro anos na idade, mas até onde sabíamos, isso não importava muito. Paul sempre estava "por ali", era parte da nossa cada vez mais crescente gangue de garotos, correndo de calças curtas e joelhos enlameados, fazendo todo tipo de brincadeira e traquinagem. Parecia não importar o fato de morarmos na abastada Hunts Cross e Paul, na pobre Speke, onde ficavam todas as fábricas. Ele era um garoto muito educado e minha mãe gostava dele.

Quando eu tinha cerca de cinco anos, o garoto de oito, George Harrison, também se mudou para Speke, vindo do centro de Liverpool. Ele e a família tinham se empoleirado em um sobradinho de quatro cômodos com banheiro externo. (Até que se mudasse para perto de nós - George e John Lennon tinham freqüentado a mesma escola primária na Penny Lane, mas, com a diferença de três anos na idade dos dois, John estava no último ano e George, no primeiro - os dois mal se viam. Mas a mãe de George e a tia de John, Mimi, eram conhecidas.) Um dia, alguém da nossa turma apareceu em nossa casa com George. Ele era muito tímido. Sentou-se à mesa e não disse nada, apenas concordou com a cabeça quando a minha mãe perguntou se ele estava com fome. Mamãe nunca se importava em ver meus amigos aparecerem sem aviso. Sempre havia comida o bastante – pão, manteiga e sanduíches de geléia e algum tipo de bolo. Ela também levava alguns sanduíches de presunto para o jardim. Depois de comer, corríamos por ali e ficávamos brincando.

A casa de George ficava em uma rua sem saída chamada Upton Green, na rua seguinte à de Paul. Não fazia muito tempo que haviam se conhecido e percebido que faziam parte da "nossa gangue".

Meu melhor amigo, um garoto da minha idade, era o filho da melhor amiga de minha mãe, Sonny, uma mulher que ela conhecia desde a infância. Sonny era casada com um músico chamado Hal Christie, mas como eu era um menino educado, sempre chamava os dois de Sr. e Sra. Christie. Eles tocavam nos bares, em locais como o Savoy Hotel, em Londres. O nome do garoto, meu melhor amigo, era Jim Christie. Anos mais tarde, ele viveria com a ex-esposa de John Lennon, Cynthia.

Jim, George, Paul, Tony, Chris, Barry. Não importava qual, nem a diferença de idade entre nós, sempre estávamos nas casas uns dos outros, às vezes comendo sanduíches e sucos, outras, batatas fritas. Nunca tivemos catchup. Era sempre sal e vinagre. Costumávamos descer de bicicleta da Dungeon Lane até a Cast Iron Shore, ao longo das margens barrentas do Mersey, onde sempre havia brigas de gangues. Nós ficávamos assistindo e incitando os brigões, sem nunca entrarmos no meio. Se a coisa ficasse muito feia, montávamos nas bicicletas e corríamos para Woolton Woods onde havia um bosque fantástico de árvores raras, ou para Camphill, parte de um antigo acampamento romano, ou para Strawberry Fields, atrás da casa de John Lennon. Ou então, íamos para Halewood, um dos pequenos vilarejos esparramado às margens do Mersey ainda rodeado por campos de feno.

Tínhamos tantas coisas para fazer. Nossa gangue erguia castelos de feno e acampamentos para defender, e mais uma porção de outras coisas maravilhosas que crianças gostam de fazer. Íamos para Bluebell Woods para apostar corridas de bicicleta, ou íamos explorar o terreno do velho Speke Hall, um prédio Tudor preto e branco saído diretamente dos livros de história. Construíamos acampamentos entre os arbustos e brincávamos de guerra ou de índio e caubói. Ficávamos ocupados o dia todo, até a noitinha, quando éramos arrastados de volta para casa para jantar e dormir. Não havia essa história de ficar vendo TV o tempo todo, também não havia jogos de computador, nem reclamações de tédio. Éramos muito ocupados e ativos.

Mas, uma vez, fomos longe demais em uma traquinagem e quase morremos todos, inclusive George Harrison. Foi quando encontramos algumas bombas não detonadas em um campo próximo ao aeroporto. Alguém disse que eram restos de armas, deixados para trás pelos soldados que guardavam a pista de pouso. As bombas foram um achado e tanto. Nós as recolhemos e decidimos ser a Resistência, lutando contra os nazistas. Um dos lugares proibidos onde brincávamos eram as fortalezas que ainda guardavam a ferrovia principal que ligava Liverpool a Londres. Seguíamos os trilhos e andávamos por uma linha abandonada até chegar a um túnel. Aquele era o lugar certo para as sabotagens.

Nosso pior crime até hoje foi colocar moedas nas linhas do trem para vê-las achatadas por ele. Uma vez, fomos pegos e arrastados para casa por um policial, para ira de nossos pais. Mas ter um punhado de bombas nas mãos era bem pior. Meu Deus era *perigoso!* Eu olhei para George. Nossos olhos se cruzaram – os dele estavam arregalados e negros – de medo? Qual dos dois seria o primeiro a se assustar e sair correndo? Nenhum é claro. Cavamos um enorme buraco e, bravos pestinhas que éramos, fizemos uma grande bomba, embrulhando juntos todos os explosivos – um só deles já poderia nos mandar para o além. Acendemos o pavio e saímos correndo. Com um rugido surdo, as pedras ruíram e um grande buraco apareceu na ponte.

Espantados, ficamos olhando. *Deus do céu, nós é que fizemos isso!* De repente, sentimos o peso do nosso crime e fugimos depressa. Nos dias seguintes, ficamos esperando que o braço da lei caísse sobre nós. Quanto tempo alguém pode ficar preso por um crime tão odioso? Estávamos morrendo de medo.

Exceto por este lapso, éramos boas crianças, sem maldade ou malícia. Devia haver muitos outros incidentes dramáticos para contar, mas felizmente, mesmo em uma zona de guerra como aquela em que crescemos, não havia – embora houvesse histórias sobre garotos que foram pelos ares na costa, onde bombas e minas não detonadas ficaram separadas pelo arame farpado, que tinha o desenho vermelho da caveira e ossos cruzados. Paul tinha brincado por lá e acabou apanhando de crianças maiores que lhe roubaram o relógio. Um dos meninos morava atrás de sua casa, então foi fácil encontrá-lo. Ele foi pego e julgado. Paul nos disse que o delinqüente foi mandado para Borstal, lugar para onde eram mandados os meninos maus. Será que era isso o que aconteceria conosco? Tremíamos de medo. Nada aconteceu e no final das contas, esquecemos dessa história.

♪

Desde a infância, já éramos loucos por música. Nas noites de sábado, alisávamos o cabelo com Brylcreem ou água e pedalávamos pela Dungeon Lane até Halewood, onde um grupo de jovens se reunia no centro de convivência. Jogávamos pingue-pongue ou ouvíamos nossos discos na Dansette portátil, enquanto o padre tentava atrair nossa atenção.

Quando Paul tinha 13 anos, sua família mudou-se para Allerton, um lugar um pouco mais próximo de Liverpool. Ainda ficava a meio quilômetro de Hunts Cross, do outro lado do campo de golfe Allerton, distância que podia ser percorrida em cinco minutos de bicicleta, então, não perdemos contato. John Lennon também morava próximo ao campo de golfe, em uma respeitável casa de classe-média na Menlove Avenue, com a tia Mimi e o tio George. Ele e Paul tinham muitos amigos em comum, que por extensão, eram amigos meus e de George também.

Desconhecida de John, a mãe fugida, Julia, também morava de frente para o campo de golfe, a uma pedrada de distância de Paul, em um novo conjunto popular na Blomfield Road, com o novo parceiro e as filhas, as jovens meias-irmãs de John. A mãe de Paul conhecia bem Julia e as filhas e sempre parava para uma conversa. O ônibus era outro ponto de ligação. O número 72 era o que ia para o centro da cidade via Strawberry Fields e Penny Lane até a região das lojas chiques perto da Princess Street, antes de virar no Pierhead Terminal. A mãe de George, minha mãe, Julia e a mãe de Paul, nesta ordem, sempre se encontravam ao longo do caminho. Todas se conheciam de vista e se sentavam próximas para fofocar.

Até então, este padrão de eventos não significava nada, mas anos mais tarde, isto ganhou grande importância nas músicas ouvidas por milhões de fãs no mundo todo quando as várias casas habitadas pelos Beatles se tornariam santuários.

Quando ficaram mais velhos, meus irmãos e George arranjaram empregos de meio-período, o que era maravilhoso, porque assim poderiam comprar mais discos. Eu adorava discos, gastava todas as minhas economias comprando tudo o que me caía nas mãos, de Buddy Holly, Everlys e Carl Perkins, a Elvis. O círculo de empréstimos de discos continuou. Eu emprestava para George e ele passava adiante para Paul, que tinha acabado de entrar para o Institute, uma famosa escola de língua inglesa em Liverpool. Em retribuição, Paul emprestava discos para George e quando George, o entregadorzinho do açougue, chegava com os pedidos, saía empinando a bicicleta, sempre com a cesta cheia de entregas para fazer. A mamãe oferecia a ele suco e sanduíches. E sempre havia um disco novo para ouvir ou uma banda nova para se discutir e assim esquecíamos do tempo. A mamãe dizia: "E aquela carne, rapazinho? Vai estragar – está no sol!". Ele sorria e corria para terminar as entregas.

♪

Eu tinha uma grande vantagem sobre os outros garotos quanto à música. Minha mãe tinha uma amiga que trabalhava no Adelphi Hotel, o lugar onde todos os famosos ficavam quando iam para Liverpool. Por meio desta amiga, eu ganhava entradas para todos os shows que queria ver no Empire. Fui levado para o camarim e conheci meu ídolo, Roy Rogers, quando tinha oito anos. Ele fez alguns truques, especiais apenas para um garotinho como eu, depois cantou "Happy Trails" – mas o grande momento foi ver Trigger ser levado pelas escadas do hotel e posto para dormir em uma grande suíte. Era um dublê, é claro. O Trigger verdadeiro já havia sido acomodado em uma garagem, transformada em um estábulo para ele.

Joe Brown, Marty Wilde, Gene Vincent, Eddie Cochran, Billy Fury, Georgie Fame, Tommy Steele: vi todos eles. O melhor show foi o de Duane Eddy e os Rebel Rousers com Emile Ford e os Checkmates com o convidado Bobby Darin, vestido em um terno. Eu nunca tinha visto alguém vestido de terno cantando *rock and roll*. Fui todas as noites durante uma semana. Fiquei encantado, a música tornou-se meu primeiro amor.

À medida que crescíamos, como sementes ao vento, nossa turma se dispersou por diferentes escolas, não necessariamente as mais perto das casas. Com tantos conjuntos habitacionais, as escolas se enchiam rapidamente e tínhamos que nos encaixar onde fosse. Em vez de nos separar, esta dispersão expandiu nosso círculo social. John Lennon não era do nosso grupo de bicicletas, embora tivesse uma, mas tinha a mesma idade do meu irmão, Barry, então era de nossa convivência. De repente, ele estava por ali e parecia sempre ter feito parte do nosso convívio. Ele e Paul conheceram-se anos antes de serem "oficialmente" apresentados.

Paul e George eram garotos brilhantes e foram para o Institute, uma das melhores escolas da Inglaterra. Um garoto chamado Neil Aspinall também estava na classe de Paul. George, que era nove meses mais jovem, estava uma classe abaixo deles. John foi para Quarry Bank High School enquanto eu fui para a escola para garotos Hillfoot Hey, Hunts Cross. Quais escolas freqüentávamos não fazia a menor diferença, porque uma teia invisível nos mantinha em contato. Quando chegamos à adolescência, a discussão era sobre onde encontrar as meninas e ouvir música. Ouvíamos falar de uma apresentação musical, uma dança ou uma festa e lá estávamos, procurando mais novidades e fofocas.

DOIS

POR SEREM DE LIVERPOOL, a maioria das pessoas pensava que John e Paul eram "ingleses". Na verdade, suas raízes eram irlandesas e eles se consideravam irlandeses. A música estava no sangue. O bisavô de John era um cantor famoso na Irlanda. O avô, John "Jack" Lennon, nascera em Dublin, em 1858, e era um músico viajante. A avó era uma Maguire. Mas, embora o lado materno da família fosse celta, era galês. O nome da família era Stanley e havia uma rua com este nome no centro de Liverpool, a Stanley Street.

Paul era irlandês dos dois lados, o pai era do clã escoto-irlandês McCartney e a mãe era uma Mohin, ou Mohan, do Condado de Monaghan, ao norte da Irlanda. Abraçavam todo tipo de música, e iam aos *pubs* quase todas as noites para ouvir música ao vivo, ou para juntar-se à cantoria – que normalmente continuava até a volta para casa quando os *pubs* fechavam. O pai de Paul, James "Jim" McCartney, tocava trompete em uma banda de *jazz*. Tinham um piano na sala e todas as crianças eram estimuladas a aprender algum instrumento.

Mas a tragédia abateu-se sobre a família McCartney quando a mãe de Paul, Mary, uma mulher adorável, morreu de câncer no seio, em outubro de 1956. Paul tinha apenas 14 anos. Sempre se sentiu terrivelmente culpado porque ele e o irmão, Michael, estavam ausentes, na casa dos tios, ao longo do Mersey, quando ela morreu. Quando voltaram, ela não estava mais lá. Foi como se não pudessem ter se despedido. Ele vinha de uma família grande, unida, cheia de gente, música e vida, mas a morte da mãe deixou-lhe uma enorme lacuna.

"Sinto saudades dela, a casa parece vazia", dizia Paul. Não falava mais do que isso, mas, às vezes, parecia perdido e bastante vulnerável. Era nesses momentos que se podia vê-lo de bicicleta pelos bosques e campos, ou pela costa, com binóculos olhando os passarinhos, sozinho, por horas a fio. Meu pai seguiu seu caminho depois da guerra, e sendo muito pequeno para me lembrar dele, sempre fui acostumado a ter minha mãe cuidando de nós e não podia imaginar o que seria se algo acontecesse a ela. Como Paul, talvez eu também preferisse ficar sozinho.

A música ajudava Paul a se consolar com a perda, então ele se dedicava totalmente a ela. Em Liverpool, era comum o improviso de *jazz*, como o do Jim Mac Jazz Band, a banda do pai de Paul. Ele não ensinou Paul a tocar piano – dizia que ele deveria aprender da forma correta – mas Paul era bom observador e acabou aprendendo de ouvido. Ele chegou a ter lições formais, mas ficava aborrecido com a repetição de acordes e as tarefas. As primeiras músicas que tocou foram "Red Red Robin" e "Carolina Moon". No aniversário de 14 anos, o pai deu a ele um trompete, então a primeira influência musical de Paul foi o *trad jazz*. Depois, quando surgiu Cliff Richard com os Shadows, tudo eram guitarras e aquele som maravilhoso de cordas estaladas.

Paul também queria cantar, e não podia fazer isso com um trompete enfiado na boca. Pediu permissão ao pai para trocar o trompete por um violão e chegou em casa com um Zenith acústico, que valia bem umas quinze libras. Tinha encontrado seu forte – mas o problema era que não conseguia tocar. No início, não percebeu que o problema era ser canhoto. Disse que quando viu uma foto de Slim Whitman, que também tocava com a mão esquerda, percebeu qual era o seu problema. Olhando para a fotografia, Paul recolocou as cordas no violão de "cabeça para baixo". Não conseguiu reverter o primeiro traste, então colou um palito de fósforos para criar um novo nó para as cordas mais grossas. Mesmo assim, ele era desajeitado e mal conseguia tocar um acorde. Alguns dias depois, as coisas ficaram mais fáceis quando, no ônibus número 72, soube que George tocava violão. Bem, ele pode ter arrebentado algumas cordas, mas logo conseguiu tocar alguma coisa também.

♪

O pai de George esteve na marinha mercante durante a guerra e tocava violão. Trouxe alguns discos exóticos dos Estados Unidos, como os de Hoagy Carmichael e Jimmy Rodgers, que ouvia na vitrola de madeira, também trazida de Nova York. Tinha agulhas removíveis. Lembro-me de vê-la na casa deles, bem depois de todos já termos Dansettes.

George sempre dizia que sua lembrança mais antiga era a de ter ouvido "One Meatball", de Josh White. Seus pais sempre organizavam cantorias com os vizinhos e amigos em casa depois que o *pub* da esquina fechava. Da cama, ele os ouvia cantando e tocando. Ouvia as novas de Bing Crosby e Music Hall. Suas influências seguintes foram Big Bill Broonzy e Slim Whitman, portanto, estava sempre envolvido com algum tipo de música esotérica. Quando tinha 12 ou 13 anos, freqüentando o Institute, ouviu que um velho amigo de Dovedale Primary queria vender seu violão Egmond por três libras e dez xelins. Era muito dinheiro por um violão espanhol velho, mas a mãe de George deu-lhe o dinheiro e ele foi buscar o instrumento.

Para nós, foi sensacional. George tinha seu próprio violão! Foi mesmo muito legal. Ele era muito sério nos estudos querendo aprender a tocar. O violão veio com um método e o pai de George ajudou-o a estudar, mas George logo ficou tão bom que começou a tomar aulas com um homem que morava perto da loja de bebidas. O professor já era um tanto velho e conhecia todas as músicas antigas dos anos 1920 e 1930. Ficamos ainda mais impressionados quando George nos mostrou que podia tocar um pouco de Django Reinhardt e Stephane Grapelli. Aquilo era realmente impressionante!

A partir das canções tradicionais da Irlanda, do *jazz* e *blues*, além do contato com os discos populares dos Estados Unidos, houve uma explosão de grupos de *skiffle* e música popular em Liverpool, especialmente em Speke, por volta de 1957. Nenhum de nós tinha estado fora naquela época, e não sabíamos que Liverpool era diferente, que aquela explosão não estava acontecendo tão rapidamente no resto da Inglaterra. Podíamos sentir o zumbido no ar. Minha mãe tinha um histórico mais cosmopolita. A família dela tinha laços com círculos sociais como os do líder de banda Jack Hylton, e os de Hutch – Leslie Hutchinson – que tinha sido amante de Cole Porter. Ela não gostava muito de Elvis, mas gostava de Cliff e Buddy Holly e sempre ia para a North End Music Store – dirigida por um jovem chamado Brian Epstein – quando estava na cidade e comprava para nós os discos mais recentes.

Sinatra deu passagem a Elvis e Eddie Cochran, embora de alguma forma, seus gêneros diferentes se misturassem. Em terceiro lugar nas paradas quando o ano começou, vinha Frankie Vaughan com a versão *cover* de uma música chamada "Garden of Eden". Esta música, que não tinha nada de especial na letra, era interessante porque já havia sido gravada por três artistas de estilos variados. Porém, Frankie, judeu de aparência italiana, prevaleceu sobre os outros, provavelmente por ter uma exposição mais bem dirigida na TV graças ao empresário Lew Grade, nascido Gradzinski (que mais tarde compraria os títulos das músicas dos Beatles). Frankie tinha consigo o número um e venceu a disputa com os outros três. Mas, um quarto desafiante que também tinha tentado a sorte sem sucesso com a mesma música, era um vocalista judeu, um homem careca que mudou seu nome de Richard Leon Vapnick para Dick James. Anos mais tarde, ele e Lew Grade entrariam na vida dos Beatles de forma marcante.

Sim, o ano de 1957 começou com a ressaca do ano anterior trazendo, no primeiro, segundo e terceiro lugares vocalistas bonitões e charmosos como Guy Mitchell, Johnny Ray e Frankie Vaughan. Guy cantava "Singing the Blues", Johnny Ray estava em segundo lugar, chegando ao topo no Natal com "Just Walking in the Rain". Em fevereiro, Buddy Holly e os Crickets agitariam a multidão com "That'll Be the Day", mas a onda do *skiffle* ainda era grande. Lonnie Donegan emplacou cinco sucessos naquele ano, basicamente com músicas influenciadas pelo *blues* popular dos Estados Unidos como "Cumberland Gap" e "I'm a Gamblin' Man".

Logo surgiu um novo programa de música popular na TV chamado *The Six-Five Special*. Olhando para trás, vemos que era um programa bastante triste, embora hoje tenha um certo apelo *kitsch*. Tinha uma música tema horrível, se me lembro bem era Don Lang e os Frantic Five, mas estava aos sábados na BBC, no horário nobre das seis horas. A televisão era desligada depois do noticiário das nove, depois era chocolate e cama para os bons meninos. Apesar disso, o lendário som do Mersey evoluía nas casas baratas das ruas escondidas, onde jovens como George, John e Paul praticavam sua arte em instrumentos pobres. Ninguém os tinha ensinado. Eles imitavam uns aos outros e assistiam com cuidado quando as bandas tocavam na televisão. Acho que Paul conseguiu uma cópia do método para violão de Bert Weedon, *Play in a Day*, que se tornou praticamente uma Bíblia.

O pobre Bert – a quem vim a conhecer – foi a grande piada entre os músicos ao longo dos anos, mas tinha um grande senso de humor. Dava aos novos membros de uma banda de garagem uma bela cópia encadernada da porcaria de música que iriam tocar. "Aqui", dizia ele. "Usem isto". Quando abriam, estava escrito, "Tudo em Sol e vamos embora!".

Éramos parte de um grande círculo de bandas que estavam em nossa faixa etária, na adolescência ou no começo dos vinte anos. Billy Fury era um dos melhores amigos do meu irmão Barry, embora sua carreira não decolasse até que ele fosse para Londres, assim como Georgie Fame, outro rapaz do norte, que chegou a abrir uma tecelagem de algodão. Pessoas como Gerry e os Pacemakers, Billy J. Kramer, o Fourmost, o Merseybeats, o Swinging Blue Jeans e o baterista chamado Pete Best começaram a fazer nome localmente, tocando em lugares como o St. Barnabas Hall, na Penny Lane, Bootle e Aintree Institutes, Knotty Ash Village Hall, ou nos clubes de trabalhadores, como o British Railways Social Club, onde Gerry tocava com freqüência.

As grandes casas e salões de festas não aceitavam esses grupos até surgirem os Beatles, porque esse tipo de música era considerado o mais baixo de todos. Gerry vinha de Garston, um bairro duro e pobre. Eu o conheci bem porque sua namorada, Pauline, morava a algumas casas de nós; a mãe de Pauline era amiga da minha mãe. A banda de Gerry era muito concorrida, tocava todas as noites da semana. Durante o dia, ele trabalhava duro na ferrovia com o pai, o que mostra que naquela época, mesmo as bandas "de sucesso" não ganhavam muito dinheiro. O que os levava a tocar era puramente o amor à música.

Em março de 1957, quando ainda tinha 16, John formou o próprio grupo de *skiffle*, primeiro chamado de Black Jacks, uma semana depois rebatizado como Quarrymen por causa do nome da escola. Logo, um rapaz chamado Ivan Vaughn, que era da classe de Paul, juntou-se ao grupo para tocar contrabaixo. Poucos meses mais tarde, em 22 de junho de 1957, uma grande festa de rua foi realizada em comemoração ao 550º aniversário da outorgação da Royal Charter a Liverpool pelo Rei John, e os Quarrymen tocaram pela primeira vez na carroceria de um velho caminhão de carvão estacionado na Rosebery Street, no centro da cidade. Eu tinha 11 anos. Uma grande multidão estava lá, crianças e pais, pegando o ônibus 72 que ia para o centro, para juntar-se às festividades e assistir aos rapazes tocando. Segundo John, lembrando-se daquele dia anos mais tarde, foram pagos pelo régio valor de um "muito obrigado".

Mas foi bom não terem que esperar pelo pagamento, porque vimos uma turma de Teds chegar ao final da rua, prontos para brigar. Liverpool era uma cidade dura. Alguns Teds tinham canivetes e navalhas e até cutelos de açougue escondidos nas jaquetas. Usavam nos cintos grandes fivelas que afiavam como facas para usar como armas; colocavam lâminas sob as lapelas, assim, quem os agarrasse sairia com os dedos seriamente cortados. Chutavam a cabeça dos outros com ponteiras de metal nos sapatos. Havia gangues terríveis com nomes como "Bath Hall Bloods" que andavam pela cidade aterrorizando a todos. As pessoas mudavam de calçada quando os viam na rua. Mesmo as namoradas, conhecidas como Judies, eram temidas. Havia uma rixa entre os Teds e John. Perguntávamos, é claro, "Por que o John?". Acho que tinha algo a ver com sua aparência, ou a postura, ou mesmo com o jeito como ele andava, exibindo sensualidade e provocação. Além disso, ele enxergava mal, mas não usava os óculos, então sempre parecia estar olhando os outros por cima, arrogante. Os Teds achavam que ele estava de olho em suas namoradas e isso era coisa que não aceitavam.

Outro motivo para os Teds estarem sempre perseguindo John era o fato de ele se vestir como eles, mas não viver como eles. Apenas vivia sua própria vida. Eles também o desprezavam porque ele vinha da classe média e freqüentava a escola, enquanto eles eram genuinamente durões da classe operária da marinha, trabalhadores rodoviários ou fabris.

John, talvez sem intenção, era um autêntico desajustado. George era também um pouco Ted, assim como vários outros eram. Pelo menos, eles usavam as roupas certas e tinham atitude, mas de forma moderada. Seu grande apelo era a aparência rebelde, não a violência. Porém, as coisas pioraram quando John ficou marcado. Todos os Teds o conheciam. Pareciam reconhecê-lo a 100 metros de distância.

Naquele dia, a multidão se dispersou quando os Teds apareceram. Os Quarrymen viram a gangue, mas continuaram tocando até o final da música. Ficamos todos muito tensos, convencidos de que haveria um banho de sangue. Fugindo quase tarde demais, vi John e os rapazes agarrarem os instrumentos e descerem do caminhão, entrando pela janela aberta da casa ao fundo – no número 84, a casa da senhora Roberts, uma das organizadoras do evento. As pessoas ficaram entusiasmadas. John era um herói por causa de sua aparência incrivelmente fria e da ousadia desafiadora, e ali estava ele, mais uma vez exibindo tudo isso diante de nossos olhos. Depois que os Teds se retiraram sem serem notados, nós gritamos feito loucos. A senhora Roberts deu aos Quarrymen boas xícaras de chá com biscoitos e sanduíches até que pudessem sair em segurança e ir embora pela rua de trás.

Eles tinham grande energia, assim como a maioria dos outros grupos. Nenhum deles tinha dinheiro, e ser trazido ou levado de carro ou *van* era coisa totalmente fora de questão. Iam para as apresentações de transporte público, mesmo o baterista tinha que se virar para carregar seus apetrechos. Uns poucos grupos tinham o que chamavam orgulhosos de "agentes" – rapazes mais velhos, pais ou irmãos, que às vezes agendavam shows, mas nenhum deles era um agente no sentido exato da palavra. Poucos deles tinham telefone e quase sempre tinham que ir de bicicleta para cuidar dos detalhes. Mas, apesar das dificuldades logísticas, em agosto os Quarrymen tinham passado pela primeira apresentação no Cavern Club, que naquela época era um clube de *jazz*. Eu não estava por lá: estava passando o verão na praia com minhas tias, como sempre. Paul estava em um acampamento de escoteiros e George estava no acampamento de Butlin com a família.

Algumas semanas após o episódio do caminhão de carvão, os Quarrymen fizeram uma apresentação de *skiffle* no Wilson Hall. Depois disso,

John e Pete Shotton iam de ônibus para casa quando um grupo de Teds viu John na frente do veículo. Correram atrás deles e entraram na parada seguinte. Eles não estavam atrás de Pete, então ele se enfiou atrás de um banco. John brigou no espaço apertado e caiu pela escada. Os Teds seguiram atrás dele e pularam para fora do ônibus, acreditando que o rapaz tivesse fugido pela rua. Pete ficou lá sentado, temendo pelo pior, mas quando desceu as escadas no seu ponto de descida, viu John sentado, parado e quieto entre duas mulheres gordas. Quando John e Pete saíram do ônibus, começaram a descer a rua rindo e a história tornou-se uma lenda entre os garotos.

Mas não era brincadeira. Quando os Silver Beetles tocaram em um salão rural da cidadezinha de Neston, do lado oposto do Mersey, um garoto foi pisoteado até a morte por um grupo de Teds que correu até o palco, e mais uma vez a banda teve que fugir pela saída de emergência. Certa noite, Paul e George tomaram uma surra juntos no Hambleton Hall, em Huyton, e John sempre apanhava. Lugares perigosos como Litherland, Bootle e Garston eram o coração dos domínios dos Teds, onde reinavam soberanos. Por um bom tempo, esses marginais foram um terrível fenômeno inglês. Vestiam-se de modo informal, mas eram perigosos e tentávamos não estar perto deles.

Com John estava tudo bem. Era considerado louco, talvez, mas não era violento. Enquanto a maioria de nós ainda estava no estágio médio da idade escolar, John Lennon era algo mais. Não era apenas considerado um delinqüente juvenil, mas tinha também uma tendência para causar tumultos, tudo em nome da angústia e da arte. “Se você andar com esse John Lennon”, as mães – inclusive a minha – diziam, “vai arranjar problemas!”. Na verdade, todos provavelmente pensavam que John acabaria no instituto correcional de Borstal, ou mesmo na cadeia, e ele pouco fazia para melhorar sua imagem.

Lembro-me da cena como se fosse ontem, ainda na fase dos Quarrymen, no verão de 1957, John estava sentado no telhado do Halewood Village Hall - onde aconteciam os encontros do nosso grupo de jovens - com as chamas subindo e a fumaça em volta dele. As crianças estavam de olhos arregalados, olhando e esperando que o teto caísse e John fosse frito pelo fogo, enquanto o padre berrava pedindo baldes com água e escadas gritando para que John descesse. Logo, formou-se uma grande multidão, e John era o centro das atenções. Quando os bombeiros chegaram, John começou uma dança pirotécnica no telhado, balançando a cabeça. É claro, ele é que tinha ateado o fogo. John estava sempre fazendo alguma coisa e este era o motivo de nossa fascinação por ele. Ele era o rebelde que queríamos ser. Podíamos sempre esperar que John fizesse um belo show, algo que mais tarde nos faria rir muito. Só não sabíamos o que ele ia aprontar na próxima vez.

Ainda jovem, John via e ouvia coisas que ninguém mais podia notar. Vozes falavam em sua cabeça e rostos apareciam em espelhos para conversar com ele. Era um pouco como a Branca de Neve, quando a rainha malvada olhava para o espelho mágico perguntando "Espelho, espelho meu, existe alguém mais bela do que eu?". As pessoas estavam sempre falando sobre John. Ele era um líder nato, um garoto levado e carismático e as histórias corriam, misturadas a boatos, fofocas e até mesmo a coisas ditas pelo próprio John. Às vezes, ele falava em forma de enigmas, sua conversa era tortuosa e quase incompreensível, e quando estávamos totalmente confusos, ele ria e saía pela tangente ou dizia alguma coisa realmente inteligente, ou espirituosa, ou sarcástica. Nunca sabíamos se ele estava dizendo a verdade, e isso também nem importava. Ele era simplesmente hipnotizante.

Todo mundo tinha uma história de admiração sobre John, já que ele parecia saber tanto sobre tantas coisas e era quase destemido. Pete Shotton tinha suas histórias, Ivan Vaughan tinha suas histórias – todos tínhamos nossas histórias. Anos mais tarde, quando nos aproximamos, John me contou que pensava que ficaria louco. Em casa, dizia, ele olhava para o espelho e perguntava quando seria rico e famoso. "Logo, John, logo", respondia o espelho de forma sedutora. As visões eram grandiosas e abrangentes e davam a ele a convicção absoluta de sua grandeza. Ele sempre dizia ser diferente de nós – provavelmente de outro planeta. Às vezes eu o via olhando para o espelho nos camarins, quando ele penteava o topete, e percebia algo diferente em sua expressão. Os outros rapazes penteavam e arrumavam o cabelo sem pensar, como todo mundo faria, mas John parecia entrar em transe. Depois, voltava à realidade. Ele era como os Fonz, antes de os Fonz existirem.

Ele podia ser um doente mental, ou o gênio de que foi chamado mais tarde, mas para os adultos, naquela época ele era apenas uma dor de cabeça. Ele se portava como um rebelde nato, mas acho que ele era bastante infeliz. Na verdade, ninguém conseguia se aproximar muito de John. Mesmo quando falava com as pessoas, havia uma sensação de isolamento, um ponto de ruptura além do qual não se podia ir, e não íamos mesmo.

Seu sentido de isolamento tinha origem na separação dos pais, quando John tinha cinco anos de idade, e ele ficou sem saber se os pais estavam vivos ou mortos. Os tios, Mimi e George, donos de um laticínio, criaram-no de forma bastante severa. Quando descobriu que a mãe morava a um quilômetro dele, do outro lado do campo de golfe, a uns poucos metros da casa dos McCartney, ficou chocado.

John habituou-se a aparecer na casa de Julia para passar algum tempo na atmosfera familiar e movimentada de que tanto sentia falta e, ao mesmo tempo, conhecer as duas meias-irmãs, Julia e Jacqui. Quando descobriu seus talentos naturais, John quase idolatrou a mãe. Ela era uma pianista brilhante com uma voz adorável e ensinou John a tocar o banjo, que tinha aprendido a tocar com o pai de John, Fred, que tinha aprendido com o próprio pai. O avô irlandês de John foi um menestrel profissional que viajava tocando pelos Estados Unidos. Assim como o piano e o banjo, Julia sabia tocar órgão e gaita. Sabia cantar, pintar e representar – todas as habilidades que John descobriria também possuir. O banjo parece ter dado a John uma direção na vida e ele estudava o tempo todo, imaginando tornar-se o novo George Formby, uma estrela da música. (Não sei se George Harrison copiou John, mas ele também adorava George Formby e ensinou seu filho, Dhani, a tocar o banjo-cavaquinho.) Foi um legado maravilhoso de música e genialidade.

Mas o violão era muito mais legal e John queria ter um. Quando tinha 14 anos, viu um anúncio de um violão por dez libras na pobre publicação semanal *Reveille*. Era um Gallotone Champion acústico, estilo espanhol, feito pela Gallo Company, da África do Sul, e "com garantia contra rachaduras". Julia deu a ele o dinheiro e John encomendou o violão com o endereço da mãe, porque sabia que Mimi não aprovaria. (Há uma história interessante ligada à Gallo, que é uma pequena empresa familiar. Anos mais tarde, quando os garotos formaram a Apple Records, eles nem sempre faziam a distribuição para o mundo pela EMI, preferindo a venda de país para país. Naquela época, havia embargos contra carregamentos da África do Sul devido às leis do apartheid, mas, acreditando que a música cruzava fronteiras de classe, raça e credo, e que não haveria barreiras para a música no mundo, mesmo sendo ilegal, Ron Kass fez um acordo com Peter Gallo para que ele distribuísse os discos da Apple. Estes discos da Apple sul-africana são mais raros que dentes de galinha e poucos colecionadores sequer sabem de sua existência. Mais uma observação: Peter Gallo vem a Londres todos os anos e sempre nos encontramos para beber.)

John ainda não sabia como tocar apropriadamente seu Gallotone, e Julia afinou-o como se fosse um banjo. Ela também incentivou John e os amigos a se juntarem para tocar. Colin Hanton, Eric Griffiths, Rod Davies, Pete Shotton e Len Garry eram todos adolescentes que tinham instrumentos improvisados para o *skiffle*, como a tábua de lavar roupa e o baixo feito de caixa de chá, cabo de vassoura e cordas comuns. O lugar favorito para tocarem era o banheiro por causa do ótimo eco. Este assunto era discutido quando tocavam em apresentações.

"Não tem o mesmo som sem o eco", John sempre reclamava, e os rapazes do grupo discutiam como poderiam obter o mesmo efeito em um salão da cidade ou em um clube de trabalhadores. Mas, é claro, aquilo era impossível para a época.

Em meados de 1957, o *skiffle* e a Rock Island Line passaram suavemente para o estilo *rockabilly* de Bill Halley com "Rock Around the Clock", que passou para "Jailhouse Rock". O *rock and roll* tinha chegado. Entre a juventude, os jeans apertados e os topetes substituíam a flanela e os cortes curtos. Foi legal; eu me vestia com tudo o que era novo, dos jeans ao couro, e segui a tendência no corte de cabelo. Em uma coisa, porém, eu era diferente dos outros rapazes, porque logo que comecei a me interessar por calças compridas, me interessei também por ternos e camisas bem passadas com gravata.

Aos 14 anos, George formou a banda Rebels, com um dos irmãos e mais alguns colegas de escola. (Depois do Egmond, George comprou um Hofner President, que vendeu a Ray Ennis do Swinging Blue Jeans. Mais tarde, em Hamburgo, ele comprou um Hofner Club 40, igual ao de John.) Não muito tempo depois de formada a banda, as notícias diziam que eles tocariam no British Legion Club, em Speke! Parecia tão improvável que corremos com nossas bicicletas para dar uma olhada. E era verdade. Os Rebels participariam de uma seleção, mas como ninguém mais apareceu, eles ganharam a apresentação. Não teve muita graça quando tiveram que tocar a noite toda e seus dedos frágeis, desacostumados a tocar por tanto tempo, começaram a rachar e sangrar. Com as mãos inchadas ou não, orgulhoso, George agitava a nota de dez libras que haviam ganhado – para mais ou menos seis. Na manhã seguinte, ele ainda estava todo orgulhoso e falou a Paul na escola sobre a estréia triunfal.

Na noite seguinte, Paul apareceu na casa de George com seu Zenith. Pegaram o manual que viera com o violão barato de George e começaram a tocar. Ao final da noite, Paul tinha aprendido dois acordes e podia tocar "Don't You Rock Me Daddy-O", enquanto a sofrida, porém compreensiva família de George assistiu a tudo, suportando aquele momento ocasional.

Usando uma jaqueta esportiva bastante larga e calças pretas apertadas, Paul fez algumas belas apresentações tocando no dia em que oficialmente conheceu John em um evento da igreja, em um campo próximo à St. Peter's Parish Church, na cidadezinha de Woolton, um quilômetro ao norte de onde estávamos. Era julho, pouco antes das férias escolares do verão de 1957. Nos pôsteres espalhados por todos os lugares, líamos que os Quarrymen iam tocar no evento, que era a coroação para o Rose Queen. Haveria brincadeiras e jogos e música ao vivo, então meus irmãos, eu e George, mais alguns de nossos amigos pulamos em nossas bicicletas e fomos até lá, jogando as bicicletas contra os arbustos.

Paul tinha sido levado por Ivan Vaughn, seu amigo de escola, que prometeu apresentá-lo aos Quarrymen – o que explica o motivo de Paul estar tão cuidadosamente vestido. Ele queria passar uma boa impressão. A primeira metade da apresentação dos Quarrymen foi feita ao ar livre. A tia, Mimi, apareceu no local e ficou assustada em ver John em sua aparência Ted com os jeans apertados, jaqueta comprida e gravata. Ele começou cantando "Mimi's coming, oh, oh, Mimi's coming down the path". Não foram muitos os que perceberam que aquilo era uma improvisação.

A apresentação noturna da banda seria no hall da igreja, e eles levaram todos os instrumentos para lá, deixando tudo preparado. Quando John fez uma pausa, incentivado por Pete Shotton, Paul pegou o violão de John e tocou alguns acordes. Estupefato, ele percebeu que a afinação estava toda errada. Rapidamente Paul mudou tudo, tirando da afinação de banjo. Tocou e cantou "Long Tall Sally", depois partiu para uma versão virtuosa de "Twenty Flight Rock" quando John voltou. Era uma música comprida, com muitos versos e refrão similar ao "Rock Around the Clock", mas Paul parecia saber a música inteira. Para John, aquilo era um grande feito, já que ele nunca conseguia aprender todas as palavras das letras que cantava e sempre improvisava muito. Não que alguém percebesse, estavam todos muito ocupados chacoalhando-se e girando a cintura.

Eu estava passando pelo evento com George e os rapazes quando ouvimos o som do violão vindo do hall da igreja. Andamos até lá e vimos Lennon, com os olhos apertados, olhando para Paul e tentando descobrir que notas ele estava tocando.

"Ele fedia a cerveja", disse Paul. "Não levantei os olhos porque estava tão concentrado onde meus dedos estavam tocando e, também pensei que John fosse algum bêbado qualquer".

Apesar de isto ter entrado para o folclore dos Beatles como o primeiro encontro entre John e Paul, os dois já se conheciam. Tinham amigos em comum, as mães já se conheciam e eles já tinham se visto "por aí", como todos nós sempre nos víamos, sempre. Mas, acho que foi aquele o momento em que tomaram consciência um do outro, por meio do interesse comum pela música. Começaram a conversar e Paul se ofereceu para escrever a letra para alguns versos de "Twenty Flight Rock". John sendo John mostrou-se com o mesmo sarcasmo de sempre, mas Paul conseguiu desmontá-lo. A maioria dos *liverpudlians* era diplomada em sarcasmo. Paul escreveu algumas palavras em um pedaço de papel e entregou a John, que mal olhou para os escritos, mas enfiou-os no bolso.

Quando John ouviu Paul cantar, percebeu que havia algo em sua voz que se harmonizaria perfeitamente com a sua própria. Mas isso ele não diria àquele rapazinho de 15 anos, metido, de cabelo curto – com seu violão! E o maldito ainda tinha tomado a liberdade de afiná-lo. Mais tarde, isto se tornaria trabalho de George.

Incentivado por Ivan Vaughan, Paul continuou aparecendo com seu próprio violão e passou a andar atrás deles depois da escola. Se estivessem ensaiando, ele se juntava a eles. Ele cantava um pouco, afinava o violão de John ou tocava alguma coisa durante uma pausa para que pudessem ouvir o quanto ele era bom. Porém, John continuava a ignorá-lo. Depois de algumas semanas pensando naquele jovenzinho que era tão bom quanto ele – na verdade, melhor, porque ele sabia tocar violão de verdade, não banjo – John finalmente decidiu convidá-lo para se juntar ao grupo, mas o faria a seu modo.

Algumas noites depois, Paul estava indo para casa com sua bicicleta pelo campo de golfe Allerton, quando trombou com Pete Shotton. "John disse que pode se juntar a nós se quiser", disse Pete de modo informal.

"Ah, tudo bem", disse Paul, igualmente informal. Mas correu para casa como um raio, pegou o violão, tocou com paixão, sonhando em ter um grupo de verdade, um grupo que tivesse agenda de shows e fosse, às vezes, pago para tocar. O melhor de tudo era a idéia de que logo ele poderia estar em um palco – algo com que Paul jamais se cansava de sonhar. Para comemorar, perdeu a virgindade naquela noite, depois foi contar aos colegas. A novidade se espalhou. "Ei, adivinha o que aconteceu! Paul comeu uma menina!". Não havia muita coisa que pudesse acontecer em segredo entre nós.

John sofria de dislexia, mas era um belo artista e estava sempre desenhando nos cadernos. Os alunos eram obrigados a freqüentar a escola até os 16 anos, mas a maioria dos jovens que saía da escola nesta idade não tinha muito futuro. Mimi falou com o professor de John sobre suas opções e concordaram que ele se sairia bem na escola de artes. O professor escreveu uma carta de recomendação e John foi aceito na Liverpool School of Art, no outono de 1957, pouco antes de seu aniversário de 17 anos.

Convenientemente, a escola era logo ao lado do Institute, onde Paul estudava. Elvis e o *rock and roll* eram considerados bastante desinteressantes pelos estudantes de arte, mas John não ligava para o que eles pensavam. Ele e Paul sempre se encontravam no jardim ao lado durante a hora do almoço e tocavam. Quando o tempo esfriou, eles entraram e passaram a escrever o que se tornaria "as músicas". Foi Paul quem mostrou a ele como tocar acordes de modo apropriado, em vez da forma para banjo, que era tudo o que John sabia fazer. Acho que John ficou bastante defensivo quando percebeu que durante sua carreira de Quarrymen ele tocava dois acordes de banjo em um violão. Este pensamento era compensado com o fato de ninguém ter reparado muito. Uma vez, John me disse, "Só esse desgraçado do McCartney me entende. Adoro-o, mas ele é um músico tão bom que poderia matá-lo".

Logo, John, Paul e George estavam desesperadamente tentando aprender como tocar direito. Quando Paul dominava um novo acorde, logo mostrava para George ou para John. Ou então, quando George aprendia alguma novidade, corria animado para mostrar a Paul, que por sua vez, mostrava a John. Às vezes, John e Paul iam para a casa de Julia, mas quase sempre estavam compondo na casa de Paul, que ficava vazia durante o dia. (O pai de Paul dizia que eles estavam sempre famintos e devoravam montanhas de bolachas com feijão.) Ouviam os discos e aprendiam a tocar as músicas gravadas por seus ídolos dos EUA, além das músicas em *skiffle* tradicional, tocadas por Lonnie Donegan e Johnny Duncan. Aproveitaram também as músicas de Eddie Cochran e Buddy Holly e logo, além das músicas próprias, tinham um enorme repertório.

As músicas próprias nasciam em pedaços de papel ou nos cadernos de exercícios. Quando não estavam tocando, estavam sempre escrevendo, em qualquer intervalo de tempo livre. Eu me lembro bem dos vários pedaços de papel. Parecia que estavam por todos os lugares por onde passavam John e Paul – logo estariam também nos ônibus e *vans*, hotéis e cafés. Entupiam-lhes os bolsos ou os estojos de violões. Muitas vezes, eram simplesmente abandonados. Mais tarde, seriam varridos para o lixo pelas camareiras nos hotéis. Como eu gostaria de ter recolhido tudo! Mas eram apenas palavras aleatórias e meias-sentenças, escritos que tinham pouca importância nas músicas que surgiriam. Em um determinado momento, os rapazes já tinham material suficiente para o primeiro disco.

♪

Ao longo do outono de 1957, John deixou Paul tocar em uma ou outra apresentação de menor importância, mas demorou até janeiro de 1958 para que ele admitisse que Paul era bom o bastante para tocar em sua segunda apresentação no Cavern. Soube de tudo isso por meio de um entusiasmado George, que falava ao mundo todo sobre John e o seguia por quase todos os lugares. George era dos Rebels, mas não havia nada como fazer parte de um grupo de verdade, um grupo sério.

Para George, os Quarrymen representavam aquele grande momento. Estavam se tornando a melhor das bandas no nosso pedaço, embora na época eles não fossem tão famosos quanto o Sunnyside Skiffle Group. John e Paul tinham uma estranha fascinação por pessoas deficientes e o sujeito que tocava o baixo de caixa de chá no Sunnyside era Nicky Guff, um anão que morava próximo a nós. Ele ficava em cima da caixa para tocar, o que divertia John e Paul, mas eles não riram muito alto quando o Sunnyside venceu a disputa no "Search for a Star", e os Quarrymen – que naquele momento usaram o nome de "Johnny and the Moondogs" – perderam. Depois de vencerem o concurso no Empire Theater em Manchester, o Sunnyside foi tocar no sábado à noite no London Palladium, o que era sensacional. Mas, localmente, os Quarrymen estavam ganhando terreno de forma rápida, tinham apresentações a cada 15 dias. George me contou ter implorado para que John o admitisse na banda, assim como Paul.

"O que ele disse?", perguntei.

"Disse 'vai se foder'", contou George. Depois sorriu com aquele sorriso que iluminava o rosto todo. "Mas agora não vou desistir".

Então George continuou seguindo John por todos os lugares. Audacioso, aproximou-se para ser convidado, e recebia a mesma resposta esperada do ídolo: "Vai se foder!". Mas ele finalmente atingiu seu objetivo um mês depois de uma apresentação em que os Quarrymen tinham que tocar no Morgue Skiffle Cellar, que era dirigido por um outro amigo, Alan Caldwell dos Texans (Ringo Starr se juntaria aos Texans poucas semanas mais tarde). Tudo estava se encaixando!

Em uma noite gelada de março, George e eu estávamos pelo Morgue e tomamos o último ônibus junto com os rapazes. O andar de cima estava quase vazio e George, que estava com seu violão, de repente começou a fazer um solo, "Raunchy".

Paul, que sabia da determinação de George em juntar-se ao grupo, piscou e disse a John, "Olhe, ele sabe tocar, e sabe tocar inteira!". Joe Cool encolheu-se na jaqueta e olhou para o espaço. Mas uns dias mais tarde, quando estavam escrevendo uma música, Paul disse informalmente, "O que você acha do George?". John balançou a cabeça e disse, "Sim, ele é ótimo" – e foi assim. George estava dentro.

TRÊS

LOGO QUE JOHN começava a conhecer a mãe, no verão de 1958, ela foi atropelada e morreu poucos metros adiante da casa de Mimi, por um carro dirigido por um policial que corria muito e estava atrasado para o trabalho. Outro policial foi até a porta e deu a notícia. Em um momento raro de demonstração de suas emoções, John me disse que ficou arrasado.

A morte de Julia tirou-o completamente dos trilhos. Ele tinha apenas 17 anos e, em sua mente, era órfão. Ficou ainda mais amargo e cínico, seu comportamento ficou ainda mais estranho, embora estivesse estudando arte, onde comportamentos estranhos eram comuns. Ouvíamos histórias sobre como era John. Nossos pais diziam "Coitadinho, ele está sofrendo muito". Sentava-se diante de janelas nos prédios e ficava olhado para o nada – o que impressionava os policiais – aparentemente alheio a todos que tentavam falar com ele. Falava sozinho. Berrava quando andava sozinho, então as pessoas saíam de seu caminho. Começava brigas de modo cego, lançando-se contra seus melhores amigos. Pernas e braços voando, tinha que ser agarrado mas, louco, conseguia se soltar e fugir. As meninas reclamavam dizendo que ele gritava com elas e às vezes até batia-lhes no rosto sem motivo. Sua angústia era tão grande que uma vez tentou até fugir para o mar. Mas Mimi descobriu que ele tinha se alistado no Sindicato dos Marinheiros e o arrastou de volta para casa.

Talvez tivesse sido melhor se John não se sentisse tão rejeitado pelos pais, mas ninguém jamais lhe contou que o pai tinha voltado para casa depois da guerra e descoberto que John e Julia viviam com outro homem. Eles brigaram e Fred foi embora. (Anos mais tarde, um grande segredo familiar viria à tona. As meias-irmãs de John souberam que depois do primeiro desaparecimento de Fred, em junho de 1945, a mãe tinha tido uma filha, Victoria, com outro homem, um soldado galês chamado Taffy Williams. Foi um grande escândalo e o avô de John, "Plops" Stanley, que tinha acolhido Julia e o jovem John em sua casa na Penny Lane, insistiu para que o bebê fosse dado à adoção. Julia conheceu então outra pessoa com quem teve duas filhas, alguém que não aceitava John, então ela o entregou para a irmã, Mimi - "Plops" já estava morto, então ela podia fazer o que quisesse.)

Havia algo mais além da música ligando John e Paul de modo quase espiritual. A perda de suas mães teve um impacto emocional enorme que os dois guardaram dentro de si e não falavam para ninguém. Nos momentos mais silenciosos, os dois compartilhavam seus sentimentos, não em palavras, mas em um nível intuitivo, algo que não podiam fazer com os outros amigos. Só cheguei a perceber isso anos mais tarde porque as crianças de Liverpool eram duronas. Mesmo as de classe média, como a maioria de nós, ficariam embaraçadas em mostrar os sentimentos, e provavelmente não fariam isso na frente das outras. Tínhamos um lema "Não se abra comigo, cara", que significava "Guarde seus sentimentos para você mesmo". Tudo ficava guardado dentro de nós – e assim, crescíamos e seguíamos nossas vidas. Às vezes, essa defesa era frágil como uma casca de ovo e, como no caso de John, resultava em surtos de crueldade e desconfiança.

Paul sentia tanta falta da mãe que a primeira música que escreveu, quando tinha 14 anos, "I Lost My Girl", falava exatamente sobre ela. Na época, ele dizia não ter percebido que a música falava da mãe. Vários adolescentes angustiados costumavam escrever poesias, mas escrever músicas era uma coisa incomum. Embora Paul estivesse impressionado com uma música que o pai tinha escrito, Jim McCartney negava seus próprios esforços. Quando elogiado, ele dizia "Não escrevi. A música simplesmente surgiu", um sentimento que deixaria uma impressão definitiva em Paul, fazendo-o acreditar que as músicas não tinham valor financeiro. Tanto ele quanto John pagariam caro por este erro. (Em 1968, Paul escreveria uma música intensa, "Lady Madonna", que também falava de sua mãe. Embora a música tivesse uma batida bastante animada com elementos do *jazz* de Nova Orleans, tinha também uma imagem maternal que seria recorrente nas obras de Paul, em seus sonhos e em seus desejos inconscientes de encontrar a mulher ideal para substituí-la).

Acho que John, Paul e George levaram a banda a sério pela primeira vez e se tornaram quase fervorosos em sua paixão pela música quando Buddy Holly e os Crickets foram a Liverpool e sacudiram nossos esqueletos no Philarmonic Hall. Em uma estranha antevisão de meu futuro trabalho como promotor de eventos e avaliador de discos, ganhei um concurso do New Musical Express em que os participantes tinham que adivinhar quais seriam os três discos preferidos na semana seguinte. Minha seleção não foi apenas palpite, usei o raciocínio. O prêmio seria ver Buddy Holly e encontrá-lo junto com os Crickets no Philarmonic Hall.

Eu já tinha visto Gene Vincent e Eddie Cochran quando estavam em turnê, então estava familiarizado com o *pop* dos Estados Unidos. Mas Holly era meu ídolo e mamãe já tinha comprado ingressos, então pude ir duas vezes. Foi fantástico. Era a primeira vez em que se permitia um show de *rock and roll* no Philarmonic Hall, em vez do Liverpool Empire. Buddy Holly e os Crickets tocavam tão alto que os organizadores provavelmente começaram a pensar duas vezes. As crianças adoraram; cantamos e gritamos a toda. É claro, os Quarrymen também foram, com George, Paul e John. Depois disso, ouvi vários comentários invejosos porque durante o intervalo, fui levado para os camarins para ser apresentado a Buddy e a dois Crickets, Jerry e Joe, e ao organizador, Des O'Connor. Previsivelmente, isso rendeu muito assunto na escola. Agora eu era "O Tony que conheceu Buddy Holly e os Crickets – e ele viu os dois shows!". Era como se de repente eu tivesse me tornado famoso, e de certa forma, foi isso mesmo o que aconteceu.

O show inspirou enormemente os Quarrymen. Eles decidiram gravar um disco, mas buscaram fazer isso à maneira mais romântica e otimista, gravaram um demo barato e emprestaram para que os amigos tocassem exaustivamente. George ficou todo orgulhoso do "primeiro *single*", que trouxe para ouvirmos. Era um trabalho amador e horroroso, cheio de chiados e rouco, um disco feito no quintal de Percy Philips, um cara que produzia demos e tinha talvez a única prensa para discos em Liverpool, na 38 Kesington Road. Mesmo assim, impressionava bastante o pessoal que se juntava ao redor da vitrola. Aquele era um *disco de verdade* e, chiado ou não, parecia autêntico, como o início de algo. Tocaram "That'll Be the Day" e "In Spite of All the Danger", com John cantando as duas faixas. Ficamos muito impressionados quando George falou entusiasmado sobre gravar discos e assinar contratos.

"Como você vai fazer isso?", perguntei.

"John vai enviar este demo para um DJ e pedir para que ele toque em suas apresentações", disse George confiante. "Então alguém vai ouvir e seremos descobertos".

Todos sabíamos o que significava ser descoberto, como no caso de Elvis. Ser descoberto era o modo como funcionava o sistema. Meus irmãos e eu passamos o disco uns aos outros, manuseando-o como se fosse feito de ouro, mal notando o selo escrito à mão: "*This is rock 'n' roll show biz!*". Acho que ouvimos umas vinte vezes em poucas horas, cantando as músicas, enquanto George se enchia com nossa admiração e a fama que se anunciava logo adiante.

No final, mamãe apareceu na porta da cozinha onde estava preparando o chá e disse bem humorada, "Será que não dá para tocarem outra coisa?".

"Quanto custou isso, George?", perguntei erguendo o disco e apontando para ele.

"Uma libra", disse ele. Parecia uma quantia e tanto. Para mim, significava duas semanas de trabalho entregando jornais – e isso tornava tudo ainda mais impressionante. Ele sorriu quando disse que no momento em que levaram as músicas para serem gravadas, tinham recolhido apenas 17 xelins entre eles e tiveram que voltar no outro dia com mais 3 emprestados para que Percy os deixasse levar a demo embora.

"Podemos ficar com ele até amanhã?", perguntei.

"Sim, mas não emprestem para mais ninguém", disse George, "senão o John me mata".

Fiquei tão apaixonado pelo disco que o toquei até que a mamãe ficasse de saco cheio. Devolvi a George e a obra percorreu nosso círculo mais uma vez até ficar gasto, como um livro de biblioteca. Eles nunca chegaram a encontrar um DJ que o tocasse e, no final das contas, Paul ficou com o disco e deixou-o de lado. (Alguns anos mais tarde ele faria algumas cópias particulares na EMI, embora a qualidade fosse muito ruim. Foram finalmente distribuídos como parte da primeira compilação *Beatles Anthology*. Até hoje ele tem o original e as cópias trancados em algum lugar no meio de suas relíquias).

Mas em 3 de fevereiro de 1959, Buddy Holly morreria em um acidente de avião, o lendário "dia em que a música morreu". A tragédia me deixou muito impressionado, porque eu era o menino que *tinha conhecido Buddy Holly* – e todos ficamos de luto. Ele era o melhor. Nossa reação foi de espanto, "Meu Deus! Não pode ser verdade!".

Ele parecia uma pessoa comum – ele era real. Ao contrário de outras grandes estrelas dos Estados Unidos, ele não usava *lamé* ou roupas extravagantes, o que muitos grupos de Liverpool copiaram. Usavam *lurex* e *lamés* horríveis (como Rory Storm), roupas chamativas e ternos brancos que até eram bonitos, mas custavam os olhos da cara para lavar a seco, e, por isso, estavam sempre imundos.

A versão pré-Beatles, mesmo começando com paletós baratos e gravatinhas, igual a todos os outros grupos de *skiffle* (e eles iam todos à mesma loja de sapatos para comprar os mesmos mocassins preto e branco que todo mundo usava), evoluiu para o tipo Marlon Brando, com jaqueta de couro e calças apertadas, colocando-se bem a distância do que se esperava das bandas de palco. Quando John começou a freqüentar a escola de artes, absorveu toda a poética Left Bank e influenciou seus amigos a usarem suéteres pretos e brancos ou cordões cinza carvão com jaquetas de lã no estilo Norfolk, com bolsos pregados. Exclusivo, John também usava cordões verdes escuros. Nossos calçados eram de bico fino com salto cubano até depois de Hamburgo, quando os Beatles voltaram com botas de caubói com a parte superior decorada e adotaram o jeans. (Quando John e Paul passaram por Londres na volta de Hamburgo, em 1961, viram botas da Annello & Davide na Drury Lane e ficaram empolgados. Havia duas versões, uma com o salto cubano, que ficou famosa como a bota dos Beatles; e a outra em estilo shakespeareano – como as do flamenco de Tom Jones e a variação com a fivela grande P.J. Proby).

Em contraste a toda esta extravagância de palco estava Buddy Holly. Todos nós o respeitávamos porque ele parecia modesto. Usava ternos comuns e tinha grandes óculos, assim como John. Era um cara comum e mesmo assim tinha aquelas músicas maravilhosas, além disso, tocava guitarra. Isso pode parecer óbvio, mas até que ele surgisse, a maioria dos cantores apenas cantava, apoiados por uma banda estilo cabaré. Ele tinha os melhores discos, as melhores músicas. Meu Deus, ele era um dos nossos, *pertencia* a nós. Tínhamos visto Buddy em carne e osso. Eu o conheci! Queria que ele tivesse vivido para ver os Beatles em 1963 ou 1964.

John decidiu rebatizar os Quarrymen como Beetles, em homenagem à banda de Buddy Holly, os Crickets. Quando anunciou isso depois de uma apresentação, George – de quem eu era mais próximo na época – e eu ficamos sem fala, embora tentássemos parecer serenos. Era uma homenagem justa e todos concordaram solenemente. De qualquer forma, eles acabaram evoluindo a partir da fase Quarrymen, deixaram de ser jovens estudantes e a maioria dos membros originais já tinha saído do grupo. Lembro-me de ter olhado para a minha mão espantado. Aquela era a mão que tinha apertado a de Buddy Holly. Triste, percebi que já a havia lavado milhares de vezes desde então, mas ainda assim, ela tinha tido contato direto com ele. Estava tudo ligado – *nós* estávamos interligados.

♪

Mas ao longo de sua metamorfose, os Beatles tentaram vários outros nomes ao mesmo tempo em que continuavam sendo chamados de Quarrymen pelos antigos fãs. Primeiro John tentou "Long John Silver and the Beetles", uma combinação do nome de John e o Long

John Silver de *A Ilha do Tesouro*. John gostava deste nome, mas os outros acharam que o nome dava a ele importância demais. Mas John conseguiu se impor, como sempre conseguia naquela época. Depois o nome foi encurtado para Silver Beetles, nome que usaram por meses até conhecerem Royston Ellis, um jovem poeta inglês. Em uma daquelas brincadeiras com palavras de que John e Paul tanto gostavam, acabaram chegando a Beatals, um trocadilho para "beat alls". Segundo Royston Ellis, isso foi idéia dele. Mas em uma época em que tanta coisa acontecia no mesmo dia, principalmente na mente dos jovens, não demorou muito para que pensassem em outros nomes.

Sem ter consciência disso, éramos todos poetas natos de rua, brincando com palavras inventadas e usando figuras de linguagem que eram exclusivas de Liverpool. O interesse de John e Paul em jogos de palavras e coisas de duplo sentido ficou maior quando Royston Ellis fez um recital na Liverpool University. John, que gostava do novo, diferente e estranho, não perdeu tempo em conhecer o novo poeta. Tinham a mesma idade e reconheciam-se como espíritos semelhantes. Iam para algum apartamento barato de estudantes, onde passavam a noite usando algum tipo de droga e compartilhando uma garota chamada Pam. Segundo John, por algum motivo estranho e talvez excitante, ela se cobria de polietileno, algo incomum para roupas de noite, e isso chamou tanto sua atenção que ele chegou a escrever uma música sobre isso: "Polythene Pam". Naquela mesma noite, Royston Ellis mostrou a John como se drogar inalando benzedrina embebida em um pedaço de pano, o que logo ficou conhecido como um modo fácil de se conseguir o efeito da droga.

Maconha não era tão legal. Poucas pessoas fumavam de vez em quando, mas os *purple hearts* e *black bombers* eram os mais consumidos pelos que queriam ficar acordados dançando. Custavam cerca de seis pences cada se comprados individualmente, ou cem por uma libra. Os *purple hearts, black bombers* (Durophet) e similares eram pílulas de emagrecimento com efeito estimulante – um grande efeito! Vinham da British Drugstore Houses, uma fábrica nos arredores de Speke, aonde alguns iam para roubar pacotes dessas coisas, o suficiente para o abastecimento de meses. Com um nome assim, o lugar funcionava como um imã. Brincávamos dizendo que havia mapas nos *pubs* e shows. Ainda tenho minha agenda da adolescência e lá, em branco e preto, está o endereço (mas não o telefone) do vendedor que todo mundo usava – o vendedor a quem eu recorria quando os Beatles estavam na estrada e tinham que continuar viajando: um cara chamado Tex. Ele era o fornecedor de *purple hearts*, benzedrina e *black bombers* para a cena musical de Liverpool. A falta de um número de telefone não era incomum. Linhas telefônicas valiam ouro e eram sempre compartilhadas. Eram chamadas de "linha de festa" e no caso de Tex, acho que isso era verdade.

Lembro-me das conversas na escola quando George, Paul e John, tendo desistido do nome Beatals para voltar ao antigo Silver Beetles, foram agendados por um jovem empresário chamado Larry Parnes e desapareceram pela Escócia como apoio de Johnny Gentle em um salão vagabundo onde noite após noite eram ovacionados com garrafadas de neanderthais. Paul tinha saído da escola pouco antes das provas dizendo ao pai que tinha duas semanas de férias para se preparar para elas. Quando todos descobriram onde ele realmente estava, nossos pais usaram isso para nos advertir sobre o quanto eram importantes os exames escolares e sobre como as perspectivas de futuro para Paul estavam arruinadas. Quando John nos assustou com sua foto no *Sunday People*, um jornal inglês sensacionalista, parecia que nossas mães finalmente tinham razão. A manchete dizia: "O Horror Beatnik, para os que não sabem, a caminho do inferno".

O escândalo – do qual John ria histericamente – surgiu porque o barbudo Allan Williams (primeiro *manager* dos Beatles), que usava boné e era dono do café Jacaranda, decidiu abrir uma casa de *strip-tease* batizada de New Cabaret Artists Club. Para a noite de abertura, ele contratou uma *stripper* chamada Janice e enviou aos jornais algumas fotos da banda, os Silver Beetles, para fins de publicidade. As fotos mostravam John e Stuart Sutcliffe em um apartamento de estudantes, incrivelmente bagunçado. Quando chegou a hora da apresentação, Janice, ao que parece, só conseguia se despir ao som de Beethoven e do Spanish Fire Dance. Ela entregou as músicas a John, e ele olhou com desprezo. Em vez disso, vestidos com desajeitadas jaquetas lilases, tocaram seu próprio arranjo distorcido de "The Harry Lime Theme", enquanto na frente do palco Janice lutava para tirar a roupa seguindo a música. No final do ato, ela virou-se toda ofegante, em seu glorioso nu frontal, enquanto os rapazes, especialmente George, ficaram corados, depois vermelhos, depois sorriram juntos. O *barman*, um indiano chamado Lord Woodbine, deu uma grande gargalhada enquanto sacudia o gelo na coqueteleira.

Allan experimentava tudo o que fosse diferente, incluindo uma *jukebox* Rock-Ola incrível, nova, cromada, cheia de discos dos Estados Unidos! Ficamos de boca aberta e, depois, enfeitiçados quando Little Richard, depois Chuck e os Fats tocaram. Aquilo era mágico. Adorávamos os discos dos Estados Unidos porque os discos ingleses eram um lixo. Esnobávamos Cliff and Marty Wilde, Mark Wynter e Malcolm Earl, um cantor de baladas que cantava músicas do tipo "St. Teresa of the Roses" (o filho dele foi quem fundou o Hard Rock Café e o Planet Hollywood). Do fundo do coração, achávamos que a música americana era o que havia de verdadeiro. Era como se os Estados Unidos fossem nosso lar espiritual.

Enquanto todos ouviam *skiffle* e *jazz*, Allan levava uma banda jamaicana para o seu bar. Ele parecia não se preocupar em ganhar dinheiro com isso e deixava que os garotos ficassem ali o dia todo com uma xícara de café frio. Também fazia vistas grossas quando alguém batizava o café. Então, quando um marinheiro alemão passou pelo Jacaranda, Allan soube da cena musical quente de Hamburgo. Também soube que um baterista chamado Ringo Starr – que já tinha visto em algum lugar, e cujo nome verdadeiro era Richard Starkey – tinha ido para a França com Rory. Allan foi para Hamburgo pessoalmente e falou com algumas pessoas, incluindo Bruno Koschmeider, proprietário do Kaiserkeller. Ele percebeu que Bruno não tinha interesse algum nas bandas de Liverpool, lugar do qual jamais tinha ouvido falar, e retornou à cidade desanimado, mas não desistiu. Sabia que algo estava para acontecer, mas, infelizmente, naquele momento todos estavam indo para outro bar que já funcionava desde 29 de agosto de 1959, onde os Beatles tocaram na noite de abertura e em todos os sábados até 10 de outubro.

O Casbah tinha sido aberto inicialmente para ser uma jaula para os filhos de Mona Best, no grande porão de seu casarão vitoriano, em uma parte distante de Liverpool. A casa tinha um ar misterioso, como se fosse saída de um romance gótico, cercada por um grande muro de pedras e escondida por trás de arbustos bem crescidos. Não se parecia em nada com um lugar freqüentado por jovens, sete dias por semana. Era muito legal que ela tivesse comprado aquela casa enorme de nove quartos com o que ganhara em corridas de cavalo. Ela havia penhorado suas jóias indianas e apostado tudo em um cavalo que venceu o páreo.

Todos adoravam Mo, ela era muito divertida e cheia de energia. Quando viu o quanto se espalhavam rápido as notícias sobre seu bar no porão, decidiu torná-lo mais comercial. Seria um lugar freqüentado por jovens onde grupos poderiam tocar. O interior tinha o tamanho de duas salas de estar médias – o espaço suficiente para talvez cinqüenta ou sessenta pessoas. Todos corremos para dentro para pintar as paredes de preto, depois, acho que foi de John a idéia de usar tinta roxa fosforescente. Inspirados, atiramos a nova tinta sobre a tinta preta. As pareces brilhavam de modo estranho, como se estivéssemos em uma nave espacial flutuando pela galáxia com luzes ultravioleta penduradas em fios torcidos. John adorou, é claro.

Não havia palco, nem móveis de verdade. Mo foi às compras com Neil Aspinall e voltou com alguns bancos de encosto plano, do tipo que se encontra em parques ou escolas. Havia algumas cadeiras e um espaço no meio para as pessoas se movimentarem. O espaço era tão pequeno que não havia onde dançar. Lembro-me até hoje do cheiro de lá. Fedia a suor e carvão, além do Nuit de Paris das meninas, e fedia principalmente a Woodbines, os cigarros baratos que vinham em um maço de cor verde clara e nome escrito em marrom com a figura de uma planta trepadeira. Os Dominos eram ainda mais baratos, e podiam ser vendidos de forma avulsa, naqueles saquinhos brancos de papel em que se vendiam as balas sortidas nas lojas de doces. Bebíamos Coca-Cola quente e comíamos pão com queijo cheddar e rodelas de cebola crua, feitos na cozinha lá de cima – que pareciam queimar as narinas. Não eram permitidos o álcool, nem a maconha. Mo podia sentir o cheiro das duas coisas a quilômetros de distância e fazia sua regra ser cumprida à risca.

O som era abafado. Era alto e nos envolvia e parecia fazer vibrar as paredes de John pintadas de roxo fosforescente, fazendo-as pulsar de forma psicodélica. Alguns grupos ainda tocavam *skiffle*, mas os Silver Beetles tocavam tudo dos ídolos norte-americanos, grandes sucessos como "Rave On" e "It Doesn't Matter" de Buddy Holly, "Summertime Blues" e "Come on Everybody" de Eddie Cochran, e "Jailhouse Rock" e "One Night" de Elvis. Ninguém fazia música como os Silver Beetles. Eram fantásticos e começavam a criar raízes.

Por volta das 22h30, todos íamos embora a tempo de pegar o último 81 para Bootle ou Speke. Se perdêssemos o ônibus, teríamos que andar oito ou dez quilômetros. Por algum motivo, aqueles que tinham motocicletas não iam com elas para as apresentações, simplesmente porque não podiam se vestir bem e ficar andando por aí; e as meninas também não queriam andar em motocicletas para não serem confundidas com as Judies. Outra consideração importante é a de que o sujeito podia chegar cheirando a óleo e com o cabelo bagunçado depois de ter demorado horas para fazer o topete. Abusávamos do Brylcreem ou Trugel, depois penteávamos e passávamos horas modelando o topete. O mais alto possível e para frente antes que ele caísse e parecesse ridículo. Nosso ídolo era Kookie de *77 Sunset Strip* – "Kookie, Kookie, me empreste seu pente".

Portanto, havia aquele toque de recolher natural às 22h30, iniciado com uma correria para ajudar a banda a guardar os apetrechos e seguido de outra, para os pontos de ônibus em lados diferentes da estrada, dependendo do destino de cada um. Ríamos e conversávamos ainda cheios de adrenalina e grande animação. Era fantástico.

Mas mesmo estando sempre envolvido em tudo isso, sentia que mal conhecia Pete Best, embora costumasse ir a várias apresentações organizadas pela mãe dele. Ele tinha fama de ser misterioso, mas provavelmente fosse apenas grosseiro e introspectivo, ou talvez estivesse sempre deprimido. Algumas pessoas distribuíam animação, outras sugavam esta energia como se fossem buracos negros. Talvez não por sua culpa, mas Pete era do último tipo. Tinha um namoro firme com uma garota que conheceu quando era mais jovem e nunca chegou a se misturar com os outros; também não saía muito. Posso dizer que conhecia muito mais a mãe do que ele, aliás, isso valia para todos. Ele freqüentava poucos lugares, todos os bares e salões locais, como o Casbah Club, o

Knotty Village Hall e o Hambleton Hall. Todos dirigidos pela agradável mãe de Pete.

♪

Jamais pensei que pudesse participar de toda aquela fama e glória. Jamais me preocupei em pegar um violão porque perdi parte de um dedo em um acidente com a caixa de correio (mas se alguém tivesse me dito que perder alguns dedos não afetaria Django Rheinhardt, eu até que teria tentado). O cenário musical de Liverpool era incrível naquela época. Era único, embora o mesmo devesse acontecer por todo o país, porém em menor escala, naqueles dias em que a televisão não era o que é hoje. Na verdade, havia um tempo em que a TV começava às 18h e terminava às 21h porque as peças precisavam ser desligadas para esfriarem. Adormecer diante da TV era tão perigoso quanto fumar na cama. Havia uma piada que dizia que este era o motivo de tocarem o hino da Inglaterra ao final da programação – assim todos tinham que se levantar.

O entretenimento fora de casa era importante. E ainda acho que Liverpool tinha mais agitação, mais energia – e mais acontecimentos – do que as outras cidades. Talvez o motivo fosse a grande presença de norte-americanos, ser uma cidade portuária e ter sofrido uma explosão na taxa de natalidade no pós-guerra. Bandas e grupos tocavam ao vivo em bares, salões de baile, centros de convivência e clubes de trabalhadores. Todas as lojas Burton (lojas que vendiam roupas masculinas de massa) tinham um salão de baile no andar de cima. As salas de fundo de todos os bares eram lugares de música ao vivo e havia centenas de cabarés que exibiam *jazz*, danças e comediantes.

Dizia-se que havia cerca de 300 bandas e grupos só em Liverpool, mas eu não ficaria surpreso se dissessem que havia mais do que isso. Não se andava por uma rua da cidade sem que se ouvisse música vinda de algum lugar ou sem que se sentisse o chão vibrando com o som e a dança. Aproveitando ilegalmente meu passe escolar para os ônibus, comecei a freqüentar todos os salões de baile para observar os grupos locais. Entre os vários, eu sempre ia assistir aos Alligators, Delcardos, Dominators, Ricky e os Red Streaks (não era uma grande banda, embora Paul viesse a tomar o nome emprestado durante sua turnê Back-to-Basics). Havia Rory Storm e os Hurricanes, Gerry e os Pacemakers, o (Swinging) Blue Jeans, e Johnny Sandon e o Remo Four. O Remo Four era o melhor grupo para se ver porque podiam tocar todas as músicas dos Shadows, ao mesmo tempo em que Johnny tocava as músicas country, o que eu achava uma boa combinação. (Os Shadows eram como os Ventures, um grupo instrumental dos Estados Unidos). O guitarrista principal do Remo Four, Colin Manley, era o único em Liverpool com uma Fender Stratocaster que valia 150 libras. Não havia mulheres nas bandas. Mas havia Cilla e Beryl Marsden, que costumavam subir ao palco para cantar. Às vezes, eram chamadas como convidadas em algum número. Beryl não seria levada a sério até ir para Londres e juntar-se ao Shotgun Express, com Rod Stewart e Long John Baldry, enquanto o caminho de Cilla para a fama como Cilla Black surgiu quando foi descoberta por Brian Epstein.

Conheci vários rapazes de bandas e, sendo um garoto sem dinheiro, nem sempre tinha a meia coroa ou os três xelins para pagar a entrada. Eu os encontrava depois da escola ou em um outro lugar qualquer e pedia para carregar os instrumentos ou ajudar com os amplificadores.

Sim, eu era um *roadie* desde cedo, especialmente de Gerry e os Pacemakers, até que de repente eles foram para Hamburgo.

Sabíamos que Allan Williams tinha visto algo nos Silver Beetles, e ele estava ocupado. Estava em Londres procurando trabalho para eles, onde se encontrou mais uma vez com Bruno Koschmeider, desta vez no café-bar Two I's. Bruno havia ignorado o mar de talentos de Liverpool e preferiu ir a Londres procurando números para apresentar na Alemanha. Desta vez, Allan conseguiria convencê-lo e assim que voltou para Liverpool, disse aos Silver Beetles que tinha um show no Kaiserkeller, mas eles precisariam escolher um baterista adequado e dedicado em tempo integral, não alguém que pegassem de última hora. (Como último recurso, várias vezes chegaram até a contratar um baterista do Exército da Salvação ou um velho esquisito que só conhecia “Gay Gordons” e a “Marcha Fúnebre”, porque tinha tocado numa banda militar).

Pete Best parecia uma verdadeira estrela do rock com sua aparência obscura, sua jaqueta de couro, o jeans apertado e o topete à la Elvis, o que lhe rendeu grandes conseqüências. A banda entendeu que se alguém podia fazê-los decolar, essa pessoa era Pete. Morderam a isca de Hamburgo e foi tudo o que precisaram para arrancar Pete dos Blackjacks, banda em que ele tocava bateria. Estavam preparados, e assim partiram. A formação era John, Paul, George, Stuart Sutcliffe (um frágil estudante de arte da classe de John) no baixo que ainda aprendia a tocar, comprado com o dinheiro de um prêmio de arte que ganhou – e Pete Best. Para Pete, aquilo foi a pior coisa que poderia ter acontecido, porque ele saiu de lá com o coração partido.

Logo depois do Natal de 1960, li no *Liverpool Echo* que uma nova banda chamada "The Beatles" viria direto da Alemanha para o Litherland Town Hall em 27 de dezembro, com Bob Wooler, um jovem DJ de Liverpool, como mestre de cerimônias. Decidi ir – e acabei no alto daquele ônibus 81 com George, que estava a caminho da primeira apresentação dos Beatles. Daquele momento em diante, fiquei conhecido como o "amigo de George".

Para mim, as coisas realmente tinham mudado enquanto eles estiveram em Hamburgo. Fiquei mais alto, mais forte. É impressionante o que um ano ou pouco mais que isso podem fazer na vida de um garoto. Deixei de ser um moleque bem mais relaxado do que John, para me transformar em um autêntico adolescente de opinião com topete de Brylcreem.

"Pode carregar a porra da minha guitarra também, se quiser!" John me dizia, do modo como só ele conseguia fazer.

Eles foram tão bem naquela noite que o organizador, Brian Kelly, agendou-os para mais 36 apresentações, com a próxima logo para a semana seguinte, no Litherland Town Hall, em 5 de janeiro. Brigaram muito por um aumento de cachê e foram aumentados para sete libras e dez xelins. Chas Newby, o baixista que substituía temporariamente Stuart Sutcliffe, saiu para retornar à escola de artes, o que rendeu aos outros Beatles a fortuna de 36 xelins e 6 pences cada. Foram aquelas apresentações que os solidificaram como um grupo carismático com um exército crescente de seguidores enlouquecidos. Em um ano, vi cerca de 300 apresentações dos Beatles, de uma ponta à outra do Mersey. E nunca mais parei.

QUATRO

NENHUM DELES TINHA UM EMPREGO FIXO DURANTE O DIA, mas oficialmente os Beatles eram, então, músicos profissionais. Ganhavam seu dinheiro com as apresentações, mesmo assim estavam quase sempre quebrados. Organização e pontualidade ainda eram uma bagunça porque encontrar um meio de transporte continuava sendo uma questão de sorte; também não tinham *roadies*. Na verdade, eu era o *roadie*, o único *roadie* da banda. Se fossem para Manchester, por exemplo, a história era "Ei, vamos chamar o amigo do George para ajudar com as coisas".

Neil Aspinall era um membro antigo de nosso pequeno círculo e também ajudava. Era seis meses mais jovem do que Paul e foi da classe dele no Liverpool Institute. (George estava um ano abaixo deles, mas ele e Paul costumavam ir embora no mesmo ônibus, então, apesar da diferença de idade, tornaram-se amigos – diferença que, aliás, estaria sempre entre os dois. Até o final, Paul sempre via George como "nosso menino".)

Embora o coração estivesse com o *rock and roll*, Neil estudava por correspondência para ser contador. De alguma forma, conseguiu juntar 80 libras para comprar uma *van*, uma pequena Bedford. Depois comprou uma velha Thames, passando por uma sucessão de porcarias de *vans* que sempre quebravam no caminho, e assim seguíamos em frente com Neil no volante, torcendo para chegar ao palco na hora, se é que conseguiríamos chegar. Ele era bem cabeludo e animado. Morava com a família Best no grande casarão vitoriano acima do Casbah Club. Ele e Pete iam direto para casa com os instrumentos para que ficassem guardados em segurança, enquanto o resto de nós ficava bebendo em bares como o Blue Angel (conhecido como "The Blue"). Ou nos cafés chineses, o tipo de lugar onde provavelmente haveria heroína e *hookahs* (narguilés) nas salas do fundo, por trás de cortinas de miçangas - o tipo de lugar para onde, havendo heroína e *hookahs*, John iria correndo, porque ele era como uma mariposa em volta da lâmpada: *queria* se queimar. Achávamos bastante ousado beber Coca-Cola e uísque ou, às vezes, rum, coisas que acredito terem sido levadas a Liverpool pelos marinheiros. Quando fomos para Londres e desfilávamos pela Scotch of St. James's, as pessoas pensavam que bebíamos uísque com Coca-Cola apenas para nos exibirmos, mas já fazíamos isso muito antes. Nem sei direito como começou. Talvez eu mesmo tenha apresentado isso ao grupo, tendo aprendido com uma família norte-americana vizinha, em Hunts Cross.

Os Macmillans moravam a quatro casas de nós. Charlie Macmillan era capitão da Força Aérea dos EUA, em Burtonwood, uma das enormes bases aéreas ao longo do Mersey. Era um homem bom, que levava para casa os últimos gibis e discos dos Estados Unidos – aqueles que não se encontravam na Inglaterra, incluindo alguns selos desconhecidos e artistas de quem jamais tínhamos ouvido falar – para serem compartilhados entre os filhos, meus irmãos e eu (e, é claro, os discos seriam passados adiante para George, Paul e John). Sempre havia chocolate e chiclete, mesmo quando isso era racionado e quase impossível de se conseguir na Inglaterra, além de um suprimento interminável de Coca-Cola, tudo vindo das lojas PX. No verão, os Macmillans faziam churrasco no jardim, assim como seus companheiros de base. Eles convidavam os amigos. Lembro-me bem das garrafas de uísque e caixas de Coca-Cola. Tinha até gelo - algo bastante escasso entre os ingleses nos anos 1950 e 1960 - para as bebidas exóticas à moda dos Estados Unidos. Ainda posso ouvir o barulho do gelo caindo no copo e sentir o cheiro de grama cortada misturado ao som da carne torrando na grelha. Para mim, uísque e Coca-Cola pareciam uma coisa absurdamente adulta e exótica – mas depois, cresci muito rápido e logo parecia mais velho do que era na verdade.

Foi durante esta fase que arrumei um trabalho de meio período em uma fazenda. Isso aconteceu porque eu tinha um pônei que mantinha em um campo nos arredores de Hunts Cross. Às vezes eu ajudava o dono do lugar a alimentar os animais, ou a fazer a limpeza, ou com o feno, e adorava tudo isso, então quando surgiu a oportunidade de trabalhar em uma fazenda grande perto de Halewood, não deixei passar. Não ganhava muito, cerca de dez xelins por semana, mas era divertido. A fazenda era de Frank Parker, um homem com bastante visão de futuro. Tinha vacas de leite e plantações de leguminosas, trigo e feno, além de todos os equipamentos modernos necessários, desde ordenha elétrica até máquinas de beneficiar e de resfriamento rápido para congelamento dos grãos que fornecia aos primeiros supermercados. Eu tinha que alimentar as galinhas duas vezes ao dia. Corria para lá com minha bicicleta antes de ir para a escola de manhã, espalhava a ração de ervilhas, trigo e linhaça, depois fazia o mesmo quando voltava da escola. Nos finais de semana e nas férias de verão, eu ficava lá da manhã até a noite. Dirigia os tratores, juntava o feno e fazia qualquer outra coisa que precisasse ser feita. Minha ambição tornou-se ser fazendeiro e me inscrevi na escola agrária, que podia ser freqüentada antes da idade universitária. Parte disso era minha paixão pela direção. Adorava lidar com o maquinário da fazenda, principalmente andar com os tratores e, apesar de minha juventude e óbvia ausência da habilitação, já andava de motocicleta aos 12 anos. Com uma libra podíamos comprar uma bem velha em um ferro-velho, consertá-la, colocar algumas peças e fazê-la andar, depois corríamos pelos campos das fazendas.

Quando crescemos, ficamos piores do que os Hell's Angels. Éramos uma gangue de irmãos e amigos da escola, crianças unidas, andando por aí com nossas motos, parecendo importantes, olhando para as meninas. Vivemos momentos empolgantes. Nos finais de semana ou feriados, íamos para as docas e tomávamos a balsa para chegar a New Brighton ou Hoylake. Às vezes, íamos para North Wales por um dia, ou para Rhyl, onde meus tios moravam.

Nenhum dos Beatles tinha motocicleta. George as odiava – embora uma vez fosse fotografado com uma – mas quando eu oferecia carona para as apresentações, ele montava na garupa, relutante. Não usávamos capacetes. Era frescura. Em um dia de chuva, sofri um acidente feio nas docas, onde as linhas de trem se cruzavam sobre as pedras do calçamento. Um carro saiu de uma rua lateral e tentando evitá-lo, derrapei nas pedras molhadas e minha roda se prendeu nos trilhos. Fiquei no hospital por semanas com uma perna e os cotovelos quebrados e fraturas no crânio.

Eu vivia uma vida aparentemente estranha, por um lado, na escola, praticando esportes, andando em meu pônei, trabalhando na fazenda, sendo saudável; por outro, envolvido pela fumaça dos inferninhos e salões de baile, bebendo uísque com Coca-Cola. As meninas também faziam parte da cena, mas eu ainda era jovem e não era um viciado em sexo como John e Paul. No geral, nem todas as garotas da minha idade iam até o fim. Morriam de medo de ficarem grávidas. Nós também tínhamos nossos medos, o horror de arrumar problemas com uma garota e ter que sair da escola para casar. Então o negócio era levá-las para casa na esperança de que deixassem você fazer alguma coisa proibida. E eu ainda era muito tímido, então, pelo menos no meu caso, não há muito o que contar.

♪

A primeira namorada séria de John, Linda – conhecida como Louie – era de Allerton, assim como ele. Eles namoravam antes de ele conhecer Cynthia e eu os vi várias vezes andando juntos. Ela era linda, mas John a dispensou quando foi para a escola de artes. O namoro de Paul com Dorothy Rohne, durou mais tempo. Ela chegou a se mudar para uma quitinete com Cynthia e as duas dividiam mais do que as meias e o café. Parecia-me que dividiam também os medos e sonhos sobre os dois jovens que tentavam prender e domar.

A primeira namorada de George foi Iris Caldwell, quando ele tinha 14 anos e ela 12. Ela costumava encher o sutiã com algodão e todos os rapazes sonhavam com ela, mas George era seu adorado. Não fizeram mais do que trocar beijinhos na sala da casa da família, na Broadgreen Road. Assim como Mo Best, Vi Caldwell – "Ma" – era uma atração à parte. Recebia todos os jovens e fazia sanduíches de bacon a qualquer hora da noite. A casa tornou-se um ponto de encontro. O irmão de Iris,

Allan, dos Texans, tornou-se Rory Storm, dos Hurricanes. Mudou até o endereço da família para a Broadgreen Road, em Stormsville.

Paul também começou a sair com Iris em 1961 quando a viu crescida e bonita, dançando energicamente no Tower Ballroom onde os Beatles tocavam. Ela trabalhava lá como dançarina profissional, glamourosamente vestida com meia arrastão e salto alto. Eu sempre parava para conversar com ela quando ia para o Tower porque nos conhecíamos havia tempos. Mas quando Paul a viu, não conseguiu mais tirar os olhos de cima dela. Quando ele a convidou para sair, ela disse, "Não me reconhece mais? Sou Iris Caldwell". Entre idas e vindas, ficaram juntos por alguns anos, e terminaram quando ele foi para Londres e conheceu Jane Asher. Iris casou-se com Shane Fenton – que se tornou Alvin Stardust, em uma banda de *glam rock*.

Suspeito de que George fosse virgem quando foi para Hamburgo, mas certamente não era mais quando voltaram. Assim como todos os Beatles que, sendo ou não, eram considerados atletas sexuais, quando voltaram, George podia escolher entre as mulheres. Mas ele era muito inseguro e tímido, e levou uma eternidade para mudar. John também era muito tímido, mas, para compensar, era falante e agressivo, e as garotas corriam atrás dele. Mais tarde, parecia não importar o fato de ele e Ringo não poderem dirigir. Na verdade, ficaram sem habilitação por um bom tempo, mas isso não pôde impedi-los de andar por aí. Com ou sem habilitação, John era um péssimo motorista. E se recusava a usar os óculos, o que só piorava a situação. George arranjou sua primeira garota de verdade quando tinha 18 anos, durante um dos intervalos em Hamburgo. Era uma loira chamada Bernadette O'Farrell, uma mulher estonteante, e uma excelente garota para se levar para casa e apresentar à mãe. Ficamos impressionados porque naquela época todos queriam uma namorada parecida com a Brigitte Bardot e o sortudo do George tinha conseguido. Nenhum de nós entendia como aquilo havia acontecido porque ele não era o que podíamos chamar de bom paquerador. Era o azarão, mais acomodado e menos atirado do que os outros, mas acho que o motivo verdadeiro de ele ter conquistado Bernadette bem debaixo dos nossos narizes era o fato de, na época, ser o único portador de uma habilitação para dirigir. Muito depois de George ter deixado

Bernadette, ela continuava sendo uma grande fã dos Beatles. Durante anos dirigiu o Beatles Museum em Liverpool até ele ser adquirido pelo National Trust.

Pete Best tornou-se uma espécie de agente dos Beatles simplesmente porque os Bests tinham uma linha telefônica e alguém sempre mandava algum recado por eles. A maioria das nossas famílias tinha telefones no início dos anos 1960, mas eram tão caros que os jovens não eram incentivados a usá-los. Geralmente, quando queríamos falar com os amigos, saíamos de bicicleta, ou enviávamos uma mensagem por meio de alguém que a passaria adiante, ou então eu saía com minha moto. Mas para quem queria ter uma agenda de shows, um homem ao telefone era essencial. John, que sempre se via como o líder da banda, não podia receber os recados na quitinete bagunçada que agora dividia com Cynthia Powell, sua improvável namorada. Ela era também uma improvável estudante de arte.

Eu conhecia Cynthia até onde era possível conhecê-la, dada sua timidez. Ela estava em todas as apresentações dos Beatles, sentada ao fundo, ou ao lado, tomando alguma coisa e sem falar com ninguém. As pessoas diziam que John tinha muitos ciúmes dela, mas eu nunca percebi isso. Eu balançava a cabeça e dizia alguma coisa a ela, que sorria - e era só isso. Ela andava em volta de John como um gatinho. Bem educada e muito linda, usava o uniforme da classe média – o conjuntinho com pérolas. Quando se apaixonou de verdade por John, ousou pintando o cabelo de loiro, como o de Brigitte Bardot – e ficou maravilhosa. Adotou o visual Paris Left Bank com grandes suéteres e meia arrastão, mas sua bela nova aparência não parecia dar-lhe muita confiança. Com a mudança de aparência, veio também uma mudança trágica e inesperada nas circunstâncias. Seu pai morreu de câncer e a mãe, viúva, com dificuldades para sobreviver, alugou a confortável casa da família na charmosa Hoylake e foi para o Canadá trabalhar como governanta.

Os Beatles voltaram à Alemanha em abril de 1961 para tocar no Top Ten Club. Tecnicamente desabrigadas e em férias da escola de artes, em junho, Cynthia e Dorothy Rohne, namorada de Paul na época, foram para Hamburgo. John e Cynthia ficaram com Astrid e Stuart, enquanto Paul e Dorothy foram para um chalé nas docas, de propriedade de Rosa, a prestativa arrumadeira do clube Indra, onde tocaram. Cynthia ficou impressionada com a vida perigosa que os Beatles viviam, com drogas e brigas todas as noites nos bares, um mundo novo que ela não achou muito atraente, embora tivesse tentado se adaptar por John.

Na volta para Liverpool, Cynthia desafiou o mundo para mudar-se para a casa de Mimi. Foi uma surpresa e, não surpreendentemente, não deu certo. Mimi era muito orgulhosa de sua casa e muito possessiva com John para dividi-lo. Em lágrimas depois de um surto raivoso de Mimi, Cynthia foi embora, para alugar uma pequena quitinete próxima ao centro da cidade, que nenhuma limpeza ou pintura ajudaria a melhorar. Quando voltou da Alemanha no início de julho, John não ligava para nada disso. A idéia de ter uma escrava sexual e um lugar central para morar era divertida, porque Hamburgo tinha mudado os Beatles e deu a eles um grande amadurecimento sexual, além de musical. (Depois de Hamburgo, Paul foi visitar Dorothy e disse que tudo estava terminado. Ela conta que ele disse, "Há muitas meninas por aí para ser fiel a uma só". Em prantos, Dorothy foi embora e sumiu de nossas vidas.)

Elas eram magras e usavam roupas de couro apertadas. Astrid, a namorada alemã de Stuart, tentou passar a eles o estilo de cabelo continental, um visual engomadinho-informal, bem diferente da imagem antiga com brilhantina, mas Stuart foi o único com coragem suficiente para deixar a franja sobre os olhos. George e Paul ficaram no meio do caminho, enquanto John deixou que Astrid lhe cortasse os cabelos apenas um pouco. Apenas Pete foi contra e recusou-se totalmente a abandonar seu adorado visual brilhoso. Levaria ainda quase um ano para que John torrasse as cem libras ganhadas no aniversário de 21 anos para ir com Paul para uma viagem de duas semanas a Paris e visse um novo estilo entre os jovens franceses e, então, arrastasse Paul para que fizessem o mesmo. Quando voltaram com o novo visual francês que Astrid tanto queria, George também aderiu e, não muito depois, eu também aderi. Eu era o típico garotinho que balançava a cabeça para cima e para baixo enquanto os rapazes pulavam no palco. Quando olho para trás, é estranho ver como aquele estilo ficou tão particular em nós. Não sabíamos naquele momento, mas aquilo ficaria conhecido como o visual dos Beatles.

Os garotos de Liverpool adotaram aquele novo estilo muito antes do resto da Inglaterra – e do mundo. Era muito fácil. Só precisávamos lavar o cabelo todos os dias e chacoalhar para secar. Não precisávamos mais de Brylcreem, nem ficar horas penteando. Antes disso, quando íamos para a piscina, por exemplo, (onde uma gordura horrorosa ficava boiando na superfície da água), tínhamos que refazer tudo outra vez. Com o corte dos Beatles, estávamos livres disso. Pode não parecer grande coisa, mas na verdade foi uma revolução.

Uma outra revolução mais sutil – uma que os fãs parecem nem ter notado – foi que os Beatles começaram a usar maquiagem no palco. No início, era só para disfarçar as espinhas. Afinal, George ainda era um adolescente cheio de espinhas, mas isso desapareceu com o tempo, assim como acontece com todos os adolescentes. Ainda me lembro de como eles ficavam espremendo as espinhas nos camarins. Às vezes elas se tornavam inflamações horríveis depois de terem sido espremidas com as unhas sujas. Usávamos uma coisa horrível que pinicava a pele, passada com um algodão, mas as espinhas ressurgiam para nosso tormento, mini-vulcões. Fazer a barba era um inferno e quase sempre nossos colarinhos ficavam manchados de sangue e o rosto ficava cheio de pedaços de papel grudados. Não é de se espantar a popularidade dos suéteres com gola pólo escura.

Os Beatles ficaram um pouco encabulados com a chegada do Max Factor Panstick e a sombra para os olhos, mas passaram por isso brincando entre eles. Não me lembro quem começou a usar. Provavelmente George, porque ele tinha os piores problemas de pele. Posso me lembrar de John e Paul fazendo piadas sobre isso, imitando mulheres enquanto aplicavam a maquiagem. Fingiam usar batom, fazendo bico com os lábios, mas era só brincadeira.

As garotas, no verão e primavera de 1961, literalmente caíram aos pés dos Beatles. Talvez fosse uma onda de histeria coletiva. Embora a verdadeira loucura só começaria mais tarde, no Cavern e outros lugares as garotas olhavam enfeitiçadas, depois caíam de joelhos bem em frente ao palco, agarrando a cabeça e gemendo. Não agiam assim com nenhuma outra banda e isso pegou a todos de surpresa. As garotas se dividiam em grupos de seguidores com nomes bastante masculinizados como Cement Mixers e Buldogs e, assim como as gangues de Teddy Boys, brigavam ferozmente. Elas metiam medo. Os Beatles achavam tudo divertido.

A namorada de Pete Best era uma das garotas que costumavam dançar o *twist* no Cavern. Os rapazes tocavam a música de Joey Dee e os Starligthers, "Peppermint Twist", e lá estaria a namorada de Pete bem na frente deles, dançando o *twist* freneticamente com Priscilla White, cujos cabelos vermelhos pareciam acesos, brilhando como um raio debaixo das luzes. As duas chegavam a subir no palco para dançar. As pessoas sempre diziam que Priscilla tinha sido descoberta por Brian, dançando o *twist* e cantando no Cavern, mas isso aconteceu muito mais modestamente no Blue, quando ela pediu a Bill Harry, amigo de John Lennon, que a apresentasse. Bill entendeu seu nome errado e a apresentou como Cilla Black, que pegou, e ela foi uma das primeiras grandes cantoras a surgir nos anos 1960. Ela era maravilhosa, mas tinha olhos apenas para Bobby, com quem se casou e foi fiel durante 40 anos, até sua morte.

O Cavern era um bar subterrâneo e ficava em um dos armazéns mais velhos de Liverpool, construído no século XVII ao redor de um porto natural impressionante, em uma curva do Mersey. Ao longo dos séculos, a piscina natural foi preenchida e os armazéns acabaram presos no coração de uma cidade em expansão. De alguma forma, as dependências do Cavern sobreviveram à guerra quando foram utilizadas como abrigo antiaéreo, e nos anos 1950 foram utilizadas como clube de *jazz*, até que o *skiffle* se sobressaísse. As ruas ao redor ainda eram de pedras, as calçadas eram íngremes e estreitas. Quase sempre, quando os Beatles chegavam, tomavam uma cerveja leve e escura no Grapes – uma velha hospedaria que estava ali havia uns 300 anos – depois desciam a rua para chegar ao clube, enquanto uma procissão de adolescentes passava por lá. (Quando se tornaram mais conhecidos, ouvia-se o burburinho "São eles! São eles!" pelas calçadas, onde as pessoas faziam fila esperando a hora de entrar.)

Eu era muito novo para ir ao Grapes, mas tinha que ir antes deles para ajudar a ligar os equipamentos. Era preciso descer 18 perigosos degraus de pedra, gastos durante séculos por pessoas carregando alimentos para cima e para baixo para serem guardados nos porões. A música já estaria alta vinda da vitrola operada por Bob Wooler, o DJ do lugar, que era majestosamente chamado de *compere*, ou mestre de cerimônias. O segurança à porta, Paddy Delaney, olhava para as carteirinhas, então o sujeito entrava e pagava um xelim a Ray McFall que ficava em uma mesinha. Depois da primeira vez, eles já me reconheciam como amigo dos Beatles e eu não precisava mais pagar. Uma vez passada a porta, à direita ficava um pequeno balcão onde se podia comprar cachorro-quente e os sempre presentes pães com queijo e uma fatia de cebola crua para serem engolidos com Coca-Cola. Ou ainda, uma variedade de sopas quentes Heinz. Com a concordância da maioria dos católicos de Liverpool, era sempre tomate, ervilha ou aspargos às sextas.

Os porões eram constituídos de três recintos paralelos, ou túneis, com cerca de 300 metros de comprimento e 30 de largura. Nos vãos, ligando os recintos, havia arcos baixos, talvez com 2 metros de abertura. À direita ficava o primeiro túnel escuro, com bancos encostados nas paredes. O túnel do meio tinha cerca de dez filas de bancos (como cadeiras de jantar alinhadas) de cara para um pequeno palco que tinha cerca de 2,5 metros de profundidade e 3 metros de frente. Um pequeno camarim, chamado pelos músicos de "drezzy", ficava logo depois do palco, à esquerda, aonde se chegava passando pelo arco do terceiro túnel. Os controles da vitrola e do amplificador ficavam lá atrás, assim como a chapelaria e os banheiros horríveis, com um primitivo buraco no chão e um outro recinto para apenas uma pessoa.

O chão era de concreto, pintado em vermelho cardeal claro com pintura pesada para pisos, até que se gastou com as centenas de pés dançantes que levantavam uma nuvem baixa e carcinogênica enquanto eram pisadas guimbas de cigarro e cinzas. Era varrido todos os dias, mas na noite seguinte, ficava tudo do mesmo jeito. As paredes, que eram curvas, eram esverdeadas, pintadas com um verde hospitalar e o teto era laranja claro. Não sei se isso foi feito de propósito para assemelhar-se à bandeira irlandesa, ou se apenas usaram sobras de tintas. De qualquer forma, fosse o que fosse, era de má qualidade e borrava ou rachava quando as pessoas se encostavam contra a parede.

A iluminação praticamente não existia, e a pouca luz que havia, tinha que lutar contra a grossa nuvem de fumaça dos cigarros. Dois pequenos pontos de luz ficavam no meio do caminho do primeiro arco, direcionados para o palco. O resto era só escuridão. À exceção dos que queriam sentar para assistir à banda, todas as pessoas juntavam-se no primeiro e terceiro arcos para dançar à moda Cavern, um tipo de dança desengonçada, segurando as mãos já que não havia espaço para se mexer. Não havia giros ou rodopios, não era possível jogar a parceira para o alto. Era quase uma dança zumbi. Logo, esta dança ficou conhecida como *shake*. Enquanto a banda pulava, viam-se cabeças balançando no primeiro e terceiro arcos, brigando por um espaço para enxergar o que acontecia no meio.

Quando os Beatles desciam as escadas e chegavam aos porões, seguravam uns nas cinturas dos outros, com cabeças para baixo e faziam seu caminho pelo meio da multidão na famosa "Cavern Conga" – nome hilário dado pelos freqüentadores, que os recebiam com grande algazarra em uma recepção tipicamente *scouser* – até que chegavam ao palco e desapareciam nos camarins para pendurar os paletós. À essa hora, eu já havia ajudado a montar a bateria e a ligar as guitarras e o show podia começar. Normalmente, os rapazes conversavam com a platéia enquanto pegavam os instrumentos afinando-os mais um pouco. Bob Wooler dizia algumas palavras, tentando apresentar os números – embora quase sempre fosse calado com gritos bem humorados – e então a coisa começava.

Todos adoravam quando os Beatles tocavam "Pinwheel Twist", escrita por Paul. Pete Best costumava deixar a bateria para dançar na frente do palco, enquanto Paul – que parecia capaz de tocar todos os instrumentos – assumia a bateria. As garotas ficavam loucas com Pete, que parecia uma versão morena de James Dean. Elas gritavam para o palco e suspiravam todas juntas, agarravam os cabelos e fingiam desmaiar. Talvez algumas realmente desmaiassem: havia pouquíssimo ar ali dentro.

Cynthia costumava ir e ficava nos fundos com algumas amigas da escola de artes. Apenas uns poucos de nós sabíamos que ela era a namorada de John e ela não se importava. Era linda com seus longos cabelos loiros. Quando eu voltava para pegar um sanduíche de queijo, parava para conversar com ela e suas amigas. Era tudo muito informal. (Foi naquela época que ganhei o apelido de Sarampo. Acho que foi John quem criou este nome, porque eu estava em todos os lugares, visto em todas as apresentações. Uma vez ele me disse que eu provavelmente tinha estado em mais bares do que qualquer outra pessoa.)

Cynthia dizia, "Oi, Sarampo. Tudo bem?"

"Tudo", eu dizia. "E você, Cyn?"

Era tudo muito adequado e formal, assim como nossas roupas. Liverpool era uma região muito católica e os rapazes não podiam usar jeans no Cavern. Jeans eram considerados roupas de trabalhadores. Em vez disso, usávamos roupas de estudantes em estilo boêmio, como suéteres pólo com cordões. Eu sempre usava terninhos chiques, camisas e gravatas boas, hábito que acabei desenvolvendo. Descobri que vestido assim podia me misturar melhor na multidão e entrar na maioria dos lugares.

O pai de Paul, Jim, era freqüentador do Cavern. Ele conhecia bem o lugar. Tinha tocado muitas vezes ali quando ainda era um clube de *jazz*. Depois que Mary morreu, Jim costumava cozinhar e ir às compras, mas jamais chegava em casa antes de Paul - ele sempre ia, durante o horário de almoço, à quitanda e ao açougue, na Forthlin Road, para comprar coisas e preparar o jantar dos McCartney, depois ia para o Cavern, onde os Beatles arrasavam no palco. Paddy Delaney, o porteiro, ficava em pé do lado de fora com roupa de noite em plena luz do dia e dizia, "Olá, Sr. Mac. Como vai? Bastante gente hoje". E Jim parava para uma *craic* – a palavra irlandesa para "fofoca" – antes de descer os degraus, enfiar-se na multidão e colocar um punhado de costeletas de porco enroladas em um papel branco na beira do palco. Paul sorria, mas continuava a cantar "I Saw Her Standing There", ou outra coisa qualquer. Se eles estivessem em um intervalo, Jim diria a ele, "Quando voltar para casa, filho, coloque no forno por meia-hora e vão ficar ótimas quando eu chegar". Coisa estranha, mas funcionava – quando Paul se lembrava de fazer.

O Cavern era uma sauna quando cheio e uma geladeira quando vazio. No geral, com a pintura descascando e pendurada nas paredes úmidas, o lugar todo ficava com um cheiro molhado de mofo, cigarro, urina e do detergente usado na limpeza. Quem saía de lá, saía com o mesmo cheiro.

Os Beatles ainda não eram o que chamamos de *pop stars*. Eram apenas moleques que tocavam no Cavern e enlouqueciam as meninas, embora elas não gritassem até o início da Beatlemania. Elas se animavam, batiam palmas e balançavam as cabeças. A maioria delas, sentava-se à beira do palco e adorava a banda. Não havia entrada especial pelos fundos, nem caminhos de fuga para que o grupo deixasse o lugar depois da apresentação. Ao final do show, desmontávamos os equipamentos e saíamos de cabeça baixa, procurando o caminho no meio do alvoroço, e subíamos as escadas.

Lembro-me especialmente de uma apresentação no Litherland Town Hall em 19 de outubro de 1961, quando de repente me dei conta de que os Beatles eram grandes. Dava para ver pela reação dos fãs, pelas multidões que surgiam, pelas conversas animadas. O show foi incluído em uma super apresentação com Gerry e os Pacemakers e outros grupos. Os outros tocavam o que estava em moda, mas os Beatles concentravam-se no *rock and roll* e R&B, o que lhes dava uma bela vantagem. Encerravam com "What'd I Say", que tocaram por muito tempo. Todos se juntavam a eles, gritando para valer. Foi fantástico. Dançamos freneticamente a noite toda. Para mim, aquele foi o momento que marcou a chegada dos Beatles.

Realmente já havia algum barulho na mídia antes de os Beatles serem descobertos por um pretendente a empresário de Liverpool chamado Brian Epstein. Bill Harry era estudante na Liverpool Art School e amigo de John. A namorada de Bill era uma bela garota chamada Virginia, com grandes cabelos montados, uma garota bastante animada. Bill agarrou-se ao fato de que algo estava acontecendo e depois de alguns anos de anotações sobre tudo e todos, lançou uma revistinha barata, a *Mersey Beat*, que era vendida por cerca de 4 pences na loja da família de Brian Epstein, ou às portas dos salões de baile. Trazia anúncios da NEMS - a loja de discos mais badalada -, críticas de Brian Epstein, histórias sobre Rory Sullivan e Johnny Conscience, ou Cass e os Casanovas, músicos dos quais jamais voltamos a ter notícias; além de alguns pequenos anúncios gratuitos do tipo "Merseybeats procuram baixista", e, mais importante, um calendário de apresentações informando quem tocaria onde. A revista tornou-se item obrigatório. Mais tarde, depois que Brian comprou a *Music Echo* (que seria transformada na *Disc*, a primeira revista a premiar discos por vendagens atingidas), Bill Harry reclamou o título *Mersey Beat* como sua criação e registrou-o como marca.

O gosto musical pessoal de Brian era bastante eclético. Lembro-me de que ele era admirador de Pierre Boulez, pianista clássico que também compôs algumas obras bastante vanguardistas. Boulez tornou-se regente da BBC Symphony Orchestra e da New York Philharmonic. Apesar de estar muito envolvido com as últimas tendências, Brian ainda não fazia idéia do que estava acontecendo, a poucos metros de sua loja de discos, até o dia em que um rapaz entrou e pediu uma cópia de uma canção *folk* dos Beat Brothers, "My Bonnie (Lies Over the Ocean)".

Quando o vendedor que o atendia se disse confuso, Brian foi chamado. Ele sempre deixava claro que se um cliente pedisse um disco não disponível, ele faria a encomenda. Uma busca pelos catálogos não encontrou os Beat Brothers, mas ele acabou encontrando uma versão gravada na Polydor em Hamburgo, por um astro menor do *pop* britânico, Tony Sheridan. O outro lado do disco trazia "When the Saints go Marching In".

O jovem que tinha feito o pedido – Raymond Jones – disse a Brian que Bob Wooler, DJ e produtor local, tocava o disco à exaustão nos bares. (Apesar de boatos contrários, Raymond Jones existiu de verdade: eu não apenas o vi, como também há uma fotografia dele publicada na biografia de Bob, de 1962). Brian descobriu que os "Beat Brothers" eram a banda suporte de Tony Sheridan no disco. Stuart Sutcliffe, que ainda estava em Hamburgo, tinha enviado algumas cópias a George, que tinha entregado uma delas a Bob Wooler no segundo andar de um ônibus a caminho de uma apresentação. Então, uma seqüência de fãs – particularmente as meninas – começou a pedir “My Bonnie”, o que despertou a curiosidade de Brian. Ele estava sempre interessado no que as pessoas queriam ouvir, não importava o quanto fosse estranho. Sempre parava para conversar com os conhecidos – inclusive comigo – para descobrir o que estávamos ouvindo.

Quando cheguei no sábado seguinte, Brian me perguntou se eu havia ouvido falar no tal disco. “Sim”, respondi descontraído. “Tenho uma cópia em casa”. Brian, então, sentou-se e tomou nota. Ele me conhecia porque eu estava sempre por ali, fuçando nas prateleiras da loja de discos que ele abrira no meio da grande loja de móveis dos pais. Apesar da pouca idade, eu parecia conhecer muito sobre discos. Brian realmente se importava com os clientes e com a música, e sempre teve uma ótima variedade de novos discos, assim como gravações antigas e interessantes. Ao contrário de outros donos de lojas, ele não comprava apenas os mais tocados nas rádios ou mais bem promovidos; tinha também ao menos um ou dois exemplares de tudo o que era lançado na semana. Seu arquivo de discos raros e pouco conhecidos era notável.

“Então, quem são exatamente esses Beat Brothers?”, perguntou-me ele, confuso.

“São meus velhos amigos, os Beatles”, disse eu. Não contei a ele como os rapazes riram quando o nome “Beatles” foi recusado na Alemanha. A palavra soava muito parecida com uma gíria do norte, “peedles”, que significava pênis – uma piada sem intenção da qual todos, principalmente John, gostaram muito.

Quando disse a Brian que os Beatles sempre tocavam no Cavern, que ficava a uns poucos quarteirões de sua loja de discos, alguns porões abaixo do galpão da Mathew Street, ele pegou o telefone e, como homem de negócios, pediu entradas VIP – como se alguém desse a mínima para isso. O dia em que ele foi para lá, 9 de novembro de 1961, entraria para a história da música *pop*.

♪

A história de como Brian chegou ao Cavern e, por acaso, apaixonou-se à primeira vista por cada um dos Beatles já foi exaustivamente contada para ser repetida aqui em detalhes.

No início da apresentação, Bob Wooler anunciaria, "*Mr. Showbiz* logo estará aqui!". Ouviram-se alguns gritinhos e assobios e então os Beatles começaram seu número.

Eu estava lá, como sempre, parado ao fundo. Nenhum de nós sabia o que Brian pretendia, ou o que ele esperava. Acho que nem mesmo ele fazia idéia, pelo menos não antes de descer os degraus e passar pela porta. Ele me disse que só queria dar uma olhada, conhecer os rapazes e falar com eles.

Embora modestamente, mais tarde Brian diria em entrevistas de rádio e imprensa que aquele era um movimento de mudança arrebatadora. Os porões quentes, apertados e fedorentos, estavam entupidos de trabalhadores do comércio e estudantes, em sua maioria garotas. Assim que viu os Beatles em meio à nuvem de fumaça e suor, Brian não tinha olhos para mais nada. Ficou fascinado com suas roupas, as calças pretas e apertadas de couro, e jaquetas de couro com zíper, e foi instantaneamente seduzido pelo som que faziam.

Bob Wooler foi quem o apresentou: "Estamos honrados nesta tarde com a presença de Brian Epstein da NEMS, a maior loja de discos de Liverpool".

Encabulado dentro do terno riscado e da impecável camisa branca, Brian, que tinha apenas 27 anos, mas parecia bem mais velho por conta do modo formal como se vestia, sorriu e enrubesceu com o coro de gritinhos e assovios. Ao final da sessão, ele atravessou a multidão para apresentar-se aos Beatles nos camarins.

George mediu-o de cima a baixo e perguntou irônico, "O que traz o Sr. Epstein até aqui?".

Brian gaguejou dizendo que queria encomendar 200 cópias de "My Bonnie".

Os Beatles riram sarcásticos, balançaram as cabeças, embaraçados. Brian perguntou se podiam sair para beber alguma coisa. Enquanto o grupo atravessar a rua em direção ao Grapes, John piscou para mim. Eu estava morrendo de vontade de ir, mas era muito jovem. Em vez disso, voltei para casa. Soube por George, que era bastante informal sobre isso, que eles não falaram sobre nada importante. Foi só um papo sobre música e aspirações. O assunto sobre ser empresário do grupo nem foi comentado, embora Brian deva ter começado a pensar nisso quase que instantaneamente.

Mais do que tudo, ele tinha se apaixonado, não apenas pelos Beatles, mas também pela pronta sensualidade dos músicos. Desde a experiência de "Road to Damascus", ele queria ser parte daquele mundo agitado, turbulento e subterrâneo. Ele voltou várias vezes, ficava parado, quieto no fundo e, depois do show, ia até eles para enfrentar as ofensas e o sarcasmo de George e Paul. Conheceu Neil Aspinnal, o amigo silencioso de Pete Best, que carregava as tralhas e cuidava da *van*. Fez perguntas a Bob Wooler, conversou com representantes de vendas, consultou o advogado da família, tomou café no Jacaranda onde ingenuamente perguntou ao empresário dispensado, Allan Williams, o que fazer para empresariar os Beatles. Dizem que a resposta de Allan foi "Não se aproxime deles. Eles são perigosos. Aliás, você nem pode assinar um contrato com eles porque já assinaram com Bert Kaempfert, na Polydor da Alemanha".

Todos os comentários feitos a Brian foram negativos, mas ele os ignorou. Para Brian, ser empresário de um grupo *beat* – como eram conhecidos – prometia algo que a loja de discos não podia lhe dar: uma fuga do tédio esmagador.

O tema da conversa era sempre este jovem e rico homem de negócios que estava tão interessado nos Beatles. No Casbah, Mona Best – que, na verdade, tinha sido a responsável pela ligação que lhes garantira as apresentações no Cavern – sempre perguntava ironicamente o que o Sr. Epstein tinha a dizer sobre suas intenções, de um modo que sugeria que o negócio não daria em nada. Ela se sentia responsável pelo grupo, ao qual sempre chamava de "o grupo do Pete", sem perceber o quanto isso irritava aos outros membros da banda. Mas foi pelo fato de Mona pensar neles como "a banda do filho" que puderam usar uma *van*, um telefone e o inteligente e elegante Neil para levá-los para cima e para baixo.

Com os preparativos feitos e a decisão tomada, Brian marcou uma reunião com os Beatles pouco antes do Natal, em 6 de dezembro de 1961. Nenhum dos Beatles o levou a sério o bastante para chegar na hora combinada. Obcecado pela pontualidade, Brian quase perdia o interesse quando três Beatles chegaram atrasados ao seu escritório, enquanto Paul quase nem compareceu. Ele tinha ido para casa após a apresentação da hora do almoço no Cavern e ficou aproveitando a banheira por mais de uma hora após o horário combinado. De modo incomum, Brian manteve-se frio e quando a reunião finalmente começou com duas horas de atraso – com Paul limpinho entre eles – Brian quase prometia amar, honrar e respeitar os rapazes. Surpreendentemente para alguém que não sabia o que estava dizendo e não tinha experiência anterior com o *showbiz* (além de um ano interrompido de estudos na RADA, Royal Academy of Dramatic Art, em Londres), ele disse que conseguiria tirá-los de Bert Kaempfert e dobraria qualquer cachê que estivessem ganhando, que agendaria shows em lugares melhores e conseguiria um contrato com uma grande gravadora.

Os Beatles olharam uns para os outros, deram de ombros, e a seu modo dissimulado, John levantou a mão e disse, "Tudo bem, cadê o contrato? Eu assino".

"Meu advogado logo vai preparar um contrato justo", respondeu Brian suavemente, sem revelar o quanto seu coração batia rápido sob a gravata de seda e da camisa Turnbull and Asser feita à mão. (Na verdade, Brian tinha um contrato padrão em sua gaveta, um que tinha se esforçado para conseguir, mas algum tempo depois, quando trabalhava em suas memórias na Devon, ele admitiu ter considerado o contrato muito a seu favor, mesmo para uma época em que os músicos eram considerados a escória). Ele se levantou e apertou as mãos dos rapazes. "Enquanto isso, antes de assinarem comigo, para mostrar minha boa intenção, vou mostrar a vocês o que posso fazer".

Eu soube de tudo isso depois, quando todos faziam piada sobre a reunião, especialmente sobre Paul não ter saído da banheira para encontrar-se com Brian Epstein. Os detalhes já foram contados exaustivamente até que as pessoas conhecessem toda a seqüência dos eventos como se tivesse acontecido com elas mesmas.

Brian imediatamente escreveu para alguém chamado Disker, que escrevia uma coluna sobre música e comentava discos para o *Liverpool Echo*, o jornal diário da cidade. Falou sobre os Beatles e sua legião crescente de fãs. Para surpresa de Brian, a carta recebida em resposta tinha o carimbo dos correios de Londres e estava escrita no papel timbrado da Decca Records. Disker era na verdade Tony Barrow, cujo trabalho diário era escrever resenhas para os discos da Decca. Ele também escrevia como jornalista *free-lancer* protegido por um pseudônimo. Original de Liverpool, ele sabia o que era a NEMS (North End Music Store) e tinha ouvido falar – ainda que vagamente – sobre os Beatles.

Brian logo ligou para ele e os dois combinaram de se encontrar em Londres para "ouvir o disco dos Beatles". Para Brian, a reunião foi inicialmente decepcionante. Disker recusou-se a comentar o disco de Brian, um registro de má qualidade de uma apresentação no Cavern, porque não havia uma cópia bem feita disponível no mercado. Sem contrato, nada de comentários críticos, esta era a regra. Mas, mesmo com a volta decepcionada de Brian no trem para Liverpool, Tony Barrow garantiu que Dick Rowe, chefe da divisão A & R (artistas e repertório) da Decca, seria informado de que o dono de uma importante loja de Liverpool, que vendia centenas de seus discos, ficaria feliz com uma reunião para apresentar o novo grupo que estava empresariando.

As notícias correram rápido dizendo que a Decca de Londres mandaria alguém ao Cavern para ver os Beatles. Era quarta-feira, 13 de dezembro de 1961, apenas uma semana após a reunião de Brian com os Beatles, portanto, as coisas estavam acontecendo rapidamente. Um dia antes da visita do grande homem, Bob Wooler anunciava que um caça-talentos viria de Londres, e pediu a nós – a multidão costumeira do Cavern – que mostrássemos interesse e entusiasmo. "Dêem o melhor de vocês", pediu. "Tragam os amigos e façam um grande show para nossos rapazes".

Brian estava um pouco preocupado com o que os rapazes usariam. Pessoalmente, ele adorava o visual de calças apertadas e jaquetas de couro, então fez esta sugestão acrescentando camisetas pretas. Os Beatles estranharam a recomendação, já que isto era o que sempre usavam, junto com os sapatos longos de bico fino. Mas Brian sempre tinha a última palavra: "Cuidem para que os sapatos estejam limpos. As pessoas notam, vocês sabem".

John achava tudo hilário. "Somos um bando de ensebados, sabe, Brian", disse ele. "Sujinhos. Não sei se vai conseguir nos deixar limpos".

Acho que os outros realmente limpavam os sapatos, exceto John. Porém, os cabelos eram limpos e brilhosos, apenas Pete mantinha o velho visual *rock and roll*. Acho que nunca mudou.

Havia apenas dois trens diários entre Liverpool e Londres naquela época, um de manhã e outro à noite. O enviado, Mike Smith, assistente de A & R na Decca, registrou-se em um hotel na Lime Street, depois foi ao Cavern assistir aos shows do horário do almoço e o da noite. Ele não se apresentou, nem se deixou notar, mas mesmo assim todos sabiam. Havia um clima de curiosidade e agitação. Naquele momento, já estávamos todos preparados. Fãs e amigos espremiam-se nos porões para garantir à banda os melhores shows de sua história. Os Beatles pulavam e tocavam como fanáticos e nos deram muito *wellie*, como se diz no norte.

Mike Smith não foi contagiado, mas ficou bastante impressionado para dizer ao chefe que ele deveria marcar uma audiência com o grupo. Isto foi feito no primeiro dia de 1962, um dos mais frios da história. Enquanto Brian viajava para o sul, no conforto de um vagão aquecido, Neil levava os rapazes pela tempestade de neve, um dia antes, na traseira de uma *van* gelada. A viagem desconfortável levou dez horas e eles chegaram acabados, resfriados e roucos. Depois de se instalarem no modesto hotel descendo a Russel Square, andaram por uma cidade cheia de neve, aquecidos apenas pela expectativa, quando um traficante aproximou-se oferecendo maconha. Eles fugiram correndo. (Na verdade, esta foi a única coisa sobre toda a viagem que eu ouviria deles, e foi George quem me contou, "Era como em Hamburgo, Tone".)

No dia seguinte, eles apresentaram quinze músicas, escolhidas por Brian para ilustrar todo o repertório da banda. Dick Rowe disse que falaria com eles mais tarde.

Na volta para casa, resfriados e deprimidos, os Beatles encolhiam-se no fundo da *van* congelada. Voltaram encolhidos porque sentiam que o ambiente do estúdio não oferecia espaço para que brilhassem, diziam que a escolha de músicas feitas por Brian foi errada – apenas três delas eram músicas de Lennon e McCartney – e tinham sido dispensados sem qualquer dica ou comentário sobre a impressão geral de Dick Rowe. Brian, por outro lado, fumando um cigarro no conforto de seu trem, estava agitado e confiante. Se soubessem que Dick Rowe queria ouvir outro grupo, Brian Poole e os Tremeloes, antes de tomar sua decisão, teriam ficado ainda mais nervosos.

Na volta, ninguém disse uma palavra sobre o que tinha acontecido. Não era o tipo de coisa da qual se gabariam, como se falar sobre o ocorrido pudesse trazer má sorte. Em todo caso, achavam melhor agir como se nada fosse acontecer. Na verdade, logo após a volta, houve um pessimismo geral entre eles, tanto que ninguém se atrevia a perguntar como tinha sido a audição. No caminho para uma apresentação de Ano Novo, havia um clima de velório no ar. Ouvi John resmungar alguma coisa sobre a seleção de músicas ter sido equivocada. Paul disse que ficaram no estúdio por mais de uma hora, tempo em que gravaram 15 músicas. "Foi muito corrido", disse ele. George ficou envergonhado com seu desempenho em "Sheik of Arabia". Paul cantou "Besame Mucho", sob insistência de Brian. Resmungou dizendo que aquilo era uma balada idiota. "Devíamos ter feito nosso próprio show", disse ele. "É o que somos e é diferente".

Apesar disso, Tony Barrow certamente imaginou que eles estavam prontos. Escrevendo como Disker no *Liverpool Echo* quase um mês depois, em 27 de janeiro, ele disse: "O episódio mais recente de sucesso na história dos grupos musicais de Liverpool, The Beatles: Falando sobre os recentes testes de gravação, o produtor musical da Decca, Mike Smith, disse que acha os Beatles ótimos. Ele tem uma fita com a apresentação da banda com cerca de 30 minutos e está convencido de que sua gravadora tem condições para colocar os Beatles no lugar que merecem. Vou mantê-los informados..."

O pequeno comentário era o que Brian esperava para convencer os rapazes de que eles tinham o produtor certo. Agora, ele tinha o que acreditava ser o esboço de um contrato justo. Foi falar com os pais de Paul e George e enfrentou até o ceticismo de Mimi, convencendo-a com uma mistura de charme, honestidade e galanteios, tomando o cuidado de parar o carro em frente à garagem, onde ela pudesse ver. Depois, entrou no Casbah, onde eles tocariam naquela noite, falou com Mo Best, e conseguiu que todos assinassem na linha pontilhada. O único que não assinou foi o próprio Brian. Talvez ele estivesse atrapalhado e tenha se esquecido. Pessoalmente, acho que ele não queria se comprometer. Ele dizia que a palavra de um cavalheiro bastava. Em uma outra ocasião, ele me disse que o contrato não valia o papel em que estava escrito, mas eu não entendi o que ele quis dizer.

Ele tinha razão. O contrato não importava. Aliás, o contrato nem era legal, porque Paul e George eram menores de 21 anos de idade.

Naqueles dias, toda a indústria da música funcionava na base da tentativa e acerto – como no programa pioneiro de TV, o *Juke Box Jury* – e de certo modo, continua assim até hoje. Isso é algo para o que chamo a atenção, mas nos dias de hoje, quando os grandes controladores dos conglomerados musicais ouvem alguma coisa, não estão procurando boas músicas e canções: estão prestando atenção apenas no *produto*. Quando os Beatles estavam no auge, os discos tinham que atingir a marca dos 500 mil antes de entrarem para os 10 mais, onde permaneciam por algumas semanas. Hoje, um disco vende apenas algumas dezenas de milhares de cópias e já está nas paradas. A maioria deles cai no esquecimento, logo depois.

A lenda de que Dick Rowe da Decca quase destruiu tudo ao fazer um simples comentário jamais fez muito sentido para mim. Dizem que ele afirmou que os grupos de guitarra "estavam saindo de moda" quando, para surpresa de todos, ele recusou os Beatles preferindo Brian Poole e os Tremeloes. Esta afirmação, que perseguiria Dick até o dia de sua morte e além túmulo, era um tanto improvável. No momento da audição dos Beatles, em 1962, a Decca Records tinha decidido assinar apenas com um dos grupos que estavam estudando, e contrataram os Trems – uma banda de guitarras. Contrataram os Tremeloes no lugar dos Beatles simplesmente porque moravam mais perto. Ficavam do outro lado da rua em Dagenham, Essex – perto de Londres – lugar muito mais conveniente para o caso de reuniões e ensaios do que Liverpool. Assim como Allan Williams tinha percebido alguns anos antes quando tentou convencer Bruno Koschmeider a agendar os Beatles, a maioria dos executivos musicais míopes de Londres desprezava o resto do país. A idéia de que uma banda quente podia existir ao norte, onde todas as ligações eram cobradas como chamadas de longa distância e sujeita a demoras, era impensável.

Por um longo tempo, ingenuamente pensamos que Brian era brilhante, mas na realidade ele tinha grandes falhas em seu conhecimento sobre o funcionamento da indústria. Andrew Loog Oldham, que mais tarde seria produtor dos Stones, e um jovem que conseguiu tornar-se o assessor de imprensa dos Beatles quando ainda tinha 18 anos, logo percebeu esta atitude. Quase fora da conhecida escola pública em que fora educado, ele era um amador entusiasmado apaixonado pelo *pop*. Quando perguntado sobre como conseguiu o influente cargo de assessor de imprensa dos Beatles, ele dizia, “Pedindo”.

Andrew estava em Birmingham no programa de TV, *Thank You Lucky Stars*, quando representava Jet Harris e Tony Meehan – os ex-Shadows – que eram bastante conhecidos. Os Beatles tocaram “Please Please Me” e Andrew não podia acreditar no quanto aquilo era poderoso. Ele foi até John Lennon e elogiou dizendo que ele era muito bom e achou divertido quando John disse: “Eu sei”.

Andrew dizia, “Então perguntei a ele quem os representava e ele apontou sobre os ombros para um cara magro, com aparência de estudante, vestido com sobretudo e cachecol conversando no canto com Ringo”. Era Brian Epstein, que, para Andrew, não se parecia muito com um agente. Mas ele foi até Brian e ele imediatamente o contratou como assessor de imprensa dos Beatles.

Não, bandas de guitarras estarem fora de moda era uma história que não colava. Os Trems tinham duas guitarras e um baixo – assim como os Beatles. A única diferença era que os Trems tinham Brian Poole à frente, sem instrumento nas mãos. “E é assim que deve ser. Assim como Cliff Richards e os Shadows”, disse a mãe de Brian Poole em uma entrevista no jornal. Um ano mais tarde, apesar de três semanas nas paradas com "Do You Love Me" e um *cover* de "Twist and Shout!" entre as 5 mais tocadas, a Decca dispensou os Trems. Mike Smith, o produtor da Decca que tinha gostado dos Beatles, foi com os Trems para a CBS (hoje, Sony), onde tiveram grande sucesso.

A lenda sobre Dick Rowe parece ter se originado a partir de uma carta escrita por Len Wood, diretor executivo da EMI, em 17 de dezembro de 1963, enviada a um jornalista para explicar como os Beatles tinham sido contratados por eles. Ele diz: "A reação de Dick Rowe... foi dizer que as bandas de guitarras são coisa velha e que não tinha interesse nos Beatles". Bem, se Dick Rowe realmente disse isso, talvez ele estivesse pensando no grande sucesso de "Telstar" e sua maravilhosa produção com utilização de órgãos elétricos.

Todos pareciam desconfiados com o negócio das bandas com guitarras. Todos se perguntavam – qual Beatle deveria ser o líder? Quem deveria estar à frente? John ou Paul? Mesmo George Harrison era uma possibilidade. Não demoramos muito para perceber o que sempre sabíamos: eles eram indivisíveis.

Antes de Brian encontrar George Martin, havia passado vários meses, cada vez mais desesperadores, sendo recusado por todos os grandes selos de Londres entre eles Philips/Fontana, CBS, Pye e Polydor (Reino Unido). Em seus retornos de Londres, ele sempre reunia os Beatles em uma padaria para dizer abertamente o que tinha acontecido. Brian tentava pensar positivo durante aqueles momentos, mesmo quando os rapazes começavam a resmungar entre eles dizendo que ele era só imagem. Isso atingia Brian e ele estava profundamente incomodado.

Incomodada por se sentir trocada por uma "bicha judia", a indiana Mo Best disse a Neil Aspinall que os rapazes deveriam cuidar melhor de suas vidas. Os boatos começaram a se espalhar quando Brian fez uma investida errada e acabou apanhando de um espancador de homossexuais que tentou seduzir em Liverpool. Normalmente, Brian iria caçar mais longe, em Manchester ou Southport com amigos como Peter Brown, que ele tinha levado para dirigir uma nova loja da NEMS. Mas, às vezes embalado pelas anfetaminas, Brian gostava de correr riscos por prazer. Ele era um jogador.

Depois de mentalmente jogar o bem-me-quer com os Beatles, tentando decidir-se por quem se apaixonar, seu senso masoquista escolheu John como objeto de sua adoração. John era bravo, era dado a surtos de violência, não tinha papas na língua e sabia como jogar com Brian, como trazê-lo até o auge de suas expectativas para depois destruí-lo com uma só palavra. Mesmo em minha ingenuidade juvenil, já tinha percebido que Brian raramente olhava John nos olhos, que olhava para baixo e ficava vermelho quando John olhava para ele com o sorriso malicioso.

Brian, que morava confortavelmente com os pais em um dos subúrbios mais ricos de Londres a menos de dois quilômetros da casa de Mimi, alugou em segredo um pequeno apartamento para encontros amorosos na Falkner Street, centro da cidade. Não demorou muito até que descobríssemos. A piada era perguntar, “Ele já te convidou para ir para lá?”. Mas apesar da fofoca e da suspeita que o cercava, à exceção de John, todos eram muito gentis com Brian. No início, até o conhecermos, nós o chamávamos formalmente de Sr. Epstein, depois virou Brian. Os Beatles o chamavam de Eppy quando conversavam entre si, diziam, por exemplo, “O que será que Eppy vai achar disso ou daquilo?”, ou “Onde está Eppy?”. Apesar do respeito superficial – e sempre havia respeito – nada evitaria as conversinhas e fofocas sobre ele.

Quando George foi à casa de Brian – não para o apartamento, mas para a bela casa da mãe de Brian – e passou o dia lá, todos ficavam brincando dizendo, “Oh, George passou o *dia todo lá!* O que você acha que eles estavam fazendo?”. Quando vimos George, ele foi impiedosamente provocado. George sempre parecia calmo e relaxado, apesar de ser bem temperamental. Ele rosnou dizendo que ele e Brian tinham apenas conversado e que não ia falar sobre o assunto. No final das contas, paramos de falar sobre isso.

CINCO

EMBORA BRIAN não tenha sido capaz de assinar um contrato de gravação, em abril de 1962 ele conseguiu divulgar de forma grandiosa a turnê européia que tinha arranjado para os Beatles. Na verdade, era uma temporada de seis semanas de volta às trincheiras do famoso Star Club, em Hamburgo. Para fazer barulho, os rapazes embarcaram no Liverpool Airport, em Speke. Naqueles primeiros dias da aviação, pouquíssimas pessoas conhecidas voavam, então aquilo era algo muito especial, de arrepiar os cabelos. A companhia aérea local tinha o nome maravilhoso de StarDust, ou Starlight Airlines, comandada por um certo Sr. Wilson, que fez fortuna como sucateiro. A piada corrente dizia que seus aviões, velhos Dakota, eram feitos de sucata. As pessoas costumavam rir dizendo que iam se desmontar, o que realmente acabou acontecendo. Uma vez, quando decolamos de Speke, a porta caiu no rio Mersey. Todos ficaram aterrorizados, esperando ser sugados pela porta aberta. (Ao contar esta história mais tarde, John costumava dizer que era uma janela que tinha caído. Não era. Foi a porta.)

Na noite anterior à ida para a Alemanha, eles tinham uma apresentação de despedida no Cavern. Foi uma das noites mais lotadas, uma das melhores de que me lembro. Sobre a questão real da ida à Alemanha, ninguém disse muita coisa. Os Beatles eram muito introvertidos; as pessoas eram muito introvertidas naquela época. Não houve abraços, nem beijos de despedida, nem lágrimas. Tantas coisas eram particulares e permaneciam guardadas. Foi um simples "Até logo", só isso. (O que fazia da gritaria, histeria e soluços típicos da Beatlemania, quebradores de paradigmas.)

Paul e John foram juntos, mas George não estava bem e foi no dia seguinte, acompanhado por Brian, que retornaria uma semana mais tarde. Eles chegaram a Hamburgo com a notícia de que Stuart Sutcliffe tinha morrido com uma hemorragia cerebral e ficaram arrasados, principalmente John. Stuart era seu amigo pessoal. A notícia percorreu Liverpool. Ele tinha a nossa idade e pessoas com nossa idade não morriam com derrames. Na época, ninguém sabia o motivo da morte de Stuart, embora ele sofresse com terríveis dores de cabeça por muito tempo. Uma autópsia pedida pela mãe revelaria uma velha depressão no crânio. É provável que um forte chute na cabeça vindo de uma gangue de Teddy Boys em 1959 tenha fraturado seu crânio. Os Silver Beetles foram emboscados pelos Teds no estacionamento do Litherland Town Hall. Os rapazes se espalharam e fugiram, mas Stuart, que era magro e belo, foi pego e levou chutes das botas com bicos de ferro até desmaiar.

John voltou para apanhá-lo mais tarde, quando a situação estava mais calma e o encontrou desacordado, com a cabeça ensangüentada. Ele conseguiu levá-lo para casa, mas Stuart disse que não queria tumulto e não foi ao médico, nem chamou a polícia. Foi depois disso que suas dores de cabeça e o comportamento depressivo tiveram início. Fiquei chocado com sua morte, embora não tenha ficado tão abatido quanto os Beatles. Fora do palco e em volta dele, eu via Stuart, mas ainda assim não o conhecia bem. A última vez que o vi tinha sido em uma apresentação dos Beatles no Cavern, quando ele e Astrid Kirchherr, que veio da Alemanha para uma visita, ficavam nos fundos comigo, ouvindo a música. Permaneciam quietos e agarrados um ao outro, os dois se destacando pela beleza quase etérea.

Eu estava ocupado com o trabalho na fazenda e os exames escolares, mas ainda assim aparecia na NEMS nas tardes de sábado para conversar e ouvir discos. Brian gostava de usar as pessoas de quem gostava como avaliadores e mesmo sendo eu apenas um garoto que aparecia em sua loja, amigo dos Beatles, ajudante gratuito do grupo e louco por discos, não chegava nem perto de ser um confidente. Conseqüentemente, embora parecesse feliz em falar sobre discos e assuntos técnicos, Brian não me dizia que estava quase sem opções – e por que contaria?

Mas em Hunts Cross, algumas semanas depois da audição na Decca, ainda estávamos ansiosos por notícias e incitávamos George a descobrir mais alguma coisa. Ele nos disse que uma carta da Decca recusando os Beatles, estava queimando dentro da gaveta de Brian. Ela ficou na cabeça de Brian até que finalmente ele tomou coragem para contar aos rapazes que tinham sido rejeitados. Parecia tão abalado que eles permaneceram surpreendentemente filosóficos, talvez para fazê-lo sentir-se melhor. "Não ligue para isso, Brian", disse John, mostrando um raro senso de simpatia. "Há outras empresas para procurarmos. Pelo menos agora temos uma fita legal para mostrar a outras pessoas".

Brian odiava perder e recusava-se a desistir então, com os ânimos exaltados, ele foi até Londres em maio de 1962. Foi para a Decca mais uma vez e tentou ouvir algo que fizesse sentido. Em vez disso, acabou perdendo a compostura. Eles também. As vozes se ergueram. Todos já ouviram falar de suas famosas palavras finais: "Meus rapazes serão maiores do que Elvis Presley", disse ele. Naturalmente, os executivos da Decca riram, mas não por muito tempo.

Todos ouviram os detalhes de como, após uma noite irriquieta, Brian decidiu que ele mesmo financiaria um disco para vender em suas lojas. De modo adequado, foi tratar disto, mas o produtor que tinha escolhido atrasou-se e, correndo, Brian fez novas tentativas. Depois de duas reuniões frustradas com outros dois selos, ele estava entrando em pânico. Já tinha ido e voltado de Liverpool a Londres umas 20 vezes, como em "Twenty-Flight Rock". Estava cansado e quase não havia mais o que tentar.

Foi com o humor ainda mais deprimido e desesperado que chegou até a Oxford Street, onde se encontrou com Bob Boast, gerente da grande loja de discos HMV. Já tinha visto Bob no ano passado, antes mesmo de saber que os Beatles existiam, quando estava em um curso sobre gerenciamento de vendas organizado pela Deutsche Grammophon, em Hamburgo. Depois de desculpar-se por não poder apresentar alguém que lhe fosse útil, Bob sugeriu que Brian produzisse alguns acetatos em vez de andar de um lado para o outro em vão. Brian concordou imediatamente e Bob levou Brian escada acima, até o pequeno estúdio público da EMI, onde estava o engenheiro da casa, Jim Foy.

Enquanto os 78's estavam sendo produzidos, o engenheiro lembrava que algumas músicas soavam novas e originais. "Sim, nunca foram ouvidas antes", disse Brian. "Foram escritas pelos Srs. Lennon e McCartney, dos Beatles".

Foy sorriu com a formalidade, mas ao saber que não tinham um divulgador para as músicas, sugeriu que Brian tocasse os discos para a Ardmore & Beechwood, *publishing company* (editora de música) da EMI, que convenientemente ficava no andar de cima do mesmo prédio. Em cinco minutos, o gerente geral, Sid Colman, descia as escadas do estúdio e estava ouvindo aquelas músicas originais.

"Sim, gostei", disse Sid Colman. "Estamos interessados em falar sobre divulgação".

Apesar da cuidadosa pesquisa, aquela foi a primeira vez que Brian teve contato com o conceito de divulgação musical. Ele concordou, cauteloso. Precisava de tempo para pensar, para pesquisar mais. A fim de ganhar tempo, disse que estava mais interessado em um contrato de gravação para os rapazes.

"Você já foi à Parlophone?", perguntou Sid Colman, citando um pequeno selo da EMI.

Brian tinha estado em dois selos conhecidos da EMI: o Columbia, que tinha Cliff Richards e os Shadows, e o HMV, que tinha Johnny Kidd e os Pirates, um dos grupos mais influentes na Inglaterra daquele tempo, mas não tinha pensado no selo da Parlophone, que era muito mais conhecido pelos discos de comédia. Na verdade, a Parlophone era a casa de Adam Faith, um grande astro popular, mas parece ter escapado à atenção de Brian. Ele sentiu que não tinha muitas opções e marcou uma entrevista com George Martin, chefe de A & R da Parlophone. Depois que George ouviu aos discos recém produzidos, não disse não, nem sim, disse apenas que avisaria Brian. Desapontado, ele voltou para Liverpool. Quase três meses depois, em 9 de maio, por decisão própria Brian voltou para Londres, onde se encontrou com George Martin no famoso estúdio da EMI na Abbey Road. A reunião rendeu um encontro marcado entre George e os Beatles com uma audição para o dia 6 de junho.

Depois da reunião, Brian enviou dois telegramas. Um aos Beatles, que ainda estavam em Hamburgo, dizendo: PARABÉNS, RAPAZES. EMI PEDE NOVA AUDIÇÃO. FAVOR ENSAIAR NOVO MATERIAL.

O outro telegrama era endereçado a Bill Harry, da revista *Mersey Beat*, em Liverpool, e dizia: CONSEGUI UM CONTRATO DE GRAVAÇÃO PARA OS BEATLES PELO SELO PARLOPHONE DA EMI. 1ª DATA DE GRAVAÇÃO SERÁ DIA 6 DE JUNHO – BRIAN EPSTEIN.

♪

Dali em diante, surgia um mistério jamais solucionado. Era uma audição ou uma sessão de gravação? Em outras palavras, Brian havia conseguido um contrato de gravação para seus protegidos?

O grande mistério é que excepcionalmente e, em oposição às regras da EMI – na verdade, contra suas próprias regras pessoais – George Martin fez todo o necessário para oferecer aos Beatles um contrato de gravação em 18 de maio. Este foi datilografado com a data de 4 de junho e enviado a Brian para que assinasse. Brian assinou depressa e o contrato estava de volta à mesa de George em 5 de junho – tudo antes de George colocar os olhos nos Beatles ou ouvi-los em estúdio.

"Não se atrase!" disse ele a Brian, confirmando os detalhes para a sessão do dia 6.

Lendas e mitos são coisas estranhas e mutáveis. A imprensa sempre diz que quando a preocupação é o leitor, entre a verdade e o mito, deve-se publicar o mito. É mais seguro! Mas naquela data George Martin estava simplesmente em *audição* com quatro "caipiras" de Liverpool, como foi dito ou – como dizem os registros – estava *gravando* John, Paul, George e Pete para o devido lançamento de um disco?

Talvez isso continue sendo um mistério, já que Brian está morto. Até hoje, Sir George Martin insiste em dizer que em 6 de junho houve apenas uma audição. Apesar do que outros dizem, Brian era capaz de oferecer subornos e pagar pessoas. Era pragmático e já tinha feito isso antes, quando fora chantageado e ameaçado por causa de relações homossexuais mal vistas. Vivendo no limite como vivia, Brian era sempre contraditório. Era um amigo ferozmente fiel e honrado daqueles que amava e terrível contra aqueles a quem desprezava. Era tímido a ponto de corar e gaguejar, e expansivo a ponto de explodir babando de raiva. Pensava com muito cuidado nos investimentos, mas era viciado em jogos de azar. Acima de tudo, havia aprendido a fazer o que tinha de ser feito e adorava o frio na espinha que isso lhe dava.

SEIS

NA NOITE QUENTE e chuvosa de 9 de junho de 1962, os Beatles voltavam ao Cavern para serem recebidos como heróis. Havia um clima de festa durante todo o dia com longas filas de fãs sentadas na calçada pela Mathew Street ou nos degraus que levavam aos diferentes prédios, conversando ou ouvindo música em seus rádios portáteis. Os trabalhadores locais nunca tinham visto nada igual e se perguntavam o que estaria acontecendo. Quando os rapazes finalmente chegaram, apenas comigo e Neil cuidando deles, houve uma onda de mulheres gritando em direção a nós e mal conseguimos chegar intactos aos degraus de pedras gastas que levavam aos porões escuros.

Uma multidão de cerca de novecentas pessoas espremia-se no clube naquela noite e nos dias seguintes quando os Beatles tinham uma programação sólida, com duas apresentações ao dia. Uma das melhores apresentações que me lembro ter visto no "Cavern" não foi exatamente no Cavern, mas em balsas que cruzavam o Mersey. Eram chamadas de "apresentações marítimas" e íamos para o mar no *Royal Iris*, também conhecido como "The Fish and Chips Boat". As apresentações já aconteciam havia anos, programadas como cruzeiros dançantes, mas a primeira com os Beatles tinha acontecido no ano anterior, em uma noite de sexta-feira, 25 de agosto de 1961, quando eles acompanharam o jazzista Acker Bilk, cujo grande sucesso, "Stranger on the Shore", ainda era a primeira música entre as dez mais, mesmo depois de seis meses. Como sempre, eu os ajudei a carregar os instrumentos e embarquei sem pagar. Os motores eram ligados e nós saíamos do porto passando por New Brighton indo até Liverpool Bay entre as ondas grandes e suaves.

A segunda apresentação, também com Acker Bilk, foi um ano mais tarde, na sexta-feira, 6 de julho de 1962, logo após o retorno triunfal dos Beatles a Liverpool. Desta vez, fizemos todo o trajeto até a Ilha de Man, uma viagem com várias horas ininterruptas de música, dança e vômitos. As pizzas e hambúrgueres ainda não tinham cruzado o Atlântico, catchup e Coca-Cola eram mercadorias raras. O cardápio básico era o *fish and chips* feito na banha de porco e servido embrulhado em papel, coberto de sal e vinagre e engolido com cerveja quente ou suco.

Fizemos várias destas apresentações, uma vez com Johnny Kidd e os Pirates – que foram fantásticos, com suas roupas de pirata e botas de marinheiro combinando perfeitamente com o clima da festa. Ainda posso sentir o cheiro gordurento e salgado, e o estômago pesado como naquelas noites quentes de verão quando atingíamos as correntes revoltas do mar da Irlanda. Todos dançavam freneticamente, a banda tocava – já com o rosto verde – e os primeiros passageiros já se preparavam para vomitar. Alguns minutos mais tarde, estariam quase novamente recuperados, sorrindo de seu heroísmo e prontos para começar tudo de novo. Todos ficavam enjoados: eu, os rapazes – todos nós. Ringo, que tinha o estômago mais delicado de todos, largava as baquetas e corria para o canto onde vomitava até estar pronto para retomar seu posto. Depois era a vez de John, Paul e George. Apenas Acker Bilk parecia capaz de agüentar firme, apesar da quantidade de cidra que bebia. Era horrível, mas era divertido.

Quando Eppy, ou "Brian", como eu costumava chamá-lo pessoalmente, contratou os Beatles, começou a preparar uma equipe que cuidasse bem de "seus garotos", como ele os chamava. Já tinha conseguido segurar Neil Aspinall porque tinham a mesma idade e origem. Neil era asseado, vestia-se de modo respeitável e, quando formado, teria uma carreira apropriada como contador – mas isso não era tão interessante quanto acompanhar uma banda. Então, ele não demorou muito para abandonar o curso de contabilidade e foi trabalhar com Brian como agente de turnês dos Beatles. Até então, ninguém sabia quanto tempo durariam os Beatles, já que as bandas populares eram sabidamente efêmeras. À exceção de John, que desde o nascimento tinha a convicção de que estaria predestinado à fama, Brian era o único que percebia que coisas grandes aconteceriam rapidamente. Mesmo sabendo da instabilidade da preferência dos fãs, no fundo – acelerado pelas anfetaminas – ele se divertia com o que estava acontecendo. Com sua visão notável, convenceria Mal Evans, o segurança do Cavern, de que ser um *roadie* da NEMS era uma carreira sólida, uma carreira de futuro.

Naquele junho de 1962, eu sairia da escola, e começaria um curso de desenhista na fábrica local da Ford. Uma noite, eu estava ajudando os Beatles em uma apresentação quando Brian veio até mim e disse, com sua voz professoral, "Tony, quanto você ganha na Ford?".

"Cinco libras, Brian", respondi.

"Humm, sim, entendo", disse ele. "Bem, se eu pagar dez por semana, você viria trabalhar comigo? Você pode continuar fazendo seu trabalho com os rapazes e quando não estiver com eles, você vem comigo para o escritório da NEMS".

"Não sei se posso, Brian", eu disse. "O negócio da música é um tanto incerto. Trabalhar na Ford vai me dar uma carreira". Fico espantado hoje em ver como, sendo tão jovem, eu pensava nessas coisas. Acho que estava apenas reproduzindo o que o pai de todo mundo dizia, e também o que a minha mãe tinha enfiado em minha cabeça. Ter uma carreira era muito importante em um tempo em que tantas pessoas estavam desempregadas. Eu tinha 16 anos e tinha acabado de sair da escola com notas altas. Eu ainda queria fazer a escola agrícola e já tinha até feito a inscrição, mas mamãe queria que eu fosse para a universidade, embora não tivesse idade suficiente. Combinamos que me decidiria quando tivesse 17 ou 18 e, enquanto isso, eu iria ganhando alguma experiência. A Ford Motors Company contratou-me como desenhista estagiário e me mandou para a North East Liverpool Technical College para estudar e me formar como inspetor de *layout*, aquele sujeito com uniforme branco que verifica todos os desenhos de carros novos – que eram feitos no chão da fábrica por trabalhadores de uniforme azul. Porém, logo depois que comecei, sofri outro acidente e quebrei um dedo em uma porta, portanto, não podia desenhar. Estava recebendo meu salário de cinco libras por semana – para ser mais exato, cinco libras e cinco xelins – o que era bem mais do que minha mesada, então, estava satisfeito.

Contei tudo isso a Brian, ele pensou um pouco a seu modo amigável e acadêmico antes de apresentar seu plano alternativo. "Bem, se tudo isso aqui der errado, você ainda pode trabalhar comigo em uma das lojas de discos. Que tal?".

"Bem, não sei", disse a ele. "Tenho que falar com minha mãe".

"Diga a ela para vir falar comigo", disse ele. "Vou ficar feliz em recebê-la".

Minha mãe sabia que Brian era o Sr. Epstein, e que apesar de sua juventude, era respeitado em Liverpool, além disso, era um homem de palavra. Então ela foi até a loja e, conforme prometido, ele mostrou a ela o escritório enquanto explicava o tipo de trabalho que eu faria. Com sua franqueza e elegância, ele a convenceu de que aquele era um bom negócio no momento certo e de que eu não estaria vendendo minha alma ao Diabo.

"E se não der certo, ele pode sair quando quiser", disse Brian. "Pode voltar à Ford a qualquer momento, tenho certeza de que vão ficar felizes em devolver a ele o cargo. Eu mesmo irei falar com eles. Mas, quanto a mim, Tony terá o emprego pelo tempo que desejar".

Brian era este tipo de homem, um obcecado por fazer a coisa certa, por manter sua palavra. Minha mãe saiu do escritório contente e convencida em me deixar começar uma carreira de "gerente de artistas", como Brian solenemente batizou o cargo. Com o passar dos anos, Brian e minha mãe ficaram bastante próximos e ele sempre se referia a ela como uma mulher adorável.

Para ilustrar o tamanho da intimidade entre nós todos, minha mãe foi quem tricotou os famosos cachecóis longos e pretos para que os Beatles usassem na capa do EP "Twist and Shout". Originalmente, eles tinham comprado cachecóis semelhantes em Hamburgo, que usaram com desajeitados sobretudos pretos. (Dizíamos que se pareciam com a Gestapo!) Não sei o que aconteceu com aqueles cachecóis – provavelmente foram levados por fãs – mas os rapazes eram bem apegados a eles. Eles devem ter comentado alguma coisa com a minha mãe porque logo ela pegou as agulhas e o novelo de lã preta e começou a tricotar. Até minha tia Margaret, de Rhyl, entrou na brincadeira. Ela crochetou vários coletes coloridos para os Beatles.

Fui trabalhar com Brian logo depois que os Beatles conseguiram seu primeiro contrato de gravação e antes que "Love Me Do" fosse lançada. Era a calmaria antes da tempestade, tempo em que nenhum de nós (exceto John, é claro) tinha certeza de como as coisas aconteceriam. Era meu trabalho levar o dinheiro das sextas-feiras para os rapazes. Eu percorria o país de trem para qualquer lugar que estivessem tocando e ficava por lá no fim de semana. Se tocassem mais perto de casa, em Manchester por exemplo, íamos para lá no final da tarde e voltávamos depois da apresentação.

Apesar dos boatos sobre o que acontecia, jamais vi qualquer orgia naqueles primeiros dias de estrada. Eu ainda era um garoto inocente que ia dormir relativamente cedo, se não fosse sair à noite. É claro que não estive na Alemanha, onde havia garotas, garotas, garotas. Na volta de Hamburgo, Paul disse, "Foi um choque sexual... de repente você arranjava uma namorada que era *stripper*. Para quem nunca tinha feito sexo antes, era uma coisa formidável. Tivemos um rápido batismo de fogo em nossa vida sexual. Fomos educados em Hamburgo". Eles contavam como George tinha perdido a virgindade no quartinho que dividiam enquanto fingiam estar dormindo. Paul disse que uma vez foi até John e viu o lençol subindo e descendo com uma garota embaixo dele. Tudo acontecia de forma adolescente e sem responsabilidades.

Seria interessante se depois dessas experiências os rapazes se tornassem puritanos na Inglaterra – coisa que não fizeram – mas apesar das lendas que dizem o contrário, e mesmo segundo as memórias dos próprios Beatles, por um bom tempo as garotas inglesas ainda não se atirariam em cima dos *pop stars*. A pílula ainda não existia, e o sexo livre significava gravidez e vergonha. As garotas ainda não tinham aprendido a ser auto-suficientes, embora logo uma bomba atômica viesse a explodir entre os adolescentes do país. Quando a cena sexual finalmente mudou, foi com grande velocidade. Em um espaço de seis meses, passou de "Não-não-não, sou moça de família" para "sim, tudo bem. Na sua casa ou na minha?".

♪

O agendamento de shows prosseguia, primeiro concentrados em Liverpool e na região do Mersey. Quase todos os dias havia duas sessões na hora do almoço e normalmente uma em lugares diferentes à noite quando tocavam duas horas seguidas. Os rapazes quase não tinham tempo livre, foram poucos os intervalos até se separarem anos mais tarde. Mas apesar da atividade frenética e uma bela renda regular – que graças aos esforços de Brian, era mais do que jamais haviam ganhado – os Beatles continuavam perguntando, "Ei, mas e quanto ao disco? Quando vamos gravar?".

Infelizmente, Brian não tinha essa resposta. Então recebeu um telefonema de George Martin, um que talvez não o tenha surpreendido. George disse que queria marcar uma sessão para gravação sem Pete Best, que teria que ser substituído na bateria. A desculpa era a de que Pete não conseguia manter o ritmo. Depois de 40 anos, o próprio Pete Best ainda diria que jamais tinha entendido estas afirmações. Disse que nunca acreditou não ser bom o suficiente, já que tinha sido bom o bastante por dois anos, sem ouvir qualquer reclamação sobre seu estilo de tocar que batizou de "batida atômica". (Além disso, Brian chegou a propor a formação de um outro grupo para Best, prometendo fazer uma grande promoção da nova banda).

E foi assim que, pálido e tenso, Brian sentou-se à sua mesa e olhou para o espaço em 16 de agosto de 1962. John tinha acabado de dar-lhe a deprimente notícia de que Cynthia estava grávida e que teriam que se casar. Isto não estava nos planos de Brian para o grupo, nem em seus sonhos particulares com John, mas enquanto isso, sua primeira tarefa dolorosa era dispensar Pete Best. Apesar da crença de Pete de que as coisas estavam indo perfeitamente bem, na verdade não estiveram tão bem assim por algum tempo. O resto do grupo já tinha dado vários sinais de como iam as coisas ao mantê-lo afastado e desinformado sobre notícias mais recentes. Já em janeiro, decidiram não dizer a Pete que a Decca os tinha recusado, mas ninguém tinha pensado ainda em falar abertamente sobre dispensá-lo.

Eu estava entre eles e vi como passavam um ao outro a batata quente. "Diga você – não, você diz!". Ninguém pediu minha opinião, mas também não escondiam a situação, e eu pude ver que tínhamos um problema. Por fim, disseram a Brian que, como agente da banda, a tarefa caberia a ele. Satisfeito por ter se livrado do trabalho sujo, John telefonou para Ringo Starr no Butlin's Holiday Camp onde ele estava em uma temporada com Rory Storm e os Hurricanes, para perguntar se ele queria se juntar aos Beatles. Ringo estava pronto para fazer a troca e concordou na hora.

Brian telefonou para a casa vitoriana e distante de Best e logo na manhã do sábado seguinte Pete estava a caminho do centro de Liverpool, levado por Neil Aspinall. Quando Pete subiu as escadas para o escritório de Brian, em vez de acompanhá-lo, Neil preferiu esperar fora do carro. Por algum motivo, Pete imaginou que Brian queria simplesmente falar com ele sobre a agenda de shows. Isso podia ter acontecido antigamente, quando Pete era o responsável pela maioria dos agendamentos dos Beatles na era pré-Brian, mas já não era assim havia muito tempo. Eles conversaram um pouco até que já sem desculpas para adiar o anúncio, o pálido e angustiado Brian vomitou: "Os rapazes querem que você saia do grupo. Eles não o consideram um baterista bom o suficiente".

Pete disse a Neil que quando ouviu estas palavras, ficou enjoado. No início, não conseguiu entender que estava sendo dispensado. Interrompendo seu espanto, o telefone tocou na mesa de Brian. Era Paul, perguntando se Brian já tinha cumprido o combinado. Rapidamente, Brian disse: "Não posso falar agora. Pete está aqui comigo no escritório".

Cuidadosamente, Brian não disse nada ao mesmo tempo em que Ringo já tinha aceitado o convite de John para juntar-se aos Beatles. Porém, Ringo teria que ficar com o Rory Storm por mais três dias, então Brian pediu a Pete que ficasse para os próximos compromissos. Ele estava tão atordoado com tamanha deslealdade que concordou em continuar até que pudesse ser substituído. Quando Brian levantou-se para que Pete saísse, disse que ficaria feliz em formar uma outra banda com o baterista.

Na calçada, Pete contou a Neil Aspinall o que tinha acabado de acontecer, depois foi afogar as mágoas no Grapes. Ao final da tarde, bêbado e amargurado com aquela traição, decidiu se desligar dos Beatles de uma vez por todas e não voltou mais a tocar com eles. Ele estava tão aborrecido no bar, que acabou contando a todos com detalhes a conversa que tinha tido com Brian e, logo, todos na rua já estavam sabendo. A propagação das histórias era tão notável que havia poucos segredos em Liverpool e o Grapes – parada de tantos músicos – era uma das piores opções para alguém que tivesse um segredo a guardar. Quando eu soube de tudo oficialmente, já conhecia a história do escritório de Brian de cor e salteado.

Sem ter outra saída, Neil foi levar a notícia a Mo Best. A situação entre Neil, Mo e os Bests era um tanto complexa. Ele tinha vivido com John, Mo e seus dois filhos, Pete e Rory, por algum tempo. No mês anterior, em 21 de julho, Mo tinha dado à luz um terceiro filho, um menino chamado de Roag. Não era segredo que Neil era o pai de Roag.

Houve um grande desapontamento entre fãs e músicos quando depois de três anos, sem motivo real, Mo fechou o Casbah Club no final do mês de junho. Todos nós – os Beatles, inclusive eu – ajudamos a pintar as paredes do velho porão sujo quando o clube foi aberto pela primeira vez em 1959 e os Beatles fizeram sua última apresentação no local em 24 de junho de 1962. Todos tinham o Casbah como seu próprio clube, um lugar que podiam freqüentar para passar o tempo.

Neil agora estava em um dilema: a quem permanecer fiel – a Pete ou aos Beatles? Ele disse que tentou as duas coisas. Pete não tocou nas últimas apresentações e Johnny Hutch, do Big Three, assumiu a bateria. Enquanto isso, Neil continuava sendo o *roadie* dos Beatles, mas quando Ringo chegou, Neil recusou-se a montar a bateria por algumas semanas. A tarefa quase sempre era passada para mim quando eu estava por perto. Ninguém comentava muito, mas estava claro que a banda havia sofrido uma amputação e um duro golpe. As fofocas diziam que Neil tinha deixado Mo então ele achava a presença de Pete um incômodo.

O Casbah foi fechado, mas eu via Pete pelas ruas. Ele sempre vinha falar comigo porque sabia que eu tinha intimidade com os Beatles e com Brian, e reclamava sobre o que chamava de punhalada nas costas.

"Eu toco tão bem quanto Ringo", ele dizia. "Brian até se ofereceu para formar uma nova banda para mim, então eu não sou tão ruim, sou?".

Eu me sentia desconfortável e um tanto confuso com aquilo, mas continuava ouvindo. Quando Pete perguntou se eu sabia o que eles estavam dizendo sobre ele e se eu tinha ouvido o motivo de eles terem-no excluído, tudo o que eu dizia era, "Não sei".

A verdade sobre a dispensa de Pete Best era realmente bem simples. Os Beatles simplesmente não gostavam dele e comentavam isso entre eles e na minha frente. Ele não era tão rápido, afiado e engraçado quanto eles. Tanto Paul quanto John diziam que ele não era um deles, que ele não era inteligente ou intelectual. Era carrancudo e emburrado. Pete me disse que tinha odiado a Alemanha. Reclamava o tempo todo e não saía com os outros em Liverpool. Costumava ficar em casa, com a namorada no sofá, enquanto sua mãe saía e estava informada sobre tudo, a vida e a alma de cada festa de uma ponta à outra do Mersey. Mesmo antes de se juntar aos Beatles, quando eles saíam para beber, Pete voltava para casa com a namorada depois da apresentação. Ele não era de se misturar. Tenho certeza de que o grande problema era esse em vez da suposta falta de talento. Em todos os anos que andei com ele, não senti que o conhecesse – ninguém sentia. Ringo, por outro lado, era tranqüilo e fácil de se conviver. Era engraçado e extrovertido e se adaptava à situação. Os Beatles conheceram Ringo em Hamburgo, eles o viam por lá e ele chegou até a tocar com o grupo algumas vezes quando Pete, que sempre estava doente, não aparecia.

Ringo era mais velho do que os outros e era muito respeitado, sempre muito controlado e bem vestido, com couro ou ternos bem cortados, anéis em cada dedo, corrente de ouro, carros caros. Quando os outros não tinham nada, Ringo tinha dinheiro no bolso e todo o equipamento necessário. Ele vinha de Dingle, das favelas do porto de Liverpool. Uma sucessão de doenças na infância o deixaram no hospital por mais de um ano. Com pouca instrução, ficou atrasado na escrita e na leitura e jamais se recuperou. Quando garoto, teve que andar com gangues de

Teds para sobreviver – como ele mesmo dizia, "Tinha que fazer isso. Precisava de proteção". Ele também foi espancado várias vezes. Apesar disso, era divertido e sossegado. Sempre brincava dizendo que tinha se juntado aos Beatles porque eles lhe ofereciam cinco libras por semana a mais do que o Rory Storm – ou seriam dez? "Cinco!" diziam os outros sempre que Ringo contava isso em entrevistas. Então ele dizia, "Bem, então cadê? Paguem. Quem está com minhas cinco libras?".

Um ponto importante que chamou a atenção de Brian era que, ao contrário de Pete, Ringo queria vestir-se como os Beatles e estava pronto para cortar o topete estilo Teddy Boy. O que ninguém esperava, era a reação revoltada dos fãs quando souberam que Pete tinha sido dispensado. Eles o adoravam, ele era o herói local "mau, genioso e admirável". Os EUA tinham Elvis, Liverpool tinha Pete Best.

Os fãs fizeram um grande alvoroço e, por um tempo, parecia que um grande erro havia sido cometido. As pessoas diziam abertamente que fora Pete quem formara os Beatles, não John, Paul ou George, e Mona Best adorava ouvir isso. Ela pegava o telefone e tentava atrair ainda mais apoio da imprensa. Formaram-se facções; centenas de garotas marchavam pelas ruas exibindo placas. Agrupavam-se do lado de fora dos escritórios da NEMS gritando: *"Pete forever, Ringo never!"*.

Brian, eu e alguns outros de nossa equipe, como Alistair Taylor, ficávamos nas janelas, olhando para baixo um pouco afastados para não sermos vistos – ou, como disse Brian, escondidos de alguma pedra que fosse atirada – ouvindo a manifestação. Brian sempre parecia muito preocupado. Mordia os lábios e se perguntava se tinha feito a coisa certa.

"Elas parecem mesmo gostar de Pete, sabe", dizia ele. "E se todas abandonarem os Beatles?".

"Não, elas não vão fazer isso", dizia Alistair. "Deixe protestarem. Estão se divertindo. De qualquer modo, é uma boa publicidade".

Ele tinha razão. Os jornais estampavam as notícias, e isso parecia estimular ainda mais a polêmica. Houve brigas, os Beatles foram agredidos no palco e arrastados até a platéia, George ficou com o olho roxo e Ringo teve que correr para não morrer, fugindo de uma turba ruidosa. John se divertia com o tumulto. Foi como nos velhos tempos em Hamburgo, embora nenhum de nós da "panelinha" – ou os próprios Beatles

– esperassem uma reação tão violenta. As coisas continuaram pegando fogo por uns tempos e Brian continuava bastante apreensivo.

O fogo baixaria apenas quando os Beatles emplacaram o primeiro sucesso, em dezembro, explodindo no resto do país. Fora de Liverpool, ninguém tinha ouvido falar em Pete Best. O baterista nos pôsteres, na televisão e nas manchetes de jornal era Ringo.

Inesperadamente, vi que tinha muito em comum com Ringo, porque nossas namoradas eram amigas, ambas com idades mais próximas à minha. Maureen Cox, que se tornou esposa de Ringo, tinha começado namorando o guitarrista do Rory Storm, "Johnny Guitar". Não demorou para que esta garota, pequena como Ringo, com cabelos negros, franja e olhos bem pintados, mudasse a preferência para os Beatles. Ela e a amiga, Lorraine Flyte, costumavam sentar na ponta do palco do Cavern, e em meio a todo aquele mar de rostos, Ringo viu a bela Maureen e gostou dela imediatamente. Nem todas as brigas entre os fãs tinham a ver com a saída de Pete. Muitas brigas eram entre garotas que paqueravam este ou aquele Beatle por quem estariam apaixonadas.

Ringo e Maureen – nós a chamávamos de Mitch – tinham que fingir não se conhecerem. De modo conspiratório, Lorraine ajudava Mitch a se esconder debaixo de um cobertor no banco de trás do carro de Ringo para esperá-lo durante os intervalos. Quando Ringo ia embora de um concerto, esperava até estar vários quarteirões distante para que Maureen engatinhasse para o banco da frente. Mas certa noite, uma fã viu Ringo entrando no carro e foi atrás dele pela rua. Ela conseguiu abrir a porta do carro e viu Maureen. Ela a arrastou para fora, chutando-a sobre as pedras da Mathew Street. Logo, uma dúzia de garotas estava ali.

De repente, ser namorada de um Beatle deixava de ser legal e divertido para ser um pesadelo em potencial. Isso foi um choque para Maureen. Ela vinha de um colégio de freiras e tinha trabalhado como cabeleireira sob o nome de Ashley du Pré; tinha acabado de fazer 16 anos e ainda morava na casa dos pais. Eles insistiam para que ela estivesse em casa sempre antes da meia-noite – dez para a meia-noite, para ser exato – nada fácil quando o namorado é um Beatle que não terminava de tocar até o amanhecer. Na maioria das vezes, eles se encontravam durante a tarde, nos dias de folga de Mitch, e fingiam não se conhecer no Cavern.

A amiga de Maureen, Lorraine Flyte, que tinha 16 anos como eu, tornou-se minha namorada e, por conta disso, conheci bem Mitch. Quase sempre, Mitch, Lorraine e eu passeávamos juntos aos domingos, íamos ao cinema ou caminhávamos pelo parque, enquanto Ringo – ou Richie, como continuávamos a chamá-lo – dormia. Eu era o menino simpático que as meninas convidavam para fazer compras com elas nos dias de folga. Quando víamos pôsteres anunciando apresentações dos Beatles, ou um artigo sobre eles em um jornal ou revista, Mitch sempre brincava dizendo que precisava se beliscar.

"Não acredito que sou namorada de um Beatle", dizia. "Mas sei que ele vai se cansar de mim".

"Claro que não", dizia Lorraine. "Richie é legal".

Às vezes, Mitch dizia que seus pais não estavam muito satisfeitos com a situação. "Eles dizem que ele é muito velho para mim", confidenciava. "Dizem que rapazes mais velhos arrumam problemas para garotas como eu, depois as jogam fora".

"Bem, só arrumam problemas se você deixar", Lorraine dizia. Depois se entreolhavam e riam.

Ringo costumava manter segredo absoluto sobre Mitch, em parte pela própria segurança dela, em parte porque Brian os convencia de que os Beatles tinham que fingir ser monges celibatários. Brian seguia tudo à risca. Insistia em dizer, "Você pertence a todas as fãs da Inglaterra".

Tais sentimentos deixavam os rapazes desconfortáveis, mas eles concordavam que Brian tinha razão. Preservar suas vidas particulares dos fãs, da imprensa e do próprio Brian tornou-se um pacto entre todos nós. Ringo dizia, "É como no Serviço Secreto", mas ele ia além escondendo Mitch de todos; e eu e Lorraine ajudávamos nisso.

Lorraine morava na Wago Lane, que passava pela Aintree Racecourse, onde aconteciam as corridas de cavalos conhecidas como Grand National. Com Mitch, chegamos a assistir uma corrida da janela do quarto de Lorraine, enquanto tomávamos refrigerante com canudinhos e comíamos salgadinhos. Era bem divertido, ficávamos na janela torcendo pelos cavalos, embora não estivéssemos perto o bastante para enxergar detalhes. Também não tínhamos como apostar.

(Anos depois disso, em 1967, Paul McCartney gravaria uma música com o irmão, Mike McGear – do grupo Scaffold – chamada "Thank U Very Much for the Aintree Iron". Este era o formato da pista de corridas, como um velho ferro de passar, esquentado com brasa; e, é claro, pessoas como Mo Best que tinham ganhado bastante na Grand National, tinham muito a agradecer. Certa vez, Paul me pediu para gravar um vídeo baseado nesta música; lembro-me daquele dia divertido quando Ringo, Mo, Lorraine e eu levamos o Scaffold para tocar a música no campo do Liverpool, com toda a arquibancada atrás do gol cantando junto. Não me lembro se o filme chegou a ser usado. É mais um filme perdido que algum dia será descoberto).

O relacionamento romântico de John com Cynthia tornou-se mais sério quando ela ficou grávida, mas foi estranho ela ter certeza tão rapidamente. Dado o tempo – com base na presença de John em Liverpool – ela não podia estar com mais de uma ou duas semanas quando deu a notícia a ele. John ficou desapontado, embora não tanto quanto Mimi ou Brian, mas cedeu ao inevitável. Isto não estava nos planos de Brian para os garotos – um Beatle tinha que estar sempre disponível e livre. Brian rapidamente viu o grande valor das hordas de fãs que seguiam os Beatles, nos fã-clubes e revistas e, mais uma vez, rezou sua ladainha: "Vocês pertencem a todas as garotas da Inglaterra". Por outro lado, ele concordava que a imagem de um Beatle tinha que ser "legal" e não queria qualquer publicidade negativa.

Brian cuidou dos preparativos para a cerimônia de casamento no cartório, seguida de um simples almoço em um restaurante comum onde esperava que não fossem notados por ninguém. Para grande irritação de Brian – John achou tudo muito engraçado – era hora do almoço e eles tiveram que ficar na fila por vinte minutos antes que vagasse uma mesa, mas Brian não queria criar tumulto, nem chamar atenção para eles. Na verdade, quase ninguém sabia que John era casado. Por um longo tempo, isso foi um segredo que não se revelou além do círculo mais íntimo, ao contrário de vários outros "segredos" de Liverpool.

John passou a noite daquele dia em Chester, tocando no Riverpark Ballroom. Embora todo o namoro tenha sido secreto, em um determinado momento John reconheceu que não queria se casar mas sentiu-se forçado a isso. (Ele até tinha uma outra namorada por quem era apaixonado, Ida Holly, que conheceu no Blue, sem falar na lista dos casos de uma só noite. Não sei se John sabia, mas a bela Ida saiu comigo também.)

Não, a alegria do casamento não tinha nada a ver com a personalidade de John. "Meu Deus", disse ele após a apresentação em Chester, enquanto guardava os instrumentos, "Não acredito que fiz isso".

Mimi estava muito furiosa para ir ao casamento e deu as costas para seu querido John por uns tempos. Brian decidiu que a quitinete de estudante apertada e preparada com tanto carinho por Cynthia para John não renderia uma boa imagem para um Beatle tão importante, muito menos para um casal recém casado. Então, entregou a eles as chaves de seu pequeno ninho de amor na Falkner Street – que *ele* mesmo em seus planos tinha preparado com carinho para John – torcendo para que ninguém visse o Beatle entrando e saindo ou fizesse qualquer ligação entre ele e a jovem loira grávida que morava ali. Tenho certeza de que foi tudo muito complicado para ele – mas também tenho certeza de que Brian adorava bancar a mãe protetora.

Finalmente Brian tinha conseguido uma data para gravar com George Martin - uma música em um disco de acetato que George queria que aprendessem: "How Do You Do It", lançada por Dick James. Houve uma discussão imediata quando Brian chamou os rapazes para mostrar a música. Nem John, nem Paul concordaram com aquilo, decidindo desde o início que queriam gravar suas próprias composições.

"É uma bela música, por favor, vamos experimentar", implorou Brian, que não queria contrariar George Martin.

"É o caralho, mande ele enfiar isso no rabo", rosnou John.

Serenamente, Brian disse que aquilo era para o próprio bem do grupo e criar turbulência não ajudaria em nada suas carreiras. "Podemos conversar sobre isso com George Martin quando formos para Londres", disse ele. "Não o façam pensar que vocês têm gênio difícil. Podemos resolver isso quando já estivermos no estúdio. Criar problemas agora não é nada diplomático".

John xingou Brian mais uma vez e saiu da sala, Brian suspirou, baixando o olhar para as mãos bem cuidadas. "John é tão difícil".

Com seu tato habitual, Paul disse, "John não vai criar problemas. Ele vai aprender a música e cuidar dela mais tarde".

Uma semana depois, eles voltavam a Londres para regravar o material – desta vez, sem a desprezada "How Do You Do It", que (ilustrando o que Paul disse sobre "cuidar dela") foi interpretada tão horrivelmente que George jogou as mãos para o ar, sorriu e concordou em descartá-la. Para tristeza dos Beatles – e para grande alegria de Brian, que tinha contratado Gerry Marsden – a música chegou ao topo das paradas interpretada por Gerry e os Pacemakers.

No estúdio, Ringo estava deprimido porque George Martin tinha trazido Andy White, um baterista de primeira. Ringo, que não era um profissional consagrado, não se manifestou. Mas quando o single foi lançado, trazia "Love Me Do" no lado A e "PS I Love You" no B (com o baterista reserva), então a honra de Ringo ficou 50% intacta.

Eu estava na loja da NEMS quando os discos foram enviados no início de outubro e fiquei impressionado em ver caixas e caixas sendo descarregadas nos depósitos de Brian, ao todo dez mil discos. "Logo acabam", disse Brian defensivo e imediatamente colocou sua equipe para trabalhar a fim de garantir tal resultado.

Achei a gravação ao vivo de "Love Me Do" maravilhosa. "My Bonnie" foi uma decepção. Não parecia uma interpretação dos Beatles. Era uma música velha, e eles só faziam o apoio vocal. Além das demos em acetato que não eram vendidas, até aquele momento nada havia sido gravado pelos Beatles. Eles eram uma banda de shows, sem discos. De repente, eram uma banda de verdade. Tinham um disco! Foi impressionante. Melhor ainda, as músicas eram deles e vinham sendo tocadas por quase um ano. Eu já as tinha ouvido um milhão de vezes antes, mas agora pareciam originais e diferentes. "Love Me Do" era incrível, cada harmonia, cada nota. E agora era possível cantar, algo que não fazíamos muito quando eles tocavam ao vivo.

Ainda me lembro da primeira vez em que ouvi a música no rádio, à noite. A Radio Luxembourg – 208 – era a "nossa" estação porque tocava praticamente toda noite e dava para ouvir na cama. Eu tocava bem alto e gritava chamando todos – mamãe e meus irmãos – para ouvir. Ficávamos lá sentados, com um grande sorriso no rosto e quando terminava, queria poder ouvir de novo – no ar, quero dizer, porque obviamente eu tinha uma cópia do disco. Acho que todos em Liverpool tinham. (Eu nunca comprei um disco dos Beatles. Ganhava todos de presente.)

Colocávamos o disco de vinil no Dansette e ouvíamos o tempo todo, até gastar. Sabia ter estado presente em toda a vida da banda e estava muito orgulhoso. Todos estávamos. Mamãe nem pedia para desligarmos. Então ouvíamos no rádio uma vez após a outra. Naquela hora eu sabia que as coisas iam dar certo para eles. Estranhamente, as coisas pareciam ter mudado. Antes, eles eram os "nossos" rapazes, nossos amigos. Depois, pareciam ter ganhado importância, pareciam ter se tornado pessoas que tínhamos que dividir com o mundo. Sei que pessoalmente jamais os tratei de modo diferente, mas muitas pessoas trataram.

Uma vez Paul chegou a dizer, "Não é mais a mesma coisa. Quando entro em um lugar com velhos amigos e até com minha família, há uma certa timidez, uma distância. Tenho vontade de gritar, 'Sou eu – Paul!'".

Três dias depois, num sábado, 6 de outubro, um dia após o lançamento oficial do disco, Brian comemorou a assinatura formal de um novo contrato com os Beatles, um que não teria mais a presença incômoda de Pete Best. Desta vez, Brian lembrou-se de assiná-lo: ou talvez nem tenha se esquecido antes. Quem sabe?

Todo mundo, principalmente os fãs mais privilegiados, escreviam e telefonavam para as rádios, DJs e imprensa. Até nossas mães e namoradas passavam um bom tempo escrevendo centenas de cartas. Em qualquer lugar que os Beatles tocassem, a máquina entrava em ação, infernizando as rádios, exigindo os discos nas lojas – e quando eles chegaram ao 45º lugar nas paradas, ficamos enlouquecidos. Brian andava radiante. A piada corrente era que sua mãe, Queenie, tinha comprado todas as 10 mil cópias e enfiado no armário. Embora não tivessem chegado nem perto do primeiro lugar, parando no 17º, George Martin estava bastante satisfeito. Então, os Beatles começaram a aparecer na televisão e tinham criado grande popularidade em revistas como a *New Musical Express*.

Os Beatles tinham mais uma programação a cumprir, um compromisso firmado antes da fama. Era novamente em Hamburgo, a cidade que fora seu laboratório de testes. Sem o doloroso aprendizado, eles não seriam tão coesos, nem tão bons. Como em um treinamento para ganhar o mundo, eles voltaram ao Star Club pouco antes do Natal, mas estavam cansados daquele cenário que já parecia estar a anos luz do grupo. Quando voltaram para a Inglaterra e os vi no Ano Novo, eles estavam prontos para qualquer desafio.

SETE

ANTES DE A VERDADEIRA FAMA CHEGAR, os Beatles fizeram algumas apresentações de verão, uma semana aqui, outra ali, em hotéis de praia: uma semana em Southport, uma única apresentação em Aberdeen, um domingo em Torquay e uma semana em Great Yarmouth ou Bournemouth. Minha atividade na época era o que podíamos chamar de secretário de Brian, mas várias vezes, quando a apresentação era ao longo do Mersey, eu ia com eles para onde quer que fosse o show e depois voltava para casa. Se fossem para mais longe, nos finais de semana eu levava o pagamento e ficava por lá.

A primeira *van* da banda foi uma Bedford usada, oferecida por Neil. Tinha dois bancos e era bem simples. Neil dirigia, com John quase sempre no banco de passageiro. Puxávamos o banco de trás para frente e abríamos espaço para os equipamentos, depois sentávamos e ficávamos balançando. Não era muito confortável, tentávamos arrumar espaço no chão em volta dos equipamentos, e sentávamos em nossos próprios casacos, mas era muito apertado. Na maior parte do tempo, íamos conversando ou jogando cartas em cima de um amplificador.

Se John e Paul estivessem com ânimo para compor, Paul sentava-se na frente com John e os dois se punham a trabalhar. Ou então se sentavam no fundo e começavam a escrever nos velhos livros de exercícios e talvez um deles pegasse um violão para tirar algumas notas. Sei que vi dezenas de músicas surgirem enquanto estávamos na estrada, mas nenhuma delas chegava ao fim – eram só pedaços e escritos que seriam lapidados mais tarde. Às vezes, John e Paul acordavam no meio da noite; tinham encontrado o último verso. Quase sempre, só ouviríamos a versão definitiva mais tarde, bem mais tarde, talvez no estúdio, quando precisavam de mais uma composição para completar um disco. Então, pegavam um dos velhos cadernos de exercícios e folheavam as páginas enquanto John ou Paul dizia, "Que tal essa?" – e um dos dois cantava alguns versos.

Não posso dizer que esses momentos de "composição de letras" fossem de impressionar. Jamais imaginávamos naquele momento que nos anos seguintes todas as músicas seriam desmontadas e analisadas. Às vezes uma situação ou um nome serviriam de inspiração, mas quase sempre as músicas eram simplesmente inventadas, sua origem era apenas uma idéia vaga, imaginação pura. Nenhum de nós, incluindo John e Paul, levava aquilo a sério, provavelmente porque as letras surgiam facilmente. Mesmo Brian levou algum tempo para perceber que aquelas anotações tinham valor. Eles eram compositores à moda antiga em seus métodos, escreviam onde quer que estivessem, fosse no fundo de uma *van*, ou em um quarto de hotel. Não tinham ninguém para ajudar nos assuntos musicais. Não tinham um Brill Building como apoio. Se tivessem um manual, o equivalente para composições do Bert Weedon's *Play in a Day – guitar book*, para ensiná-los que "a música que fazem pertence a vocês", e que escrever letras era um trabalho honesto e digno, talvez não tivessem jogado tanta coisa fora.

Quando os shows começaram a levar a banda para muito longe, Brian investiu em uma nova *van*. A Commer tinha suspensão melhor e não costumava quebrar no meio do caminho, mas ainda assim não era muito maior e pouco mais confortável do que a velha Bedford. Surpreendentemente, dada as longas distâncias que percorríamos quase todos os dias, sob chuva e sol, tivemos poucos acidentes. Mas, felizmente, nenhum de nós se machucou. George – que tinha habilitação – uma vez dirigia na neve, voltando de Hull. Logo quando saímos de Goole, ele derrapou no gelo da estrada ao lado de um canal e fomos parar perto da barragem. Como sempre, ninguém se machucou e retomamos a viagem. Outra vez, John, que não tinha habilitação e era mais cego do que um morcego, principalmente à noite, quis dirigir. Estávamos em North Wales, indo para Horseshoe Pass, logo acima de Llangollen. Naquela época, a estrada era perigosamente estreita e íngreme. Fazia um ziguezague por um penhasco quase reto ao lado de River Dee. De repente, John perdeu o controle. Rodopiamos um pouco e cheguei a pensar que sairíamos da estrada, mas John conseguiu girar o volante e acabamos saindo para o lado da grama, nos arbustos. Ninguém jamais voltou a tocar nesse assunto, mas aquele poderia ter sido o fim dos Beatles.

Uma ocasião ainda mais dramática, embora não envolvesse acidente, aconteceu quando os Beatles foram tocar no Royal Pavilion, em Bath. Hoje, Bath é uma bela cidade, cheia de prédios clássicos georgianos que lhe emprestam ares de elegância e estilo e, de todos os lugares em que estivemos, foi o último em que imaginávamos ser vítimas de vandalismo. Talvez fosse apenas um grupo de namorados das garotas que se descabelavam pelos Beatles, mas a *van* foi destruída. Os faróis e espelhos arrebentados, lataria amassada e janelas quebradas. Mas tínhamos que voltar para Liverpool com o equipamento para outra apresentação. Era uma noite escura, tarde demais até para alugarmos um outro carro ou tomar o trem.

A polícia foi muito prestativa. O comandante disse, "Vamos levá-los de volta para casa, rapazes". E levaram. Ele montou uma escolta policial à frente e atrás de nós, com luzes ligadas. Ligamos os faróis que ainda iluminavam um pouco e seguimos nossa viagem cega por algumas centenas de quilômetros, cortando a escuridão com o vento assoviando. Mas o comandante foi fiel à sua palavra – levou-nos para casa.

Na maior parte do tempo, como pombos-correio, estávamos sempre indo e vindo de apresentações, sempre voltando para Liverpool. Os dias em que os rapazes tinham uma apresentação em casa eram maravilhosos porque podíamos passar o dia todo dormindo. Passar a semana toda em um mesmo lugar era um grande luxo. Quando estavam longe, eu normalmente ficava em Liverpool fazendo o que Brian pedisse. Quando viajava com eles, depois dos shows íamos a uma lanchonete comer um hambúrguer com fritas. Depois voltávamos para o bar do hotel, tomávamos uísque com coca-cola e íamos para a cama quando o bar fechava. Não fazíamos "a farra". Na verdade, que farra? Não havia "farras" para fazermos, nem bares para ir. Nas únicas horas livres que tínhamos, íamos para algum "cassino". Eram clubes privados e não apostávamos em nada.

Nunca sabíamos aonde ir para nos divertirmos fora de Liverpool. Antes dos Beatles, a Inglaterra era extremamente monótona. Não era como os Estados Unidos. Nossas opções eram restritas. A maioria dos filmes ingleses eram romances simples e comuns, assim como nosso estilo de vida. O clima era preto e branco, como a imagem da TV. O noticiário no cinema era preto e branco. As roupas eram pobres. Não havia com o que se divertir. Salvo uma vez ou outra, quando havia algum conhecido na cidade, então íamos visitá-lo para tomar uma cerveja e ouvir discos. Nada que lembrasse Hamburgo onde os Beatles tocavam até amanhecer, tomavam drogas, bebiam cerveja e caçavam garotas. Toda a Inglaterra se recolhia às dez horas. Quando estávamos longe de nossas casas em Liverpool, era mais ou menos assim, "Subir no palco, Yeah! Yeah! Yeah! 'Twist and Shout', pegar os equipamentos, ir embora. Depois lanchonete, batatinhas, boa noite pessoal, até amanhã". (Pensando bem, era muito legal!)

Hoje é estranho pensar que apesar dos fãs e da imprensa, as vidas particulares dos Beatles eram bastante normais – até mesmo provincianas. George, por exemplo, uma de suas atividades regulares em um dia de folga era levar minha mãe e eu para um passeio em seu carro novo no domingo à tarde. George era o Beatle de quem minha mãe era mais próxima. Ela o adorava. Logo após o lançamento de "Love Me Do", os Harrisons conseguiram mudar-se para perto de nós, na Hunts Cross. A casa nova era moderna e ligeiramente mais cara do que a anterior. Ficou bastante conhecida quando os fãs começaram a se amontoar por lá. Os Harrisons recebiam a todos e os fãs se enturmavam com a família. Alguns iam para a cozinha e faziam sanduíches de bacon para todos. A Sra. Harrison ria quando contava à minha mãe como as fãs adoravam fazer o serviço de casa. "Elas ficam ocupadas como abelhas e me mandam ir para o sofá, por os pés para cima e ler uma revista. O melhor de tudo é que gostam de passar as camisas de George", dizia sorrindo. Na verdade, logo havia tantas cartas de fãs, que o pai e a mãe dele passavam a noite inteira respondendo.

Com o dinheiro das apresentações, George comprou seu primeiro carro, um Ford Anglia azul marinho novinho com pára-brisa inclinado – provavelmente fabricado na fábrica Ford onde eu não trabalhava mais. Até então, Ringo era o único Beatle com carro. Ele tinha um Standard Vanguard cafona, laranja claro, com protetores semelhantes aos dos carros de corrida. Com o motor envenenado, parecia um tanque descendo a rua. Ainda posso ver Ringo, com aparência quase maníaca e óculos de corrida por trás do volante.

O carro de George nem se comparava àquele. Tornou-se bem conhecido porque apareceu em várias fotografias. Posso me lembrar da primeira vez em que George chegou até minha casa nele, com um grande sorriso no rosto. Tocou a buzina e minha mãe e eu saímos correndo.

"Entre, Sra. Bramwell", gritou ele. "Vou levá-la para uma volta".

Subimos, e saímos para o que seria a primeira de uma série de passeios domingueiros. Era o tipo de coisa que as famílias faziam, sair para um passeio depois do almoço de domingo e parar em alguma casa de chá para tomar uma xícara com biscoitos. Íamos até lugares famosos como Transporter Bridge, em Runcorn, ou a pontos turísticos como Frodsham, onde havia alguns penhascos onde podíamos subir. Às vezes íamos até a cidade medieval e cinzenta de Chester, que aos domingos ficava quase parada. Ficávamos bem felizes em olhar as vitrines e tomar chá em casas cheias de teias de aranha, em ruas de pedra, ou ir ao zoológico da cidade, um dos destinos favoritos de George, não muito longe do prédio do jovem Duque de Westminster.

Para ilustrar o quanto a cidade era provinciana, Arthur Howes, o agente das primeiras turnês dos Beatles, morava em Peterborough. Os norte-americanos falavam coisas horríveis de lugares tão rurais, mas eu só dizia que era um lugar no meio do nada. No início, Brian era tão confuso por conta de sua falta de experiência de gestão, que estava sempre pensando em arrumar um sócio – qualquer um teria servido, contanto que parecesse conhecer o que ele queria fazer. Os sócios de que Brian precisava eram Lew e Leslie Grade e Bernard Delfont, um grupo que praticamente dominava a indústria de entretenimento na Inglaterra. Eram donos da ATV (Associated Television Corporation), a maior estação independente, e dona de salões de dança e teatros. Por meio de sua agência, chegaram a oferecer a Brian a contratação dos Beatles pedindo 10% e deixando 15% para ele mas, além de ganhar menos, Brian também não confiava neles.

Ele pensava em outros nomes que ouvia por aí. "Que tal Larry Parnes?", perguntou-me.

Foi Larry Parnes quem chamou os recém formados Beatles para acompanhar Johnny Gentle na Escócia. Ele teve a oportunidade de empresariá-los na ocasião, mas depois desistiu dizendo que não achava que Stuart Sutcliffe pudesse tocar. Ele tinha razão, Stuart não podia, mas se Larry não conseguia enxergar além disso, não podia estar no ramo. Parnes era famoso por seu estilo, seus modos agressivos, seus negócios reconhecidamente sujos e por ter entrado no ramo por acaso. Ele estava cuidando de sua loja de roupas desde os 17 anos, até a noite em que ganhou um concurso para bebedores de uísque em um bar de Londres, então, ficou tão bêbado que investiu todo seu dinheiro em uma peça sem perspectivas, *The House of Shame*. Preso a um espetáculo sem futuro que nenhum jornal comentaria, Parnes mudou o nome para *Women of the Streets* e fez as atrizes se vestirem de prostitutas e desfilar na rua durante os intervalos. Elas foram imediatamente presas, a história apareceu em todos os jornais e o espetáculo rendeu lucros.

Dali em diante, Parnes desistiu das lojas de roupas e seguiu em frente, agendando qualquer "Elvis" que visse pela frente, mudando seus nomes para coisas do tipo Billy Fury ou Marty Wilde.

Acho que talvez Brian admirasse a energia de Parnes, sua agressividade cara-a-cara e o fato de que seus históricos nos negócios eram, no mínimo, similares. Ele dizia, "Um companheiro como Larry Parnes, que sabe o caminho das pedras é o que precisamos. O que acha, Tony?".

Eu mal tinha 17 anos e não sabia o que pensar. Eu balancei a cabeça e disse, "Você sabe o que é melhor para nós, Brian".

O problema era que, por um longo tempo, Brian não sabia o que era melhor para nós. Ele podia parecer frio e ter tudo sob controle, mas era indeciso em todos os aspectos. Isso lhe trazia grandes angústias. Costumava aparecer nas apresentações dos Beatles com seu Ford Zephyr Zodiac, usando um terno caro e gravata de seda, sorria, franzia a testa, assistia, se preocupava, pensava sobre se estava no caminho certo ou se os profissionais de verdade estavam rindo dele. No final, um parceiro não importava realmente porque saberíamos depois que ninguém fazia a menor idéia do que estava acontecendo. Aquele pensamento aprisionante permaneceu com ele, e conosco, em nossos primeiros dias – ainda bem. Às vezes, não saber muito faz com que você pense em coisas grandes.

♪

Um dos grandes erros de Brian no negócio foi aproximar-se de Dick James, um ex-vocalista, para falar sobre a publicação das gravações dos Beatles. "Love Me Do" e "PS I Love You", o primeiro disco dos Beatles, foi feito pela Parlophone e, antes que Brian tivesse certeza do que significava "publicação musical" (ele pensava que se tratava de gravar porcarias, como os discos que vendia em sua loja), a publicação tinha sido entregue para a Ardmore e Beechwood. Tanto a Parlophone quanto a A & B eram subsidiárias da EMI. Brian ainda não sabia que a publicação significava potencialmente milhões de libras, dólares, marcos e ienes recolhidos no mundo todo. Publicação não eram páginas impressas com música vagabunda, eram direitos autorais das músicas, dos discos e das difusões por rádio. Neste último caso, a Performing Rights Society (PRS) recolhia *royalties* no Reino Unido e a American Society of Composers and Publishers (ASCAP) recolhia os *royalties* nos Estados Unidos e passava adiante.

Brian não estava satisfeito com a A & B. Ele decidiu fazer algumas cotações antes de oferecer o restante das publicações dos Beatles para eles. Perguntou a George quem mais estava no mercado. George não deveria enviar pessoas para seus concorrentes, mas sugeriu Dick James. Ele tinha produzido "Garden of Éden", o maior sucesso de Dick James na Parlophone, que tinha atingido o 18º lugar nas paradas. Dick não chegava nem perto do que se pensava ser um astro *pop*. Seu único outro sucesso até então tinha sido a música tema (também produzida por George) da conhecida série da ITV *Robin Hood*. Ele tinha a mesma idade de Brian, mas era corpulento, careca e parecia bem mais velho. Ele colocou um anúncio na parede e enterrou sua busca pela fama para tornar-se produtor musical. Tinha aberto um pequeno escritório na Tin Pan Alley (Denmark Street) na esquina da Charing Cross Road e, como primeiro contrato, assinou com ninguém menos do que George Martin e um pequeno instrumental chamado "Double Scotch": nº 001 em seu catálogo. Ele estava girando os polegares com as mãos entrelaçadas, esperando que mais alguém, alguém grande, subisse as escadas.

George disse, "Dick James está faminto e vai trabalhar duro por você". Então pegou o telefone e marcou um horário para que Brian encontrasse Dick na manhã seguinte, após sua reunião na A & B. Brian foi para a A & B no horário combinado, mas o gerente, Syd Coleman, estava atrasado e a porta ainda estava trancada. Depois de esperar por meia hora, Brian ficou extremamente irritado e foi embora. Desceu a Oxford Street até a Denmark Street e chegou meia hora mais cedo em seu encontro com Dick James. Brian ficou feliz em encontrá-lo ali, sentado à mesa e parecendo ocupado. Talvez aquele fosse o tipo de homem com quem deveria tratar de negócios.

Dizem que o Diabo não só tem uma língua de ouro, mas também vem em vários disfarces. Dick já tinha um belo plano para fisgar aquele peixe pequeno de Liverpool sentado diante dele. Ele pegou o acetato de Brian e tocou "Please Please Me" e seu queixo caiu, de forma teatral. "É maravilhoso, uma música para o topo das paradas", disse entusiasmado. "Posso colocar seus rapazes na TV".

Então foi a vez de Brian ficar de queixo caído, porque Dick o tinha visto chegando e preparado uma armadilha na forma de um telefonema para Philip Jones, um amigo produtor e responsável pelo *Thank Your Lucky Stars*, um programa de música pop na TV. O produtor concordou na hora em colocar os Beatles no ar. Aquela seria a primeira vez do grupo na TV inglesa e, conforme Dick pretendia, Brian ficou muito impressionado com aquela isca. O peixe estava fisgado.

Dick estendeu as mãos e disse, determinado, "Gostaríamos de publicar. Você tem mais músicas?".

Brian, ainda com a idéia de que publicação envolvia porcaria, e sem jamais ter ouvido falar do dinheiro vindo das agulhas nos discos, em todas as difusões mundo afora, concordou dizendo que sim, tinham várias boas músicas. O acordo feito era excelente, considerando-se que Brian não esperava pelo assalto. A Northern Songs ficaria com 49% que seriam divididos entre John e Paul (20% para cada) e Brian (9%), enquanto Dick James e seu parceiro invisível, um contador da cidade chamado Charles Silver, ficariam com 51% - depois de retirados 10% para taxas administrativas. Hoje, os publicadores pagam milhões aos autores pela publicação. No escritoriozinho barato da Tin Pan Alley, Brian concordou em vender o primeiro catálogo dos Beatles por nada e, pior, ainda não saiu dali para fazer consultas sobre os termos do acordo. Acreditou cegamente em tudo o que Dick James dizia e achou que estava com sorte por tê-lo encontrado.

Ao final da longa reunião, Dick disse, "Já comeu?", e foram almoçar no Soho.

"Please Please Me" foi lançada em junho de 1963 e chegou ao primeiro lugar nas paradas. Algumas semanas depois, na noite de 22 de fevereiro, uma cena pitoresca ocorreu no apartamento de Brian na Falkner Street entre John, Paul, Brian e Dick James, que tinha ido a Liverpool naquele dia. Brian tinha falado de Dick para os rapazes como "um ás dos negócios". Paul e John não faziam idéia do tamanho da fortuna que surgiria com as músicas. Assim como o pai de Paul, que havia escrito músicas, mas não levava isso muito a sério, eles estavam felizes em cantar. Não faziam idéia de que entregando tão facilmente 51% de seus direitos autorais eles estavam tornando alguém incrivelmente rico – uma riqueza muito além do que podiam sonhar. Em 18 meses, Dick James passaria do pequeno escritório na Tin Pan Alley para um quarteirão inteiro na New Oxford Street.

Como os próprios Beatles prontamente admitiram, eles tinham uma fé tão grande em Brian que jamais leram um só contrato que receberam das mãos dele para assinar. Naquela noite com Dick James, Paul e John estavam cansados e atrasados para tocar no Oasis Club, em Manchester, então assinaram, apertaram as mãos e saíram quase correndo para nos encontrar no local do show, onde eu já havia montado os instrumentos. O DJ da noite seria Dave Travis e ele cuidou das músicas e manteve o clima enquanto os rapazes não chegavam.

Há um pequeno comentário sobre a história de "Please Please Me". Norman Smith, o engenheiro de som da Abbey Road que tinha ficado tão impressionado com os Beatles quando gravaram lá pela primeira vez, tinha um ótimo senso de humor. Ele se divertia lembrando como a Decca os tinha deixado escapar tão ingenuamente. Decidiu fazer uma pequena piada quando os rapazes conseguiram chegar ao topo pela primeira vez. "Não pude resistir", diz ele com uma piscadela sempre que conta a história. Depois que os Beatles tinham gravado "Please Please Me", mas antes do lançamento, Norman mudou seu nome e enviou à Decca a gravação com uma carta, pedindo um contrato. Mais uma vez, eles recusaram os Beatles.

"O que disseram?", perguntei.

Ele sorria. "Só duas palavras: 'Não, obrigado'. Mas eu acho que aqueles executivos sequer ouviam às rádios. Eles não faziam a menor idéia". Norman prosseguiu com seu trabalho e produziu 13 sucessos dos Beatles que chegaram ao topo das paradas. Alguns anos depois, quando se aproximava seu 50º aniversário, para surpresa de todos, ele de repente decidiu realizar um sonho antigo. Sim, Norman – a quem John chamava de "Normal" e Paul chamava de "2-dbs" ou decibéis – que tinha sido o engenheiro de tantos sucessos e trabalhado com bandas como Pink Floyd, decidiu ser um astro do pop. Ele compôs uma música, desistiu de seu cargo como chefe na Parlophone e mudou seu nome de Norman para "Hurricane" Smith. Sua primeira música chegou ao segundo lugar no Reino Unido, mas a segunda, "Oh Babe, What Do You Say", tirou Elton John do primeiro lugar nos Estados Unidos. A cereja do bolo seria o *Tonight Show with Johnny Carson* em seu 50º aniversário. Foi um acontecimento notável, Norman era cheio de surpresas.

Quando não estavam em turnê, os Beatles conseguiam manter uma certa privacidade. Quando foram ao estúdio para gravar o segundo disco, *With the Beatles*, apenas uns poucos fãs mais fiéis reuniram-se do lado de fora. Mesmo quando saíram para a primeira temporada de apresentações de verão nos hotéis de praia e permaneceram no mesmo lugar por uma semana, as coisas eram relativamente tranqüilas. A idéia de permanecer em um lugar durante um belo verão inglês era ótima! Éramos como crianças de férias em Blackpool ou Rhyl, brincando na praia ou nadando, passeando pela cidade nos finais de tarde, paquerando as garotas, indo fazer compras, jogando fliperama ou ganhando bichos de pelúcia nos estandes de tiro dos parques. Em Jersey, os fãs lotaram o teatro, mas praticamente deixaram os Beatles sossegados durante o dia. O grande momento estava chegando, mas o tempo de se esconder nos hotéis e usar disfarces o tempo todo e todos os dias, ainda não tinha chegado. Mesmo correr pelas ruas para fugir era uma idéia hilária e exótica. Não sabíamos o quanto as coisas ficariam diferentes. Eu me lembro de como olhávamos uns para os outros e ríamos à toa porque a vida era tão esquisita, tão surreal. Corríamos pela praia e pulávamos na água, rindo. Foi uma loucura, felicidade, um verão dos sonhos.

Com o tempo, quando a fama começou a se espalhar, a liberdade do grupo começou a se restringir. Tornava-se impossível fugir dos fãs, então, na maioria das vezes, eles ficavam nas sacadas dos quartos de hotéis, com os pés no parapeito, conversando sobre qualquer bobagem. A Weston Super Mare, cenário das famosas fotografias que mostram os Beatles correndo e pulando pela praia com maiôs listrados vitorianos, foi um momento isolado de diversão livre do assédio.

No início, Neil Aspinall era motorista e *roadie*. Depois, ficou claro que um homem apenas ao lado da banda era insuficiente para controlar a multidão crescente de garotas histéricas, então Mal Evans dirigia a *van* com todo o equipamento, e Neil dirigia o carro de passeio em que os rapazes passaram a viajar diretamente para as apresentações; às vezes havia um ônibus de turismo. O ônibus era ótimo porque era divertido. Era como estar em nossa própria cápsula espacial, todos os amigos juntos com interesses comuns, indo de um lugar para outro com vinte ou trinta músicos, uma festa sobre rodas que mudava de lugar a cada semana. No fundo do ônibus, jogávamos cartas ou íamos cantando. Ringo era um ótimo jogador e geralmente ganhava, mas quando havia apostas em dinheiro, eram só centavinhos. Era o mesmo que estar em férias permanentes, interrompidas todas as noites por um show.

A primeira turnê dos Beatles por teatros do Reino Unido – isto é, com lugares sentados – não aconteceria antes de janeiro de 1963, com o apoio de Helen Shapiro e Kenny Lynch. Na maioria das vezes, eram lugares como a ABC ou Gaumonts, lugares grandes o suficiente para acomodar a multidão. Nesta primeira série de turnês, havia Helen, os Shadows, Billy J. Kramer, os Dakotas e Billie Davis – uma beldade de 16 anos de idade, empresariada por Stigwood, cujo grande sucesso "Tell Him" estava entre as 10 mais nas paradas. Os Beatles conheciam Billie de um *Top of the Pops* e tinham se impressionado com ela naquela ocasião. Na turnê, todos os quatro – e eu – olhávamos para Billie cheios de pensamentos desejosos e fazíamos apostas sobre quem a conquistaria. Tornou-se a grande preocupação da turnê: "Quem vai pegar Billie Davis?". Mas Billie era perdidamente apaixonada por Jet Harris naquela época e conseguiu escapar de todas as nossas investidas.

A turnê seguinte, com 24 shows, começou quase imediatamente, com Tommy Roe e Chris Montez. "Please Please Me" tinha sido incrível, mas ainda não havia um sinal claro da histeria que estava por vir. Isso só aconteceu a partir da terceira turnê – a turnê com Roy Orbison – em maio e junho de 1963. Brian não dava descanso aos Beatles. Entre janeiro e abril de 1963, ele programou três grandes turnês. Era uma programação bastante apertada e exaustiva, mas Brian estava certo em ser tão exigente.

A histeria foi um fenômeno que surgiu do nada e chocou a todos com sua força. As garotas já tinham gritado outras vezes, por Tommy Steele e Cliff Richard, e dançado com Jerry Lee Lewis, mas com os Beatles era diferente, mais intenso. A gritaria começou na primeira turnê, com surtos esporádicos, mas era, afinal, um show de música *pop*. Na segunda turnê, as garotas gritaram um pouco mais, mas demoraria até a terceira para que aprendessem a gritar de verdade. Ver três mil mulheres enlouquecidas correndo em sua direção era aterrorizante.

No início da terceira turnê, Roy Orbison tinha machucado os olhos e começou a usar os óculos escuros que se tornaram sua marca registrada. Os Beatles tinham lançado seu terceiro single, "From Me To You", e encerravam a primeira parte do show. O novo grupo de Brian, Jerry e os Pacemakers, abria a segunda parte com "How Do You Do It", que estava em primeiro lugar nas paradas; o pobre Roy Orbison tinha que prosseguir como o grande astro. Seu número era de longas baladas, mas logo ele percebeu que não se podia oferecer baladas à multidão histérica dos Beatles e, quando a platéia começou a ficar furiosa, ele foi expulso a gritos do palco. Depois de quatro ou cinco dias, a ordem foi trocada, então Orbison fechava a primeira metade e os Beatles fechavam a segunda como a grande atração. Roy ficou aliviado, nervoso e confuso, mas não reclamou. Ele era incrível, um verdadeiro cavalheiro do sul. Mesmo nas viagens, ele ficava em pé até que todos se sentassem. Ele já tinha muito tempo de estrada e já tinha visto de tudo. Simplesmente aceitava o inevitável e prosseguia com o show. Um homem adorável.

O sonho de poder passear pelas cidades litorâneas e andar pela praia sem ser incomodado acabou quando "She Loves You" foi lançada. Depois disso, tudo foi rápido demais. A Beatlemania tinha chegado e era assustadora. Não havia nada com o que a imprensa britânica pudesse comparar aquilo, à exceção dos casamentos e funerais reais, ou finais de Copa. Mesmo assim, não importava. Eles aceitaram tudo isso como se já esperassem. Os Beatles eram manchete todos os dias durante várias semanas. Era a hora de andar com a cabeça enfiada no casaco. A polícia tinha que ser avisada sobre quando eles chegariam na cidade – ou mesmo quando eles simplesmente passariam por algum lugar em grupo. De repente, havia proteção oficial por todos os lugares em que os Beatles apareciam, senão, haveria um grande rebuliço. Não havia opções. No mínimo, teriam as roupas arrancadas e tombariam inconscientes por conta do peso de todas as garotas sobre eles ou, pior, teriam os cabelos arrancados.

A proteção de celebridades ainda não havia sido inventada e ninguém ainda sabia como lidar com aquela mania. Mesmo em finais de Copa do Mundo, tudo o que se precisava era de um punhado de policiais e algumas ambulâncias, ambos agora insuficientes diante do número de fãs. Logo, os rapazes apareceriam com vários disfarces engraçados, como Peter Sellers nos filmes do Inspetor Clouseau, para enganar os fãs.

Nada podia parar os Beatles. Ficaram grandes demais para as turnês de ônibus e tinham que ser levados em um carro separado, porque quando o ônibus era visto, as ruas viravam um inferno. Ao final do que se chamou turnê Roy Orbison, todos tinham conhecido o alvoroço histérico, embora as cenas dos quase 50 mil fãs amontoados em grandes estádios nos Estados Unidos ainda estivessem por vir. O ônibus de turismo, com a inscrição THE BEATLES à frente no letreiro de destino, era constantemente perseguido e cercado. Ainda me lembro de estar dentro dele, rodeado pelos gritos e as bocas escancaradas.

Podíamos chegar apenas próximos à entrada dos teatros – ainda haveria a calçada a ser percorrida. Os Beatles se preparavam, respiravam fundo e se metiam por entre a multidão frenética. Os dias em que rindo comparavam a situação a um jogo de rúgbi tinham terminado. Até mesmo abrir uma porta e sair correndo tornou-se um ato de bravura e valentia. Finalmente, o ônibus era sempre escondido, ou usado para despistar. Para os Beatles, até as limusines eram vulneráveis. Tinham que chegar às apresentações em viaturas policiais e ambulâncias e correr, para fugir de uma legião decidida de fãs atrás deles.

Os disfarces eram necessários, mas como eram novidade, os jornais faziam um grande alarme disso. Como apareceriam da próxima vez? Disfarçados de quê? Surgiram as especulações. Trabalhadores uniformizados cuidando de suas tarefas em algum lugar onde houvesse apresentações dos Beatles era a primeira aposta. As pessoas eram atacadas, tinham as roupas arrancadas. Será Paul? Nem pergunte! Tire as roupas dele! Se não for Paul, talvez seja Ringo. Ah, não! É um policial de verdade. A maioria levava tudo na brincadeira. Afinal, quem que é apalpado por uma multidão de fãs todos os dias?

Como se atacadas por um vírus que afetava seus padrões morais, garotas adolescentes queriam transar com os Beatles e não se importavam em como conseguir. Quando tentavam agarrar um deles, entrar pelas janelas ou esconder-se nos guarda-roupas, eram selecionadas por Mal e Neil Aspinall que as experimentavam primeiro. Brian – que era *puritano* com relação aos seus protegidos – teria tido um ataque se soubesse, mas ele era mantido afastado disso tudo.

Big Mal era louco por sexo. Sua energia seria notável até mesmo em um harém. Nas ruas de Birmingham ou Manchester, ele era um garanhão saído direto do *Kama Sutra*. Como virgens voluntárias ao sacrifício, várias garotas aceitavam satisfeitas transar com Mal para depois chegar a John, Paul, George ou Ringo, e Mal sabia disso. Enquanto isso, eu dormia feliz no hotel, acomodado em minha cama de solteiro e só saberia das histórias mais tarde, ouvindo dos rapazes ou em conversas triviais nas centenas de camarins diferentes.

Quando olho para trás, não acho coerente dizer que não fazíamos idéia da extensão da histeria que nos rodeava, afinal, com o que aquilo poderia ser comparado? As pessoas já tinham ouvido falar em “Bobby-soxers” que gritavam quando viam Frank Sinatra ou em apresentações de Elvis, mas aquilo era nos Estados Unidos, onde tudo era maior, mais louco, diferente. Ninguém jamais tinha visto aquele tipo de coisa no Reino Unido, nem sabia o que esperar ou como lidar com isso.

Afinal, a primeira verdadeira apresentação em um teatro, no verão de 1962, tinha sido em uma cidadezinha minúscula, Petersborough, como banda de apoio para Frank Ifield, um vocalista australiano que cantava alternando falsetes. Os Beatles foram em frente, fizeram sua pequena apresentação. Nada. Mal se ouviu um sussurro. Eles não significavam nada para a platéia. Um pequeno aplauso educado. Eles desceram, entraram na *van* e foram embora. Não houve críticas nem comentários positivos no jornal. Nem nos sonhos mais loucos eles poderiam prever a mudança que aqueles breves seis meses trariam para o resto de suas vidas.

parte 2

Londres 1963 - 1966

OITO

Assim que o dinheiro começou a entrar vindo das turnês ininterruptas pela Inglaterra – quase sempre dinheiro vivo dentro de malotes – Brian agarrou seu sonho com as duas mãos e abriu um escritório em Londres em um bairro boêmio e relativamente barato, no número 13 da Monmouth Street, em Covent Garden. O escritório era pequeno, e tinha apenas um propósito: ser o braço da NEMS na capital. No dia em que entrou nele e assumiu seu posto, parecia calmo, mas por dentro estava delirando de prazer enquanto, parado, olhava pela janela, contemplando o nascimento de seu novo império na capital. Acho que naquele momento ele percebeu que tinha conseguido sucesso em alguma coisa. Durante aquele período de transição, eu passava todo o meu tempo com Brian, em Liverpool ou em Londres, ou então viajando com os Beatles.

Por alguns meses, o escritório de Londres era usado principalmente pelo pessoal da promoção, como Tony Barrow e Tony Calder, ou como escritório de imprensa. Andrew Loog Oldham também trabalhou lá por uns tempos até que os Stones, gerenciados por ele, decolaram. As coisas estavam indo tão bem que Brian logo conseguiu um escritório maior na Argyle Street, ao lado do London Palladium. Quando eu era criança, o maior programa de TV era o *Sunday Night at the London Palladium*. Para os astros, era importante estar nele. Estar na porta ao lado, também não era nada mal.

Brian fez um pronunciamento na imprensa de Liverpool dizendo que a NEMS estaria basicamente se mudando para Londres e, muito adequadamente, chamou um a um os funcionários que havia selecionado, para perguntar se queriam fazer a mudança para o sul com ele e os Beatles. Ele escolheu a mim, uma telefonista, Laurie McCaffrey, e um contador, que era do sul. Estávamos empolgados e todos concordamos em ir. Então, Brian chamou todos juntos para anunciar quem iria e quem ficaria para cuidar das bases em Liverpool.

Fomos para Londres em uma sexta-feira e abrimos logo na manhã da segunda seguinte. Foi tudo muito simples e rápido. A telefonista, Laurie, tinha uma voz linda, um maravilhoso e profundo sotaque irlandês de Liverpool. Era a primeira voz que as pessoas ouviam quando telefonavam para nós. Brian sempre dizia que ela era virtualmente insubstituível. Ela estaria sempre ali, durante toda a vida da Apple. Mais tarde, ela se tornaria um grande sucesso como uma das primeiras pessoas a fazer locuções para a Capital Radio, além de anúncios comerciais internos.

No início, ficamos com muitas saudades de casa. Achamos os londrinos pessoas difíceis de se conviver. Eles nos viam como *scousers* e idiotas, pessoas desprezíveis falando uma língua que ninguém entendia. Expressões sem sentido sobre nós passavam por suas cabeças, o que não era muito surpreendente já que na maior parte do tempo estávamos falando nossa própria língua. Então, podíamos ter vindo até da Islândia. Levaríamos ainda seis meses vivendo em Londres para sermos capazes de falar com as pessoas sobre coisas comuns. Nos anos 1960, a Inglaterra era muito regional. A BBC era muito elitista, muito londrina, definitivamente nada provinciana. As pessoas ainda não tinham o hábito de viajar, como hoje. Tínhamos apenas uma estrada principal, a M1, que praticamente ligava apenas Birmingham e Londres. Além disso, eram apenas duas pistas, e isso nem importava tanto porque poucos tinham carros.

Paul foi quem teve o primeiro carro em sua família, mas isso foi só depois que se mudou para Londres. Liverpool ficava escondida de tudo, mesmo para os londrinos, um lugar cantado em cantigas de marinheiros como "The Leaving of Liverpool" e aquela outra sobre Maggie May, a mulher fácil dos marinheiros de Liverpool. (Não a Maggie May que Rod Stewart levou para uma tenda no primeiro festival Glastonbury!)

Birmingham, Escócia, País de Gales e West Country eram piadas. As classes mais baixas continuavam a poucos passos dos campesinos, da massa, da turba. A revolução dos anos 1960 ainda não tinha começado, então, só Deus sabia o que o resto do mundo pensava de nós. Acho que a novidade em tudo isso era o sucesso dos Beatles, do Mersey e de Liverpool. Podia ser apenas *rock and roll* e músicas ingênuas, mas veio na hora certa. A maconha e a pílula caíram como uma luva. Se não houvesse os Beatles, não acho que a pílula teria sido tão largamente usada ou aceita tão rapidamente. Haveria algum tipo de censura e acanhamento social, que teria atrasado o ritmo das mudanças. Tudo isso surgiu depois que chegamos a Londres. Olhando para trás, vejo que os Beatles detonaram uma enorme revolução social e sexual.

A primeira atitude de Brian logo depois de assinar com os Beatles foi a contratação de velhos amigos, todos de Liverpool. Gerry e os Pacemakers, Billy J. Kramer, Cilla, o Fourmost, Tommy Quickly e o Remo Four foram os primeiros a assinar com a NEMS no início de 1963. Inúmeros sucessos explodiram só naquele ano. Os Beatles tiveram quatro, e os outros tinham uns dois cada. Era impressionante, uma fábrica de sucessos – e não estou falando dos poucos milhares de discos que já são suficientes para um sucesso hoje em dia, estou falando de milhões de exemplares.

Brian sentia-se em glória. Adorava estar com a mão na massa, agendando shows, negociando cachês e cuidando dos preparativos. Acho que isso era o que tornava tudo real para ele, atender aos telefonemas e responder a pedidos como: "Gostaríamos de ter Gerry e os Pacemakers na próxima sexta em Wigan; quanto custaria isso?". Mas com tanta coisa acontecendo, ele não podia cuidar de tudo sozinho. Uma vez estabelecido na nova NEMS, saiu em busca de novos agentes para cada artista em particular. Contratou Bernard Lee da Grade Organization, e algumas pessoas do escritório de Rik Gunnell. Normalmente, ele pagava a eles um salário em vez de comissões.

Naquele momento, meu trabalho era ir para a estrada com qualquer um que estivesse em turnê. Eu estava constantemente viajando, agindo como o segundo par de mãos de Brian. Na verdade, era assim que ele me apresentava: "Este é Tony – meu segundo par de mãos".

Logo depois de mudar-se para a Argyle Street, houve um programa no Palladium com o Fourmost, Cilla, Tommy Cooper e Frankie Vaughn, todos artistas da NEMS. Era para ser um tipo de programa provisório, entre o final do verão e o começo da correria de Natal, mas o sucesso foi tão grande que durou de março a dezembro. Eu ia para a porta ao lado todas as noites, no Palladium, para aprender o ofício de palco, iluminação e todos os preparativos. Adquiri todo o conhecimento, que viria a ser bastante útil quando Brian comprou o Saville Theater alguns anos depois.

Após o programa, eu ia para o Shakespeare's Head, no alto da Carnaby Street, com Tommy Cooper, que era conhecido por usar chapéu marroquino e paletó no palco. Tommy, um dos mágicos cômicos mais prestigiados na Inglaterra, adorava beber, mas não podia fazer isso antes de um número. Portanto, era cuidadosamente vigiado. Às vezes, conseguia escapar e tomar uns goles. Todos podiam perceber porque ele ficava muito expansivo, seu show ficava mais entusiasmado, o riso mais maníaco e o chapeuzinho mais propenso a cair sobre os olhos. Certa noite, alguém gritou pelos corredores, "Três minutos para começarmos, Sr. Cooper!". Nada. Tommy tinha desaparecido e as pessoas entraram em pânico.

Foi encontrado em um *pub* diferente do habitual, jogando dardos e tomando vinho misturado a *brandy*. Estava completamente embriagado, mas foi trazido de volta ao teatro, tomou café e foi abanado com uma toalha. Normalmente era ele quem montava seus números, mas naquela noite seria impossível, então um ajudante de palco fez isso. O pobre rapaz tentou seguir as instruções de Tommy mas não conseguiu fazer nada direito. Um dos equipamentos era uma cerca, na altura da cintura, com um portão no meio que abria para o lado de dentro. O ajudante colocou o aparelho invertido, com o portão abrindo para fora. Na hora certa, subiram as cortinas. Tommy respirou fundo, foi em frente e abriu o portão para passar por ele. É claro que ele não abria, mas Tommy seguiu firme e acabou caindo de cabeça no palco, rolou e caiu sentado de frente para as luzes. A platéia foi à loucura. Morreram de rir. Acharam que era parte do show e, quanto mais ele tentava se levantar, mais o público ria. Assim como todo comediante, ele respondeu aos aplausos e nunca teve uma apresentação mais engraçada do que aquela. Quando terminou, disse: "Acho que vou manter isso no show". Depois esfregou as costas, pensou um pouco e disse: "Não! Cadê o ajudante de palco? Vou matá-lo!".

Até que os Beatles oficialmente se mudassem de Liverpool, eles e Neil, Mal e eu ficávamos instalados no President, um discreto hotel na Russel Square. No início, Brian também ficava em um hotel – um outro hotel – mas seu estilo de vida pedia privacidade e ele procurou um lugar particular. Talvez a proximidade com a Harrods o tenha atraído para um apartamento modesto, porém caro, na Knightsbridge. Era perto do metrô, mas Brian não ia a lugar algum de metrô. Ele comprou um magnífico Rolls Royce vermelho decorado com monogramas e contratou um motorista, Reg, um londrino rústico e prestativo que lhe agradava. Escolheu (ao preço de uma casa de campo) um decorador de nome para criar um tema branco e preto para seu apartamento, que tinha carpetes brancos e mobília em couro preto. Lonnie, o mordomo negro, foi contratado para cozinhar e cuidar do caro guarda-roupas de Brian. Finalmente emancipado do seio sufocante de Queenie, Brian vivia a vida de luxo que sempre buscou.

Fora descrito como uma abóbora, chegada a Londres ainda verde; mas na verdade ele sabia o que fazer. Acreditava no ditado que diz que hábito faz o monge, que a fachada de roupas caras e o estilo de vida rico e luxuoso não só eram apropriados, mas também o manteriam longe dos problemas. Foi esta atenção cuidadosa com os detalhes, o modo elegante de falar aprendido na escola, e sua cortesia geral que fazia com que as pessoas com quem tratava de negócios imaginassem que ele fosse da nata. Naqueles dias, antes do desmoronamento da estrutura de classes, era importante ganhar o respeito e ter jeito de podereso. Por conta da aparência nobre, ninguém tinha grandes dúvidas quanto à suas capacidades, nem questionava suas decisões – algumas das quais acabariam se mostrando bastante perigosas.

Eu admirava Brian e gostava muito dele e, de várias formas, ele sempre me impressionava. O que tínhamos conseguido em poucos meses parecia um pequeno milagre. Mesmo os normalmente incrédulos Beatles pareciam espantados. George chegou a dizer em uma entrevista, "Sem o Brian, não seríamos nada". Todos pensavam da mesma forma e até a sua morte, seguiam qualquer coisa que ele sugerisse. Jamais lhes ocorreu questionar ou debater as decisões de Brian. Nem quando, por exemplo, com a fama crescente a o aumento de bilheteria, podiam cobrar o quanto quisessem. Se Brian havia confirmado uma apresentação com meses de antecedência, no meio do nada, ele insistia em cumprir com o combinado. "Um cavalheiro jamais se esquece de um compromisso", dizia, mostrando o quanto era importante ser reconhecido como um negociador justo. Com sua justiça e honestidade, Brian quebrou padrões. Acabou com a imagem do agente espertalhão e mal intencionado.

E sobre sua homossexualidade, se chegou a me cantar, jamais percebi. Acho que ele era muito envolvido com sua obsessão por John. Isto ficou maior, mas ainda sem chegar ao auge, durante um estranho e pequeno interlúdio acontecido no final de abril de 1963.

Em 8 de abril, em Liverpool, Cynthia dava à luz um bebê, chamado de Julian por conta do nome da mãe de John, Julia. John não estava lá para o nascimento. Os Beatles estavam em Londres, fazendo apresentações ao vivo para rádio e TV, além de um concerto. A lenda diz que John levou uma semana para ir ao hospital ver o filho, mas ele estava em Liverpool nos dias 9 e 10 e foi ver o bebê, usando como disfarce um chapéu engraçado e óculos à la Buddy Holly, que o faziam parecer mais velho, igual a um professor universitário. Os óculos funcionaram como disfarce porque durante anos, até que ganhasse mais confiança, ele nunca usou óculos em público e as pessoas não o reconheciam com eles. (O disfarce comum de Paul era um bigodão mexicano e um boné de operário.)

No ano anterior, John havia dito que era estranho "andar por aí casado". Já tinha se assustado com a idéia de ser visto pelos amigos com uma esposa e agora estava encabulado também em ser pai. Aquilo fazia com que ele se sentisse velho e acomodado. Para John, o casamento, a paternidade e um bebê empurrado em um carrinho representavam tudo o que ele não gostava – ou melhor, tudo do que morria de medo.

Mais tarde, ele mudaria, talvez por estar determinado a mostrar que ainda era rebelde, John fez uma das coisas mais reprováveis que se possa imaginar. Quase três semanas após o nascimento do filho – a quem tinha visto apenas umas poucas vezes – concordou em ir para a Espanha com Brian para um feriado particular, enquanto os outros três Beatles foram para as Ilhas Canárias para as férias de primavera. Acho que John não disse a Cynthia o que estava para fazer – quase nunca contava algo a ela – e certamente também não pediu sua permissão. Quando ela soube, derreteu-se em prantos, mas ela tinha medo de John e não disse nada. Dizer que ficamos perplexos é pouco. Muito foi feito durante aquela viagem. Era sol, areia e mar – mas era também sexo?

O próprio John disse que finalmente permitiu que Brian transasse com ele "para acabar longo com essa história". Mas aqueles que o conheciam bem, não acreditaram nem um pouco nisso. John era agressivamente heterossexual e jamais tinha dado sinais do contrário. Se fosse com George, poderíamos ter acreditado. George era capaz de exibir alguns trejeitos afeminados e tinha vários amigos homossexuais, mas John adorava dizer coisas que chocassem, e aquela declaração provavelmente era só mais uma de uma longa lista de declarações provocantes. Na verdade, seria muito mais característico de John atormentar Brian com promessas nas noites quentes de Barcelona do que sucumbir a ele. Da mesma forma, era da natureza masoquista de Brian apreciar este tormento a correr para um confronto com seu jovem toureiro. Brian gostava tanto de toureiros que acabou patrocinando um. (Além disso, acho que Brian teria confidenciado a alguém caso algo tivesse acontecido.)

Depois do nascimento de Julian, Cynthia deixou o apartamento de Brian na Falkner Street e mudou-se novamente para a casa de Mimi, para continuar com sua vida triste e acuada, fugindo da língua afiada de Mimi e cuidando para que o bebê – que gritava demais – não incomodasse os moradores. Ela o colocava no carrinho e o levava para chorar no fundo do jardim, onde podia berrar à vontade sem ser ouvido, enquanto John passava a maior parte do tempo na estrada ou em Londres, nos hotéis. Ele voltaria a ver Cynthia novamente no aniversário de 21 anos de Paul, em junho, que, por conta da multidão de fãs aglomerada em frente à sua casa, foi organizado secretamente em outro lugar. Uma grande cobertura foi armada no quintal de uma das tias de Paul que morava do outro lado do Mersey e os convites foram secretamente distribuídos.

Apesar das turnês e das multidões, ainda havia certa inocência e uma sensação de "Será que está acontecendo mesmo?" sobre a fama. Paul ficou felicíssimo quando os Shadows apareceram na festa, embora seu ídolo, Jet Harris, não tivesse comparecido por ter saído da banda. (Bruce e Hank compareceram junto com, acho eu, Brian "Liquorice" Locking, o novo baixista.) Paul sempre dizia que se não fosse Jet Harris, o baixista original dos Shadows, ele jamais teria pegado um violão quando criança.

"Não acredito", disse Paul, balançando a cabeça. Então, depois de pensar, disse quase tímido, com um sorriso cheio de dentes, "Mas agora somos como eles, não?".

"Sim, só que vocês são mais famosos", eu disse. Paul olhou para mim em dúvida, como se eu estivesse exagerando. Ainda não lhe parecia real que *eles* eram os maiores nomes do Reino Unido – e logo seriam os maiores nomes no mundo todo.

John disse, como se estivesse surpreso, "Ei, tem razão. Agora somos parte do show!". A constatação fez os dois rirem alto, porque na verdade tudo ainda parecia um sonho. Naquela noite, todos bebemos muito, principalmente John. Bob Wooler provocou-o sobre as férias na Espanha com Brian, dizendo que ele era gay, e John ficou furioso. Atacou Bob, quebrando-lhe as costelas e acabou com o nariz sangrando. Brian abafou o caso, evitando o tribunal, pagando 200 libras para Bob – uma alta soma, igual ao valor que os Beatles recebiam por um show em um grande estádio.

Os problemas de Cynthia se acumularam quando sua mãe soube do sucesso de John. Ela voltou do Canadá para também mudar-se para a casa de Mimi. Sim, foi um desastre. Incapaz de voltar para a casa da família em Hoylake que tinham dividido nos bons tempos de felicidade antes que o pai de Cynthia morresse e a mãe tivesse alugado a casa, Cynthia, a mãe e Julian alugaram um pequeno apartamento em Liverpool por cinco libras por semana. Cynthia simplesmente não pensava que como esposa de um astro pop que ganhava fortunas, ela podia ter pedido uma bela casa com jardim e uma babá para o bebê. Isso também não ocorreu a John, que era incrivelmente egoísta para garantir que a esposa estivesse confortável.

As mulheres foram deixadas em Liverpool, mas com o resto de nós em Londres, Brian alugou um apartamento grande, porém modestamente mobiliado, na Green Street, Mayfair, atrás da Oxford Street, para os Beatles. Um lugar frio e sem vida, que tinha camas e umas poucas coisas mais. Eu nunca achava uma cadeira para me sentar e a cozinha também não tinha nada. Eles odiaram aquilo, sentiram-se meninos abandonados, e Brian levou-os para um apartamento abaixo de sua cobertura, na Knightsbridge. Eu aluguei um quarto em Bayswater, um bairro cosmopolita logo ao norte do Hyde Park, que era mais um lugar para dormir e deixar as roupas do que um lar de verdade. Isto não me incomodava. Eu nunca estava lá.

Estar ao lado dos Beatles significava que eu não tinha que pagar por muita coisa. Acomodação, comida, bebida, tudo era gratuitamente oferecido em todos os lugares para onde íamos, Brian era generoso com as despesas e eu gastava a maior parte dos meus ganhos – na época, já aumentados para 15 libras por semana – comprando roupas. Comprei vários ternos, cerca de trinta calças jeans e umas sessenta belas camisas, tantas que eu podia usar duas por dia se quisesse sem ter que ira à Laundromat em um mês. Puro luxo. As coisas pareciam mais baratas então, ou talvez isso fosse relativo. Os ternos dos Beatles custavam vinte libras e as famosas botas sob medida da Anello and Davide, na Leicester Square, custavam escandalosas sete libras – o que hoje só compraria três canecas de cerveja.

Os fins de semana em Londres eram um tanto chatos. O trabalho terminava na sexta à noite e o West End ficava vazio, com poucas pessoas, sem trânsito, as lojas fechavam no sábado na metade do dia. Até os cafés ficavam fechados. Às vezes, nas noites de sexta, eu pegava o metrô até Edgware, onde a estrada principal do norte começava, e pegava uma carona até Liverpool para ver minha mãe e os amigos e ficar por lá umas quatro horas à toa.

Uma vez em Londres, descobrimos que havia muito mais drogas e eram tão mais fáceis de se encontrar que nem pareciam ser ilegais. Eram vendidas abertamente em bares como o Scene, no Soho, onde pessoas como Georgie Fame tocavam. Certamente, para nós, parecia uma coisa imoral, mas não contra a lei. E, enquanto eu pessoalmente não usava, preferindo estar mais alerta do que entorpecido, todos os quatro Beatles corriam atrás de maconha como coelhos em uma plantação de cenoura.

Em Liverpool, não gostavam de usar, mas sendo novos no sul, talvez quisessem mostrar que eram moderninhos. Tinham muita energia e eram arrogantes, mas no fundo, não tinham tanta confiança assim. Apesar do tempo passado na Alemanha com as apresentações, eles ainda passavam dos limites com pessoas mais sofisticadas e cosmopolitas. Por um longo tempo, não percebi que eles eram mesmo "pops", que apenas ser visto com eles já era bastante legal. Sua timidez e falta de auto-confiança eram o charme e a razão de os jornalistas entrarem na deles e jamais publicarem coisas ruins sobre a banda. As repórteres femininas eram particularmente, bastante protetoras. Lembro-me das meninas da revista *Fab*. A *Fab* era bastante influente, mas rigorosa. As mulheres repórteres eram tão pobres que mal podiam comer porque a *Fab* não pagava suas despesas. Se as entrevistas se prolongassem, o que sempre acontecia porque as meninas eram bonitas e as estrelas entrevistadas eram divertidas, elas acabavam perdendo o último metrô ou ônibus para casa e dormiam no chão ou em nossas banheiras.

Brian sempre nos disse – aos Beatles e sua equipe – para que não déssemos entrevista à imprensa, nem respondêssemos a perguntas quando fôssemos surpreendidos. Se andássemos fora da linha, Brian ficava louco. As garotas repórteres eram compreensivas e sabiam guardar segredos. Se não soubessem, entrariam definitivamente para nossa lista negra. Havia dois repórteres homens em quem podíamos especialmente confiar: Don Short, que cobria eventos para o *Daily Mirror*, e Mike Housego, que, acho, era do *Daily Sketch*. Costumavam viajar conosco, beber com a gente e desmaiar de cansaço em muitos carpetes de hotel. Podíamos contar a eles qualquer coisa que, fiéis à sua palavra, publicariam apenas as notas oficiais liberadas pelo escritório de Brian.

Em troca, eles – especialmente Don – tinham todos os privilégios de acesso e sabiam de todos os furos. (O sistema funcionava: não haveria um grande escândalo até 1967.)

Começamos a fazer amigos e sair com garotas, principalmente as de pernas compridas, tipo escandinavo, que andavam por Londres aos bandos. Todo mundo imagina que gostávamos de orgias, mas eu não cheguei a ver uma sequer. Muito sexo, sim, mas não era uma orgia. Os roqueiros mais radicais que apareceram depois – como os Stones – experimentaram sexo bizarro e todo tipo de drogas conhecidas pelo homem, abraçando todos os aspectos de um novo credo que dizia, "Se for gostoso, *faça!*", mas todos – inclusive os Beatles, eu e todos os nossos amigos – íamos e saíamos da cama com as garotas londrinas do modo mais normal e heterossexual possível. Às vezes, estávamos na cama com duas garotas ao mesmo tempo e pensávamos, "É isso aí! Obrigado, meu Deus!". Acreditávamos estar aproveitando ao máximo, mas na verdade, nem fazíamos idéia de nada.

Nosso ponto favorito nos primeiros dias era um pequeno prédio na Gunterstone Road, em West Kesington, dividido em dois andares de apartamentos. Nós – os Beatles, os Stones, eu e outros – éramos atraídos para lá como mariposas pelas lâmpadas. O lugar parecia sempre entupido não apenas com as garotas mais belas de Londres, mas também com músicos. O Moody Blues morava lá. Angie King, que se casou com Eric Burdon do Animals, dividia um apartamento com Cathy Etchingham (a garota de Jimi Hendrix) e Ronnie, que, por fim, tornou-se esposa de Zoot Money. Uma adorável menina chamada Marie foi namorada de George por um tempo antes de se casar com Justin Hayward. Billie Davis também morou lá - na mesma casa em que viveu Brian Jones, dos Stones. Todas as garotas trabalhavam em bares como o Speakeasy ou o Bag O'Nails. Algumas eram modelos ou aspirantes a atrizes.

O prédio da Gunterstone Road era muito aberto e liberado. John e Ringo apareciam por lá o tempo todo, basicamente porque estavam sem namorada em Londres. Brian ainda insistia que eles deveriam manter Cynthia e Maureen em segredo absoluto em Liverpool. John e Ringo, portanto, agiam como se estivessem livres e desimpedidos, o que – graças a Brian! – gostavam muito de fazer. Visitantes regulares eram também Jimi Hendrix, Brian Jones e Paul, antes de conhecer Jane Asher. Separados ou misturados à multidão, aparecíamos a qualquer hora. Era muito divertido, uma festa sem fim, onde bebíamos Mateus Rose – um vinho com uma garrafa bem desenhada em que colocávamos uma vela para criar um clima – ou os destilados das amostras grátis que as meninas roubavam dos bares em que trabalhavam. À hora que fosse, alguém sempre estava em casa – onde havia também uma garrafa com Nescafé ao lado de um saco de açúcar aberto, com uma colher enfiado nele.

Havia três garotas em particular, garçonetes do Speakeasy, que pareciam ser as mais divertidas e atraíam a todos como um imã. Não era só porque eram sensuais e lindas – isso todas eram – que gostávamos de estar ali. Para os Beatles era um lugar muito mais atraente do que o sóbrio e desconfortável apartamento que Eppy tinha arranjado para eles. Ao final de uma noitada pelos bares, voltávamos para a Gunterstone Road e caíamos na cama com uma ou outra garota, e não importava muito com quem, ao mesmo tempo em que elas adoravam a todos, imparcialmente. Mesmo se aparecessem muitos rapazes, elas sempre arrumavam um espaço para nós em suas camas.

Quando a multidão feminina descobriu a Ada Foster School for Drama, na Golders Green, foi como se tivéssemos encontrado a arca do tesouro. Era como no conhecido verso de Paul Simon que diz "The Greta Garbo Home for Wayward Boys and Girls", só que dez vezes melhor – e era tudo nosso. Chamávamos o lugar de Ada Foster School for Dirty Little Slappers. Havia centenas de ninfetas adoráveis, lindas e quentes. Várias delas estavam no filme de Dick Lester, *A Bossa da Conquista*. Também eram convidadas para figurar como público em programas de auditório para a TV nos programas em que os Beatles apareciam, como o *Ready Steady Go*, o *Beat Room* da BBC e o *Search for a Star*. Algumas delas ficaram conhecidas como as Cuddle Pups – precursoras do digno de esquecimento Pan's People, o grupo dançante feminino que fazia todos os rapazes da Inglaterra babar- sem falar nos pais.

Seis delas moravam juntas em um apartamento na Fulham Road. "Não! Não se incomode em levantar!", dizíamos quando passávamos por lá para pegá-las para um passeio. Lá em cima era uma versão pecaminosa da escola St. Trinian - puro prazer, com todas vestidas com meias negras. Tive uma namorada da Ada Foster que apareceu em *A Hard Day's Night*. Uma? Quem estou enganando? Tive várias namoradas da Ada Foster's naqueles primeiros anos. Na verdade, quando penso naquilo hoje, acho que devia ter alugado um apartamento próximo. Viver em Golders Green e morrer feliz. Todos tinham namoradas da Ada Foster's. Elas eram as autênticas garotas que cantavam, dançavam, interpretavam, e eram extremamente ambiciosas. Nada de errado com isso, elas se divertiam e nós nos divertíamos.

Minha agenda de endereços era uma lista de números quentes. Tinha todos os telefones e endereços dos Beatles atualizados – com os antigos riscados e os novos acrescentados, já que estávamos sempre nos mudando – e a lista também era recheada de garotas da Ada Foster's. Era "Help!... I need somebody. Help! Not just anybody. Help! You know I need someone... Ligue para a Ada Foster's agora...".

John, George ou Paul diziam, "Só Deus sabe o que elas fazem para se formar no curso".

"Elas se casam com alguém rico, como você", eu respondia.

Presumivelmente, as garotas conseguiam seu diploma no Ada, faziam o pé-de-meia com algum bom partido e iam morar com algum astro do *rock* ou celebridade. Elas apareciam em todos os filmes dos Beatles. Obviamente, cortejavam qualquer um que imaginassem poder dar a elas uma boa vida. Nada de errado com isso também. Pattie Boyd estudava lá e ela era muito legal. Provavelmente por conta de saber tanto sobre as garotas do Ada, George acabou ficando tão obsessivamente ciumento desde o momento em que a conheceu. Ela era uma garota adorável, ou, mais exatamente, uma "adorável Layla", como disse Eric Clapton depois que a roubou de George.

NOVE

NA PRIMAVERA DE 1963, Paul embarcaria em uma nova relação inconstante, desta vez por cinco anos, com Jane Asher, a linda ruiva filha de um cirurgião da Wimpole Street. Eles já se conheciam, pois Jane era jurada no *Juke Box Jury*, um conhecido programa de TV que apresentava os lançamentos da semana e saudava os sucessos com uma campainha e os fiascos com uma buzina. Mas eles não seriam formalmente apresentados até se encontrarem nos bastidores de um concerto dos Beatles no Albert Hall em 18 de abril de 1963, quando Jane foi enviada para entrevistar os Beatles para a *Radio Times*. Paul ficou impressionado com o profissionalismo dela. Naquela noite, tanto Paul quanto George fizeram graça para a jovem beldade, mas logo ficou aparente que ela sorria quase exclusivamente para Paul. Ele estava tão enfeitiçado por seu estilo e classe que, para surpresa de todos, não tentou enganá-la. Jane era uma jovem atriz emergente, com tanto destaque em seu nicho quanto Paul no dele. Logo formaram um casal jovem e ativo, e eram convidados para tudo.

Não fiquei surpreso quando Paul mudou-se para morar com a família Asher em sua grande, amigável – embora majestosa – casa na Wimpole Street, próxima à Oxford, a principal rua comercial de Londres. No início, ele parecia mais apaixonado pela inteligência de Jane e por sua família fabulosa do que por ela. O Dr. Richard Asher, psiquiatra, tinha identificado e batizado a Síndrome de Munchausen, mas podia falar apaixonadamente e de modo compreensível sobre qualquer assunto na face da Terra, apesar de sofrer de graves surtos de depressão.

Todos os três filhos eram adoráveis – brilhantes, inteligentes, atraentes e engraçados – mas era óbvio que Paul adorava a mãe de Jane, Margaret, sempre elogiando sua grande energia, suas habilidades culinárias e os ares maternais. Eu sempre aparecia para ver Paul e era tratado como mais um filho, então entendi qual era o grande apelo naquela família. Margaret era uma mulher ativa e adorável, que conseguia conciliar os cuidados com uma casa grande e alegre com os trabalhos de professora de música. O café da manhã tinha grande importância para ela. Sempre insistia para que todos na casa estivessem sentados à mesa adequadamente, mesmo os que estavam de ressaca e não conseguiam comer nada. Era uma bela cena, o Dr. Asher sentado ali com seus cabelos negros e o resto da família, inclusive a Sra. Asher, com o cabelo mais alaranjado do que o miolo das margaridas.

Oficialmente, Paul era o melhor partido do mundo. Ele era Paul McCartney, e ao mesmo tempo em que despertava o interesse de todas as mulheres, não estava livre. Estava com Jane Asher, atriz toda certinha que adorava Shakespeare e tudo mais, embora os fãs não soubessem disso imediatamente. Ficariam bastante surpresos se soubessem que Paul vivia com Jane, não na cama de Jane como amante, mas em sua casa quase como um irmão. Ele dormia no sótão, em um quartinho pequeno bem ao lado do quarto do irmão de Jane, Peter.

Peter Asher já tinha uma dupla de *folk*, Peter e Gordon, quando ele e o parceiro ainda estavam na escola de Westminster, a famosa escola pública. Imagine: em 1963, você é o Peter, do Peter e Gordon. É da classe alta, mas quer ser um astro *pop*. Você não se parece em nada com um astro com seu cabelo ruivo, rosto redondo e óculos antiquados, mas então sua irmã conhece Paul McCartney que se muda para sua casa e dá a você um sucesso para cantar ("World Without Love") que vai direto para o topo das paradas na Inglaterra e nos Estados Unidos. Isso é que é ter sorte. Gordon e eu saíamos para beber e dar risadas. Apesar de freqüentar uma escola tão renomada, ele era uma espécie de diamante bruto, além de boa companhia.

Do outro lado da rua ficava a casa onde o artista Magritte tinha vivido. As paredes da família Asher eram cobertas de pinturas e gravuras de vários artistas, inclusive Magritte, que era sempre lembrado nas conversas durante os jantares. Paul ficou muito interessado em suas obras. Este interesse fez com que ele se tornasse um grande colecionador de artes, além de tornar-se ele mesmo um pintor. Talvez escondido neste interesse estivessem a inveja e a admiração pelas habilidades artísticas de John. Na música os dois se equivaliam, mas para Paul, que tinha saído da escola sem maiores qualificações, o currículo de John como estudante de arte dava-lhe certa vantagem. John jamais parou de desenhar mesmo depois de ter saído da escola de artes. Enchia livros com desenhos e gravuras, e escrevia contos e poemas, além das músicas. Suas cartas eram obras de arte, com divertidos jogos de palavras. Muitas delas sobreviveram ao tempo, mas caixas cheias delas simplesmente desapareceram ao longo dos anos. Paul não tinha o mesmo interesse, então Jane apresentava-lhe um tipo diferente de criatividade. Ela podia lhe oferecer arte, uma atmosfera familiar intelectualizada e ainda apresentá-lo a um mundo para ele desconhecido.

Paul amadureceu com os Ashers. Adorava tomar chá com as várias tias de Jane em suas belas casas por Londres. Tinha prazer particular em visitar uma velha tia solteirona em Westminster, entre o Palácio de Buckingham e o Parlamento. Eles eram recebidos pela empregada vestida a rigor para um típico chá inglês em uma grande bandeja de prata vitoriana, com sanduíches de pepino e fatias de bolo. Outra tia morava em uma distinta casa no campo, o tipo de lugar onde os cães se deitavam diante da lareira e os cavalos eram selados no estábulo. As visitas aos amigos interioranos dos Ashers apresentaram Paul a um universo de bibliotecas e obras literárias, colocadas na cabeceira. Paul tinha lido "bons" livros na escola, mas sem grande interesse. Aquele era um mundo bastante diferente dos conjuntos habitacionais de Liverpool. Era o mundo das casas de campo, um mundo de estilo e classe.

Era um mundo em que eu tinha crescido durante os feriados com a família de minha mãe, por isso entendia o que Paul queria dizer quando se sentia lisonjeado ao ouvir seus anfitriões dizerem que ele era um jovem que lia bons livros. Pela primeira vez na vida, ele começou a ler algo com seriedade e com verdadeiro prazer. O mais interessante era que ele podia ir a todos esses lugares sem cruzar com uma fã sequer.

Da janela de Peter com vista para a Wimpole Street, Paul podia ver as fãs que ficavam do lado de fora dia e noite, até mesmo nos degraus, quando descobriam que ele estava lá. O Dr. Asher saía para pedir que deixassem o caminho livre para que seus pacientes pudessem entrar. Com pena de Paul, ele até criou uma rota de fuga pelo teto, que saía no apartamento de um coronel aposentado chegando até a porta dos fundos de um vizinho distante. Isso sempre confundia os fãs e eles jamais descobriram. (Cinco anos depois, o Dr. Asher cometeria suicídio por motivos conhecidos apenas por ele mesmo.)

Quando Brian, que sempre fazia tudo certo, soube por alguém das condições em que Cynthia vivia, ficou preocupado. "Acho que John não se deu conta do problema", disse ele. "Se os jornais descobrirem que ele é casado com uma jovem mãe e souberem que a esposa e o filho moram em uma favela de Liverpool, enquanto ele mora em um apartamento de luxo em Londres, farão disso um tremendo escândalo. Ela tem que vir para Londres e vou arranjar alguma coisa boa para eles".

John não ficou muito feliz com o fim de sua liberdade. Argumentou dizendo que Cynthia e a mãe tinham voltado a morar com a família, em Hoylake, um belo bairro de classe média onde Cynthia tinha crescido, mas Brian insistiu tanto que John acabou aceitando. Os rapazes eram sua família e, por extensão, Cynthia e o filho de John também eram. Antes que tivesse tempo de fazer qualquer coisa, o pior já tinha acontecido. Certa manhã, Brian abriu os jornais e viu fotos da "esposa dos Beatles", Cynthia, empurrando um carrinho de bebê da Silver Cross. Imediatamente, Brian preparou uma lua de mel atrasada para os dois em Paris e, na volta, levou-os para Londres para fazer fotos oficiais que mostravam uma família feliz e ideal ao mundo todo.

Durante a sessão, o fotógrafo dos Beatles, Bob Freeman, disse que havia um apartamento disponível logo acima do seu, não muito longe do quarteirão de Brian, na Emperor's Gate, Knightsbridge. John, que dava pouca atenção ao local onde moravam, só foi viver no apartamento em novembro de 1963, enquanto Cynthia voltava para casa para fazer as malas e pegar o filho. Logo ela descobriria que morar no quarto andar de um prédio sem elevadores com um bebê em um carrinho era um grande erro, e que morar no coração de Londres rodeada por fãs era um erro ainda maior, mas suportou tudo isso por longos nove meses. Durante os meses em que viveram em Londres, ela e John chegaram a andar juntos pela cidade, mas Cynthia sempre se sentiu como um peixe fora d'água.

Ringo continuaria dividindo o apartamento com George – com quem se dava muito bem – por mais um ano, enquanto ainda fugia com Mitch para seus fins de semana secretos. (Quando o caso ficou mais sério, ela saiu de Liverpool e mudou-se com ele para uma elegante casa georgiana, alugada por longo período.) Viviam em um grupo agradável, próximos a Neil Aspinall, que dividia um apartamento com Mal Evans, na Montagu Mews, e perto da Wimpole Street, onde Paul morava com os Ashers.

Os Beatles eram tão solicitados que além de gravar um disco natalino para a crescente legião de fãs, Brian decidiu também oferecer um show de Natal no Finsbury Park Astoria, em dezembro de 1963. Fui encarregado de organizar a festa. Era um concerto *pop* com uma seleção de artistas de Brian, incluindo Cilla, o Fourmost, Billy J. Kramer e Rolf Harris, que vieram todos para uma participação de alguns minutos cada. Os Beatles apresentaram um musical breve que Brian tinha planejado, com bastante improviso. Foi divertido estar entre eles enquanto as idéias loucas e acima da média pipocavam. Tudo terminou em um tipo de *Perils of Pauline*. Paul era o herói vestido com capa e suspensórios vermelhos, John era o vilão, com um bigodão malvado, capa e chapéu. George era a heroína com um lenço na cabeça que John amarraria na linha do trem (a platéia foi à loucura enquanto assoviavam para George). Não me lembro qual foi o papel de Ringo. Provavelmente o de xerife de Nottingham ou de pai da garota. Era tudo muito solto com grande espaço para improvisos quando eles se esqueciam das falas ou do papel que estavam representando.

Fizemos duas apresentações prévias deste show no norte – sem a peça e os figurinos – no Gaumont Cinema, na Bradford, e no Liverpool Empire, em 22 de dezembro. Depois fomos direto para Londres e estreamos na noite de Natal. Mais tarde, naquela mesma noite – a do dia 24 – Brian cuidou dos preparativos para que voássemos para Liverpool no Natal, mas tínhamos que estar de volta para o Boxing Day, no dia 26, para mais duas semanas. Era cruel – mas assim que chegamos a Londres e entramos no teatro, soubemos que "I Want to Hold Your Hand" estava em primeiro nas paradas inglesas.

Ainda estávamos com uma grande ressaca do dia anterior, entupidos com a comida de casa e cansados – mas ficamos firmes e levantamos o público, enquanto Brian ficava sentado no canto como uma fada madrinha.

Assim que o show terminou, os Beatles marcaram uma apresentação no *Sunday Night at the Palladium*, onde conheceram Alma Cogan, que se tornaria uma grande amiga. No dia seguinte, voaram para Paris para um compromisso de três semanas no Olympia. Estava frio e nebuloso quando chegaram, eles estavam cansados e apenas um punhado de adolescentes apareceu no Le Bourget – um sinal das frias boas vindas que os parisienses dariam aos Beatles. No geral, um clima pesado tomou conta do humor dos rapazes e John fez alguns dos seus costumeiros comentários sarcásticos. Brian olhou para ele sem dizer nada, talvez esperando que nenhum dos fãs tivesse ouvido, ou que não falassem inglês – o que era bem provável naquela época.

]O público no Olympia era formado basicamente por pessoas de meia idade e gordas e, para constrangimento de Ringo, um bando de homossexuais entusiasmados compareceu e tinha olhos só para ele. Sentado atrás da bateria, ele agitava uma toalha, assustado.

]Don Short fez a cobertura da viagem à Paris para seu jornal e descreveu-a para mim quando nos encontramos para tomar uma bebida. Eu conhecia Paris porque, quando adolescente, tinha passado um feriado na França com minha tia boêmia excêntrica – como em *Travels with My Aunt*. Em Paris, fomos pegos pela crise argelina e revoltas estudantis. Fomos presos e, inacreditavelmente, jogados na Bastilha.

"A Bastilha se parece muito com o George V", comentou John, lembrando o hotel em que ficaram. "As suítes são tão grandes que dá para se perder nelas e o teto, tão alto, que nem dá para enxergar. Os banheiros eram como cavernas com eco, todos de mármore antigo e pias do tamanho de banheiras, e banheiras quase do tamanho do Titanic".

Ele me contou que os rapazes voltaram para os quartos depois da apresentação no Olympia e vestiram pijamas. Estavam sentados juntos, tomando algo antes de ir para a cama, quando Brian entrou com um telegrama e cheio de sorrisos.

"Rapazes, vocês estão em primeiro lugar nos Estados Unidos", anunciou.

"I Want to Hold Your Hand" tinha pulado do número 43 para a primeira posição em questão de dias.

Harry Benson, fotógrafo do *Independent* que estava por ali, sugeriu uma guerra de travesseiros em comemoração, para que ele tivesse uma boa foto. "É a coisa mais idiota que já ouvi", retrucou John. Harry, que estava mais acostumado a lidar com políticos do que com astros da música, ficou sem graça.

Então, disse Don, "Logo em seguida John pegou um travesseiro e pá! Bem na cabeça de Paul. O copo de Paul saiu voando. E logo estavam todos na cama do hotel, batendo uns nos outros com os travesseiros. Harry tinha razão – foi uma ótima fotografia".

As comemorações continuaram quando outro telegrama chegou confirmando o agendamento para o *Ed Sullivan* e Brian ficou tão empolgado que usou um penico na cabeça durante o jantar. Ficou lá sentado, como um idiota. Mas estar no topo das paradas norte-americanas era muito importante para ele, que sempre me dizia que se pudessem entrar nos Estados Unidos, ganhariam o mundo. Ele pensava muito seriamente sobre como conseguir isso. De certa forma, era um beco sem saída. Ele não podia marcar uma grande turnê no país sem estar no topo das paradas de lá, enquanto todos diziam que eles não chegariam ao topo se não fossem para lá antes. Ele dizia que estrear em um lugarzinho como o Cavern ou o Casbah, dos EUA, estava fora de cogitação. Precisavam de uma entrada triunfal, serem notados. E o único meio era um programa em rede nacional. Na mente de Brian, o principal programa era o *Ed Sullivan* – mas por meses, durante 1963, ele não havia conseguido um contato. Os jornais da Inglaterra fizeram isso por ele quando estamparam nas manchetes a palavra mágica: "Beatlemania".

Armado com um punhado de jornais, Brian voou para Nova York para falar pessoalmente com a produção do *Ed Sullivan*, quase implorando para conseguir uma apresentação "se estivessem bem colocados nas paradas". Não é de se admirar que, em janeiro de 1964, ele tenha se sentado no George V com um penico na cabeça. Deve ter se sentido muito aliviado.

Três dias após saírem de Paris, estavam a caminho de Nova York e o livro da história da música *pop* estava sendo escrito. A chegada ao recém batizado Kennedy Airport, em meio a uma multidão de milhares de fãs histéricas deixou o grupo assustado. Os Beatles – que como a maioria de nós em Liverpool amavam as coisas dos Estados Unidos desde a infância – não acreditavam na recepção que os quatro *scousers* de Liverpool estavam tendo. John adorou, mas resumiu tudo quando observou, "Por que querem a gente? Eles não têm estrelas próprias?". Acho que John não faria esta pergunta se soubesse que só em Nova York, "I Want to Hold Your Hand" vendia 10 mil cópias por hora.

Mas, enfim, estavam nos Estados Unidos, seu lar espiritual, e prontos para "*fazer o show*" com toda a vontade dos dias de Hamburgo. Foram ao ar no *Ed Sullivan Show* duas vezes, primeiro em Nova York em 9 de fevereiro (quando a maior audiência, com mais de 23 milhões de pessoas, foi atingida), depois em Miami Beach, no dia 16, quando mais de 22 milhões de telespectadores estavam em frente à TV. Aparecer em um programa tão importante, duas vezes na mesma semana, era um feito notável e fez com que estourassem nos Estados Unidos e no resto do mundo.

Eu não estava lá. Brian havia me deixado cuidando de outros artistas, como Gerry e Cilla, e para atender ao telefone em caso de alguma urgência. Todos os dias, eu abria os jornais para ler sobre os últimos feitos. Era impressionante (pelo menos para nós) o fato de todo aquele barulho estar acontecendo do outro lado do mundo.

Os Beatles não foram a maior audiência na segunda aparição no Ed Sullivan Show (em um domingo, 16 de fevereiro, no Deauville Hotel, Miami Beach), esta honra ficou com Mitzi Gaynor, a estrela bela e dançante de *There's No Business Like Show Business* e *South Pacific*.

Depois, passaram um tempo em Miami, mas não saíram muito às ruas por causa do tumulto causado por suas presenças.

Na volta para Londres, num sábado, dia 22 de fevereiro, Brian tinha preparado uma grande coletiva de imprensa no Heathrow Airport. Eles estavam na TV, no rádio e nos comerciais dos cinemas. Não os vi pessoalmente naquele dia, nem no dia seguinte, o domingo, quando foram direto para os estúdios da ABC na Teddington, para ensaiar o dia todo a apresentação noturna que fariam no *Big Night Out* antes de uma apresentação ao vivo. Passaram a segunda-feira dormindo porque na terça de manhã estavam novinhos em folha nos estúdios da Abbey Road – aniversário de 21 anos de George Harrison – gravando o próximo *single*: "Can't Buy Me Love" e o lado B, "You Can't Do That". À tarde, gravaram as primeiras duas faixas para o LP que seria lançado como trilha sonora do primeiro filme dos Beatles: *A Hard Day's Night*, que começariam a filmar dentro de apenas seis dias. Com o intervalo de apenas um dia para gravar um show especial para a BBC nos estúdios da Piccadilly, quase toda a trilha sonora foi feita em três dias.

Eu passei rapidamente pelos estúdios da Abbey Road, acenei para os rapazes quando entrei e falei com eles durante o intervalo, tudo muito informal. Sabia que eles detestavam muita atenção – já tinham isso mais do que suficiente das esposas de prefeitos e vereadores. A idolatria dos fãs e da imprensa era muito desgastante. Eles gostavam de coisas relaxantes e do ambiente normal das amizades, então dizíamos, "Oi, tudo bem?", contávamos alguma piada, eu disse "Feliz Aniversário" a George, os outros fizeram um pouco de festa com ele e só. Acho que nem falamos sobre a viagem. Naquele momento, o grande estouro nos Estados Unidos já parecia a milhões de quilômetros de distância.

Dali em diante, viveram alguns anos de estrelato na Inglaterra. Já tinham se acostumado a serem grandes demais para mostrar a cara nos *pubs*, para andar em grupo. Estranhamente, tive a impressão de que os Estados Unidos foram apenas mais uma "grande experiência" entre centenas de outras. Não fossem as multidões de fãs nas calçadas da Abbey Road tentando entrar no estúdio, tudo pareceria normal. Estavam de volta ao ambiente familiar, fazendo o que sempre estavam fazendo ininterruptamente durante os últimos anos: trabalhando duro. Não digo isso de modo cínico. Acho que ninguém trabalhava tão duro quanto os Beatles. A imagem de banda "certinha" criada por Brian, com seus cortes de cabelo *moptop*, tinha que ser mantida a todo custo.

John foi provavelmente o primeiro a quebrar o silêncio – mas naquela ocasião todos já sabíamos que ele não era tão calmo assim. Na primavera de 1964, P. J. Proby, um roqueiro do Texas vindo de uma família rica com negócios em bancos e petróleo, que se parecia e falava como Elvis, foi convidado a aparecer no primeiro grande programa de TV dos Beatles, *Around the Beatles*. Além do óbvio talento, John ficou quase hipnoticamente fascinado por sua natureza demoníaca e destrutiva. P. J. era como um lado negro de John, um homem que rapidamente encontrou seu caminho entre os círculos mais loucos e os excessos da sociedade londrina. Era um cara barra pesada, e muito, mas John não era. Para desapontamento de Cynthia, John começou a andar com o texano magro que se vestia de caubói durante o dia e de veludo, camisa de pirata e sapatos de fivela à noite. P. J. tinha chegado às 10 mais com sucessos como "Hold Me", "Somewhere" e "Maria" do musical *West Side Story* – mas, ironicamente, não conseguiria o mesmo com uma canção escrita para ele por John e Paul, "That Means A Lot".

Certa noite, eles se encontraram no Ad Lib. P. J. passou reto pelas bebidas, mas John não resistiu. P. J. ria alto quando me contava os detalhes de como foi aquela noite dali em diante, com Cynthia seguindo os dois e implorando para que John a levasse para casa quando chegaram a uma festa em um apartamento na Bayswater. Ela ficou horrorizada quando viu que vários casais – alguns da nobreza – eram adeptos do voyeurismo sexual, enquanto outros assistiam a um filme triste. John recebeu um grande cigarro de maconha e deu uma tragada profunda. Ele ofereceu a Cynthia, que recusou - então ele deu outra tragada. Logo depois sentiu náuseas e correu para o banheiro, onde vomitou em uma grande banheira. Como Rod Stewart costumava dizer aos amigos bêbados, era o "*homey time*". (E isso aconteceu vários meses antes da grande noite de agosto - em que Bob Dylan seria reconhecido por ter iniciado os Beatles, em um hotel de Nova York).

♪

O acordo para as filmagens de *A Hard Day's Night*, bem pobre em termos financeiros, tinha sido feito por Brian com a United Artists, por meio de Richard Lester, um desconhecido diretor de comerciais, com roteiro escrito por um roteirista de Liverpool, Alun Owen. Quando eles voltaram triunfantes dos Estados Unidos, poderiam ter pedido um cachê bem maior do que as 25 mil libras que seriam divididas entre eles, mas Brian jamais renegociava um acordo.

Na época, ele ficou pessoalmente atormentado porque, apesar da falta de experiência, sabia que tinha concordado em receber 7.5% da produção líquida, quando a UA concordaria em chegar a 25%. Ele jamais mostraria seu embaraço com maus contratos, em público, mas dava para perceber que algo estava errado porque, no fundo, ele se sentia angustiado. Estalava os dedos e ficava pálido.

Os discos vendiam milhões. "She Loves You" tinha atingido o primeiro lugar na Inglaterra e nos Estados Unidos. "I Want to Hold Your Hand" tinha um pedido adiantado para um milhão de cópias, algo jamais visto antes. Em abril de 1964, eles estavam nos primeiros cinco lugares da *Billboard* – algo que também jamais havia acontecido e que, provavelmente, jamais acontecerá de novo.

Tinham escrito sucessos para os Stones, Billy J. Kramer, Cilla Black e mais uma porção de grandes estrelas. Estavam assinando contratos, vendendo discos e fazendo filmes. O dinheiro se amontoava tão rapidamente, e não apenas para os Beatles: Brian começou a contratar mais artistas e a abrir dezenas de empresas. Incapaz de lidar com tudo isso, usava benzedrina em quantidades cada vez maiores a fm de ficar acordado e concentrado. Quando as coisas ficavam muito insuportáveis, ele corria para o Crockfords, um estabelecimento discreto de alta jogatina, na Mayfair, que tinha começado a freqüentar. No dia seguinte, estaria atrás de sua mesa, impecável, sem um fio de cabelo fora do lugar. Por fora, permanecia calmo e agradavelmente cortês, jamais demonstrava o tumulto de sua mente. Exceto em raras ocasiões, quando baixava a guarda, Brian sempre mantinha sua aura de mistério.

Até nos mudarmos para Londres, não tínhamos pensado que vender discos fazia parte da indústria musical, porque jamais havíamos visto tal coisa antes. Em Liverpool, sentávamo-nos no escritório para colocar os discos em embalagens duras e enviar com uma pequena carta para todos os escritórios da BBC em Manchester ou na Escócia. Gradativamente, expandimos nossa rede e enviávamos os discos para todos os lugares em que tínhamos soldados instalados, como Colônia, Aden, Chipre, Hong Kong, Malta e Gibraltar, para que fossem tocados pelas rádios para as Forças Britânicas. Quanto aos programas de TV da época, Dick James tinha sua própria ligação com o produtor Philip Jones no *Thank You Lucky Stars*, e também tinha algum contato com Robin Nash, que fazia o *Juke Box Jury*. Ao norte tínhamos amigos na Granada TV porque sempre tocávamos ao vivo. Eu conhecia o pessoal do *Top of the Pops* porque na época era feito no hall da igreja, fora de Manchester. Eu ia com todo o pessoal agendado para a semana. Voávamos para lá, fazíamos o show, passávamos a noite por lá e voávamos de volta no dia seguinte. O *TOTP* mudou-se para Londres por volta de 1967-1968, mas então, já fornecíamos nossos próprios vídeos.

Antes de Brian me pedir para "procurar alguns DJs", quase não havia lugares onde se promover um disco. Apenas o *Light Program* da BBC tocava música popular. Na verdade, na BBC, que deveria ser imparcial, só era possível tocar nos programas da hora do almoço, o *Saturday Club* ou o *Easybeat*, na manhã de domingo. Era a Idade das Trevas. A maioria dos adolescentes ouvia a Radio Luxembourg, mas seus programas eram patrocinados pelas gravadoras que insistiam em tocar apenas seus próprios discos. Obviamente, não funcionava, mas ao mesmo tempo em que era muito popular, era também bastante restrito. Alguns programas eram patrocinados pela Horlicks, evangélicos norte-americanos, ou por fabricantes de doces como a Spangles. Mas naquela época havia apenas uma dezena de discos lançados a cada semana. Era tudo o que indústria produzia.

Era provavelmente a época de "Help!", ou talvez "I Feel Fine", possivelmente "Ticket to Ride", quando entrei na BBC e disse as palavras: "Será que podem tocar este disco?". Posso dizer que fosse qual fosse o disco que eu tivesse nas mãos, a tarefa não era assim tão difícil. Perguntar aos produtores se eles queriam o novo disco dos Beatles era o mesmo que perguntar se queriam um balde cheio de gin e tônica. Naquele momento, eu já conhecia muitas pessoas por causa das apresentações dos Beatles ao vivo no *Saturday Club* ou no *Easybeat*, ou para especiais como o *Pop Go the Beatles*. Cada minuto livre que os Beatles tinham, eram solicitados para algo pela BBC, então acabei conhecendo todo mundo. Conhecia os Rons, os Brians e os Bernies – todos os produtores.

Quando surgiram as rádios piratas, foi como se um novo mundo se abrisse para a produção. Eles tocavam música *pop* o dia todo, enquanto a BBC continuava com apenas uns poucos programas que permitiam este tipo de música. Era difícil estar de bem com as duas coisas sem ficar satisfeito com a situação na BBC. Havia a necessidade de um equilíbrio. Estávamos alimentando as piratas enquanto explorávamos a BBC. Alguns queriam que escolhêssemos um lado, mas para a maioria das pessoas na BBC, aquilo era um chamado. A diretoria tinha arrastado as coisas por muito tempo e o público – que, afinal, pagava as contas na BBC – queria algum retorno. Isto levaria a uma grande mudança: a opção dos ouvintes. É claro que o governo tentou o caminho mais fácil: afundar as piratas em vez de competir com elas. O governo trabalhista do Camarada Wilson e do General John Stonehouse perseguiu as rádios clandestinas.

Costumávamos encontrar os DJs piratas quando estavam fora de seus navios e presenteá-los com rum e discos. Às vezes pegávamos um pequeno bote para ir até Southend, Harwich, Margate ou Frinton para visitar os navios, carregados de substâncias ilegais. Aparentemente, dar suporte às rádios piratas era punido com pena de prisão. Não ligávamos para isso. Éramos como BumBoats, navegando pelas ondas com os novos discos do Fab Four. Aquele tempo era tão divertido!

Eu estive em algumas filmagens de *A Hard Day's Night*, no West End. No Scala Theater organizei centenas de fãs que gritavam enlouquecidas, e eram, na verdade, estudantes da Central School of Speech and Drama e, é claro, da Ada Foster, e recebiam seus cachês para isso. Algumas delas também eram pagas para perseguir os Beatles pela Marylebone Road e Charlotte Street enquanto as câmeras filmavam, mas aquilo era quase desnecessário. Fãs de verdade chegavam aos milhares e a polícia ficava desesperada. Minha obrigação era estar lá e cuidar do que fosse necessário. Não havia muito para se fazer, além de buscar o almoço para os Beatles, pegar os ternos e cuidar das guitarras para que não fossem roubadas. Era um inferno. Acho que Dick Lester nem imaginava o que estava acontecendo – ninguém imaginava. Era impossível seguir o roteiro (que roteiro?) ou mesmo controlar as filmagens. No final, era um acontecimento e foi filmado como tal.

Enquanto isso, os contadores viam um grande fluxo de dinheiro vindo dos discos, turnês, filmes e produtos e de repente acordaram para o fato de que aquilo era sério. Durante alguns anos, a galinha dos ovos de ouro de Brian não pararia de botar. Mas, para o caso de o dinheiro parar de entrar, aconselhavam os Beatles a investir em imóveis. Tijolos e concreto, diziam, era sólido. Brian queria que os Beatles morassem em St. George's Hill, Weybridge, um bairro seguro e particular em Surrey, perto de James Isherwood, o contador e parceiro na Northern Songs. Assim, sentia ele, os negócios podiam ser conduzidos de forma conveniente e discreta. Além de Paul – que não se importava com nada disso – os outros Beatles estavam mais do que desejosos por criar um "enclave Beatle" no interior, a pouca distância uns dos outros, e de Londres. Mas nenhum deles parecia acreditar que aquilo era verdade, que podiam comprar propriedades palacianas.

George notou Pattie Boyd logo no primeiro dia das filmagens de *A Hard Day's Night* e ficou imediatamente impressionado. Seu papcl no filme era pequeno e foi muito bem como atriz, pois trabalhava como modelo, mas era muito linda, parecia uma boneca com longos cabelos loiros e grandes olhos azuis. Rindo, assistíamos a George correndo atrás dela como um cachorrinho, insistindo para que saísse com ele. Ela dizia que estava comprometida, mas, assim como quando quis entrar para o grupo e John sempre o mandava embora, ele não desistiu. Dia após dia, ignorando a provocação dos amigos (que também a desejavam) ele insistiu até que ela concordasse. Como ela mesma disse, seria uma idiota se não saísse com um Beatle tendo a chance para isso.

Como um passarinho, George decidiu mostrar a ela o ninho em que queria colocá-la. Ele saiu a procura de uma casa e, em tempo recorde, encontrou a Kinfauns, um bangalô moderno, em estilo interiorano e espaçoso, em Claremont Estate, Esher, não muito longe de Weybridge. Ficava dentro do perímetro que Brian tinha determinado para os Beatles morarem, próximo à Kenwood de John – uma monstruosidade disfarçada em estilo Tudor – e da Sunny Heights de Ringo, uma casa dos anos 1930, grande, mas aconchegante.

Quando Pattie terminou seu *tour* pelos cômodos que George dizia serem dela para que decorasse e mobiliasse como quisesse, já tinha tomado sua decisão. Se para uma garota que se parecia com uma boneca, brincar em uma verdadeira casa de bonecas – e compartilhá-la com um dos jovens partidos mais atraentes do mundo – era uma fantasia, imagine se esta garota tivesse apenas 18 anos.

Depois de um primeiro momento em que eram vistos por todos, em todos os lugares, logo que se mudaram para o interior com as esposas, os Beatles se tornaram bastante reclusos. Não mostravam a cara por aí, nem conheciam muitos músicos, não em nível pessoal, de amizade. Suas vidas permaneciam concentradas neles mesmos e seus pequenos círculos. Além disso, seus afazeres domésticos eram bem rígidos. George, normalmente o mais reservado de todos, tornou-se obsessivamente ciumento e possessivo com Pattie. Ele tinha ido para Esher após o casamento e voltava para a cidade apenas para as gravações. Passou a ser bastante reservado e não fazia muita festa, ao contrário de Pattie, que queria diversão, muita diversão.

O fato de ela ser atraente era um grande azar. Sempre que eu estava nos bares, ela aparecia cercada por vários jovens roqueiros. Ela era uma modelo de sucesso, que caiu nas graças de David Bailey, e foi fotografada para a *Vogue* em editoriais da Tuffin & Foale. Ela passava pelo Speakeasy com essa turma suspeita e ficávamos conversando. Eu nunca perguntava onde estava George, porque sabia que ele estava em casa. Quando alguém perguntava, ela fazia uma cara de quem diz "Coitado do George, ele não me entende. Só quero me divertir". Mas ela não fazia nada por maldade. Apenas era jovem e não estava pronta para se estabelecer em uma vidinha no subúrbio.

Às vezes, quando estávamos no estúdio, George parecia não se importar com as pessoas que o ouviam chorando, pedindo para ela voltar para casa. Era embaraçoso ter que ouvir isso. E era ainda mais embaraçoso para mim ver George, meu velho amigo de Liverpool, que sempre tinha todas as mulheres aos seus pés desde seus 12 anos, pendurado no telefone, agindo como um menino apaixonado implorando para Pattie que, do outro lado, estava em algum bar. Pattie era tão linda. Foi o primeiro grande amor de George e ele não podia suportar o sofrimento. No fim, ser excessivamente idolatrada e idolatrar excessivamente foi demais para os dois – ela não era para ele. Correu para Eric Clapton, que estava pronto para Pattie depois de ter namorado uma de suas irmãs (que depois trabalharia na Apple Boutique). Estranhamente, George e Eric continuaram sendo bons amigos.

Paul e Jane eram dois pombinhos, mas não se misturavam muito aos outros. Ringo e Maureen também eram dois pombinhos que saíam para dançar, George e Pattie também eram, mas apenas um deles saía para dançar, e John e Cynthia eram como "pombinhos cansados de ser pombinhos" e não se importavam muito em estar juntos, principalmente depois de Cynthia ter se tornado mãe. A idéia de ver todos – quatro casais – jantando na casa de Ringo ou de George jamais se concretizou.

O círculo de John era de pessoas peculiares e alguns astros do *rock*, enquanto o de Ringo era muito mais do ramo musical, porque, dos quatro, ele era o mais envolvido com o *showbiz*, sempre misturado a uma turma mais adulta do que os outros Beatles. Ele e Maureen iam a lugares levados pelo motorista, Alan. Adoravam dançar ou ir ao cinema, depois iam para os bares, como o Crazy Elephant, ou o Dolly's. Freqüentemente, encontravam Cilla e o marido, Bobby, que também adoravam dançar, ou Richard Burton e Liz Taylor, que eram seus grandes amigos e sempre apareciam para ver Ringo e Maureen quando estavam na Inglaterra. Maurice Gibb e Lulu também eram vizinhos e visitantes freqüentes nos jantares.

Paul e Jane iam muito ao teatro com uma multidão jovem, mas, de certa forma, Paul era mais aberto. Misturava-se literalmente com todos, mas preferia os músicos. Ao contrário de Jane, que gostava de jantares, ele gostava de ir aos bares. Se ele estivesse por perto, íamos ao Green Man, na Riding House Street, que ele adorava. Ficava atrás da Wigmore Street, não muito longe da BBC, e naqueles dias era dirigido por uma vienense confusa. Era um típico *pub*, mas no meio do West End de Londres, tinha pó de serra no chão, mesas de bilhar, dardos, máquinas de fliperama, um velho piano e servia a deliciosa comida de *pub* que está saindo de moda agora por causa do "Esquadrão da Higiene", como o Monty Python costumava chamar a Vigilância Sanitária. Adorávamos a torta de queijo com cebola (hoje chamada de quiche) servida com feijão assado, a torta de carneiro com fritas e pão crocante. Antes de conhecer Linda e tornarem-se vegetarianos, Paul comia de tudo. A dona do *pub* fazia *schnitzel*, servido com porções de purê de batatas e molho. Uma delícia!

Gostávamos de ir ao Champion, do outro lado da Wigmore Street, descendo a Green Man. Jogávamos *spoof*, um jogo em que se tenta adivinhar quantas moedas o adversário tem escondidas nas mãos. Outras vezes passávamos o dia jogando *nine-card brag* e bebendo cerveja bem gelada em latas, coisa rara naqueles dias. Sempre que estava em Londres, Alice Cooper aparecia para jogar, também se juntavam Allan Clarke dos Hollies e Mike Appleton, o produtor de *Old Grey Whistle Test*, da BBC. Jogávamos com pouquíssimo dinheiro, às vezes seis pences por rodada, mas como era um jogo em que era preciso muitas cartas para vencer, quando alguém conseguia, saía com muitas moedas. Cada partida acabava rendendo o salário de uma semana. O ganhador podia encher o bolso. Alice adorava aquele jogo. Íamos direto para lá quando ele estava na Inglaterra. Aliás, ele costumava beber uma caixa de latinhas de cerveja por dia. Mais tarde ele me diria que quando começou a jogar golfe com Paul Newman, os dois tomavam uma caixa de Budweiser cada e o gramado ficava molhado, mesmo quando não chovia...

Num dia úmido de verão, nós nos sentamos no *pub* Green Man, Paul e eu, e conversamos sobre a vida em geral, como sempre fazíamos, sobre coisas tristes e como alguns acontecimentos transformam sua vida. Nossas conversas eram sempre sobre filmes, notícias, música – muito sobre música. As paradas do *New Musical Express*, novos discos, fofocas sobre os Stones ou Elvis. Paul adorava Elvis. Sempre dizia que os filmes horríveis que fez e o fato de não ter feito mais shows depois que voltou do exército, arruinaram sua carreira. Não falava muito sobre o coronel Tom Parker (empresário de Elvis), que considerava um monstro destruidor. Paul gostava de Brian, que achava ser o melhor agente possível: um homem cortês que não interferia em suas vidas particulares e cumpria tudo o que prometia fazer. Ele nunca o criticou – nenhum de nós jamais fez isso. Brian era um Deus. (Esta imagem se racharia um pouco apenas mais tarde, mas mesmo assim ele o adorava. Ele era como da família, e todo mundo aceita a própria família como ela é e perdoa quase tudo.)

Algumas conversas e sentimentos ficam com você para sempre. Lembro-me de um dia chuvoso, indo para o Green Man, e ainda posso sentir aquele cheiro único do asfalto quente e molhado. A porta do *pub* estava aberta e ficamos olhando a chuva cair do lado de fora, fazendo as pedrinhas pularem e carregando-as para a sarjeta. Quando entramos, Paul cantou "Rainin' in My Heart" de Buddy Holly, enquanto éramos atendidos. Ganhou aplausos, fez uma reverência ao seu público – Paul adorava cantar ao vivo – e, como de costume, começou a me lembrar sobre Buddy Holly.

Olhando para os freqüentadores do bar, Paul contou a todos que eu tinha conhecido Buddy Holly. Ele distorceu um pouco a história (Paul e John sempre distorciam essas coisas) dizendo que eu tinha ganhado um concurso da *Housewives Weekly* para conhecer Buddy ao acertar o nome do gato de Cliff Richard.

Eu comecei a rir. Quando nos sentamos, Paul riu e disse, "Desculpe".

Eu disse, "Não faz mal. Você sempre faz isso. E Cliff Richard tinha um passarinho, não um gato".

Paul pediu-me para contar mais uma vez a história do concurso que venci para ir ao Liverpool Empire e conhecer Buddy Holly e os Crickets nos camarins. Ele sempre me perguntava o nome dos três primeiros discos que estavam no topo da parada naquela semana em que venci o concurso. Paul estava lá naquele dia com toda nossa turma, mas não foi para os camarins, e para ele aquilo era uma grande coisa. Quando criança, Paul sempre rondava a porta que dava para o palco do Empire quando artistas dos Estados Unidos estavam na cidade. Assim como vários garotos, colecionávamos autógrafos, mas eu sabia que ele tinha uma inveja saudável por eu ter conhecido Buddy Holly e, agora que Buddy estava morto, ele jamais chegaria a conhecê-lo. Na verdade, ele era louco por Buddy, assim como eu.

"Então, como ele era, Tone?".

"Já contei um milhão de vezes", respondi.

"Eu é que devia ter me encontrado com ele, sabia? Não você. Então, por favor, conte de novo. Depois me diga qual é sua música favorita dele. E como ele era? E os Crickets? Quero saber de tudo porque você pode ter perdido alguma coisa. Eu? Eu não teria perdido nenhum detalhe".

"Bom, sabe...ele foi muito educado. "True Love Ways" é minha música favorita e ele era como nas fotografias. Assim como os Crickets".

"Sim. Porra, você é muito sortudo". Paul enfiou uma montanha de torta de carneiro na boca, e engoliu com meia caneca de cerveja. "Estou com uma puta fome", disse ele. Paul sempre estava com fome. Mesmo tendo uma governanta e com Jane sempre cozinhando quando estava por perto, parecia que ele nunca comia o bastante em casa.

Sabia que ele tinha voltado a ser aquele menino de Liverpool que ficava rondando o Empire no frio, pensando em comida. Ele disse, "Ontem à noite eu ia jantar neste cassino, mas comprei as batatinhas fritas de costume, e depois, por algum motivo idiota, comecei a ganhar em um jogo que eu nem sabia jogar! Acabei ganhando bastante dinheiro. Levei para fora e distribui aos mendigos".

Eu disse, "Não há mendigos na Mayfair às quatro da manhã".

"Ah, sim, há. De qualquer modo, não consegui jantar e já era tarde para o café. Ei, já contei que uma vez encontrei o Crew Cuts do lado de fora do Empire?".

Concordei com a cabeça. "Várias vezes".

Ele sorriu. "Eles fizeram aquela música, "Earth Angel". Lembra dessa?".

Eu disse, "Música boba. Por que não fala de "True Love Ways"?".

Paul balançou a cabeça. "Não. Eu gosto de "Earth Angel". John diz que não vai me contar mais nada. Sabia dessa? Ele anda espalhando essa história no escritório, de que eu sou o sabe-tudo, um maldito arrogante". Paul estava me provocando. Nossas conversas eram uma mistura de provocações e brincadeiras com discussões musicais sérias. Uma coisa sempre acabava se misturando à outra, e somente alguém que soubesse disso, entenderia o que estávamos falando.

Paul dizia, "John é só o guitarrista base, sabe? Ensinei a ele tudo, isso você sabe também. Ele era lixo quando o conheci. Ele tocava na carroceria de um caminhão em frente a uma igreja".

Paul de repente podia estar saudoso do norte, mas a porta do *pub* estava aberta e a chuva do lado de fora caía cada vez mais forte na rua que era asfaltada a ouro para nós, especialmente para os Beatles. Era como se ainda não pudéssemos acreditar no modo como as coisas tinham acontecido tão rápido, então nos agarrávamos às lembranças dos dias passados e de como era estranho pensar em tudo aquilo, quando eu ainda tinha 18 anos e eles vinte e poucos.

Havia algo nas ruas de Londres que as fazia cheirar a ouro quando chovia. As pedras do calçamento de Liverpool tinham um cheiro diferente, cheiro do sal do mar que estava por perto e fazia subir uma névoa fina do chão; o diesel dos trens e dos trólebus que andavam sobre as pedras e a poeira de carvão. O cheiro dos subúrbios onde fomos criados também era diferente, provavelmente uma mistura do cheiro das fazendas com o das fábricas e do rio sempre em movimento.

Paul dizia, "Ei, sabe o que é engraçado sobre a história da foto?".

"Que história da foto?".

"Você disse que Buddy e os Crickets se pareciam com as fotos, certo? Bem, quando vi as primeiras fotos de Elvis, fiquei arrasado. Ele acabou comigo na escola, sabia? Sim, academicamente falando". Paul estava começando a se divertir. Ele adorava os *pubs* e, sentados na mesa enquanto a chuva impedia que fôssemos para qualquer outro lugar, sabia que ficaríamos ali o dia todo.

Eu disse, "Diga-me, maestro. Como estas fotos do Elvis acabaram com sua vida escolar?".

"Porque as fotos tinham a mesma impressão dos discos. Muito legal, sabe? Eu ia cortar meu cabelo igual ao dele, mas só podíamos pagar por um corte e era a vez do meu irmão, Mike. Ei, você não sabe como é crescer em um bairro popular, sabe, Tone? Você foi privilegiado, assim como o porra do Lennon. Ele nem me deixa mais afinar a guitarra dele. Pede para o George fazer isso".

"George faz isso bem".

A história da escola era um dos temas favoritos de Paul, embora tivesse se dado bem entre os nobres muito mais rápido do que nós. Mesmo assim, era muito engraçado quando ele contava.

"Se eu tivesse conhecido Buddy Holly, eu teria..."

"Teria tentado vender uma música para ele".

O rosto de Paul se iluminou. "Sim, teria, não teria? Dá para imaginar Buddy Holly cantando alguma coisa que escrevi?".

Paul levantou-se e foi até o piano. Pensei que ele fosse tocar "Earth Angel", mas tocou "True Love Ways". Foi uma coisa mágica. Ficamos lá a tarde toda.

Vários anos depois, Paul comprou os direitos sobre todos os títulos das músicas de Buddy Holly. E uma ironia daquele dia de chuva é que hoje Paul tem todas as músicas de Buddy, mas não tem todas as suas próprias.

Durante 1964 e 1965, conforme se passavam os meses em nossa vida do sul, John e Cynthia tornavam-se ainda mais reclusos. A mãe de Cynthia veio de Liverpool e tentou morar com eles, mas John acabou com essa chance comprando-lhe um bangalô rua abaixo. Ela ainda passava todos os dias na casa de John, que era forçado a dar grandes quantias para que ela saísse para comprar antiguidades. "Ela me deixa louco, Tone", dizia ele. "Ei! Mas é dinheiro bem gasto. Não agüento mais ela".

John tinha tanto horror de ser surpreendido por estranhos no telefone que tínhamos que usar uma senha para falar com ele. Está na minha velha agenda telefônica: "Mr. Pilgrim: Weybridge 45028". Às vezes eu fingia uma voz engraçada do Goon Show como a do Bluebotlle e dizia, "Alô, aqui é Min, é o Mr. Pilgrim?".

John sorria e dizia. "Oi, Tone, e aí?".

Mas ele viria a odiar essa casa grande, decorada em estilo moderno e sombrio – não combinava com o exterior em falso estilo Tudor – com o mesmo tipo de decoração interior que Brian usava em seu apartamento. O homem gastou um caminhão de dinheiro para fazer o lugar parecer frio, gelado. Cynthia sentia-se sinceramente ameaçada por aquele glamour arrogante e escondeu John junto dela em um ambiente doméstico e aconchegante. Na maior parte do tempo, ele estava no sótão, nos cômodos pintados de preto ou vermelho, onde tinha uma grande variedade de instrumentos musicais, *jukeboxes* e máquinas de fliperama. Ele também tinha um trenzinho que ia de um cômodo ao outro. Quando saía de seu esconderijo escuro como um morcego cego com a luz, ele e Cynthia ignoravam o resto dos quartos palacianos e cheios de eco, preferindo o jardim de verão perto da cozinha (que era tão cheia de apetrechos que Cynthia tinha até medo deles).

John tinha uma grande caixa cheia de maconha convenientemente colocada em uma prateleira. Sempre ficava chapado com outras drogas como ácidos, coisa que aterrorizava Cynthia, que tinha sido convencida a experimentar ácido em um jantar em que ela, John, George e Pattie foram apresentados à droga, e teve uma viagem tão ruim que jamais voltaria a usar de novo. Ela tinha certeza de que mais cedo ou mais tarde, John perderia a cabeça, literalmente, derretendo os neurônios que escorreriam pelo nariz. O modo como ele passava horas deitado no sofá de vime do jardim olhando para o céu ou dormindo, ignorando ela e Julian, convenciam-na de que a deterioração do cérebro de John já tinha começado. Ela estava sempre em volta, pedindo para que ele parasse, vigiando-o como um águia caso ele morresse – e tudo isso incomodava John, deixava-o irritado e cada vez mais paranóico.

Kenwood tornou-se uma prisão. John estava chateado e solitário, raramente falava com Cynthia, esnobando sua mãe e procurando meios de fugir delas. Eu era uma boa opção como parceiro e confidente. Mais ou menos a cada duas semanas, ele ia para Londres para fugir totalmente daquele ambiente. Passava noites em bares ou dormia nos fundos da Roller, que ficava estacionada atrás dos escritórios na St. James Yard. Essas pequenas aventuras tinham início quando ele chegava de repente à minha mesa, no escritório da NEMS, por onde sempre acabava passando.

"Oi, Tone, o que você vai fazer?".

"O que você quiser John".

"Vamos sair", dizia ele, indicando que queria dar umas voltas. Nunca dirigíamos. Bill ou Anthony nos levavam no Rolls Royce, na Princess ou na Mercedes, um dos vários carros que Eppy mantinha à disposição.

John estava à solta. Pronto para sua dose quinzenal de liberdade. Nós começávamos pelo *pub* no final da Carnaby Street, tomávamos umas bebidas, depois era, “E agora?”.

Eu me transformei em seu guia turístico, mas devo dizer que gostava muito dessas escapadas. Pelo menos durante as primeiras horas. A conversa era boa, as idéias surgiam aos milhares por minuto. As pessoas gravitavam ao redor de John quando ele passava pela porta, verdadeiramente satisfeitas em vê-lo. John era um de nós, um deles, um dos rapazes. Ele era engraçado, além de ser irreverente e totalmente inseguro. Apesar de ser um letrista brilhante, não era uma pessoa tão profunda quanto muitos pensam, mas era original.

Se ainda fosse cedo, íamos para os *pubs* de costume, ou então ficávamos no cinema da Leicester Square até a meia-noite. “Vamos para o bar, Tone”, John diria então. Era o momento em que eu vacilava porque ele era sabidamente um péssimo bebedor. Duas doses de qualquer coisa eram seu ponto máximo, mas normalmente bebia uísque com Coca-Cola. Quando a primeira bebida batia no fundo da garganta e os olhos rolavam para trás, eu sabia que a noite seria cheia de besteiras. Se eu tivesse sorte, John cairia de sono no banco de trás do carro, para dormir ou ser levado de volta a Weybridge, onde era jogado para fora e entregue a Cynthia que o colocava na cama.

Às vezes, quando John queria variar, costumávamos aparecer sem avisar no pequeno apartamento de Mick Jagger e Keith Richards na Shoot-up Hill, perto de Kilburn, uma parte irlandesa de Londres. Eu gostava de ir àquela parte da cidade porque estava apaixonado por uma garota que morava lá perto. Achava ótimo, porque quando eles ficavam completamente alterados, nem notavam minha ausência, e podia até passar a noite por lá. Às vezes eu ficava fora por horas e eles nem notavam que eu tinha saído.

No caminho para Kilburn, na limusine, John começou a falar sobre música *country*, um assunto sempre recorrente. O engenheiro de gravação dos Beatles, Norman Smith, vinha provocando John – o que não era difícil – dizendo que ele tinha que continuar produzindo sucessos ou seria jogado na lata de lixo da EMI. Como exemplo de como as coisas mudavam rápido, Norman contou a John a história de quando foi solicitado para gravar o sucesso de Frank Ifield "I Remember You", que veio bem na hora em que a EMI ia descartá-lo por ser um artista sem sucessos. Os Beatles saíram em turnê com Frank, um australiano amigável. A gaita tinha grande participação em "I Remember You".

"Se precisar de um sucesso rápido, John", provocava Norman, "não há coisa melhor do que uma música *country* com um ou dois solos de gaita".

John dizia, "Não, fazemos nossa própria música, Normal, você sabe disso". Mas John adorava música *country* mesmo assim.

Os Beatles também fizeram turnê com Bruce "Hey Baby" Channel que tinha o gaiteiro Delbert McClinton. Na limusine a caminho da Shoot-up Hill, John concordava, "Normal tem razão, Tone. Aquela música que tocamos no *Ed Sullivan*. 'Act Naturally'? É uma música de Buck Owens e mais *country* do que qualquer outra. E as pessoas adoraram". Ele estava trabalhando a todo vapor, mas aproveitava cada minuto.

Então, chegamos ao apartamento de Mike e Keef, em um daqueles prédios altos com terraço, fachada reta e tijolos à vista. O proprietário era indiano, e acho que alugava o imóvel por 10 ou 15 libras por semana. Naquele momento, os Stones já tinham explodido, então o aluguel era bem barato – mas eles raramente estavam lá e queriam apenas um local particular para deitar ou levar quem quisessem. Estavam sempre na estrada ou em casa, com os pais. Sim, assim como nossa gangue de Liverpool sentiu saudades de casa durante séculos depois de chegar ao sul e sempre voltava ao lar na primeira oportunidade, os Stones também eram sentimentais até onde podiam e bastante calorosos. Depois de meses na estrada, dormindo em uma sucessão de lugares estranhos, adoravam voltar para as camas de sua infância suburbana e acordar com o cheiro do café da mamãe – ou então com a xícara de chá e biscoitos levados à cama pela manhã. Em vez de levar as roupas para uma Laundromat, as mães as lavariam em casa e pendurariam no varal para ficarem com cheiro de ar fresco.

O apartamento compartilhado na Kilburn era tão vagabundo quanto qualquer outra área descuidada da região das quitinetes. Era um lugar para encostar as bicicletas e receber a correspondência. Escadas íngremes levavam aos dois ou três andares acima. Eu chamava de apartamentos, mas eram na verdade quartinhos melhorados. O teto de Mick e Keith ficava no primeiro andar. Havia dois quartos, uma cozinha, um banheiro e uma sala de estar. A mobília da sala de estar era horrível: uma moderna mesa G-plan de madeira, com cadeiras e uma mesa de canto com um sofá de veludo e cadeiras pintadas de verde escuro. Lembro-me também vagamente de cortinas grossas penduradas diante das janelas. (Nada como os quartos exóticos que Keith decoraria com cachecóis e veludos pendurados na parede.)

Nós nos jogávamos na mobília, com as pernas sobre os braços do sofá ou então na mesa G-plan de pernas compridas, enquanto Mick ou Keef nos serviam generosas doses de uísque com Coca-Cola (nunca tinham gelo - na verdade, não tinham sequer geladeira) em copos comuns, um diferente do outro, e ficávamos falando de música.

"Ei, Mick! Como estão as coisas? Olha, acho o seu grande sucesso, "All Over Now" um *country* puro", John disse logo que Mick abriu a porta.

Mick sorriu. "É claro que é. Entre. Sente-se, vamos beber alguma coisa".

"Sim", disse Keef, tentando levantar-se sem sucesso. "Costumávamos tocar com Cyril Davies na Marquee ou em algum outro lugar, não é, Mick?". Ele não esperou a resposta. "Cyril fez essa música chamada 'Chicago Calling'. Ótima música. E outra chamada 'Country Line Special'". Ele fez uma pausa e acendeu um cigarro. "É claro que ele sabia tocar, não era como você e o Beiço aqui. Cyril tocava direito. Ele ainda está vivo, Mick?"

"Não me pergunte nada seu bastardo bochechudo. Agora sou um astro do *rock*".

Dando prosseguimento ao assunto, John disse, "Eu também gosto um pouco de *country*, gosto mesmo". Deu um gole no uísque com Coca-Cola quente, e disse, "Se vocês não têm dinheiro, eu posso emprestar algum para comprarem uma geladeira". Ninguém se incomodou em responder porque John nunca tinha dinheiro com ele. Ele disse "Então os Stones viraram *country*, foi isso?". Pegou o violão, começou a tocar o *riff* de abertura de "It's All Over Now", e tocou a música até onde sabia. Claro que ele gostava dela, mas ficou imitando os trejeitos de Mick no palco, o que divertiu muito Keef.

Keith finalmente conseguiu sentar-se ereto, inclinando-se para literalmente arrancar o violão de John. "*Country* é legal. Estamos experimentando. Pegando o *country* puro e dando uma batida diferente".

Bem mais tarde, quando nos levantávamos para ir embora, John disse, "Posso dizer aos rapazes que vocês viraram caubóis e não são mais ameaça?".

Keef disse, "Diga o que quiser, mas você ainda não viu nada".

Mick foi quem falou por último quando chegamos à porta, mas ele sempre fazia isso. "Eu sempre achei "Love Me Do" uma música *country*. Toda aquela gaita. Delbert ensinou isso a vocês?".

Alguns anos mais tarde, parte de uma música baseada em gaita chamada "Stone Fox Chase" foi usada como tema para o *Old Grey Whistle Test*, um ótimo programa musical da BBC TV. O nome do programa teve origem nos "Old Greys", como eram chamados os participantes do concurso. O folclore dizia que se eles conseguissem assoviar uma música nova depois de ouvi-la uma única vez, ela seria sucesso. "Stone Fox Chase" era de uma banda desconhecida de Nashville chamada Area Code 615, o código de área do Médio Tennessee. Vários anos mais tarde, Paul gravou em Nashville e ficou no Loveless Motel, – bem no coração do Tennessee – famoso pela salsicha empanada.

Em um outro dia, John e eu estávamos sentados no Shakespeare's Head, na Carnaby Street, quando John disse, "Vamos, Tone, vamos ver se Mick e Keef estão em casa". Mas naquela noite em particular eles estavam tão loucos na casa dos Stones que John e eu tomamos uns uísques com Coca-Cola e fomos embora. John sempre ficava alto com duas doses e já estava ficando tarde. Eu nunca sabia o que ele ia querer fazer até que ele mesmo dissesse. Talvez quisesse ir para algum outro lugar, fazer mais alguma coisa. Com ele, tudo era realmente uma Magical Mystery Tour. Assim que saímos da casa dos Stones, percebi que nenhum de nós tinha dinheiro para pegar um táxi de volta ao West

End. Pegamos o metrô na Kilburn e, sozinhos em um vagão, lembramos de como nossas vidas tinham mudado tão rapidamente.

Em 1957, assim como o *rock and roll*, John estava predestinado a crescer rapidamente e adquirir atitude. Eu tinha dez anos, era um estudante bem comportado, mas assim que os Everly Brothers começaram sua seqüência de 19 sucessos com a fantástica "Bye Bye Love", entrei de vez para este universo. Os Everly atacavam as guitarras como se não houvesse amanhã, e faziam uma harmonia melancólica e alta que apenas eles e os mais próximos poderiam alcançar. Eram copiados por todos, de John e Paul a Simon e Garfunkel – que naquele tempo eram chamados de Tom e Jerry e eram pouco conhecidos.

No lado realmente alto das trilhas sonoras, Elvis tinha "All Shock Up", e Little Richard gritava falando de uma garota sensual chamada "Long Tall Sally". John me disse durante uma viagem inebriada pelo metrô de Londres que quando ouviu aquela música pela primeira vez, estava em "estado de graça". "Viu?", resmungou, "Eles tem um John". Eu sabia o que ele queria dizer. O John de "Long Tall Sally" era um Tio John.

Naquele humor estranho e crepuscular em que nada fazia muito sentido, falávamos sobre se o verso que dizia que Sally era feita para ser doce e tudo o que Tio John precisava, talvez não se referisse a um Tio John, mas a "qualquer John". Sally parecia ser uma garota má, e como dizia Dolly Parton quando a mãe apontava o dedo para as garotas más, maquiadas, com batom e ruge chamando-as de lixo, provavelmente teria dito "Mamãe, quero ser como elas".

Os Beatles tinham sua porção de garotas fáceis em suas músicas. Divertiam-se com aquela dose de conteúdo sexual. Ela é uma "grande provocadora" em "Day Tripper" não eram as palavras originais dos primeiros ensaios. Acho que John queria dizer, a seu modo inseguro e introspectivo, que quase todos os discos lançados em 1957 tinham se tornado símbolos. Estava pensando se as músicas que ele e Paul tinham escrito chegariam a tal status.

"Não sei, John", disse eu, e caí no sono. De manhã, acordamos no final da linha, onde os trens eram recolhidos durante a noite, um ao lado do outro, depois de um longo dia de trabalho. Se alguma faxineira nos encontrasse e nos atirasse para fora, tomaríamos café em algum lugar, se eu tivesse dinheiro – John nunca carregava dinheiro. E mais ou menos uma semana depois, ele estaria de novo em frente à minha mesa.

"Oi, Tone. O que você quer fazer?".

"O que você quiser, John".

DEZ

ACHO QUE BRIAN NEM DORMIA. Em um momento em que o céu era o limite para a indústria musical da Inglaterra, ele trabalhava além do expediente para se igualar aos Estados Unidos, com a mente maravilhosamente fértil pensando continuamente em coisas inovadoras, depois se preocupando com elas – projetando cenários para os negócios, depois agonizando em dúvidas sobre estar agindo com inteligência ou ingenuidade. Alguns de seus melhores contratos surgiram quando ele descobriu que as leis trabalhistas diziam que nenhum artista ou músico britânico deveria se apresentar nos Estados Unidos a menos que alguém de lá fosse para o Reino Unido. Era toma lá, dá cá. Brian imediatamente viu um modo de alavancar seu berço de talentos para ganhar dinheiro promovendo grupos dos Estados Unidos.

Por meio da NEMS, em janeiro de 1964, Brian comprou uma empresa chamada Suba Films, que acabou virtualmente dirigindo. Aquilo era muito à frente de seu tempo, a única empresa independente da Inglaterra a fazer vídeos musicais. Aprendi meu ofício com os melhores como a veterana produtora de televisão, Vyvienne Moynihan, e o produtor do melhor do *pop*, Jack Good, que produzia o sucesso *Six-Five-Special* e o inovador *Ready Steady Go*, além da primeira produção dos Beatles para a TV, *This Is the Beatles*. Brian sempre se esforçava para ter o melhor. Como consultora, contratou Vyvienne, que tinha trabalhado para a Rediffusion, - primeira estação de TV independente da Inglaterra - para ajudar a montar os pacotes, ler os roteiros e ver se algum deles tinha potencial para divulgar os Beatles. Ela imediatamente gostou de mim e sempre pedia para que eu fosse aos estúdios da Rediffusion dirigir o estranho número do *Ready Steady Go*. Ela sempre estava por perto para me mostrar o que fazer.

Havia uma grande explosão do *folk*, assim, o New Christy Minstrels com Barry McGuire e Kenny Rogers, foi o primeiro grupo no intercâmbio de Brian. Para satisfazer às exigências do governo, tudo o que tinha que fazer era agendá-los para uma noite em algum lugar como o Scotch of St. James, o novo ponto quente da cidade. Descobri que os astros dos Estados Unidos eram tratados com admiração e respeito, eram quase idolatrados. Assim como Jack Good aprenderia com P. J. Proby (um estadunidense praticamente desconhecido no próprio país), bastava dizer as palavras mágicas "Sensação da música nos Estados Unidos" para fazer uma banda explodir no Reino Unido.

Rapidamente, Brian ganhava confiança e passava a organizar algumas trocas maravilhosas. Sentávamos para discutir quem era grande, quem queríamos conhecer. Era como ser capaz de escolher os melhores doces da padaria.

"Que tal *blues*?", eu disse uma vez. Os Beatles e os Animals gostavam de *blues*. Os Yardbirds com Eric Clapton (o melhor guitarrista de *blues* fora de Chicago) tinham transformado o *blues* em uma arte branca depois que os Stones o reinventaram. O *blues* era o gênero do momento entre os músicos de verdade.

O aprendizado de Brian em suas lojas de discos fez com que conhecesse todos os nomes e também soubesse que banda vendia, mesmo entre aquelas de nível mais elevado. Quando eu mencionava alguns dos meus favoritos, incluindo os grupos que sabia serem também do gosto dos Beatles, ele concordava balançando a cabeça. "Bom, muito bom. Vamos cuidar disso".

Assim, as maiores estrelas do *blues*, artistas negros como Chuck Berry, Muddy Waters e Fats Domino iam para a Inglaterra e eram recebidos como heróis, verdadeiros grandes astros. (Isso foi antes de Steve Wonder e Otis Redding decolarem.) Quando Ray Charles, um cego com uma voz incrivelmente própria para o *soul* e um fraco pelas drogas, veio para se apresentar na TV em julho de 1964, foi considerado o "rei" – e eu fui encarregado de cuidar dele. Foi uma grande honra. O título do programa, *The Man They Called Genius*, resumia o que se pensava de Ray.

A Rediffusion era um dos lugares mais estranhos em que já estive. Todos os que trabalhavam lá eram ex-almirantes. Provavelmente alguém tinha contratado os companheiros depois da guerra, quando foi fechada uma base submarina. Ou talvez todos tivessem feito parte do departamento de filmagens da Inteligência da Marinha, com Ian Fleming e Graham Greene. Chegavam a chamar o andar executivo de "A Ponte", onde o gin corria como a água das torneiras. Era como se o governo tivesse dito, "Certo, companheiros, abram a TV para abrir caminho para o MI5".

Os escritórios e o porão ficavam na Rediffusion House, na esquina da Kingsway com a Aldwych. Fui para lá várias vezes, mas foi apenas a partir do episódio com Ray Charles que tomei conhecimento da suíte de entretenimento chamada de "Green Room". Soube que havia salas verdes nos navios onde a tripulação podia relaxar, mas a sala verde da Rediffusion tinha um grande bar e era cheia de gente. Apesar da sensação massacrante da organização militar, a atmosfera era bastante alegre e amigável, tanto que quando fizemos o programa adolescente de grande sucesso, *Ready Steady Go*, deixaram-me operar uma das grandes câmeras, como se eu estivesse utilizando o estande de tiros. Em uma semana: "Os Rolling Stones"; na outra, *Afundem o Bismarck* e *The Cruel Sea*. Enquanto pensava nisso, lembrei-me de que o grupo de apoio a Billy J. Kramer, os Dakotas, tinham gravado a música tema de *The Cruel Sea*. Ela ficou entre as 10 mais em agosto de 1963.

Todos ficaram de boca aberta quando Ray Charles entrou. Ele tinha presença. Era grande, usava óculos escuros, e levava no rosto o sorriso de quem sabe algum segredo. Durante os ensaios – e houve alguns dias de ensaios – praticamente todos do prédio e mais alguns da Aldwych, onde a rival BBC tinha escritórios, foram vê-lo. Ele tinha um assessor próprio, um americano da Tangerine Records que devia estar com ressaca do vôo. Estava cansado e não conseguiu se levantar. Era óbvio que precisava de ajuda com aquela estrela brilhante e errática de quem tinha que cuidar.

O crítico de TV Elkan Allen, encarregado de entretenimentos na Rediffusion, disse, com uma voz elegante e suave, "Tony, será que você pode tomar conta do nosso Ray Charles durante a tarde, sabe, entre as tomadas?".

"Claro", eu disse. "Estou lisonjeado".

"Ele é cego", prosseguiu Elkan.

"Sim, eu sei", respondi.

"Bem, ele está na Sala Verde", disse Elkan. "Não tire os olhos de cima dele".

E foi lá que encontrei Ray Charles, o centro das atenções, entusiasmado, comendo sanduíches de pepino e tomando o gin cor-de-rosa.

"Coma um sanduíche", ofereceu, depois que eu me apresentei. "E tome esse negócio rosa com gosto de xampu. Eu não vejo a cor, mas dizem que é rosa. Vire aí, camarada". Ele já estava usando a linguagem dos marinheiros, além de estar tomando o gin. "Lá vai mais uma!", gritou, engolindo outra meia caneca de gin.

Ficamos sentados por uma hora ou mais e devo admitir que depois de um tempo a cor do gin nem interessava mais. Naquela hora, meus olhos já estavam da mesma cor e, provavelmente, também os de Ray por trás dos óculos escuros. Não sei quando percebi que ele tinha desaparecido. Quando saí para procurá-lo, ainda estava tranqüilo. Imaginei que provavelmente estaria no camarim. Não. No palco? Não. Na maquiagem? Cabine de som? Procuramos pelo prédio todo, pelos escritórios, armários e até no telhado. Ele não estava em lugar algum.

As pessoas começaram a entrar em pânico. "Estamos no ar!". Era Elkan, já sem a voz melodiosa.

"Temos que fazer o maldito programa!", gritava Elkan. "Ele fugiu sem dizer nada. Chame a imprensa! Traga-o de volta. Da próxima vez vou deixá-lo na cela, não na merda da Sala Verde".

O que ninguém chegou a dizer, mas todos pensavam, era que Ray Charles era um viciado. Já tinha sido flagrado com heroína algumas vezes – até escreveu uma música chamada "Busted" – e todos estavam apavorados com a idéia de ele ser preso de novo enquanto estava sob responsabilidade da Rediffusion. Até um juiz simpático a ele já tinha avisado que na próxima, seria cadeia. Ele inclinou-se sobre a mesa e disse, "Cego ou não, Ray, não posso ajudá-lo. Mais uma vez e você vai para a cadeia". Mas agora, ele estava desaparecido em Londres.

Algumas pessoas esperavam encontrá-lo morto, e disseram isso. Procuramos mais uma vez, vasculhando cada canto. Finalmente, acabaram adiando a apresentação. Um dia ou dois depois disso, Ray apareceria no Waldorf Hotel, do outro lado da rua. Não era o hotel em que ele estava hospedado. Já tínhamos procurado por lá. Até hoje não sei como uma prostituta drogada, que talvez estivesse com algumas amigas, conseguiu atravessar a segurança da Sala Verde, o assessor de Ray e eu, - todos enxergando muito bem – e levar aquele homem cego para as drogas e o sexo. Quando finalmente encontramos Ray Charles, ele estava deitado na cama, entupido de todas as drogas que tinha tomado, com um grande sorriso no rosto. Eu só balancei a cabeça. Não podia fazer outra coisa senão sorrir.

"Dá para imaginar?", disse a Jack Good. "Um cego drogado na Kingsway, cantando 'Busted Again' para uma prostituta bêbada. É como um documentário, Jack".

"Meu rapaz", disse Jack. "O Sr. Charles provavelmente queria um pouco de ar puro para refrescar a cuca. Os gins cor-de-rosa na Rediffusion serviram de combustível. Provavelmente tenha se perguntado 'Onde estou?' e alguém disse, 'No Waldorf'. Para um negro dos Estados Unidos, é como dizer 'você conseguiu'".

Comecei a me envolver cada vez mais com a televisão, principalmente com as bandas de intercâmbio, preparando programas para elas e cuidando dos contratos. Para mim, foi um caminho rápido para um novo meio de comunicação. Pouquíssimos de nós, incluindo aqueles que trabalhavam em período integral para a BBC e televisões independentes, faziam idéia do que estavam fazendo, mas isso não parecia nos preocupar. Nove meses depois do meu primeiro contato com a televisão, Dick Clark me telefonou de Hollywood.

"Pode nos dar alguns fragmentos para *Where the Action Is?*", perguntou.

Nunca tinha ouvido falar nisso, mas respondi "Sem problema", disse, anotando o nome. "O que você está planejando exatamente?".

"Estamos pensando em espaços de 15 minutos a cada semana sobre o panorama inglês. O *Action* é o principal programa popular dos Estados Unidos, então vocês vão ter bastante exposição".

"Claro, podemos fazer isso", respondi, pensando em falar com Jack Good, que havia retornado após passar um ano em Hollywood e estava produzindo *Shindig*, um programa que estava roubando o espaço do programa de Dick. Jack não apenas me deu várias dicas, como também me pediu para fazer alguns fragmentos para o *Shindig*.

Eu aluguei um espaço no que hoje é o Prédio Nikon, e durante dois dias da semana transformava-o no Warham Green TV Studios. Tínhamos estrelas como Sandie Shaw, os Walker Brothers, Donovan, Gerry e os Pacemakers, Freddie e os Dreamers, os Moodies, o Small Faces, os Yardbirds, enfim – qualquer um que tivesse um disco nas paradas da semana.

Tínhamos uma pequena unidade móvel para filmagens que estava funcionando. O *videotape* era coisa nova, o equipamento era pesado e desajeitado e os vídeo-cassetes pareciam malas, mas aprendi como usar tudo a fim de produzir e dirigir como se tivesse feito aquilo durante toda a minha vida. Trabalhávamos em estúdios, no metrô, do lado de fora do Festival Hall ou no Albert Hall, sempre atraindo pequenos grupos de curiosos que pensavam que estávamos gravando um filme. Podíamos ter feito filmes, podíamos até ter feito *E o Vento Levou*, isso resume nossa auto-confiança. Foi realmente maravilhoso, ter idéias e sair fazendo, sem nos preocuparmos com palavras negativas do tipo "não dá". Dava e fazíamos. Nós nos divertíamos indo a vários eventos e fazíamos parte deles quando ligávamos a câmera.

Barbeado e com o cabelo arrumado no Trumpers, parecendo um nobre em suas aparições na televisão, Brian dizia: "Estamos em frente ao Tamisa. Direto de Londres com os Yardbirds cantando seu mais novo sucesso, 'Good Morning Little Schoolgirl'".

Eu então saía de lado e olhava encantado enquanto eles apresentavam sua música com letras divertidas e maliciosas. Gravávamos tudo e mandávamos de avião para os Estados Unidos onde o vídeo seria convertido para o formato NTSC e inserido no *Shindig* ou no *Where the Action Is*. Costumávamos fazer muitos vídeos em um período de oito horas, a um custo total de cerca de mil dólares. Brian ganhava 250 dólares por vídeo. Os americanos realmente gostaram dos trabalhos, principalmente Dick Clark. Teria sido incrivelmente lucrativo se Brian fizesse idéia de quanto pedir por cada vídeo, mas mesmo a 250 dólares cada, ainda era um belo dinheiro. Alguns meses depois, foi lançado o *Hullabaloo*, outro programa *pop* dos Estados Unidos, e nós também oferecíamos a eles os fragmentos. Quando ganhamos mais experiência e conhecimento no ramo, chegamos a produzir programas inteiros para a TV dos Estados Unidos, como o *Where the Action Is*, especiais e o *The English Scene*.

Foi uma época mágica, coisa muito avançada para um jovem de 21 anos estar envolvido durante os dançantes anos 1960. Começamos a nos divertir fazendo pequenos documentários clássicos, filmando todo o Richmond R&B Festival com os Animals, Long John Baldry's Steam Packet, The Who, Rod Stewart e os Stones. Fizemos até o *Ferry Across the Mersey*, de Gerry Marsden, um maravilhoso curta que mostrava Liverpool e o som do Mersey, que foi lançado nos Estados Unidos pela United Artists, empresa com a qual Brian e os Beatles desenvolveram uma relação muito especial. Era o tipo de filme em que os Beatles teriam gostado de aparecer porque Liverpool continuava em seus corações. Era o lugar para onde todos voltávamos, como os salmões, ano após ano, durante o Natal.

Infelizmente, pouquíssimos destes originais ainda existem. Não fazíamos idéia de que no futuro eles seriam parte da história do *pop*. Ouro puro. Quando a fita chegava ao fim, apagávamos tudo e usávamos de novo.

ONZE

O REFÚGIO DE BRIAN NO INTERIOR em Rushlake Green, Sussex, era uma piada no escritório porque o endereço era a Black Boys Lane. Todos os jornais majestosamente chamavam o lugar de "casa de campo de Brian Epstein", mas a Kingsley Hill era mais uma grande casa do interior com rosas à porta em um terreno muito bom. O lugar tinha sido um refúgio secreto onde Churchill encontrava-se com seus generais durante a guerra. Brian levou para lá um monte de porcarias, é claro. Garotos de programa. Pílulas. Ácido. Além da paranóia causada pelas drogas, Brian estava profundamente atormentado. Estava sempre aterrorizado com medo de que algum dos garotos abrisse a boca, mas sentia-se seguro de alguma forma porque o sexo anal ainda era ilegal e passível de punição com uma longa pena de prisão. Portanto, acreditava que seus garotos de programa ficariam calados, ou também iriam parar na cadeia. Mas eles também eram largamente usados pela polícia contra seus clientes e, assim, conseguiam imunidade. E Brian sempre tinha que pagar altas somas para chantagistas. Cheio de culpa, sempre com medo de que sua mãe abrisse os jornais e visse alguma notícia chocante sobre o filho, tudo passava por sua cabeça. Brian não conseguia suportar. A estranha crise de nervos foi sucedida por visitas à Priory, uma clínica particular perto de Londres para onde iam xeques e estrelas de cinema.

Não sei o que Brian apreciava sexualmente. Até onde sei, era homossexual, mas não um depravado como vários outros em seu círculo social mais próximo. Era modesto comparado ao seu amigo mais íntimo, Lionel Bart, o escritor e compositor homossexual do grande sucesso, *Oliver*. Brian conheceu Lionel – nascido Lionel Begleiter no hospital de Bart – por meio de Tommy Steele. Lionel era do grupo de *skiffle* de Tommy, os Cavemen, e tinha escrito com ele o grande sucesso "Rock with the Cavemen" com Mike Pratt, estrela de *Randall & Hopkirk (Deceased)*. Com Mike, tinha escrito também "Butterfingers" para Tommy Steele, e o sucesso de Cliff Richard que chegou ao primeiro lugar, "Living Doll", além de grandes temas como "From Russia with Love". Para um homem que não sabia ler ou escrever música e as cantarolava no gravador, era notável ver uma ou outra de suas músicas entre as 20 mais por três anos, e ainda foi o maior ganhador de prêmios Ivor Novello. Brian tinha dado a ele a idéia para seu último programa de auditório, *Maggie May*, feito em Liverpool. Tinham tanto em comum, podiam ter sido irmãos não fosse pelo fato de Brian ser da classe média e elegante e Lionel ser um londrino do leste. Quando escreveu "Fings Ain't Wot They Used T'Be", era assim que ele falava, em *cockney*.

Lionel tinha duas casas: a chamada Grand House, atrás da ABC na Fullham Road, e a outra atrás da South Ken Station. A Grand House era exatamente como diz o nome, cheia de estilo e elegância, um lugar de entretenimento convencional. A outra era como um pequeno castelo de devassidão. Pequeno, sim, mas cada polegada refletia um mau gosto sibarita. Não é exagero dizer que nenhum espaço era desperdiçado. Havia espelhos por toda parte, o vaso sanitário era como um trono. Era uma Sodoma e Gomorra aveludada. Orgias em seda e cetim aconteciam por todos os lugares. Celebridades e estrelas de TV transavam pelos cantos. Sexo oral na cozinha. Tudo ininterruptamente, dia após dia, todas as noites da semana quando Lionel não estava escrevendo ou ensaiando e, às vezes, mesmo quando estava. As casas de Brian não eram desse jeito. Eram bastante discretas e de bom gosto. Ao mesmo tempo em que as coisas podiam ser muito loucas na sombria Sussex, você jamais veria uma orgia na casa londrina de Brian. Mesmo que ele tivesse lá um garoto de programa, não se via nada fora do lugar na manhã seguinte. Quando seus pais, Queenie e Harry, apareciam de Liverpool para visitar o filho, sempre ficavam no Carlton Tower, na esquina da casa de Brian, não para que não vissem alguma coisa, mas simplesmente porque não havia espaço suficiente em sua casa de Londres.

♪

Brian estava chegando ao seu trigésimo aniversário, bem além da idade em que um rapaz judeu se casaria. A família, em Liverpool, começava a fazer pressão. Eram judeus tradicionais. Os pais diziam que queriam vê-lo encaminhado e com filhos antes de morrer, então ele procurava uma possível noiva. E ela tinha de ser judia, é claro. E isso aconteceu quando ele foi em um dos pequenos saraus de Alma Cogan com os Beatles, conheceu sua mãe, Fay, e pela primeira vez olhou para Alma pensando em casamento. Ele a conhecia razoavelmente bem. Todos tinham se conhecido logo depois de chegarem de Liverpool, quando ela apareceu com os Beatles no *Sunday Night at the London Palladium*. Dois anos mais velha do que Brian, ela parecia idealmente apropriada para ser sua esposa. Era inteligente, atraente e divertida, e em sua vida particular, vestia-se bem e tinha um comportamento reservado. Era uma garota boa, educada e ainda vivia com a mãe e a irmã, Sandra, em um apartamento na Kensington High Street. Além disso, era rica e bem sucedida por méritos próprios. E, acima de tudo, era judia.

Alma não era uma mulher com vida noturna intensa. Costumava ir ao clube Danny La Rue de vez em quando onde Danny, a rainha dos travestis, reinava soberana. Era um tipo de lugar para shows homossexuais que Alma preferia quando saía pela cidade, exibindo seus penteados característicos e meia arrastão. Usava um penteado armado tão alto que, certa vez, Noel Coward pediu-lhe para tirar o chapéu. Ela não ia a festas. Em vez disso, recebia convidados que eram regiamente servidos. Em uma ponta da grande sala, havia uma mesa com um *buffet* de reis, na outra, um piano e um rádio. A mobília era contemporânea, muito simples, com sofás quadradões que não eram muito confortáveis para se sentar, embora eu me lembre de algumas poltronas largas onde era possível relaxar. A maioria das pessoas se espalhava pelo tapete. Era o tipo de lugar em que todos se sentiam inteiramente à vontade.

Com os Cogans, você podia aparecer para um chá a qualquer hora, mas suas festas eram mais formais e sempre havia um convite por telefone. Brian descobriu que John e Paul eram visitantes regulares do apartamento e logo pediu para ser colocado na lista de convidados.

"É claro, querido", disse Alma, e depois disso, Brian sempre estava nas festas íntimas de músicos. Os convidados formavam uma mistura de novas estrelas inglesas como Michael Caine, Peter Cook e Dudley Moore e veteranas como Richard Burton, Liz Taylor, Bob Hope, Judy Garland, Peter Sellers, Dirk Bogarde, Cary Grant, Danny Kaye e Sammy Davis Jr. – a lista é infindável – eram todos convidados e apareciam quando estavam na cidade. Lembro-me de pessoas como Ethel Merman oferecendo ótimos concertos de improviso. Às vezes, Frank Sinatra e Sammy Davis faziam o show, enquanto Dud tocava piano. Era fabuloso. Eu sempre encontrava com Sammy em Londres, principalmente em um *pub* da Bruton Street, em Mayfair. Tomávamos sua cerveja favorita, a Guinness, e falávamos sobre filmes.

Na casa de Alma, fazíamos brincadeiras inocentes como adivinhações e charadas ou cantávamos juntos ao piano. Alma costumava dizer que alguns dos melhores shows jamais vistos aconteceram em sua sala de estar, mas tais eventos nunca foram gravados: câmeras, jornalistas e gravadores eram estritamente proibidos depois que um fio foi descoberto preso em um microfone, vindo do apartamento de cima – embora nas noites de verão, os pedestres na calçada abaixo sempre ouvissem a música saindo pelas janelas abertas.

Na lendária festa que Alma deu para Ethel Merman, astros do *pop* como os Stones, Cliff Richard, Bobby Vee, Gene Pitney e, é claro, os Beatles, se encontraram com ícones já estabelecidos no meio musical como Chuck Berry. Paul sentou-se no chão aos pés de Noel Coward, absorvendo silenciosamente a cintilante conversa. Ficou mudo quando ouviu o Maestro dizer, "Jovem, seja satírico".

Brian estava extasiado com aquela abundância de talento e sabedoria e esforçou-se bastante para ser atraente para Fay, uma mulher que insistia em fumar cigarros e usar óculos escuros em uma sala mal iluminada por luzes vermelhas.

A privacidade e a atmosfera amistosa e familiar permitiam que John e Paul relaxassem e fossem autênticos. Começaram a chamar a mãe de Alma de Sra. Macogie. Paul e John desenvolveram um pequeno interesse por Sandra, a irmã mais jovem de Alma. De modo afetuoso, John a chamava de "Sara Sequin". Era como uma dança das cadeiras – Paul se levantava, John tomava seu lugar.

Brian decidiu-se por uma corte discreta e ia regularmente tomar o chá da tarde com Alma e a Sra. Cogan. Depois disso, corria para Sussex com seus amigos. Ele também tinha um vício por jogos de azar que, estranhamente, nenhum de nós contraiu. Escondido, ele ia a clubes de jogos como o Crockfords e perdia enormes quantias. Ficaríamos impressionados se soubéssemos disso, e Alma certamente teria desaprovado, talvez mais do que a sua homossexualidade.

Mas, definitivamente, Brian era tão indeciso que Alma perdeu a paciência com ele. De repente, anunciou que iria se casar com outro, um rapaz de cabelos escuros e boa aparência, Brian Morris, que era apropriadamente judeu e proprietário do Ad Lib. Era também sobrinho de Al Burnett, que era dono do Stork Club e tinha bons contatos no mundo da música. Alma, Brian Morris, Ringo e Mo tornaram-se íntimos e eu sempre os via no Ad Lib.

"Não entendo o que ela vê nele", queixava-se Brian. Agora que ele tinha perdido a mulher perfeita, tinha se convencido de que estava com o coração partido, mas percebi certo ar de alívio, a esperança de que sua mãe afrouxaria a pressão. Porém, ela não culpou Alma e a pressão logo voltou. Desta vez, a atenção de Brian voltou-se para uma mulher totalmente diferente: Marianne Faithful. Sua mãe era a Baronesa Eva Erisso da família Von Sacher-Masoch, de castelos, masmorras e história, uma dinastia austríaca que Brian achou infinitamente intrigante e com a qual logo se identificou. O tio-avô de Marianne, o Conde Von Sacher-Masoch – de onde vem a palavra "masoquista" – havia escrito o famoso *A Vênus das Peles*, e seu pai, o Dr. Glynn Faithfull (Marianne tinha cortado um l) tinha sido major da Inteligência Britânica e trabalhado como agente secreto. Estranhamente, também tinha inventado a máquina da "frigidez sexual", e depois da guerra tinha aberto uma escola progressista onde os alunos não precisavam fazer nada que não quisessem fazer – em grande contraste à educação formal que a filha recebera em um convento.

Marianne era misteriosa e excepcionalmente bela, provavelmente com os lábios mais sensuais de Londres. Tinha sido educada com rigor, mas por dentro era uma boêmia e acreditava no amor livre. Ainda não tinha iniciado seu longo e famoso caso amoroso com Mick Jagger mas, sem o conhecimento de Brian, tinha casos com pessoas como

Gene Pitney e vários outros. Brian não percebia o quanto Marianne era promíscua porque ela tinha o rosto e o porte de um anjo. Para ele, ela era uma estudante virginal e ele parecia imaginar romanticamente que tudo o que teria que fazer com ela no quarto era pentear seus cabelos dourados e vestir pijamas vitorianos.

A baronesa tinha ido vê-lo em seu escritório com Marianne a tiracolo para ver se Brian gostaria de representá-la. Eu conhecia Marianne, é claro, e sorrimos um para o outro quando ela entrou com ares de moça comportada, como se a manteiga nem derretesse em sua boca. Brian estava se decidindo sobre contratar Marianne quando duas coisas aconteceram. A primeira foi que Andrew Loog Oldham roubou-a debaixo de seu nariz e assinou com ela primeiro do que ele; a segunda coisa ainda mais decisiva com relação aos planos de casamento de Brian foi que, sem avisar, ela casou-se com John Dunbar, um tipo meio intelectual e antigo colega de escola de Peter Asher. Como sempre, Brian lamentou a perda e buscou consolo em Sussex. Não tenho idéia sobre se alguma vez Brian experimentou sexo hetero convencional. Nenhuma mulher chegou a levá-lo para a cama que eu soubesse, mas ele as adorava. Gostava de tudo o que havia de feminino nelas. Adorava as roupas, os cabelos, as maquiagens, os perfumes. Adorava mandar grandes buquês para todo mundo e escolher cuidadosamente os presentes. Acho que provavelmente tenha chegado a pedir Alma e Marianne em casamento, mas não acho que teria ido adiante se elas tivessem aceitado. Sempre que as coisas iam para o lado do sexo e saíam do controle, ele inventava uma desculpa e ia embora. Às vezes, quase correndo.

Uma combinação de excesso de trabalho na vida pública de Brian, com o excesso de sexo e drogas em sua vida privada dentro do armário, fez com que ele perdesse rapidamente o controle. Todos sabíamos disso por conta de seu comportamento errático, suas mudanças de humor, da euforia à histeria e, mais freqüentemente, a comportamentos extremos de teimosia. Atormentado e doente, mais uma vez foi à Priory descansar e aliviar-se. O problema era que ele não conseguia ficar tempo suficiente para colher algum benefício. Todos os dias saía de lá para uma festa ou uma estréia, ou para tomar chá com Ringo, e depois voltava para a clínica de noite, utilizando-a como um hotel que tinha médicos e enfermeiras.

Um grande problema que incomodou Brian durante anos foi o processo que abriu em uma tentativa de reaver os direitos comerciais sobre os Beatles. Ele teve problemas com isso não apenas porque perdeu bastante dinheiro – cerca de 100 milhões de libras, se seus próprios cálculos estavam corretos – mas principalmente porque isso expôs sua própria incompetência. Quando os Beatles saíram pelo mundo pela primeira vez, nenhum de nós fazia idéia do que significavam os direitos comerciais, muito menos Brian. Ele deveria ter desconfiado porque, afinal, trabalhava no comércio. Durante a primeira turnê, quando vi como as garotas corriam atrás dos rapazes tentando tomar deles qualquer coisa como lembrança, lembro-me de ter cuidadosamente sugerido a Brian que fizesse algumas camisetas para ganhar algum dinheiro a mais. Brian ficou em dúvida porque de alguma forma achava que elas arranhariam a imagem dos Beatles se ficassem encalhadas – e se fossem vendidas, pareceria coisa de feirante, mas no final concordou contanto que elas fossem "legais".

Mas, depois que os Beatles apareceram no *Sunday Night at the London Palladium*, em 1963, fomos encurralados por pedidos de fabricantes que queriam vender tudo dos Beatles, de bexigas de aniversário a cintos, canecas e bonecas, e até mesmo perucas negras horríveis que assustariam qualquer um. Brian estava preocupado com a má qualidade dos itens - bonecos que se quebravam e bandejas que enferrujavam seriam muito ruins para a imagem dos rapazes - mas ele atravessou a avalanche de ofertas. Cautelosamente, decidiu aceitar alguns dos itens de melhor qualidade, e alguns contratos foram assinados. As camisetas eram apenas o começo. Brian não sabia quanto cobrar pelos direitos de imagem em pôsteres, bonecos dos Beatles, canecas – por toda a variedade de mercadorias.

Por fim, acabamos perdendo muito tempo avaliando as amostras e cuidando da papelada. John costumava aparecer de vez em quando e levar algumas amostras para casa para o pequeno Julian, ou mesmo para seu sótão, mas ele era o único a mostrar interesse em tudo aquilo e, no final, Brian pediu ao nosso advogado, David Jacobs, que encontrasse alguém para tirar aquilo de suas mãos. David apareceu com Nicky Byrne, um jovem de Chelsea, que organizava festas incríveis e tinha uma esposa dona de uma loja badalada, então deveria saber algo sobre vendas. Nicky achou que seria divertido estar envolvido com os Beatles. Concordou na mesma hora e pediu a cinco amigos, também nos seus vinte e poucos anos e sem qualquer experiência, que fossem seus sócios. Duas empresas foram abertas: uma na Inglaterra chamada Stramsact e outra nos Estados Unidos chamada Seltaeb – Beatles ao contrário. Por algum motivo incompreensível, quando Nicky sugeriu uma divisão de 90% para ele e 10% para os Beatles, David Jacobs concordou sem questionamentos. Se soubesse que os artigos com o nome de Elvis Presley rendiam cerca de US$ 20 milhões por ano, teria sido mais esperto. Mas não sabia porque não fez qualquer pesquisa quanto a isso. Concordou com os termos desiguais e Brian acabou assinando o contrato.

Nicky Byrne nem teve que se esforçar muito para ganhar as vastas somas que logo começaram a vir até ele. Não tinha que procurar contratos, não tinha que pedir nada. Na verdade, ele tinha até que espantar o excesso de fabricantes que apareciam com o talão de cheques nas mãos. Tudo o que tinha que fazer era o que Brian tinha tentado fazer: avaliar montanhas de amostras, escolher algumas e negociar os termos. As coisas vendiam tanto que Nicky mudou-se para Nova York para dirigir a Seltaeb, deixando os parceiros cuidando da Europa. Quando Brian chegou a Nova York com os Beatles para fazer o *Ed Sullivan Show*, Nicky entregou-lhe um cheque de US$ 9.700. Para se ter uma idéia do que isso representava, o cachê dos Beatles para uma aparição no *Ed Sullivan* era de US$ 2.400. Brian estava satisfeito com o que parecia ser uma bela quantia até que Nicky informalmente informou-lhe que os US$ 9.700 eram apenas 10% do que ele tinha ganhado livre de despesas em umas poucas semanas.

Vacilante, Brian disse, “Quer dizer que a Seltaeb faturou cem mil dólares?”.

“Sim, não é ótimo?”, respondeu Nicky entusiasmado. Ele ainda disse que em apenas três dias, tinham vendido um milhão de camisetas e tinham pedidos para quinhentos mil bonecos dos Beatles – a lista de contratos era extensa e ainda havia todo o resto do mundo a explorar. Quando disse que a Columbia Pictures Corporation havia oferecido meio milhão de dólares por sua parte na empresa, mais Ferraris para todos os sócios, Brian quase desmaiou. Daquele momento em diante, decidiu tomar tudo de volta. Iniciou os processos nos Estados Unidos por meio de Nat Weiss e na Inglaterra por meio de David Jacobs, o advogado que tinha sido idiota o bastante para concordar com tal acordo. O caso arrastou-se por anos e terminou com uma pequena compensação a Nicky Byrne e a recuperação dos direitos sobre os Beatles.

Mas o que realmente apertava o coração de Brian sem dar-lhe paz era que seu contrato com os Beatles estava próximo da data de renovação. Já haviam tido várias discordâncias sobre dinheiro e contratos – algumas bem acaloradas porque John sabia ser bastante venenoso. Acho que John, estimulado por Paul, que rapidamente tinha se conscientizado do lado empresarial das coisas, começava a perceber que Brian tinha *tudo*, que tudo estava no nome dele ou preso a suas empresas. Em termos reais, os Beatles tinham pouquíssimas coisas em seus nomes a não ser as inúmeras dores de cabeça sob a forma de empresas mal gerenciadas que eram um grande ralo de dinheiro.

Quando John soube que Brian tinha pensado em vendê-los – os *Beatles!* – a Robert Stigwood, sentiu-se ultrajado. Ele e Brian tiveram discussões em altos volumes sobre isso. John irrompia irado, e Eppy fugia. Fugia em seu Rolls Royce, dirigindo com pressa, pálido e abatido.

Não sei se eram as drogas ou as brigas com John quc o incomodavam mais. Mas sei que ele ficava profundamente deprimido toda vez que entrava na Priory e passava por um tratamento psiquiátrico. Talvez a psicoterapia, mesmo mal planejada, ajudasse em algo porque Ernst Hecht da Sovereign Press – editora inglesa de *A Vênus das Peles* – pediu permissão a ele para escrever suas memórias. Brian ficou extasiado pois era muito artístico e tinha freqüentado brevemente artes cênicas então, escrever sua biografia era um modo de brilhar no seu meio e, ao mesmo tempo, esquecer um pouco da pressão dos problemas.

“Eu disse a Ernst que ninguém teria interesse no que eu poderia contar sobre minha vida, mas ele me convenceu do contrário. O que você acha?”, ele me perguntou enquanto fazia seus planos.

"Eu leria, Brian", disse eu, pensando no que ele escreveria. A verdade seria muito chocante. Informalmente, sendo educado, perguntei a ele qual seria o nome.

Brian sorriu, quase triste. "*A Cellar Full of Noise*", disse ele. "Por causa do Cavern. O que você acha, Tony?".

Achei um título estranho, mas concordei e não disse o que pensei. Brian já estava deprimido o suficiente sem que eu dissesse mais alguma coisa. "Vai vender um milhão de cópias, Brian", eu disse. Na verdade, eu acreditava mesmo nisso. Uma visão interna sobre o modo como os Beatles viviam, bem pensado e elaborado, escrita pelo seu "criador"? Sem falar nas descrições de seu próprio *modus operandi*? Era dinamite pura, pelo menos parecia. Mas no escritório, o livro de Brian logo foi chamado de *A Cellar Full of Boys*.

"Decidi trabalhar nisso quando estava em Devon", disse Brian. "Sim, preciso me afastar de Londres, mas não tão longe que perca contato, você entende". Ele estava todo teatral. Fez uma pausa. "E posso descobrir algumas bandas por lá". E fez outra pausa e percebi que tinha algo mais a dizer. Esperei. "Você não acha que John vai achar que estou estragando a festa dele, acha?" perguntou hesitante.

Soube imediatamente do que ele estava falando. O primeiro livro de John, *In His Own Write*, tinha sido publicado algumas semanas antes, pela Cape. Seria publicado nos Estados Unidos no mês seguinte, e depois no resto do mundo. Fomos todos a uma festa nos escritórios georgianos da Cape na Bedford Square, coração da literária Bloomsbury, para comemorar o lançamento do livro. As paredes estavam forradas de livros e havia pilhas por toda parte. Era como um templo incensado, impregnado com o cheiro dos livros e cera de abelha. Absorvemos a atmosfera literária que era diferente de tudo que já havíamos experimentado - diferente de discos, dos bares e dos estúdios. John, é claro, era a estrela. Ele experimentaria a adulação de milhares de pessoas em todos os lugares por onde passávamos, mas pude ver que aquilo era diferente.

Então eu disse, "Ah, não sei, Brian. John não se incomodaria. Ele seria o primeiro a incentivá-lo a pegar papel e caneta".

"Sim, tem razão", disse Brian, visivelmente aliviado. Agarrou o contrato para o livro com alívio e deleite e colocou os planos em andamento imediatamente ao contratar um velho amigo, um jornalista de Liverpool. Derek Taylor tinha sido um dos primeiros a escrever críticas sobre os Beatles depois que Brian os havia contratado. Derek também escrevia uma coluna em um jornal local assinando com o nome de George Harrison, então ele era a primeira opção de Brian. Nomeando Derek como seu assistente pessoal (mais tarde, ele se tornaria o assessor de imprensa dos Beatles), saíram juntos de Londres, sentados no banco de trás do Rolls Royce vermelho de Brian. Acenei enquanto saíam sem acreditar nem um pouco que Brian conseguiria se desligar por muito tempo.

Chegando a Torquay, hospedaram-se no Imperial Hotel, em uma majestosa suíte no primeiro andar, de frente para a calçada e com uma vista maravilhosa do mar. Ali, Brian começou a ditar sua curta história de vida. Aquilo se arrastou por duas semanas, enquanto Brian contava tudo a Derek Taylor. Isto é, Brian contou a Derek uma versão romanceada de tudo.

Depois de duas semanas de intenso ditado, interrompido por suntuosas refeições, massagistas, manicures e passeios vespertinos pela praia, Brian ficou entediado de escrever suas memórias. Eu estava surpreso por ele ter resistido duas semanas e já esperava um telefonema.

"Venha até aqui, Tony", disse ele. "Acho que podemos viajar um pouco, procurando a banda certa".

"Tem razão, Brian", disse eu. Por dentro pensei, *ele quer dizer procurando pelo cara certo*, mas mais uma vez, não disse nada. Realmente tínhamos alguns grupos tocando naquela parte do país, o que já era um começo. Nós passaríamos para vê-los. Um grupo era chamado Rustics, o outro era o Silkie, que eram bons, mas não o bastante para colocar fogo no mundo.

Tomei o trem de Paddington até Devon, lembrando-me de que os Beatles é que na verdade produziram o Silkie escrevendo e tocando "You've Got to Hide Your Love Away". Os Rustics desapareceram. Na verdade, nos velhos tempos em que os Beatles tocavam em Torquay, também tinham ficado no Imperial. Lembro-me porque John ficou bêbado e vomitou no bar. Tínhamos passado por Llandudno no dia anterior, depois fomos levados a Torquay por Birmingham, onde paramos para fazer *Thank Your Lucky Stars* nos estúdios da ATV. Em Torquay fizemos dois shows. Foram uns seiscentos quilômetros e três shows em um único dia no tempo em que ainda não havia vias expressas, sem contar outros oitenta quilômetros entre Birmingham e Londres. No dia seguinte foi pior. Fomos de Torquay a Londres para outro programa de TV, depois voltamos direto pela mesma estrada tortuosa até Bournemouth, para uma estada de uma semana no Palace Theater. Comida ruim, muita bebida, estradas esburacadas e cansaço causaram vários episódios de vômitos, alguns mais públicos do que outros.

Quando cheguei à suíte, Brian parecia acabado e Derek parecia entediado. Derek levantou-se, acenou com a cabeça para mim e saiu para um passeio. Perguntei a Brian como ia o livro. "Muito bem, obrigado, Tony", respondeu. Mas sua expressão dizia, "Não tão bem quanto eu esperava". Ele me perguntou como tinha sido a estréia literária de John. Sabia que estava se referindo ao prestigiado almoço da editora na Foyles, a famosa livraria na Charing Cross Road, onde John tinha sido o convidado de honra alguns dias antes.

"Acho que foi muito bem", respondi. "John se levantou, sentou-se e todos aplaudiram".

"Verdade? O que ele disse?".

"Não muito. Acho que disse, 'Obrigado por me convidarem'". De alguma forma, a imprensa tinha entendido o resmungo de John como um agradecimento obscuro.

Acho que Brian queria alguém diferente para conversar, uma mudança de ares. Talvez quisesse fazer confidências comigo já que vinha se escondendo havia tanto tempo. Mas ele ainda estava muito fechado e não disse muita coisa. Era um homem muito reservado. Acho que ninguém podia realmente imaginar o que estaria pensando. Para mim foi uma surpresa quando contou o motivo de sua tensão.

Batendo os dedos na mesa, ele disse, "O que acha, Tony? Acha que esse negócio de bandas pode arrebentar? Estou ficando confuso, sabia? Todo mundo acha que isso não vai durar para sempre, que de repente vai acabar".

Ele tinha razão. Era exatamente o que todo mundo estava pensando, inclusive todos no escritório que não eram tão bêbados ou drogados a ponto de não poder pensar. Por exemplo, Ringo já fazia planos para abrir um ou dois salões de cabeleireiros.

"Salões para mulheres, como o Mr. Teezie Weezie Raymond", dizia Ringo. "Eu tenho nome, então acho que vou me dar bem com isso, o que acha, Tone?", perguntou, com os anéis de ouro reluzindo enquanto mexia os dedos no ar como se fossem tesouras.

"Com certeza irá se dar bem, Ringo", respondi.

John e Paul também tinham um plano B, um plano que envolvia a música. Sempre imaginaram que poderiam ser letristas, fazer o trabalho de bastidor na Tin Pan Alley. Antes de Lennon-McCartney e antes de Rodgers e Hammerstein, a maior parte do público britânico não se preocupava com o lugar de onde vinham as músicas. Para eles, elas podiam ter nascido em árvores. John e Paul mudaram tudo isso. As letras das músicas se tornaram quase tão importantes quanto seus intérpretes. Tornaram-se moeda forte, e os direitos sobre os títulos começaram a valer milhões.

Lembro-me de uma conversa que tive com John, que, algum tempo depois de ter passado adiante seus direitos autorais, junto com Paul, sem motivo aparente ou benefício óbvio, percebeu que as músicas, assim como sua publicação e os direitos sobre elas, valiam altas somas em dinheiro. Nem ele, nem Paul tinham compreendido o conceito de "possuir" uma música. Podia-se ter uma guitarra ou uma casa, mas como é que alguém pode ser dono de palavras cantadas ao vento? Mas em algum lugar do caminho, a palavra *royalties* e a idéia de um catálogo de títulos musicais atraíram a atenção de John. (Isto foi anos antes de Michael Jackson ter gastado US$ 47.5 milhões comprando o catálogo musical da ATV. Incluído na venda de 1985 estava o catálogo das músicas dos Beatles da Northern Songs, vendido a Dick James. Dez anos depois, em 1995, Michael Jackson receberia US$ 95 milhões para fundir os direitos que possuía com a Sony Music Publishing.)

John estava bastante surpreso quando se deu conta do negócio da música. Eu lhe disse que vários artistas não escreviam suas próprias letras, eles as conseguiam com outros autores. Havia dois tipos deles: os que levavam as músicas aos DJs das rádios para serem veiculadas e os que trabalhavam com divulgadores musicais e pegavam músicas escritas por letristas profissionais.

"Quer dizer que alguns grupos *compram* músicas?", disse John, surpreso.

"Não, bem, hum... sim, mais ou menos isso", respondi, tendo já feito alguma pesquisa sobre o assunto. "É um pouco mais complicado do que isso, mas não muito. Por exemplo, toda vez que um disco é tocado no rádio em algum lugar do mundo, o *autor* recebe um pagamento, que é recolhido por organizações como a Performing Rights Society. Os intérpretes recebem seus direitos principalmente das vendas dos discos. Quando cantam músicas próprias, podem ganhar muito – ou ganhariam, se não tivessem cedido seus direitos autorais". John lembrou-se do fato de, junto com Paul, ter cedido seus direitos. Ele pensou por uns momentos.

"E o *autor* ainda ganha os direitos por todos os discos vendidos?"

"Sim, mais ou menos isso", respondi sem ter muita certeza dos números, da divisão nem de como tudo funcionava. Aquilo era novidade para todos nós. John olhou para o vazio e esperei por alguma grande revelação.

"Então, se um dia tudo acabar, Tone, posso viver de escrever músicas. O que você acha?", perguntou, com sua ingenuidade peculiar. Em outras palavras, se os Beatles acabarem, ainda posso sobreviver? *Meu Deus*, pensei, *ele ainda não entendeu!*

"É claro que sim, John", foi tudo o que eu disse.

Apesar da óbvia capacidade dos dois para escrever letras com facilidade e fazer sucesso com elas, ainda incomodava os Beatles e Brian o fato de a Decca Records tê-los dispensado, o que mostrava que o fracasso estava sempre à espreita. Então ficaram especialmente satisfeitos quando os Stones gravaram "I Wanna Be Your Man" e fizeram sucesso – com a Decca Records.

Algumas vezes, as músicas que John e Paul tinham dispensado tornavam-se sucessos inesperados. "Bad to Me", "Do You Want to Know a Secret" e "Little Children", por exemplo, músicas que tinham cedido rapidamente e não pensavam ser muito boas, foram entregues por Brian a Billy J. Kramer e tornaram-se enormes sucessos. Paul gostava da idéia de ser um Sammy Cahn e escrever músicas especialmente para artistas.

Escreveu "Step Inside Love" especialmente para Cilla e "World Without Love" para Peter e Gordon. Mas John tornou-se uma praga com relação às músicas. Assim que percebeu que poderia ganhar dinheiro como letrista, achou que qualquer coisa que escrevia deveria ser gravada.

"Brian", gritou ele. "Faça Billy gravar esta música... Brian, faça o Fourmost gravar 'Hello Little Girl'...".

A questão era que ele tinha mesmo razão. Mesmo as músicas rejeitadas podiam valer ouro comparado ao que estava sendo escrito por outros intérpretes e letristas, mas a atitude de John irritou Paul. Ele costumava dizer a John, "Você quer que todo mundo grave qualquer coisa que você escreve".

John dava de ombros. "O que há de errado com isso?". Ele era visto como o líder do grupo e o mais feroz dos líderes, mas não era tão feroz assim. Era muito conservador em vários aspectos. Foi o primeiro a começar a preocupar-se com dinheiro. Quanto mais tinham, mais preocupado John ficava com o risco de o dinheiro sumir de repente. Mick Jagger era pior. Quando íamos visitar ele e Keith, Mick sempre falava de dinheiro. Mas ele tinha estudado na London School of Economics e sabia contar. Percebi esta dicotomia naquela época. O Pink Floyd discursava sobre Frank Loyd Wright e Albert Speer nos vôos, enquanto o baixista do T. Rex fazia as palavras cruzadas do *Telegraph* em 12 minutos.

Enquanto isso, na Torquay, Brian me explicava seus medos cuidadosamente, depois suspirava, lutando contra a psicoterapia confessional da Priory e contra o que escrever suas memórias tinha levantado. Seu maior problema, talvez seu único problema de verdade, era ser homossexual em uma era ainda obscura. Isso o deixava sempre no meio do caminho. Sempre que se sentava à mesa com pesos pesados como Sir Joseph Lockwood da EMI, ou qualquer outro, sentia-se como se todos soubessem.

"Estão falando de mim pelas costas, Tony", dizia Brian. "Eles não me respeitam". Ele achava que esta falta de respeito teria algum efeito na hora de fazer negócios. Além disso, se visse alguém interessante em uma reunião de negócios, nunca tinha certeza de como se aproximar para demonstrar seu interesse. "Quer dizer, e se ele se ofender e me rejeitar? Com que cara vou olhar para ele de novo? Isso atrapalha os negócios".

Eu entendia o que ele queria dizer. Se cantasse um homem e fosse rejeitado, como poderia continuar mantendo relações de negócios com ele? Era difícil. Fiquei encabulado com tal confidência inesperada, e tentei confortá-lo. "Quando você canta uma mulher é a mesma coisa", disse. "Não é grande coisa levar um fora". Mas por dentro eu sabia que a homossexualidade era um grande problema e Brian tinha razão em estar tão preocupado. Ele podia ser preso, colocado na cadeia, ou podia ser excluído da sociedade, trancado em um manicômio. A angústia de Brian deve ter sido horrível, e olhando para trás, lembro-me dele às vezes desligado, pensativo. Com problemas e com a testa franzida. Sentia grande pena e simpatia por ele.

Acredito que a paranóia de Brian com o contrato dos Beatles e o grande consumo de drogas levaram-no a pensar que era apenas uma questão de tempo até que tudo desmoronasse e acabasse em ruínas, enquanto as pessoas apontavam-lhe o dedo como crianças na escola. Ele certamente acreditava que o mundo da música era cíclico e, na verdade, tinha razão. Mas não tinha entendido – nenhum de nós tínhamos na época – que os Beatles haviam atingido um *status* extraordinário e praticamente exclusivo que jamais se desmancharia. Seus medos eram um dos motivos de estar sempre atrás de bandas novas, novos grupos, novos solistas, novos Deus-sabe-mais-o-quê. Por serem tão bons, os Beatles tinham inaugurado uma nova indústria, fizeram-na eterna e duradoura, e começar com uma nova banda talvez não fosse tão fácil nem trouxesse sucesso. Brian sempre dizia que os adolescentes eram muito volúveis. O público mudaria.

Não quero deixar a impressão de que Brian estava sem dinheiro ou preocupado. Ele podia estar preocupado com os Beatles e alguns outros assuntos, mas não sobre seus interesses nos negócios. John estava falando sério sobre reduzir a comissão de Brian de 25% para 10% porque o grupo não fazia mais apresentações nem turnês, mas isso não teria grande efeito na fortuna pessoal de Brian porque naquele momento, a NEMS Enterprises era a maior organização de entretenimento do mundo.

Tenho certeza de que as atitudes de Brian eram altamente influenciadas por seu sentimento por John. Embora seus pensamentos fossem misturados e confusos, John era o Beatle favorito de Brian. Era o mais inteligente, colocava-se à frente. John era forte. Brian adorava-o e queria muito que John retribuísse este amor. Acho que John retribuía, mas colocava limites.

"Sabe, Tony, eu entendo bem o dilema dos rapazes", Brian me disse com sua voz suave. "É mesmo sem sentido pagar comissão quando não há um agenciamento".

"Parece que você tomou uma decisão", eu disse. "John vai ficar satisfeito".

"Ah, sim", disse Brian, "John sempre tem de estar satisfeito".

DOZE

DURANTE O TEMPO EM QUE BRIAN esteve em Torquay escrevendo suas memórias, contemplou um novo projeto. "Vou abrir um teatro com Brian Mathew", disse ele. Brian Mathew era um conhecido apresentador de rádio e TV, que, como Brian, esteve na RADA. Chegou a apresentador do *Saturday Club* e do *Thank Your Lucky Stars* na rádio BBC.

"Um teatro, Brian?" perguntei. "Parece uma boa idéia".

"Sim, é uma boa idéia. Estamos construindo na Bromley. Será um teatro de repertório, um lugar onde poderemos testar nossos próprios programas antes de passarmos para o West End. O que acha do nome 'Pilgrim'?".

Eu disse, "O quê? Como o apelido de John? Mr. Pilgrim?".

Brian sorriu enigmático. "Não, por causa do Pilgrims' Way".

Ele me disse que a famosa estrada, imortalizada por Geoffrey Chaucer em *Os Contos da Cantuária*, atravessava a calma cidade de Bromley, no Kent, em seu caminho de Londres para a Cantuária. Ele estava bastante entusiasmado e colocou sua energia habitual no projeto. Dado o volume de drogas que Brian ingeria, era surpreendente que não sofresse desgastes nervosos com mais freqüência.

Só nos primeiros quatro meses daquele ano, ele tinha levado "I Want to Hold Your Hand" ao número um das paradas nos Estados Unidos, criado a Suba Films, produzido vários vídeos *pops*, lançado Cilla Black em sua primeira turnê pela Inglaterra, produzido "Ferry Across the Mersey", cortejado Alma Cogan, lançado os Beatles nos Estados Unidos em uma turnê de 10 dias, dois programas *Ed Sullivan* e na capa da

Newsweek, produzido o filme *A Hard Day's Night*, transferido a NEMS para escritórios maiores próximos ao London Palladium, participado de uma cerimônia de entrega de prêmios na qual os Beatles ganharam cinco prêmios Ivor Novello, tinha sido entrevistado para o Panorama da BBC TV, escrito sua autobiografia, lançado Peter e Gordon, feito planos para abrir seu próprio teatro – e estávamos apenas no final de abril.

Felizes como garotos na praia, os dois Brians desapareceriam pelo Kent onde conversariam com projetistas e arquitetos. Certo dia, quando apareci no escritório, Brian parecia desanimado. "Não haverá mais Pilgrim Theater", disse ele. "Não recebemos permissão para construir".

"E disseram o motivo?", perguntei.

Brian balançou a cabeça. "Dissemos que íamos levar peças e pequenos musicais, mas acho que não acreditaram em nós. Acho que pensaram que íamos levar os Beatles para lá e criar tumulto na bela cidadezinha de classe média".

"Bem, você pode abrir outro teatro em outro lugar", eu disse.

Brian olhou-me pensativo. Não disse nada. Um ano se passaria até que ele retomasse essa idéia.

A Hard Day's Night mal tinha sido lançado em uma pré-estréia real – com a presença da princesa Margaret, de Lord Snowdon e mais um punhado de celebridades – quando Bud Ornstein, encarregado europeu de produção na United Artists, deixou escapar para Brian que a venda de dois milhões de discos da trilha sonora em 1964 foram suficientes para custear todo o orçamento de produção do filme. Brian não ficou nada feliz quando percebeu que havia cedido todos os direitos sobre a trilha sonora à United Artists. Além disso, tinha também assinado com a UA a produção de mais dois outros filmes com os Beatles. Pensativo sobre isso, confidenciou a Bud que ele mesmo gostaria de fazer os longa-metragens, para que toda a renda fosse dele. Bud imediatamente deixou a UA para abrir com ele a Pickfair Films.

O filme seguinte dos Beatles, *Help!*, já estava pronto para ser filmado nas Bahamas na primavera seguinte. As Bahamas foram escolhidas porque Brian queria abrir uma empresa lá por ser um paraíso fiscal. O terceiro filme do contrato seria filmado no final de 1965. Enquanto isso, Brian decidia-se por ligar as máquinas para fazer um filme Beatles/ Pickfair, mas encontrar o gênero certo não era fácil. Pensaram em um faroeste, mas desistiram. Os planos para *Help!* prosseguiram.

Enquanto sua vida empresarial dava três passos para frente e dois para trás, Brian também gastava tempo com assuntos particulares. Por algum tempo achou que o apartamento moderno na Knightsbridge não lhe oferecia privacidade suficiente. Além disso, estava cansado de sua modernidade triste. Como presente de Natal para si mesmo, em dezembro de 1964, comprou uma casa na Chapel Street, em Belgravia, do tamanho de uma casa de bonecas, e mobiliou com antiguidades de bom gosto. Pessoalmente, achei muito pequena, comparada com o que ele podia comprar. Era um cubículo com dois dormitórios no meio de um quarteirão de casas similares com poucos cômodos. No porão ficavam os aposentos dos empregados, onde moravam a governanta e o motorista. Havia uma pequena cozinha e uma pequena sala, seu quarto e o escritório. Ele sempre dava festas bastante extravagantes e a casa estava sempre lotada. Quando ele não estava lá, eu dava uma passada na casa para paquerar sua secretária, Joanne Peterson, que mais tarde se casaria com Colin, o primeiro baterista dos Bee Gees. Lulu – que tinha se casado com Maurice Gibb, um dos Bee Gees – era a melhor amiga de Joanne. Em uma ocasião não muito agradável de se lembrar, saímos para uma corrida pelos bares. Passei mal, e enquanto Lulu dirigia seu Mini Cooper, eu estava pendurado na janela, vomitando. As duas acharam muito engraçado e contaram para todo mundo.

Costumávamos beber no Dehams, na Dean Street, na esquina da Shaftesbury Avenue, e depois que todas as estações piratas conseguiram escritórios na Curzon Street, íamos aos *pubs* de lá para falar com os DJs. Também íamos às vezes ao Pheasantry, onde estaria a adorável Julie Felix e David Frost, e quase sempre Eric Clapton. Acho que nunca estive lá sem ver algum conhecido em cada canto.

Minha vida era bastante relaxada e aberta, e bastante diferente da vida de Brian ou mesmo da dos Beatles. Eles eram mais cuidadosos quanto aos lugares aonde iam, principalmente juntos, e Brian, quando não estava presente em alguma estréia, era bastante recluso. Porém,

Brian e eu saíamos juntos com bastante freqüência, não apenas socialmente, mas também para caçar talentos. Eu era seu olheiro, e se achasse que valia a pena contratar alguém, Brian iria comigo para conferir. Falando de um modo geral, ele confiava em minha capacidade mas conseguia ser maldoso, como foi com um jovem cantor-compositor chamado Paul Simon.

Paul, que tinha gravado seu primeiro disco com Art Garfunkel em 1964, ainda não havia ido para os Estados Unidos e tinha feito seu nome na Europa, tocando em pequenos bares de Paris, e pela Inglaterra. Estava tão sossegado com isso que tinha um apartamento em Londres e uma bela namorada chamada Kathy – como em "Kathy's Song" – de quem sempre sentia muitas saudades quando pegava o trem para sair da cidade e tocar nos bares subterrâneos de *folk*. Foi em uma manhã na fria estação de Widnes, enquanto esperava pelo trem que voltaria para Londres, que escreveu "Homeward Bound".

Eu o vi tocando em um bar de *folk* chamado Les Cousins, na Wardour Street, e achei que ele era muito bom. Na verdade, achei que era ótimo. Isso foi na época de Bob Dylan, Donovan e Cat Stevens. O Les Cousins era um daqueles lugares parecidos com os do Soho para onde você nunca *ia*; apenas aparecia para beber alguma coisa. Mas naquela ocasião, eu apareci e fiquei por algum tempo. Na manhã seguinte, estava no escritório e enquanto conversava com Brian ele perguntou, "Você viu alguma coisa interessante recentemente?". Eu disse que sim.

"Há um grande cantor de *folk* no Les Cousins, chamado Paul Si mon".

Então levei Brian para o clube naquela noite, para ver o show de Paul. Brian não ficou muito impressionado. "Ele é pequeno e parece judeu", disse ele. "Não se parece com um *popstar*. Não acho que o público vai se interessar por ele. Vamos beber mais um pouco, o que você acha?".

Discordei – não quanto à bebida, mas quanto ao que disse sobre Paul Simon. Não se discordava de Brian. Ele era bastante teimoso e tomava as decisões de negócios muito rapidamente.

♪

Brian saiu para uma viagem de férias com Lionel Bart para o sul da França no início de 1965, quando se encontraram com James Baldwin. Além da homossexualidade em comum, os três se tornaram amigos instantaneamente. Não sei se foi aquele encontro de almas que lembrou Brian de seu sonho de possuir um teatro, mas na volta ele arregaçou as mangas e tornou-se acionista do Saville. Em outubro, produziu sua primeira peça, *Amen Corner*, de James Baldwin.

Brian estava tão orgulhoso enquanto recebia seus convidados nos camarotes – Dusty Springsfield, Sir Joseph Lockwood, Lionel Bart, Andrew Oldham, Walter Shenson e Dick James – que parecia brilhar. Na recepção ocorrida depois da peça, dava para ver que havia uma profunda afinidade entre Brian e o homossexual assumido dos Estados Unidos. Baldwin já havia publicado sua obra marcante, *Go Tell It on the Mountain*, com grande sucesso e *Giovanni's Room* com grande aprovação. *Giovanni's Room*, que contava a história de um homossexual branco angustiado, destacava de forma chocante os temas das relações inter-raciais e a sexualidade. Foi massacrado pelos críticos e condenado pela comunidade negra. Fugindo do preconceito e do ambiente hostil, Baldwin foi morar no exterior, primeiro em Paris e Istambul, depois, no sul da França, onde aprendeu a ser ele mesmo e conheceu Brian.

De volta a Londres, Brian, que ainda vivia no armário, ficou hipnotizado como um passarinho diante da cobra com o modo satírico e autodepreciativo de Baldwin, que dizia coisas como "bem, falando como veado". Ficava fascinado, mas não era capaz de agir da mesma forma. Quando instruído por Baldwin a ser honesto e corajoso, a confrontar abertamente sua sexualidade, Brian dizia temeroso, "Bem, aqui é Londres, é claro, não Paris".

Naquele outono, Lionel Bart estava ocupado com ensaios para o seu novo musical, *Twang!*. O título era feio o bastante e causou inúmeros risos no escritório, e o espetáculo foi um completo desastre. Lionel era tão generoso com os amigos quando estava com dinheiro, que mantinha uma cesta com várias notas de libras sobre a lareira para que qualquer um que precisasse pudesse se servir, o que todos faziam alegremente. Mas quando precisou dos amigos para apoiar *Twang!*, poucos apareceram.

Particularmente, Brian ajudou, até que houve um momento em que teve que dizer não. Desesperado, quase falido, Lionel fez a coisa mais idiota em sua vida: vendeu seus direitos por *Oliver* e de todas as futuras obras para despejar o dinheiro naquele espetáculo fadado, até não ter mais nada. O espetáculo fracassou e Lionel pediu falência. Perdeu suas mansões e acabaram-se as festas suntuosas. A versão de *Oliver* para o cinema foi um grande sucesso. O disco vendeu milhões. Lionel não veria um centavo disso e tornou-se alcoólatra.

Assim como tinha feito em sua gestão do *pop*, começar com um grupo depois passando para outro, depois vendo o céu como o limite, Brian lançou no Arts Theater *A Smashing Day*, de Alan Plater, estrelada por Hywel Bennett. Foi a única coisa que chegou a dirigir e só fez isso porque o diretor designado, John Fernald, estava doente. A peça era sobre um casal de cantores de rua que contavam uma pequena história entre as cenas em forma de espetáculo musical. Brian me pediu para encontrar alguém que interpretasse os cantores. Sob sua sugestão, apareci com dois jovens da RADA, Robert Powell e Ben Kingsley, este último tocando violão. Ninguém jamais imaginaria que anos mais tarde, a versão careca de Ben ganharia o Oscar por *Gandhi* e Robert faria Jesus na grande série para TV, *Jesus of Nazareth*.

Era um tempo maravilhoso. À noitinha, alguém dizia, "Vamos descer para Brighton no fim de semana", e para lá seguíamos. Peter Noone ou "Herman", vocalista dos Herman's Hermits, que podia ser visto no *TOTP* com cara de garoto comum, cantando "Mrs. Brown You've Got a Lovely Daughter", era adorável. Tinha um grande senso de humor e um grande problema com bebidas – o que muitos de nós também tínhamos na época, embora ninguém percebesse. Em determinado momento, ele chegou a ser tão grande nos Estados Unidos quanto os Beatles. Ganhou muito dinheiro e era bastante discreto quanto a isso, mas o astro que ganhou mais dinheiro do que qualquer um exceto os Beatles foi Dave Clark, do Dave Clark Five. Financeiramente, era muito esperto, muito mais do que Brian, e sem dúvida muito mais do que os Beatles, que deixavam tudo nas mãos de Brian. Dave explicou-me que era dono de tudo, desde seus direitos autorais até sua empresa de produção. Pagava salários à banda e o resto ficava para ele. Foi um dos primeiros artistas a fazer contratos de aluguel de seus discos gravados - ele era dono de todos seus álbuns e os alugava para a gravadora. Se Brian, que normalmente tentava pensar em tudo primeiro, tivesse pensado *nisso*, os Beatles teriam sido as pessoas mais ricas do universo. Mais uma vez!

A primeira grande aquisição de Clarky foi um prédio na Curzon Street, em Mayfair, bastante valioso. Ele juntou vários apartamentos para fazer uma cobertura duplex e mora lá até hoje, com seu jaguar DC5 60s E-type na garagem e todos os brinquedos que os astros do *pop* deveriam ter, mas raramente possuíam. Se houvesse um botão automático que fizesse qualquer coisa, Clarky tinha, e melhor, sabia como usar. Teve uma TV de tela enorme antes de qualquer outro, luzes ativadas por som, cortinas fechadas com o bater de palmas. Suas namoradas eram as mulheres mais bonitas da cidade.

Ao contrário de Herman, Dave raramente bebia, mas quando o visitávamos, ele se entupia de uísque ou vodka e salve-se quem puder. Eu me deitava em meio a toda aquela riqueza e me lembrava de como tudo era diferente dos dias de Liverpool, quando Clarky, que era figurante e dublê, costumava enviar cartões de Natal para nós na NEMS, esperando ser notado por Brian e um dia ser contratado.

Mais ou menos no Natal de 1965, com o *Twang!* de Lionel como exemplo do que deveria ser evitado, Brian colocou uma temporada dos velhos queridos e incontestáveis Gilbert e Sullivan no Saville, que foi muito bem. Eu fiquei no Savoy Hotel com a D'Oyly Carte Company por vários meses. Cuidar deles todos era um pequeno preço a se pagar pela conveniência de se viver em um hotel de luxo no coração do West End. Eu costumava visitá-los para os coquetéis no bar do hotel às onze horas, todas as noites, com um cravo na lapela, vestido a rigor. Era maravilhosamente divertido e eu adorei. Cilla fez uma temporada de cabaré no Savoy durante o tempo em que estive lá – eu aparecia em seu show e encontrava várias pessoas conhecidas. Tinha me tornado um freqüentador de belos lugares, e isso era muito bom.

Na outra ponta da Burlington Bertie, Don Arden também se fazia presente e rapidamente ganhava a fama de ser um Al Capone britânico. Tinha até prazer em ser um clichê do teatro à moda antiga e adorava contar histórias de como costumava forçar a barra por meio de ameaças. Nascido Harry Levy no East End de Londres no tempo difícil do entre-guerras, começou a representar aos 13 anos e agarrou sua chance com unhas e dentes. Seu primeiro sucesso foi como produtor britânico da turnê de Little Richard e Gene Vincent. Don e Gene foram descartados à medida que Gene insistia em substituir as palavras "our souls" em uma de suas músicas por "arseholes" e dedicá-la no palco a Don. Depois disso, Don tornou-se agente dos Animals. Não demorou muito para que surgissem piadinhas do tipo "quem é mais animal, Don ou a banda?". Eu acompanhei muito os Animals porque era amigo de Brian "Chas" Chandler, o baixista. De modo agressivo, Don construiu uma grande lista de números, na época em que já tinha reputação internacional.

Três anos antes, os Beatles tinham sido a segunda banda a se apresentar, depois de Little Richard, no New Brighton Tower Ballroom, perto de Liverpool. Tinha sido o maior feito de Brian, uma apresentação de 12 números, com cinco horas e meia e muito importante para os Beatles porque era a primeira vez que apareciam no mesmo evento ao lado de uma grande estrela dos Estados Unidos. Eles adoravam Little Richard, apesar do fato de ele ser bem estranho e um tanto estrela. Eu estava lá certa noite e vi Brian e ele trocando olhares, um tipo de reconhecimento. Nada foi dito, tudo foi frio. Don franziu as sobrancelhas, mas não fez direito porque não entendia as sutilezas da homossexualidade. Achou que algo secreto estaria acontecendo, que Brian estaria tentando conquistar Little Richard para que assinasse com ele. Don realmente não entendia uma pessoa como Brian – que jamais pensaria em atrair alguém de outra agência, a não ser que fosse muito provocado. Mas era assim que Don pensava. Uma vez quebrou a mesa de Robert Stigwood com um único golpe usando um cinzeiro gigante, depois o pendurou pela janela do terceiro andar do prédio porque achou que Stiggy estava tentando roubar-lhe o Small Faces. Ao descrever a cena com um orgulho digno de Al Capone, Don ria, "Eu ia prendê-lo na cadeira, mas achei que ele teria um ataque cardíaco, então botei ele para tomar um pouco de ar fresco".

Naquela noite, em New Brighton, Don começou uma discussão com Brian por causa de Little Richard. Na verdade, ele enlouqueceu. Brian não respondia. Ficou parado, olhando para o espaço e quando Don perdeu todo o fôlego, Brian saiu suavemente e calado. "Vou ligar para os seus patrões na segunda-feira e pedirei que lhe demitam". Era a versão sofisticada de Brian para o comum "Vá para o inferno".

Isso serviu para botar Don nos trilhos. Ele diria que viajara o mundo todo e ninguém o tinha tratado daquele jeito. Ficou ainda mais incensado quando Brian realmente agendou Little Richard duas semanas depois para o Liverpool Empire. Craig Douglas, Jet Harris e os Beatles também estariam no espetáculo. Lembro-me de que era um domingo, o dia em que a lei não permitia que artistas usassem figurinos – e o projeto original de suas jaquetas da moda era considerado "figurino". Então todos tiraram as jaquetas e entraram no palco de camisa. Os Beatles usaram camisas novas especialmente compradas por Brian. Eram cor-de-rosa.

Don acabou se tornando muito poderoso. Em um breve espaço de tempo trabalharia com Dave Berry e os Cruisers, e com o reconhecidíssimo Chuck Berry. Também enxergava muito à frente. Tinha ido para os Estados Unidos quando ninguém ainda tinha feito isso, pegava os artistas que sabia que encheriam teatros e dizia "Confiem em mim. Eu cuido de vocês", e notavelmente, as coisas funcionavam muito bem. Tinha pessoas competentes trabalhando para ele. Chegava perto de alguém e beijava a pessoa no rosto. Sem aviso. Simplesmente chegava e fazia. Contratava ex-porteiros do velho Star Club de Hamburgo, homens como Horst Fascher (fã e amigo dos Beatles).

Para concluir a história, ao menos a parte do Savoy, Don também procurou por Jayne Mansfield. Eu estava no Savoy tomando uma bebida com Don e alguns de seus rapazes quando olhei e vi que ela estava lá, em um daqueles famosos vestidos de crochê, usando uma grande peruca. Mesmo naquele estabelecimento sofisticado, cheio de estrelas internacionais, as pessoas se viravam para olhar e sorriam, em uma cena à la Monroe. Acho que ela estava lá para se apresentar no Batley Variety Club e no Caesar's Palace. Não posso imaginar o que fazia no palco, mas acredito que fosse alguma apresentação do tipo Marilyn Monroe, super sensual "Quero que você me ame".

Jayne e Micky Hargitay já tinham se separado, então quando ela me notou e veio para mim, sorri de volta cheio de fantasias, quando de repente ela apareceu com um bebê, entregou-o a mim e disse docemente, "Você parece um bom jovem, se importaria em segurar a Mariska para mim enquanto tiro umas fotos?".

Lá estava eu, todo charmoso, sentado no bar do Savoy Hotel, em um dia cinzento de Londres, com o casaco sobre os ombros, tomando um Martini e embalando a bela filhinha de 18 meses de Jayne enquanto fazia gracinhas para ela. Depois disso, todos fomos de táxi para a Carnaby Street para fazer umas compras e tomar mais algumas bebidas. Alguns meses mais tarde, Jayne morreria em um acidente de carro. Sua filha, que dormia no banco de trás, sobreviveu. Mariska Hargitay cresceu e tornou-se a bela detetive de *Law and Order*.

Não tenho certeza aonde Brian teve a idéia – talvez fosse simplesmente algo óbvio – mas teve a idéia de usar os domingos em que o Saville, assim como vários outros teatros, estaria normalmente fechado, para promover eventos especiais. Para minha grande surpresa, ele me chamaria em seu escritório para anunciar, "Tony, você vai ser o responsável por este novo programa de domingo".

"Eu nunca trabalhei com teatro", disse cauteloso.

Brian convenceu-me. "Serão apenas concertos de música *pop*", disse ele. "Podemos dar conta disso".

A fé de Brian em minha capacidade era notável, e acho que jamais o desapontei. Se ele dissesse que eu conseguiria fazer alguma coisa, eu também acreditava que poderia. Na verdade, foi exatamente assim que acabamos trazendo todos os nossos favoritos dos Estados Unidos em troca dos nossos artistas. Aprendi a dirigir shows com astros como Four Tops, Pink Floyd, Little Richard, Cream e muitos outros. Várias pessoas diziam me invejar porque eu trabalhava com tantos ícones sensacionais, mas estranhamente, não via muita diferença. Sorte, é claro, mas era essencialmente meu trabalho; eu era pago para fazer aquilo, então fazia. Nunca fui muito atraído pela fama – exceto quando me encontrei com ídolos particulares, normalmente dos Estados Unidos, como Chuck

Berry e Jerry Lee Lewis. Havia vantagens, é óbvio, como almoços, jantares e hotéis caros. Mas a maior de todas era estar perto daquelas lendas vivas, sempre como amigo, e falar com eles sobre música.

Das estrelas britânicas, achava os Shadows muito bons, mas nunca idolatrei as outras bandas de Liverpool. O trabalho deles era o de ser astros da música. Eu tinha crescido com eles e éramos velhos amigos. No final das contas, éramos todos pessoas normais.

Uma das músicas favoritas de Brian na época era "Baby I Need You Loving", do Four Tops. Ele achou que seria maravilhoso trazê-los para abrir os novos programas dos domingos no Saville. Pagamos a eles 12 mil dólares, além das passagens aéreas e hospedagem. Os ensaios eram caros: três dias com uma grande orquestra no Saville para chegar o mais próximo possível do som da Motown. Pedimos um palco especial, com a bandeira dos EUA pintada e levemente desfocada. Tudo parecia ridículo no início porque nossas despesas totais chegaram a trinta mil libras, contra um faturamento de bilheteria de doze mil libras, mas Brian gostava de fazer coisas grandiosas, e aquela seria a grande estréia. Mais uma vez ele teve sorte. A música "Reach Out I'll Be There" chegou ao primeiro lugar no Reino Unido e na Europa naquele final de semana. Havia dança nos corredores, uma atmosfera maravilhosa que não agradaria o gabinete de Lord Chamberlain. Tentaram nos interditar porque dançamos em um teatro do West End em uma noite de domingo. Teríamos perdido nossa licença antes mesmo de começar. Nossos advogados travaram uma bela briga, e sofremos represálias, mas nossa licença não foi cassada.

Era quase economicamente inviável ganhar dinheiro no Saville, embora Brian tenha tentado estender a licença para dois shows no domingo. Mas acho que ele não ligava muito para outras coisas senão ter seu próprio teatro onde poderia sentar-se nos camarotes e observar seus domínios. Os camarotes eram muito bem decorados e em vez de cadeiras, tinham sofás revestidos com couro de zebra. Por trás, havia uma ante-sala para refeições discretas, acompanhadas por bebidas. Tinha sua entrada particular da rua e seria um lugar divertido para entreter seus amigos. Os Beatles gostaram porque podiam entrar e sair sem serem notados.

Brian tinha uma noção de tempo impressionante. Além de suas aparições no Saville, já tinha negociado com a Motown para levar o Four Tops para uma turnê européia completa de dois meses a um cachê razoável. Em comparação, pagava a Jimi Hendrix 75 libras por noite, ao Cream 100 libras e ao Who, 50 libras para dividirem entre sim.

Não posso chamar de hora extra, mas estava envolvido em vários outros projetos enquanto trabalhava com Brian. Quase sempre, estes projetos surgiam durante as apresentações de artistas como Peter Noone e os DJs da Radio Caroline. Começávamos no Coal Holle na Strand, depois seguíamos para o Red Lion na Charles Street e, se fosse uma noite de sexta-feira, continuávamos peregrinando por *pubs* e bares para passar o dia todo bebendo até a segunda. Nosso fôlego era impressionante. Em um final de semana, Peter envolveu-me em um trabalho com uma versão musical para *O Fantasma de Canterville*, de Oscar Wilde, produzido pela ABC nos Estados Unidos. Era uma idéia que soava como um desastre anunciado, mas todos pressionaram para que acontecesse. Burt Shevelove, que escreveu *A Funny Thing Happened on the Way to the Forum* para Frankie Howerd, foi chamado para cuidar do roteiro e direção. Era a história de uma família estadunidense que compra um velho castelo e tem grandes problemas com um fantasma que não quer ser perturbado. Michael Redgrave fazia o papel do fantasma. Frankie Howerd, Douglas Fairbanks Jr. e meu velho amigo, Peter Noone, também estavam no elenco.

Filmamos tudo no Allington Castle, perto de Maidstone, em Kent, onde Henrique VIII costumava ter seus encontros secretos com Ana Bolena antes de se casar. Transformado em lar de uma ordem de monges carmelitas, era o lugar perfeito que tinha seus próprios fantasmas e sons de correntes – sem falar nos monges, que passavam por ali escondidos sob os capuzes, com olhos vigilantes sobre nós, parecendo bastante assustadores. Peter Noone não levou nada muito a sério. Passou a maior parte do tempo andando pelo lugar, tentando assustar as garotas e tentando conquistar os monges para saber onde escondiam os suprimentos de bebidas.

Ficamos em um pequeno motel na velha Dover Road que provavelmente também tinha seus próprios fantasmas. Fizemos festa até o amanhecer e nenhum de nós dormiu. A combinação de Michael Redgrave, um ator clássico, e do pirata Douglas Fairbanks – ambos agradáveis – com Frankie Howerd, um comediante espirituoso e muito engraçado, jamais se repetiria novamente na Terra. Eles se juntavam e nos mantinham entretidos por horas. Gostaria de lembrar de algumas piadas, mas tinha bebido muito. Estávamos tão cansados que, durante o dia no monastério, membros do elenco e da equipe fugiam para as celas para dormir um pouco e nós tínhamos que procurá-los pelo lugar quando tinham que gravar alguma cena. Foi muito divertido, mas quando o filme finalmente foi ao ar, os críticos não perdoaram.

Fazíamos filmes para os Estados Unidos havia algum tempo quando decidimos fazer clipes promocionais, como eram chamados na época. Isso começou porque era impossível ter os Beatles nos estúdios de TV sem uma multidão atrás deles e, mais diretamente, sem ter que contratar um grande efetivo de seguranças para protegê-los. Uma rede de fãs, quase todas mulheres, mantinha uma vigilância constante sobre as atividades dos Beatles. Mandavam algum sinal de fumaça ao menor sinal de movimento. "Os Beatles estão aqui! Rápido, venham!" e os fãs surgiam vindos de todas as direções, de ônibus, metrô e a pé.

Paul era o único Beatle de Londres, então o QG de sua rede começava primeiro na Wimpole Street, do lado de fora da casa dos Ashers e continuava do lado de fora dos portões de sua grande casa georgiana na Cavendish Road, para onde ele e Jane se mudaram no verão de 1966. Era ali onde viviam as garotas que vigiavam Paul, e friso, o *viviam*. Faziam da calçada sua residência, com sacos de dormir e fogões de acampamento. Só Deus sabe onde faziam suas necessidades.

A casa de Paul também era convenientemente próxima à Abbey Road, com vista para a famosa faixa de pedestres. Certa vez, as garotas passaram todas as noites na calçada do lado de fora dos estúdios, durante cinco meses, quando o Fab Four estava gravando um disco. As chefes do grupo eram conhecidas por Big Sue, Little Sue, Gayleen, Margo, Willie e Knickers, e tinham suas fontes. Uma destas fontes era provavelmente, e na maior parte das vezes involuntariamente, Rosie, a governanta de Paul. Quando Rosie saía para fazer compras, as garotas iam para a casa de Paul. Descobriram como burlar o portão de segurança assim que ele abria. Tinham vigiado e sabiam sob qual vaso de flores Paul escondia a chave e era assim que conseguiam entrar. Então, costumavam atender ao telefone. Pegavam também as roupas de Paul, que depois se revezavam vestindo.

Quando Paul voltava para casa, ficava irritado, mas elas choravam e diziam que o "podre" Mal Evans as tinha jogado pelos degraus até a rua. E faziam drama, o que funcionava imediatamente. Ou ainda, levavam-no para o fundo da casa e mostravam como melhorar sua segurança, revelando o local onde se penduravam no muro da propriedade para vê-lo sentado no vaso sanitário.

"Os muros têm dois metros e meio de altura", dizia Paul em um misto de exasperação e admiração. "Elas se penduram ali com as pontas dos dedos até os braços perderem as forças, então outra garota vem e assume a posição".

Eu balançava a cabeça. "Por que não as contrata como seguranças?".

Paul tornou-se bastante simpático com elas. Mesmos quando as via usando sua jaqueta ou suas calças, ele achava graça. Ele as chamava de "Olhos e Ouvidos do Mundo", e ria com vontade; mas George as xingava. As meninas reclamavam que ele as empurrava ou tentava tratá-las como lixo de propósito, mas elas diziam que o amavam mesmo assim. George era mau também com fotógrafos, jornalistas e repórteres de TV. Costumava usar um sorriso de moleque e tentava evitá-los não parando para conversas. Não é de surpreender o fato de ele adorar o Monty Python e ter até financiado seus filmes.

Em qualquer lugar onde os Beatles apareceriam, a rede já sabia de antemão e chegava em massa. A polícia estava cheia de ser chamada para conter a multidão e sempre reclamava. Ir a qualquer lugar como uma banda, tornou-se tão inseguro para eles, que decidiram fazer seus próprios clipes promocionais e simplesmente enviá-los para os programas. Todos acharam uma ótima idéia.

John disse, "É ótimo, não é, Tone? Pense, não temos que ficar na BBC horas a fio quando podemos estar em casa tranqüilos tomando nossas drogas".

Então, fomos ao Twickenham Studios em segredo e, em um único dia de novembro de 1965, fizemos clipes promocionais para "Help!", "I Feel Fine", "We Can Work It Out", "Day Tripper" e "Ticket to Ride", um atrás do outro. Parecia tão fácil. Praticamente produzi e dirigi os clipes. Disse "praticamente" porque nunca havia roteiro ou formato. Era tudo feito na hora. "Certo, rapazes, o que vamos fazer? Por que não fica em pé ali, Paul, tudo bem?"

Esta foi a verdadeira origem dos vídeos de música *pop* – e onde estaria a MTV hoje se não fosse isso? Não quero exagerar porque era tudo muito relaxado antigamente e os créditos pela produção e direção dos vídeos não pareciam tão importantes. Eu recebia meu dinheiro. Paul e eu editávamos tudo juntos. Ele realmente adorava filmes e tudo o que tivesse a ver com isso, então envolveu-se muito rápido com os vídeos e a televisão, e trabalharíamos em muitos outros vídeos juntos nos anos seguintes.

No Twickenham gravamos até três versões de cada clipe e simplesmente enviávamos as melhores cópias, sem custos, para todas as estações de TV onde os Beatles já tinham se apresentado. Mas era muito "caro", nos diziam. Quando a EMI telefonou reclamando por termos gastado 750 libras, caímos no chão de tanto rir. O escritório de contabilidade tinha dito que aquilo era muito. Eu disse, "Calma aí. Vou conferir os números", e deixei o contador esperando no telefone enquanto fomos todos para o bar. Quando voltamos uma hora depois, ele ainda estava lá.

Peguei o telefone e disse, "Os papéis precisam ser mais bem analisados. Decidimos chamar os Beatles para discutir o assunto com Sir Joe. Sim, isso mesmo, assim que desligar o telefone vou chamar o motorista para pegá-los e quando chegarem aqui eu..."

"Não!", ele gritou, "Não faça isso!".

Minha nova aventura como editor de vídeo seria algo bastante secreto e muito mais caro. Surgiu depois da terceira turnê dos Beatles pelos Estados Unidos, em 1965. A primeira "turnê" tinha sido quando foram ao *Ed Sullivan Show*, ocasião em que foram encaixados em um concerto no Washington Coliseum e em dois outros no respeitável Carnegie Hall. Quase não tinha sido uma turnê no sentido real da palavra e eles ficaram muito surpresos por serem o primeiro grupo de *pop* a ser admitido no Carnegie Hall. Ficaram tão espantados que pela primeira vez quase lhes faltou coragem. George me disse uma vez, "O Carnegie Hall é onde os músicos de verdade tocam, filarmônicas e sinfônicas, não pessoas como nós. Achei que seríamos fulminados por um raio quando pisamos no palco".

A turnê de agosto de 1964 foi muito mais extensa e durou um mês. Foi como uma viagem costa a costa durante uma campanha eleitoral. Brian contratou um jatinho particular e eles voaram pelos Estados Unidos com um grande número de acompanhantes e jornalistas. A terceira turnê, em agosto do ano seguinte, durou duas semanas, com agenda igualmente lotada. Eu não estaria presente em nenhuma delas, porque com Brian ausente por tanto tempo, alguém tinha que "tomar conta dos negócios" para ele, o que eu adorava ouvir, desde o momento em que ouvi o Coronel Parker usar essas palavras no dia em que se conheceram.

Provavelmente o concerto mais importante da turnê de 1965 foi o do Shea Stadium, no domingo, 15 de agosto. O Shea Stadium, no Queens, era a casa do time de beisebol New York Mets, local muito mais apropriado para eventos esportivos do que para um concerto ao vivo. De cinqüenta e cinco mil a sessenta mil fãs apareceram, um recorde mundial para um show de música *pop*. Os Beatles voaram de helicóptero até o teto do prédio World Fair mais próximo, depois viajaram em um caminhão blindado da Wells Fargo até o estádio, correndo pelo túnel dos jogadores até o palco.

O barulho dos fãs era ensurdecedor. E continuou a todo volume durante todo o concerto, o que foi desastroso, já que aquilo seria transformado em filme para ser exibido no mundo inteiro. A equipe de produção do *Ed Sullivan* filmou tudo utilizando 12 câmeras. Porém, pouca atenção foi dada ao som. Minha parte na experiência aconteceu cinco meses mais tarde, em Londres, quando o filme acabado chegou aos escritórios da NEMS em uma manhã fria de janeiro de 1966.

Brian me chamou e entrou em sua sala. "O pessoal do Ed Sullivan mandou o filme do Shea Stadium", disse ele. "Você pode arranjar algum cinema onde possamos assistir?".

Marquei um horário com um cinema na Wardour Street para aquela tarde e Brian e eu fomos para lá, segurando firme o filme para que ninguém roubasse. Quando foi colocado no projetor, nós nos sentamos em uma das poltronas largas e luxuosas e as luzes se apagaram. Cinqüenta e quatro minutos depois, quando as luzes foram acesas, ficamos sentados em silêncio por alguns momentos, depois nós dois pegamos cigarros e acendemos ao mesmo tempo.

"O que você acha?", perguntou Brian.

"Não ficou bom", disse eu.

Ele deu mais uma tragada. "Concordo. Não podemos soltar desse jeito. Você acha que dá para consertar isso, Tony?".

"Vou tentar", respondi.

Em todos os setores da indústria sempre há uma frase chave. Uma frase que serve como explicação para que o trabalho em andamento possa prosseguir sem que os trabalhadores e supervisores entrem em pânico. Na indústria musical, esta frase é "Não se preocupe, consertamos na mixagem". Este é um método clássico Alfred E. Neuman "Preocupar-se por quê?" na revista MAD, afinal, a esperança é a última que morre.

Quando os Beatles começaram a gravar pela primeira vez, não havia mixagem das faixas. Era tudo feito em mono em uma máquina de gravação chamada BTR e o que saía gravado era basicamente o que se tinha. É claro que podia ser suavizado por microfones mais precisos, com o uso de controles de tom – chamados então de *knobs* – e algum eco, mas a equipe da EMI da Abbey Road, por culpa própria e por seus métodos militares, sempre insistia que se algo não pudesse ser feito adequadamente, não seria feito de forma alguma. Eles não tinham aquele pozinho mágico das estrelas com o rótulo, "Use em caso de necessidade. Salpicar com cuidado!", e sabiam disso. A primeira audição dos Beatles na EMI foi quase cancelada porque os amplificadores eram de tão má qualidade que rachavam, assoviavam e estalavam. O engenheiro, Normal Smith, conseguiu soldar alguma coisa para fazêlos funcionar, uma mistura de capacidade e boa sorte.

Agora, três anos e meio depois daquela audição com George Martin eu me sento nos estúdios da CTS (Cine Tele Sound) na Kensington

Garden Square, Bayswater, e assisto ao filme do Shea Stadium. O visual parece bom, mas o som era horrível. Os próprios amplificadores dos Beatles eram de última linha, mas ainda não eram potentes o suficiente. Para piorar, não podiam ouvir a si mesmos em meio ao barulho da multidão e ficaram desafinados e fora de ritmo. Quando terminamos de assistir, George disse "Ah, meu Deus".

Eu disse, "Tem razão. A imagem é boa, mas o som está um horror. Podemos refazer o som das músicas e sincronizar com a imagem". Era uma técnica comum no cinema sobrepor os diálogos dos atores se, por exemplo, um vento forte ou um avião encobrisse suas vozes originais.

Eu sabia o que George estava pensando. Mas será que a EMI permitiria? Filmar um concerto ao vivo era uma coisa, mas levar os Beatles para o estúdio para gravar uma nova trilha era outra. Resumindo, isso levantava questões espinhosas sobre o contrato exclusivo de gravação dos Beatles com a EMI. Conversamos sobre o assunto com calma. Eu disse, "Se levarmos este problema à EMI, eles vão ficar reclamando por meses e a BBC quer levar isso ao ar em primeiro de março. E mesmo se refizermos, ninguém pode saber. Isto será vendido como a 'trilha original'".

George Martin era sempre pragmático. Se algo precisava ser feito, era feito. "Muito bem", disse ele. "Pode haver problemas com o sindicato também. Eles reclamam muito de dublagens em apresentações ao vivo".

Devo admitir que fiquei um pouco surpreso por ele ter ido ao centro da questão tão rapidamente e de não ter se recusado a correr o risco, porque eu sempre o via como a própria formalidade. Tinha boa aparência, digna da classe alta – na verdade, nas festas a fantasia, uma grande mania da época, ele e a mulher, Judy, sempre se vestiam como Príncipe Philip e Rainha, e ficavam muito bem caracterizados. Eu sempre gostei dele e o admirei muito. Ele era gentil, instruído e compreensível, não um esnobe de forma alguma, apesar de dirigir um selo importante, e tinha também um afiado senso de humor.

Marcamos uma data para os Beatles irem para o estúdio e preparamos um programa de trabalho. Deixei bem claro que ninguém deveria saber e tudo foi muito secreto, o que os deixou intrigados. Foi um período estranho em suas vidas. Tinham tocado ao vivo pela última vez no Reino Unido três semanas antes, no início de dezembro, embora não tivesse sido anunciado como tal. Somente no concerto do Empire Theater, em Liverpool, quarenta mil pessoas procuraram por ingressos para espetáculos com capacidade de apenas dois mil e quinhentos lugares. Outros concertos tinham levado a banda a viagens pela Inglaterra, terminando no Capital Cinema, em Cardiff, País de Gales, em 12 de dezembro de 1965. Como de costume, era impossível ouvir os Beatles em meio à gritaria das fãs.

Como John diria mais tarde com certo desprezo, "Acho que poderíamos mandar bonecos de cera com a nossa cara para o palco e a multidão ficaria satisfeita. Os shows dos Beatles não têm mais nada a ver com música. São apenas ritos tribais".

Desde então, de forma incomum para eles, os Beatles não tinham feito muita coisa além de visitar amigos e viver sua vida social. A última vez em que tinham entrado em um estúdio fora antes do Natal, em outubro e novembro, quando, pela primeira vez, trabalharam a noite toda para terminar um disco novo, o *Rubber Soul.*

Quando chegaram à CTS com seus instrumentos, eu disse, "Não se esqueçam, ajam naturalmente". Eles acharam engraçado. Aquele era o título de uma das músicas de Ringo no Shea Stadium.

"Então, o que vamos fazer aqui, Tony?", perguntou Ringo.

"Vocês têm que gravar uma nova trilha sonora. Som para a imagem", respondi. Expliquei os problemas e eles entenderam rapidamente o que tinha que ser feito, e o motivo de tudo ser em segredo. "Se alguém perguntar, a história é que a trilha sonora teve que ser suavizada", disse eu, acrescentando "pensem em 'Honey Pie'".

"Para mim parece '*money pie*'", disse John.

Regrávamos todas as músicas para a versão final do filme, sincronizando cuidadosamente o som para caber nas imagens, quadro a quadro. Ringo não cantou nas dublagens, porque "Act Naturally" ficou impossível de ser ajustada nas imagens. Foi gravada novamente mais tarde na Abbey Road e lançada como single. "Everybody's Trying to Be My Baby" de George e "She's a Woman" de Paul ficaram ruins tanto em imagens quanto em som e foram cortadas. Ficamos sem tempo para fazer "Twist and Shout" de John porque a pós-sincronia é um processo muito lento e chato, e John já estava cheio de perder tempo.

"Tenho que ir a uma festa", ele disse.

George Martin e Paul acharam que devíamos tentar persuadi-lo a ficar, mas ele estava decidido e saiu de lá para ir aos eventos selvagens de P. J. Proby, em Chelsea. Os outros deram de ombros, pegaram os instrumentos e também foram embora. George Martin e eu ficamos para dublar mais algumas coisas. Eu gostava de passar meu tempo com George porque ele realmente era uma pessoa muito agradável e fácil de se lidar. Encontramos as fitas finais do concerto dos Beatles no Hollywood Bowl no ano anterior e redublamos alguns gritos do público em algumas partes da fita. O filme terminou com 48 minutos, cortado em 8 minutos e foi levado ao laboratório para impressão.

Quando os Beatles viram o trabalho terminado, ficaram impressionados com a qualidade do filme. Ficou muito bonito, com várias imagens editadas e inseridas mostrando o grupo no helicóptero, voando sobre Nova York a caminho do Shea, além das conversas atrás do palco. O som ficou brilhante. A sincronia e dublagens, perfeitas. Jamais dissemos ao pessoal do *Ed Sullivan*, nem a ninguém mais.

Os Beatles não queriam mais continuar se apresentando ao vivo, e mesmo tendo reclamado um pouco, Brian tinha mais alguns compromissos marcados e eles teriam que cumprir. O primeiro, em junho de 1966, eram três dias na Alemanha. Seria a primeira visita a Hamburgo, onde uma vez foram como anônimos, em um período de três anos e meio. Vários amigos antigos estavam lá para encontrá-los na estação de trem na chegada: Astrid, Bert Kaempfert e até mesmo Bettina, a generosa garçonete do Star Club, que tinha sido tão gentil quando eram apenas garotos famintos. Depois disso, John e Paul saíram com Astrid para visitar os lugares de costume.

Em 30 de junho, chegaram ao Japão. A viagem realmente chamou a atenção porque o governo japonês gastou toda a verba anual da polícia de Tóquio para realizar um esquema de segurança para apenas um dia. Os policiais colocaram-se ombro a ombro desde o aeroporto até o Hilton

Hotel de Tóquio, onde ficaram os Beatles, e a segurança prosseguiu nos cinco shows no Nippon Budokan, com um policial para cada três fãs. Houve vários protestos contrários ao uso do Budokan para concertos de música *pop*. Era a primeira vez que o local era usado para tal fim. Muitos das gerações mais antigas sentiram-se ofendidos. O Budokan era um local sagrado, mais comumente utilizado para apresentações de artes marciais. Mais tarde, nos anos 1970 e 1980, todos gravariam discos do tipo "Live at the Budokan".

As Filipinas, próxima parada da turnê, foram um desastre. Para começar, a imprensa filipina considerou desrespeitosa a atitude dos Beatles nas respostas às perguntas e os jornalistas sentiram-se insultados. A reação de John foi fazer piadas sobre eles em particular. A maior afronta foi não tomar o café da manhã com Imelda Marcos, então presidente, e seus três filhos jovens, depois de terem sido avisados de que todos eram seus grandes fãs. Aparentemente, sem o conhecimento dos Beatles, o *Manila Times* tinha informado aos leitores que o grupo convidara a família Marcos como convidados de honra para os shows e disse também que eles iriam ao palácio para uma visita de cortesia.

A família toda, ministros, amigos e funcionários esperaram no palácio, enquanto os Beatles estavam na cama e recusaram-se a levantar quando a limusine apareceu para pegá-los. Disseram que não tinham sido avisados da programação. Os cidadãos do país sentiram-se provocados com tal atitude diante de Imelda, especialmente quando o *Manila Times* publicou a seguinte manchete, IMELDA IGNORADA! Brian tentou pedir desculpas em uma entrevista na TV, mas estranhamente, houve uma interferência na transmissão que parou apenas quando ele já tinha terminado de falar.

Houve ameaças de bomba, e as vendas de ingressos foram interrompidas. Pior, toda a segurança foi cancelada e os Beatles foram caçados até o aeroporto por uma turba de fãs enlouquecidos. No aeroporto, a eletricidade das escadas rolantes foi cortada e eles tiveram que carregar toda a bagagem dois andares acima. Lá em cima, a multidão alcançou o grupo. Paul correu para fugir deles pela Alfândega, mas os outros foram atirados ao chão e chutados enquanto tentavam rastejar para evitar algum problema maior. Brian sentiu o impacto das agressões. Terminou ferido, atingido e assustado.

Eles voaram até Delhi para uma pequena apresentação e juraram jamais viajar novamente para outro país. Na volta para casa, ainda nervoso com as lembranças do desastre nas Filipinas, Brian me disse, "Nunca tive tanto medo na vida. Ser agredido por uma pessoa é uma coisa, mas aquilo era uma multidão de uns 200 aos gritos. Achei que fosse mesmo morrer".

Alguém teria que levar a culpa pelo fiasco, e realmente levou, de forma justa ou não. Vic Lewis era o agente da NEMS para o oriente e levou grande parte da culpa. Na intimidade, os Beatles podiam até rir de tudo. Paul me disse como tinha fugido da vigilância no Tóquio Hilton. O cordão era tão apertado que mesmo quando alguém conseguia passar, os policiais o pegavam e levavam de volta aos quartos. "Coloquei o velho bigode com óculos", disse Paul, "e saí para dar uma olhada na cidade". Ele chegou até a comprar presentes, incluindo vários quimonos curtos de mangas largas com várias estampas. Paul me deu alguns de presente. Eu sempre usava em casa porque eram bastante confortáveis e fáceis de vestir. Queria ainda ter eles.

Apesar de terem dito que jamais iriam de novo ao exterior, outra turnê pelos Estados Unidos estava marcada para agosto de 1966. Os Beatles estavam entediados e cansados, e preferiam não ter que ir, mas a turnê quase foi cancelada por outro motivo que não seu tédio. Poucos meses antes, em 4 de março, John tinha concedido uma entrevista a Maureen Cleave, uma brilhante e jovem repórter do *Evening Standard*, amiga de todos nós desde os primeiros dias em Londres. Foi uma matéria bastante pensada, escrita com a Páscoa na cabeça e concebida com John em um de seus momentos mais introspectivos.

"O que você pensa sobre Deus e a Igreja?", perguntou Maureen.

John respondeu, "A cristandade vai continuar. Vai continuar encolhendo até desaparecer... hoje, somos mais populares do que Jesus; não sei o que vai primeiro – o *rock and roll* ou a cristandade".

Lembro-me de ter lido o *Standard* e ter ficado interessado nos comentários de John, que para mim pareciam bastante típicos. Eu certamente não tinha lido nada nas entrelinhas, e no dia seguinte, o artigo já estava esquecido e o jornal já embrulhava carnes no açougue. Porém, alguns meses mais tarde, no momento da nova turnê dos Beatles pelos Estados Unidos, a *Datebook*, uma importante revista do país, obviamente esperando o momento certo, achou oportuno republicar o artigo com a manchete explosiva de SOMOS MAIS FAMOSOS DO QUE JESUS. Foi um inferno no mundo todo, principalmente no sul dos Estados Unidos. Houve queima de discos e produtos dos Beatles em público; o grupo foi demonizado. Mesmo a declaração do Vaticano dizendo que "a declaração de John foi precipitada e não ímpia", foram capazes de parar com o furor.

Se Brian estava alarmado, John estava apavorado. Ele não queria despertar a fúria divina contra os Beatles ou contra a música *pop*. Na verdade, ele queria dizer exatamente o que disse e, se havia em suas palavras alguma crítica, era contra a cultura popular, não contra a religião. John e Brian voaram por todos os Estados Unidos para tentar consertar o mal-entendido. Brian deu uma entrevista formal e, depois, John recebeu a imprensa para uma sabatina. Ele tentou diminuir sua culpa concedendo sua primeira entrevista coletiva com um tom de voz mudo e sincero. Terminou dizendo, "Desculpem, amigos".

Suas desculpas foram aceitas, e a turnê prosseguiu. Porém, vários lugares não tiveram lotação esgotada e as vendas caíram. O show de encerramento, no Candlestick Park de São Francisco, diante de uma multidão de 25 mil pessoas, foi o último show da história dos Beatles. "Long Tall Sally" foi a última música que cantaram naquela noite. Aquilo tudo teve um impacto muito grande sobre eles. Na volta à Inglaterra, estavam todos deprimidos e bastante pensativos.

parte 3

1966 - 1967

TREZE

UMA ARTISTA DE DESTRUIÇÃO EM MASSA chamada Yoko Ono dirigia-se para Londres no início de setembro de 1966. Não tínhamos consciência sobre isso naquele momento – ninguém tinha – mas ela devia ter chegado com um aviso preso no pescoço, como nos maços de cigarros, porque gradativamente, pouco a pouco, foi se enfiando em nossas vidas. Era ligada a um movimento de arte conceitual de Nova York chamado Fluxus. Por meio de seus talvez assustadores shows interativos, especialmente o "Cut Piece", apresentado no Carnegie Hall, em que convidava pessoas a cortar suas próprias roupas com tesouras e um outro, "Bag Piece", em que se sentava em silêncio em um grande saco de lavanderia por um longo tempo, tinha conseguido atrair uma modesta atenção em alguns círculos artísticos de Nova York. Isto fez com que fosse convidada para ir a Londres e ao Edinburgh Festival para o Simpósio de Destruição na Arte, organizado em parte por Barry Miles, um dos amigos de John Dunbar. Acompanhada da filha de três anos, Kyoko, e do segundo marido, Tony Cox, viajou do modo mais barato, em um avião de carga vindo do Canadá. Tony Cox tinha uma galeria em Nova York chamada IsReal. No caso de Yoko, nada era real e muitas coisas deixavam dúvidas, conforme diria John. Com Yoko, nunca se conseguia o que se esperava, uma imagem que ela se esforçava para realçar mostrando-se muito misteriosa, vestida de preto, com a maior parte do rosto escondida por trás de uma densa cortina de cabelos crespos.

Em Londres, foi apresentada aos grupos de arte metropolitanos e conseguiu várias críticas sobre seus trabalhos estranhos no *Daily Telegraph*. O *Financial Times* chamou seu trabalho de "edificante". O *FT* também disse que o pai de Yoko era um banqueiro japonês bastante rico, instalado em Nova York. Houve até um pequeno vídeo sobre o trabalho de Yoko em um programa sobre artes da BBC. Sem grande atenção, John e Cynthia viram o programa enquanto assistiam à TV em casa em uma tarde. John franziu a testa e, conforme diria uma semana mais tarde quando falamos sobre ela, comentaria "A mulher é completamente maluca".

Talvez, mas ela se aproximava por conta de nossa inocência. A NEMS gerenciava o Scaffold, o estranho trio humorístico, musical e poético de Liverpool, do qual faziam parte um poeta, Roger McGough, um comediante, John Gorman, e o irmão de Paul, Mike McGear. Eles tinham alguns sucessos excêntricos com músicas como "Lily the Pink" e "Thank U Very Much for the Aintree Iron". Eram coisas esquisitas, mas vendiam bem. Sempre cumpriam uma temporada inteira no Traverse Theatre durante o Edinburgh Festival, então Brian e eu íamos vê-los e também dar uma olhada nos talentos. Assim Brian conversaria com algumas pessoas e faria alguns agendamentos ali, na hora. Logo depois da chegada a Nova York naquele verão, Yoko foi para o Edinburgh Festival com o Simpósio de Destruição da Arte. Brian foi para lá por conta própria e acidentalmente assistiu parte do show. Ele me mostrou o catálogo e mencionou ter visto uma apresentação muito chata de uma mulher japonesa incomum.

"Que tipo de pintura era?", perguntei, achando que era disso que se tratava.

"Ah, não, de pintura eu entendo", disse Brian. "Entendo de escultura. Mas não sei se entendo alguém que se senta dentro de um saco no meio do palco e fica um tempão sem fazer nada, mas nem fiquei muito tempo. Só uns dois ou três minutos talvez". Ele assumiu um olhar um pouco vago. "O problema é que talvez eu a tenha agendado para o Saville".

"Ah, não...", disse enquanto Brian suspirava.

Logo depois disso, Paul foi para minha mesa, parecendo um pouco entediado. "Olhe, Tone, pode nos fazer um favor?".

Eu disse brincando, "O que você quer agora?", e Paul esboçou um sorriso.

"Há uma mulher, uma artista japonesa – ", começou a falar. Parecia que Paul tinha tomado conhecimento da mulher em uma apresentação na Royal Academy durante suas incursões pela cena de vanguarda. Depois, ela começou a freqüentar sua casa. Paul disse, "Ela é muito folgada. Faz exigências como se tivesse direito de fazer isso. Primeiro, pedia letras antigas, depois pediu dinheiro para uma exposição em uma galeria de arte".

"Livre-se dela", aconselhei. "Peça para Mal cuidar disso do jeito que deve ser feito".

"Bem, ela é um pouco persistente. Quer letras para agradar John Cage, ela diz que o *hobby* dele é colecionar manuscritos musicais. Ela parece não entender que não temos letras completas". Paul e John não sabiam ler ou escrever partituras e rabiscavam suas letras em qualquer pedaço de papel que encontrassem.

"Ignore essa mulher", aconselhei mais uma vez. "Ela vai entender o recado".

"Ela disse que tentou com John, porque ele esteve na escola de artes e tudo o mais. Tinha deixado um recado, mas ele não ligou de volta. Olhe, o negócio é o seguinte, ela diz ser amiga de Miles e John Dunbar, e também disse que encontrou Brian em Edimburgo e ele disse que a contratou para o Saville".

Foi então que me lembrei. Eu disse, "Ah, sim. Bem, o que você quer que eu faça?".

"Ah, não sei. Ela é muito artística e acho que canta um pouco, essas coisas. Ela disse que ficaria feliz em ser levada ao Saville. Lembre isso a Brian, tudo bem?". Satisfeito por ter feito o que obviamente tinha prometido a ela, Paul passou para assuntos mais interessantes.

De forma devida, encontrei-me com Yoko para falar com ela sobre o show. Ela disse que tinha feito algumas apresentações em lugares como o Middle Earth e tinha sido bem aceita. Para mim, o Middle Earth era geralmente cheio de idiotas do tipo que procura "algo". O que procuravam, não sei. Talvez fosse uma busca espiritual, mas arte não era. Mas Londres era bastante experimental na época e não queríamos ficar para trás.

Tínhamos que manter o teatro aberto o tempo todo, manter o aquecimento central funcionando e ajudar a pagar os salários do pessoal. Por isso, sempre tínhamos alguma coisa todos os dias da semana para que os freqüentadores pudessem comprar seus ingressos. Brian encontrava-se com as pessoas e, entusiasmado, convidava-as para se apresentarem no teatro, não importando o quanto fossem estranhas. Eu nunca sabia o que esperar para o dia seguinte. Sentindo-me tão confuso quanto um Mad Hatter, sentava-me em meu escritório e esperava para ver quem entraria pela porta. Podiam ser dançarinos tribais do Kalahari, ou o Bearded Ladies Jazz Quartet, ou ainda o Circular Knitting Machine Moog-Madness Motherfuckers. A secretária chamava pelo interfone: "O Sr. Stalin está na recepção" – "Mande subir!". Recebíamos todo tipo de gente, de todos os tamanhos, cores e orientações – então, tínhamos também Yoko Ono.

Concordamos em agendá-la em uma noite de artistas, com uma trupe chamada Flux Partners. Imprimimos alguns pôsteres anunciando-a como vanguardista. Quem éramos nós para saber quem era bom e quem era enganação? Ela pediu que o palco fosse totalmente coberto com tecido preto, tanto o chão quanto o fundo e colocamos também algumas escadas espalhadas, para que a pequena platéia que tivesse curiosidade suficiente para comprar os ingressos pudesse subir e descer, pensando em coisas profundas como "Estou subindo as escadas para o Paraíso".

No começo da apresentação, uma aranha negra e pequena que misturava-se ao material negro espalhado por todo o lugar corria quase invisível pelo palco. Era Yoko. Para citar um exemplo, ela subia uma escada, depois descia. Depois uivava um pouco enquanto se mexia como em um daqueles quadros parados do *South Park*. Não podia acreditar no que estava vendo. Acho que ela realmente acreditava que o *rock and roll* era simplesmente gente gritando. Por fim, pegou uma cadeira e sentou-se nela, impassível, segurando um par de tesouras como símbolo de resistência, uma cena bastante reprisada do "Cut Piece". As tesouras emitiam sons, assim, cada corte fazia um som horrível, quase animal, como uma besta agarrando sua presa humana. A platéia ficava bastante desconfortável com aquela aura brutal e o apelo visual do que de repente parecia uma agressão real a uma mulher. Com o último corte, Yoko ficava nua no palco, sentada pálida sob a luz com os peitinhos caídos. As pessoas se remexiam desconfortáveis nos assentos, alguns riam, mas ninguém aplaudia. O lugar todo estava obviamente cheio de filisteus.

Eu ficava assistindo ao fundo, junto de Brian, que tinha aparecido rapidamente, como era seu costume. O nu frontal em público era coisa ilegal, e o fato de ser domingo, agravava o crime. Brian ficou sem ação, muito preocupado com a possibilidade de ser preso por pornografia. "Não acho uma boa idéia apresentá-la de novo", disse ele, visivelmente abalado.

Brian estava irritado naquela época porque os Beatles tinham dito que não tocariam mais ao vivo, eles jamais voltariam ao palco como banda outra vez. Mas, acima de tudo, estava abalado por causa de Alma Cogan que tinha acabado de morrer de leucemia. Não parecia real que alguém que conhecíamos tão de perto, alguém de nossa faixa etária, pudesse ficar terminalmente doente. A partir do momento em que foi diagnosticada a doença, Alma decaiu rapidamente. Um amigo, Terry Ryan, estudante de cinema que morava em South Kensington na esquina do apartamento de Alma, descreveu como às vezes, tarde da noite, nas semanas anteriores à sua morte, ela aparecia como uma frágil sombra em um bar onde ele estaria com amigos da escola de cinema. Embrulhada em um casaco de pele, mesmo no alto verão, sentava-se encolhida e sozinha nos fundos para tomar lentamente uma taça de vinho. "Ela parecia tão triste, tão gritantemente sozinha", disse ele. "Eu sempre achava que deveria ir até lá falar com ela, mas no caso de pessoas que estão morrendo, o que se pode dizer? 'Oi, tudo bem?'".

Quando Brian disse que não deveríamos mais agendar Yoko, ela já estava entre nós e não ia mais embora. John pode não ter retornado suas ligações, mas ela estava determinada em sua campanha e foi se aproximando dele gradativamente. Em outubro, o novo e radical jornal de metrô *International Times* (IT) era lançado com um grande concerto do Middle Earth, na Roundhouse, com o Pink Floyd e o Soft Machine. Miles estava envolvido nisso, assim como Brian que tinha colocado dinheiro no projeto. O Roundhouse era uma antiga oficina de trens com estação central onde as máquinas faziam a volta para sair para o lado oposto. Era um lugar frio, mal iluminado e imundo, mas tão reduzido que mal se notava. Naquela noite, no meio de uma apresentação do Soft Machine, Yoko roubou a atenção com um outro número no estilo Fluxus. Pediu para alguém apagar as luzes e em meio à total escuridão sua voz amplificada instruía a todos para que tocassem a pessoa ao lado. Ouviam-se risadas e gritinhos do público conforme as pessoas obedeciam. As luzes foram acesas novamente, Yoko foi arrancada do palco e o Soft Machine continuou seu show. Paul estava lá, vestido de árabe. Eu fui, vestido de mim mesmo. Eu sempre ia a este tipo de evento vestido como eu mesmo, procurando talentos para o Saville. Paul e eu andamos por lá um pouco, mas o lugar estava tão barulhento que era impossível conversar. Depois disso, Paul citou o evento a John, que pareceu pensativo e melancólico, como quem perdia toda a diversão no exílio de Weybridge.

Logo Yoko viria a conhecer John pessoalmente. O Dr. Asher e Paul tinham financiado John Dunbar e Peter Asher, possibilitando que abrissem a Indica, uma pequena galeria e livraria, em prédios comerciais da Mason's Yard, em St. James. Decidiram que pintariam o porão de branco para exibir exposições de arte. Por meio do patrocinador, Barry Miles, Yoko finalmente colocava os pés no mundo dos Beatles ao conseguir com que Dunbar e Peter exibissem sua apresentação, "Pinturas e Objetos Inacabados", na inauguração das exposições. Yoko não tinha feito nada com as próprias mãos. Em vez disso, pegou alguns estudantes da Royal Academy que fizeram tudo. Depois que terminou de dispor os poucos objetos – uma maçã na prateleira com um preço exorbitante na etiqueta, alguns sacos vazios jogados no chão, uma tábua com pregos meio martelados – Yoko virou-se para Dunbar e, aparentemente pensativa, inventou "John Lennon disse que poderia vir para a exposição. Por que não o convida para uma visita particular? Ele é milionário, talvez compre alguma coisa".

Dunbar realmente telefonou para ele, e John concordou em parar por lá no caminho para o estúdio no dia seguinte. Todos imaginam que John vivia em um vendaval de diversões, mas ele se sentia isolado e estava sempre entediado e solitário. Simplesmente não recebia muitos convites dos amigos próximos ou pessoas que conhecia e podia confiar. O telefonema de Dunbar talvez tenha sido o único convite da semana toda.

No dia seguinte, o próprio John descia as escadas para o porão. Depois, ele me contaria sobre o que viu, que o agradava, mas não o empolgava. Como estudante de artes, tinha visto milhares de trabalhos daquele tipo que chamo de falsidade intelectual e, nas palavras de John, "não diziam nada". A história agora é lenda e conta como ele ficou hesitante olhando para Yoko e uns outros sentados no chão com as pernas cruzadas, mexendo nos sacos ali jogados. John disse que já estava para sair quando Yoko pulou e colocou-se entre ele e as escadas. Ela perguntou quem era ele.

John assustou-se. Surpreso, Dunbar disse, "É John Lennon, é claro".

Yoko deu de ombros. Ela disse "Ah", como se nunca tivesse ouvido falar naquele nome antes. A história se espalhou por Londres e acho que John era a única pessoa que jamais a tinha ouvido.

Ela entregou a ele um pequeno cartão. Estava escrito "Respire". John olhou para ele, deu algumas inspiradas, depois devolveu. Mais uma vez virou-se para sair, mas ela foi mais rápida. Yoko penetrou sua guarda. Ela pegou seu braço e levou-o até uma das escadas, que tinham sido pintadas de branco e estavam posicionadas no centro da sala. "Isto é Pintura no Teto", disse ela.

"Ah, é?", disse John olhando para cima. Ele não via pintura alguma. Tudo o que via eram estruturas forradas colocadas contra o teto, pareciam estar vazias. Pendurado na estrutura estava uma lupa amarrada a uma corrente. Repentinamente curioso, John subiu, pegou a lupa e olhou através dela. Em um cartão do tamanho de um selo postal no centro da estrutura, viu três letras de forma em miniatura: SIM. Balançando-se na escada com a cabeça inclinada para trás, sentiu-se no espaço. Ficou olhando para a palavra por vários segundos.

Quando desceu, Yoko pegou seu braço novamente e levou-o para a tábua com os pregos onde se lia MARTELE UM PREGO. Ele pegou o martelo disponível. Yoko rapidamente disse, "Você não pode fazer isso até que a exposição seja aberta".

Dunbar disse, "Ah, deixe ele. Talvez não volte amanhã".

"Muito bem, então pode martelar um prego por cinco xelins", disse Yoko.

John, que nunca carregava uma moeda sequer, procurou nos bolsos.

"Dinheiro imaginário para um prego imaginário", disse ele. Yoko sorriu docemente.

Mais tarde John diria a mim, "Foi quando houve um estalo. Entendi o que ela queria dizer, e ela entendeu o que eu queria dizer. E o 'sim' no teto. Era afirmativo, nada da vibração negativa que sempre recebo das pessoas".

Não era de surpreender o fato de John receber algum tipo de vibração, mas provavelmente era o ar estalando com o desespero elétrico de Yoko. Ela precisava fisgar um peixe grande. Desde que chegara a Londres, tinha se entregado a uma dedicada autopromoção do estilo Fluxus, mas nada disso dava dinheiro. Depois de abusarem da recepção nas casas de conhecidos que os tinham abrigado antes de perderem a paciência e pô-los para fora, ela e o marido estavam quebrados, vivendo sem nada em um grande apartamento que não podiam mais pagar. Um histórico semelhante de despejos em plena luz do dia fazia com que ela não tivesse um lugar sequer para onde voltar em Nova York – além da casa dos pais onde o marido não era bem vindo. Para mim, isso dizia tudo, porque os pais sempre aceitam tudo o que dá para agüentar. Ela precisava urgentemente de um patrocinador rico. Já tinha tentado outros ricos como Paul ou Brian, que riram de seu trabalho. Não sei quem mais ela tentou, mas milagrosamente, o destino colocou John em seu caminho no momento exato, quando sua intuição feminina dizia que ele procurava algo mesmo sem saber. Era claro que ela não o deixaria escapar.

Quando John disse que estava atrasado para o estúdio, Yoko agarrou-o com mais força pelo braço e pediu com voz de criança, "Leve-me com você!".

Mas John estava acostumado com garotas oferecidas e Yoko era magra, sem graça e mais velha do que ele. Não se parecia nem um pouco com a Brigitte Bardot de seus sonhos. Não havia qualquer razão para que se sentisse atraído por Yoko e ele me disse – e Cynthia também – que não teve mesmo qualquer interesse. Livrou-se dela e subiu as escadas depressa, perseguido por Yoko. Seu Mini Cooper preto com vidros escuros esperava lá fora. John entrou nele, bateu a porta e o carro partiu. Se o motorista, Les Anthony, não tivesse sido tão rápido na saída, John disse que ela teria pulado com ele para dentro do carro. Enquanto o Mini descia a Mason's Yard, Yoko ficou na calçada de pedras olhando para ele.

♪

Yoko estava criando uma rede de contatos em comum, a maioria deles era de proprietários de galerias de arte, como um dos amigos de Brian, Robert Fraser. Outro era o grego mais ou menos bem sucedido, Alexis Mardas, que tinha trabalhado com conserto de televisores até entrar para o círculo de Dunbar. Alex teve uma boa educaçõe e era filho de um major da polícia secreta grega. O jovem estudante de física estava viajando pelo mundo quando, felizmente, parou em Londres porque, segundo dizia, seu passaporte tinha sido roubado e o cartão de crédito estava vencido.

Alex e Dunbar decidiram arregaçar as mangas para fazer esculturas de luzes cinéticas, algo que um estudante de física faria com grande facilidade. Algumas de suas idéias mais originais, como pendurar um sol no céu, jamais funcionaram, mas apenas o conceito já serviu para dar-lhe o nome de "Magic Alex". Para John, ele era como um mágico dos velhos tempos, alguém que faria novos sóis brilharem e novas luas surgirem. Em um período de tempo notavelmente curto, tornou-se um dos melhores amigos de John e sempre estava em Kenwood com sua reluzente caixa de mágicas. Para mim, Alex era uma farsa, alguém que poderia convencer um homem nu de que estava vestido. Sempre vou me lembrar das 12 caixas vazias que fez para George. Não continham nada, nem faziam nada, mas George dizia a John que continham um tipo de raio de luz que podia reorganizar vibrações ruins. "Sério? Vou encomendar uma dessas", disse John. "Sim, eu também. Na verdade, vou encomendar vinte e quatro. Ponha na minha conta", disse Ringo que era o mais irônico de todos os Beatles. Alex fez dezenas daquelas coisas com toda a seriedade, elas foram alinhadas em pontos estratégicos das casas dos Beatles, onde, pelo que sei, continuaram inúteis.

Alguns acham que era John quem ia para galerias e eventos, mas na verdade era Paul quem estava envolvido com coisas estranhas, maravilhosas e novas. Paul também estava experimentando a música eletrônica. O *London Times* tinha dito que os Beatles eram maiores que Beethoven, então, eles imediatamente passaram a fazer piada com o trocadilho "Beat-hoven". Foi Paul quem sentou-se na sala de música do sótão de sua casa para usar a parafernália eletrônica adquirida em suas andanças por Londres, para criar uma disposição de sons dos Beatles sobrepostos a Beethoven.

Quando John apareceu na cidade e viu o que Paul estava para fazer, o velho senso de concorrência o atacou e ele também passou a freqüentar galerias. Desta forma, voltou a encontrar-se com Yoko, e ignorá-la. Tenho a impressão de que John realmente não gostava dela. Ele me disse que a achava incrivelmente insistente, talvez tivesse medo de que ela pegasse mais uma vez seu braço e cochichasse "Leve-me com você!". Se eu estivesse por perto, Yoko viria até mim e diria alguma coisa com sua voz de garotinha, talvez esperando que John a notasse, talvez esperando que eu sugerisse colocá-la no Saville outra vez, mas eu também não gostava dela e ficava na minha. John saía de perto e ia conversar com outra pessoa, enquanto ela ficava olhando para ele. Naqueles dias, Yoko estava sempre olhando para John.

QUATORZE

NÃO HAVIA DÚVIDAS de que muitas pessoas, especialmente John, desconfiaram quando, no início de janeiro de 1967, Robert Stigwood juntou-se à direção da NEMS. Stigwood tornou-se diretor conjunto na gestão da NEMS ao lado de Brian, porém, sem estar mentindo, Brian conseguiu convencer os Beatles de que aquilo era apenas um arranjo formal e Stigwood não teria qualquer poder real. Stigwood era mais um que tinha apelido. Era Robert cara-a-cara e "Stiggie" quando falávamos dele por trás. Houve boatos dizendo que Brian estaria prestes a vender os Beatles. Ele era sempre visto ao lado de Stiggie em bares como o Bag O'Nails, o novo lugar da moda. Brian sempre negava tais boatos, citava até a história publicada no ano anterior sobre Paul e John terem se reunido em segredo com o nova-iorquino agente dos Stones, Allen Klein, o que jamais aconteceu e foi um furo de publicidade para Klein – provavelmente plantado por Andrew Loog Oldham na crescente concorrência entre os Stones e os Beatles na disputa pelos primeiros lugares nas paradas.

Mas com o anúncio público da fusão da NEMS com Stigwood, os boatos pareciam ser cada vez mais reais. No mínimo, algo estava para acontecer. O que viria a ser revelado era que Brian estava seriamente doente e tentava desesperadamente sair do circo que ele mesmo tinha criado. Não conseguia dormir, tomava muitas drogas, um soldado que tinha conhecido quebrou algumas coisas em sua casa e roubou seu relógio de ouro e ele estava enlouquecendo aos poucos. Em uma tentativa desesperada de recuperar o controle, ou para fugir – talvez as duas coisas fossem compatíveis neste caso – tomou a decisão de mudar de vida. Parecia um passo enorme e assustador, dada a rede de companhias, clientes e complicadas operações internacionais que criara com uma pequena equipe de dez pessoas. Só naquele ano, as vendas dos discos dos Beatles tinham rendido 200 milhões de libras. Os *royalties* – renda gerada a partir de contratos – escorriam para nossos escritórios apertados da Argull Street. Brian não estava tão preocupado em abandonar a maioria de suas estrelas e clientes ou as várias participações em empresas, mas estava atormentado pela idéia de deixar os amados Cilla e os Beatles, e principalmente John. Ele passou por profundas terapias do sono na Priory, em que era desligado por dias com drogas poderosas.

Foi durante este período confuso e perturbado, quando a mente atormentada não lhe dava qualquer descanso, que Brian de repente tomou a decisão de vender em segredo a participação no controle da NEMS a Stiggie e seu parceiro, David Shaw, por meio milhão de libras. Eles teriam ainda até o mês de setembro de 1967 para conseguir o dinheiro. Considerando-se que no ano anterior os Beatles receberam uma oferta de 3 milhões para aparecer em apenas dois concertos e mais 20 milhões para serem comprados por um consórcio de empresários norte-americanos, aquela era uma quantia irrisória. Também foi um acordo mal planejado porque Stiggie era um falido em sua terra natal, a Austrália. No verão anterior, Shaw também havia sido publicamente citado em um escândalo. Mas, desesperado para escapar, Brian queria apenas dinheiro suficiente para viver com razoável conforto na Espanha e conseguir alguns toureiros.

Ele não apenas conseguiu um toureiro, um inglês chamado Henry Higgins, como também passou várias semanas na Espanha, fazendo um filme sobre ele. Chegou até a me pedir para fazer um filme lá, *Feria de Seville*. A idéia de Brian era fazer isso sozinho, mas estava muito doente. Assim, fui para lá e me diverti muito, filmando um dos grandes festivais religiosos, cheio de sangue, chifres, tambores, velas, madonas e belas garotas.

Embora fosse muito menos do que poderia ter ganhado vendendo a NEMS no mercado, em 1967, meio milhão de libras ainda era uma bela quantia em dinheiro. Brian acreditava que seria suficiente. No final, embora legalmente difícil, conseguiu equilibrar o contrato dizendo que não poderia abandonar seus protegidos: ficaria com direitos exclusivos sobre Cilla e os Beatles. Parte de sua decisão baseava-se no fato de ter negociado 25% para si no contrato de gravação de nove anos recentemente firmado com a EMI para os Beatles. Gerenciando os Beatles ou não, ele ainda ganharia 25% sobre as vendas durante os nove anos seguintes. Este detalhe sutil tinha fugido à atenção dos Beatles, mas incomodava Brian. Incomodava-lhe a consciência porque em seu coração sabia que os tinha enganado. Provavelmente tenha sido por isso que decidiu tirá-los do acordo com Stigwood, assim não seria acusado de explorá-los – o que na verdade estava fazendo.

Acabei conhecendo Stiggie muito bem porque era eu quem promovia os grupos que ele gerenciava, como o Cream e os Bee Gees. Aliás, vi mais dele do que queria ver. Certa tarde, Chas Chandler e eu estávamos voltando para os escritórios vindo da BBC na Portland Place, quando passamos pela luxuosa mansão de Stigwood e decidimos entrar para tomar alguma coisa. A porta da frente nunca estava trancada (poucas eram trancadas naquela época) e caminhamos pelo hall até a sala de estar, a porta da sala também estava aberta. Bem na nossa frente um ato sexual acontecia sobre uma grande almofada entre Stiggie e uma aspirante a estrela que queria ser gerenciada por ele. Chas e eu voltamos pé ante pé e fechamos a porta silenciosamente. De volta à rua, ríamos como loucos.

Enquanto Roma pegava fogo e Brian continuava perdido, o trabalho no escritório continuava como sempre. Achando sermos os inventores da roda, começamos a experimentar várias coisas com vídeos promocionais, tornando-os mais complexos para representar a história das músicas que seriam lançadas. Não tínhamos um formato a seguir. Nossos esforços criativos foram os precursores do que hoje é o *storyboard*, cada um deles era um belo mini-filme. Não sabíamos que estávamos dando origem a uma nova indústria. Brian adorava toda essa coisa e falava sobre isso sem parar, perguntando como iam as coisas, aparecendo para assistir. "Penny Lane" e "Strawberry Fields Forever" foram os primeiros vídeos realmente criativos, logo depois foram feitos vídeos para algumas músicas do *Sgt. Pepper*. Depois de alguns experimentos, fizemos tudo em filme porque tínhamos feito "Paperback Writer" e "Rain" no primeiro vídeo em cores quando ele foi lançado, mas a fita ainda era muito instável. Uma das vantagens deste novo formato era que se podia rebobinar e filmar de novo, mas se você fizesse isso algumas vezes, a fita se partia, o que a tornava inútil para a edição então acabávamos com um caminhão cheio de fitas estragadas. Gravávamos primeiro em vídeo, depois, como cópia de segurança, gravávamos novamente em filme e transferíamos para o vídeo.

Eram muito bem feitos. Contratei Peter Goldman, um diretor sueco de TV de vanguarda, para fazermos "Penny Lane" e "Strawberry Fields". Michael Lindsey-Hogg fez as filmagens dos Beatles em "Paperback Writer" e "Rian", que foram filmados na Chiswick House, em Londres. "Strawberry Fields" foi filmado no Knole Park, que cercava o casarão de mesmo nome, em Sevenoaks, Kent. Knole era o local perfeito e usamos o Bright's Hotel, uma velha hospedaria à moda antiga na velha estrada no coração de Sevenoaks, como nossa base durante as filmagens. Peter e eu, assim como a pequena equipe de produção, ficamos lá, mas os Beatles continuaram fazendo as milhões de coisas que costumavam fazer por dia e ficaram na cidade. Eles vinham e iam embora conforme o necessário, sempre em suas limusines.

Durante um intervalo nas filmagens, John e eu estávamos voltando a pé para o Bright's para tomar um chá com bolo quando John viu a Ye Olde Antiques Shop na High Street, ao lado do hotel.

"Ei, vamos entrar ali", disse ele. John adorava lojas de velharias e bazares beneficentes de igreja e e estava sempre recolhendo quinquilharias e levando para a casa já super-decorada, talvez para compensar o que chamava de visual chique. Ele tomou a frente e começamos a fuçar nas mercadorias.

"Ei, Tone, o que você acha disso?", disse das profundezas escuras do lugar. Inclinei-me para ver. John estava segurando um velho pôster de um circo montado sobre uma placa. Tinha cores suaves e uma figura antiquada com os dizeres: EM BENEFÍCIO DO SR. KITE. Ele gostava de coisas estranhas como aquela.

Balancei a cabeça concordando. "Vai ficar bem na parede da sua cozinha ao lado da leiteira".

John sorriu. A idéia agradou-lhe, mas acho que mais do que isso, ele já pensava em uma música. Pagou algumas libras e carregou aquilo para a limusine. Eu estava no estúdio alguns meses depois durante as sessões do *Sgt. Pepper's Lonely Hearts Club Band*, enquanto todos passavam os dias intermináveis sentados e chapados, enquanto ele escrevia a música. Foi na verdade um facho de brilhantismo, a essência de John. Tudo o que fazia era virtualmente arrancar as palavras do pôster e depois colocá-las em sintonia. Valeu muito a pena o dinheiro gasto.

A composição, a atmosfera e as filmagens para "Strawberry Fields Forever" e "Penny Lane" foram feitas separadamente em Liverpool e ao redor dos lugares descritos: a barbearia, o homem do banco e o corpo de bombeiros com a máquina de limpeza. Foi tudo feito em dois dias. Todos nos divertimos muito, em contraste gritante à toda a atmosfera sufocante do escritório. A mim parecia que havia simplesmente muito dinheiro e negócios para cuidarmos. Embora os Beatles tivessem desistido dos shows e das turnês naquele ano, o dinheiro das vendas de discos era como uma avalanche impossível de ser contida. Podia ser apenas trabalho burocrático, mas tinha que ser feito, os impostos tinham que ser pagos, meios legais de pagar menos tinham que ser encontrados. Acredito que foi naquele período que, segundo dizem, Brian escondeu grandes somas em bancos suíços. Se fez mesmo isso – e talvez tenha se esquecido – o dinheiro jamais foi encontrado.

♪

Para fugir de tudo isso, Paul tinha comprado uma fazenda um tanto destruída no oeste da Escócia, com vista para a Ilha de Skye e para o Mull of Kintyre, onde podia viver uma vida simples. John comprou uma ilha irlandesa logo em seguida e cruzou o mar com uma caravana para viver lá enquanto construía a casa dos seus sonhos, que jamais ficaria pronta – mais uma coisa que nunca foi concluída. Foi enquanto estava na fazenda High Cross, olhando a chuva pingar por um buraco no teto, que Paul teve a primeira idéia para "Fixing a Hole". Foi logo escrever em sua caverna psicodélica na Cavendish Road. Embora seja memorável o momento em que Paul chegou com a nova letra, este não é o fato de que mais me lembro naquela noite. Algo mais se destaca em minha memória, prova maior de que os Beatles, naqueles primeiros dias, eram garotos ingênuos quando o assunto era dinheiro. Gradativamente o lugar tinha se enchido naquela noite até que havia meia dúzia de músicos e amigos zanzando, todos no melhor espírito paz e amor. Conforme as horas se passavam, fomos todos ficando com fome.

"Tone, você se importa em sair para buscar comida indiana para nós?", perguntou Paul.

"Sem problema", respondi. Quando imaginei que o sujeito do restaurante não me deixaria sair com a comida a crédito, perguntei de volta, "Você tem dinheiro?".

"Sim, um pouco", disse ele. Ele abriu a porta de um pequeno cofre no fundo de seu esconderijo e os pacotes azuis com o pagamento acumulado durante anos caíram, um após o outro, no chão. Havia algumas centenas deles, aqueles pacotes furados que deixavam ver o valor das notas dobradas lá dentro. Paul chegava em casa às sextas-feiras e lançava mais um para dentro do cofre que, aliás, nem ficava trancado. Era como um esconderijo, onde se escondia o produto do roubo até que a poeira abaixasse e o bando pudesse voltar para fazer a divisão.

"Aqui", disse Paul entregando-me um dos pacotes fechados. "Deve dar".

"Paul, você tem idéia de quanto dinheiro há aqui dentro?", perguntei por curiosidade enquanto abria o pacote. Puxei algumas notas dobradas de cinco libras mais algumas moedas.

"Claro que não. Não faço a mínima", disse Paul sorrindo enquanto espiava o dinheiro.

"São cinqüenta libras mais alguns trocados. Aqui está até um contracheque", eu disse enquanto desdobrava-o.

"Vamos dar uma olhada", disse Paul. Eu entreguei a ele e ele começou a rir porque aquilo era um absurdo dada a quantidade de dinheiro que realmente gastaríamos.

Eu já ganhava mil por ano e ainda tinha um contracheque – um verdadeiro, com os impostos deduzidos. Ocorreu-me que eu estava vivendo em Londres, me divertindo e gastando, de um jeito ou de outro, dez vezes mais. Paul, e George, em menor escala, estavam sempre citando quanto seus pais ganhavam como assalariados no passado.

Logo depois do incidente com o pacote de dinheiro, falei mais uma vez sobre o custo de vida com Paul. "Acho que meu pai vivia com umas cinco libras por semana", dizia Paul, "e se isso era o que meu pai ganhava, deve ser a quantia certa".

"Brian me paga muito mais do que isso, Paul", eu disse. Sua reação foi a de que se Brian me pagava tudo aquilo, então *isso* também devia ser uma quantia certa. Jamais tinha lhe ocorrido que, definitivamente, os quatro Beatles pagavam por tudo e por todos na empresa. Era como se todo o dinheiro fosse de Brian e ele não era mesmo legal e generoso por pagar todas as contas sem se zangar?

O ritmo alucinante da caixa registradora tornou-se rápido demais mesmo para a mente sagaz de Brian Epstein. Na Inglaterra, não havia o que se chama hoje de advogados do *showbiz* para cuidar do que estava acontecendo na explosão *pop* dos anos 1960. Eram todos advogados antiquados como Lord Goodman, que lidavam com assuntos como divórcio, processos por calúnia ou questões políticas. Nenhum deles tinha estudado o que já vinha acontecendo nos Estados Unidos. Antes dos Beatles, nenhuma banda da Inglaterra tinha viajado para os Estados Unidos da forma como os estadunidenses costumavam ir à Europa. Na verdade, como nação, os britânicos (então conhecidos como "os ingleses") não iam para lugar algum além de suas fronteiras a menos que fossem Burton ou Taylor, ou a aristocracia que tinha casas no sul da França. Os pacotes turísticos para a Espanha ainda estavam nascendo. Os ingleses ficavam em casa, consumindo batatas fritas em gordura de porco e passeavam pelo mar gelado de Frinton ou Rhyl com suéteres estilo Fair Isle sem mangas e lenços amarrados na cabeça. Abacates, alho e cerveja eram lixo estrangeiro e comprava-se azeite em pequenos frascos na farmácia para uso terapêutico, como limpeza dos ouvidos. Não é de surpreender então que palavras como *compositor* e *direitos autorais* e todo o jargão da *indústria fonográfica* eram palavras totalmente estrangeiras para os advogados da cidade de Londres. Não é de surpreender que os Beatles vendiam suas "apresentações gravadas em disco" para a EMI por quase nada. Não é de surpreender que valiosos direitos autorais eram virtualmente cedidos, à toa.

Vários anos mais tarde, quando Paul estava negociando seu próprio contrato de gravação com a EMI, exigiu algo como 27% sobre as futuras vendas de seus discos, lembrando-se de como a EMI originalmente os tinha explorado oferecendo um *penny* antigo (menos da metade do novo) por disco vendido para que fosse dividido entre os cinco (Brian entre eles) quando o *single* era vendido a seis xelins e quatro pences (trinta e sete novos pences e meio).

Os Beatles passaram de quebrados a incrivelmente ricos sem realmente saber disso. Certo dia, quase sem querer, enquanto estávamos conversando, Paul abriu um envelope do Barclays Bank da St. John's Wood, a agência mais próxima. Ele ia jogar o envelope para o lado, assim como os Beatles faziam com a maior parte dos "pedaços de papel". De repente, seus olhos se arregalaram e ele olhou para o extrato com o olhar mais estranho do mundo no rosto.

"Olha, dá uma olhada nisso, Tone", disse ele, passando o extrato para mim com uma expressão muito séria. Eu peguei o papel e li o que estava escrito na parte de cima: *Paul McCartney, Extrato de Conta Corrente*. Meus olhos correram para o final do papel até a coluna dos números. Depois olhei para a fila de zeros nos números finais. Grana, muita grana.

"Caralho! Um milhão de libras!", exclamei. Simplesmente não parecia real. "Você é milionário!".

Paul pegou de volta o extrato e ficou olhando, como que enfeitiçado. Começou a rir nervosamente, em pânico total, acho eu. Acho que se sentiu como se estivesse sonhando e logo acordaria. Era "Porra, consegui! Agora sou milionário!". Mas seus olhos diziam, "Meu Deus, e o que eu faço *agora*?".

A ironia era que aquilo era apenas uma pequena parte do que estava nas contas das empresas dos Beatles. Embora os Beatles passassem a impressão de que tinham os pés no chão e eram espertos, na verdade sabiam muito pouco de negócios. Eram muito parecidos com Elvis Presley e o Coronel Parker neste assunto. Acredito que Elvis tenha inventado a frase mágica, "cuidar dos negócios", que era o que o coronel fazia para ele, e os Beatles foram rápidos em entender que isso significava que não tinham que se responsabilizar. Não acho que seriam capazes de dirigir suas próprias vidas, muito menos suas carreiras, durante alguns anos. Achavam que Brian e sua secretária e pessoas como eu estavam lá para cuidar dos negócios e, sem dúvida, as coisas estariam caminhando da mesma forma até hoje se Brian não tivesse morrido.

Desde o início, era quase como se houvesse um entendimento tácito de que Brian cuidaria de tudo, não importava o que fosse. Se pedissem um saco de estrume fresco, Brian passaria a ordem adiante para algum coitado como eu que entregaria o material para o Beatle que tivesse feito o pedido. Então John, ou Paul, ou George ou Ringo diria sorrindo, "Obrigado, Eppy!", como se o próprio Brian tivesse feito o serviço.

Por um longo período, os quatro não tinham idéia do que era necessário para cumprirmos um dia de serviço. Tinham saído direto da escola, da escola de artes, de tocar no acampamento Butlin e jamais tinham trabalhado de verdade. George esteve no açougue como entregador aos sábados, depois, brevemente, foi aprendiz de eletricista. Até onde sei, o único trabalho além da música que Paul e John tinham feito foi durante o verão de 1960, quando estavam em férias escolares. Encontraram trabalho em um *pub* na Caversham, perto de Reading, dirigido por uma prima de Paul, Elizabeth "Bett", e o marido, Mike Robbins. Em retribuição por servir a cerveja, limpar o balcão, cuidar da espera pelas mesas, varrer o chão e fazer tudo o que outros não queriam fazer, os rapazes tinham permissão para entreter os freqüentadores nas noites de sábado. A maior parte do dinheiro que ganharam de verdade vinha das apresentações em Liverpool ou Hamburgo. Quando foram para a Alemanha, sem ganhar muito para comer adequadamente, passavam fome e enchiam-se de comprimidos para agüentar.

Naqueles dias, era muito incomum para qualquer pessoa sair de casa e conseguir sobreviver sem ter tido uma primeira experiência com algum trabalho. Cliff Richard tinha sido Harry Webb, um motorista de ônibus. Tommy Steele tinha sido marinheiro mercante, e Freddie Garrity do Freddie e os Dreamers tinha sido leiteiro. Todos tinham um trabalho, ou esperava-se que tivessem um. Naquela época, quando as pessoas iam para a fila dos desempregados, os funcionários davam a elas um emprego, não uma pensão. Se você não gostasse do trabalho, eles davam outro até que entendesse o recado.

A geração do pós-guerra comprava a prestação ou economizava para comprar à vista. Não havia crédito como existe hoje, e poucas pessoas tinham conta corrente. Os bancos tratavam as pessoas comuns como lixo. A fim de conseguir crédito, as pessoas precisavam ter registros de aluguel ou um trabalho regular há vários anos. Mas para os Beatles, logo quando começaram, fazer algo tão terreno quanto pedir um crediário jamais passou-lhes pela cabeça – a não ser que fosse para uma guitarra, que era uma coisa totalmente diferente. Não tinham aluguéis pagos, nem contas de luz, então, se quisessem alguma coisa, tinham que economizar e pagar à vista. Mesmo depois que foram para Londres, não tinham a idéia real do que era o "mundo lá fora". Seu mundo era o Reino dos Beatles, o que exigia ser bobo e engraçado, além de "criativo". Esse era o negócio. Não havia discos com faixas antes dos Beatles, nem um programa que dissesse "É assim que age um *popstar*, é assim que deve levar a vida e cuidar das finanças".

As maiores decisões de suas vidas, mesmo até aquele momento, tinham sido relacionadas a sexo e drogas, então não era surpresa o fato de estarem mal preparados para lidar com um negócio que gerava milhões. Tudo ligado a eles virava ouro. As camisetas por exemplo. Quando perguntei a Brian pela primeira vez quanto cobraríamos por elas, ele não sabia responder. Procurou em livrarias e bibliotecas por algum manual, mas aquele ainda era um terreno virgem, literalmente uma nova fronteira em termos de negócios. Não havia um guia prático para ser seguido. Perguntou até aos velhos empresários e deixou-os confusos. No final, tudo o que pode dizer foi, "Cobre o que o mercado aceitar". Brian devia ter visitado o Coronel Parker para uma conversa.

Mas o dinheiro jorrava e os Beatles eram mantidos completamente à sombra. Brian continuava fazendo os pagamentos regulares de cerca de cinqüenta libras menos impostos, em notas de cinco e uma libra e algumas moedas. Era tudo muito sem sentido porque, a partir do momento em que foram para Londres, embora continuassem a receber o pagamento, tudo feito do modo correto, tinham parado de usar dinheiro. As casas eram compradas por intermédio da NEMS. Apartamentos, carros, roupas, restaurantes, supermercado, tudo estava na conta paga pelo escritório. Deixaram de ser duros, com algumas notas de uma libra no bolso, para serem ricos sem dinheiro algum nas mãos.

Durante a fase *hippie*, andavam descalços, assinando qualquer coisa. Quando assinavam um cheque as pessoas raramente descontavam. Preferiam colocar em um quadro. Os Beatles eram pessoas normais e com os pés no chão. Não gastaram além da conta para depois ficarem com cara de palhaço e sem nada, como alguns artistas das gerações seguintes. Se alguém lesse recortes dos primeiros tempos da banda, veria claramente que eles não tinham do que se envergonhar. Não havia o menor sinal de escândalo, nem uma mácula sequer até começarem as buscas por drogas. Jornalistas como Don Short, que os conhecia bastante bem, dizia que olhando para trás, era incrível ver como se comportavam bem mesmo na estrada e sob intensa vigilância e pressão. Se um adolescente começasse a gostar dos Beatles, havia grandes chances de que seus pais também passassem a gostar da banda. Eles eram modelos e mantiveram-se em seu pedestal até o Verão do Amor, quando o Haight-Ashbury chegou à consciência de todos.

QUINZE

Músicas eram algo que John e Paul sempre acabavam criando quando estavam fora da escola ou viajando para alguma apresentação no fundo de uma *van* entre a estada durante a semana em Llandudno e a viagem para Birmingham a caminho do *Thank Your Lucky Stars*, antes de seguir para algum teatro como o Great Yarmouth. Música *pop* era coisa fácil.

Talvez tenha sido a pressão da imprensa ao levá-los muito a sério e fazer perguntas idiotas sobre a profundidade do significado de suas canções ou de onde vinham as letras que fez com que deixassem de ser simples compositores. Criar músicas tornou-se "arte criativa" e foi reinventada para ser vista como algo difícil. Mas até mesmo Franz Schubert – a quem um respeitável crítico comparou o trabalho deles – costumava "despejar" três, quatro ou cinco músicas por dia. Para John e Paul, de repente as músicas eram uma obra de arte levadas à Abbey Road, um quebra-cabeças meio montado para que George Martin fizesse sua parte. Tudo acabou ficando mais sério e caro. O tempo também era gasto com cuidado. Era contado e avaliado pelos contadores e racionado.

Parte do problema era a própria EMI. Sempre que um novo equipamento era inventado e lançado no mercado, ela tinha o irritante hábito de, depois da entrega, solicitar que fossem imediatamente retirados da Abbey Road e levados para seus laboratórios "em algum lugar do interior" para serem minuciosamente inspecionados por cientistas vestidos de branco. Passavam séculos desmontando tudo, mexendo no interior até que não houvesse mais segredos, então era tudo montado novamente com alguns pequenos ajustes e novas especificações. Apenas depois de a EMI colocar seu selo de aprovação o equipamento seria levado à Abbey Road, momento em que todos os outros estúdios já estariam utilizando os equipamentos mais recentes. Por exemplo, o Trident Studios comprava as novas máquinas de 8 canais e as utilizava. O Abbey Road também compraria um e ele seria tratado como se fosse um mistério a ser revelado. Era desmontado e decodificado para ser confidencialmente enviado de volta em um caminhão camuflado guardado por soldados armados – às vezes meses mais tarde. Talvez tudo fosse por causa da ligação entre a Thorn-Marconi e a EMI. A Marconi fazia mísseis e sistemas de orientação e a maioria de seus cientistas estava sempre conversando em segredo sobre projetos ultra-secretos do governo e contratos oficiais. Pode parecer exagero, mas talvez os equipamentos de gravação vindos da Alemanha ou dos Estados Unidos fossem tão avançados que haveria áreas de onde a Marconi poderia emprestar ou adaptar alguma tecnologia para orientação de mísseis ou sistemas de escuta de radar.

Os estúdios Trident e Olympic eram bastante maleáveis e criativos, mas o da Abbey Road era dirigido como se fosse um quartel, com registro de entrada às 9h e saída às 17h30, e tinha um regime não muito diferente de “Levante-se! Vá para sua guitarra, imbecil!”. O resultado é que na Abbey Road estávamos sempre atrás dos outros estúdios de gravação. Os outros já estavam havia muito nos 16 canais enquanto o Abbey ainda esperava o caminhão camuflado devolver o de 8.

Por fim, quando perceberam quanto dinheiro estavam gerando para a EMI, os Beatles ganharam permissão para gravar apenas quando tivessem vontade. Assim, sua vontade virou lei. Só faltava entregar-lhes as chaves e deixar fazerem o quisessem.

É verdade que na primeira vez em que os Beatles entraram nos estúdios da Abbey Road, estavam nervosos e tímidos, ansiosos para agradar e super atentos durante a apresentação. As sessões foram concluídas rapidamente para que pudessem fugir logo dali. Mesmo depois de terem noção de seu poder, ainda tratavam George Martin e sua esposa, Judy, como se fossem da realeza. Ficavam encolhidos diante dos executivos de gravação e eram, em vários aspectos, bastante educados, quase humildes. O motivo disso não era o fato de serem provincianos vindos de Liverpool, mas porque naqueles dias as pessoas tinham a tendência de se impressionar com figuras de autoridade, como Elvis, mesmo quando eram os maiores astros do planeta.

Nos primeiros dias, eu adorava ir à Abbey Road. Não importava quem estivesse trabalhando lá, fosse Yehudi Menuhin, Cliff Richard, os Hollies ou a English National Opera Company, era sempre empolgante. Quando entrava na sala de controle, algo sempre estava acontecendo, faixas estavam sendo gravadas, pessoas estavam inacreditavelmente motivadas e com pressa. Depois os estúdios viraram um lugar cheio de fumaça e a energia saía pela janela junto com ela.

Uns poucos anos antes, a originalidade de Paul e John em Liverpool, consistia em usar couro e no modo peculiar de tocar suas guitarras. Quando começaram a experimentar conceitos, idéias, vídeos e filmes, titubearam um pouco, tateando tudo com cautela. Os Beatles fizeram seus três primeiros discos mais ou menos "ao vivo". Não foi nada do tipo selecionar canais, gravar bateria e baixo primeiro, depois acrescentar o resto. Era mais no estilo 1-2-3-4 e começavam a tocar. Era assim que as coisas costumavam ser feitas, às vezes com um pouco mais de ADT (automatic double tracking) nos vocais para tornar o resultado mais interessante.

O primeiro disco levou apenas doze horas para ser gravado. "Hey Jude" foi a primeira vez em que os Beatles utilizaram 8 canais. Foi feito quase simultaneamente, "ao vivo" como antes, depois foram sobrepostos os detalhes. Era como, "Vamos usar todos os 8 canais, né?". E, uau! Tudo era tão novo e empolgante. Eles mal podiam esperar até entrar no estúdio e pôr as idéias em prática. Mesmo um conceito mais complexo como o *Sgt. Pepper* seria gravado em máquinas de 4 canais.

Seu novo poder significava que podiam muito bem fazer o que quisessem, mas com um preço. As coisas tinham mudado. Foi-se a paixão. Tinham se esquecido de que o estúdio Abbey Road era um local para *gravar*, não era um lugar onde poderiam criar. Por volta de novembro de 1966, quando foram para lá gravar as primeiras faixas do *Sgt. Pepper*, chegaram totalmente despreparados. Não tinham quase nada escrito, muito menos ensaiado. Mas com o incrível sucesso da banda, sempre ouviam – como costumava dizer George Martin – um "como quiserem".

Meu tempo continuava dividido entre o trabalho na NEMS durante o dia, cuidando do que fosse necessário – o que normalmente consistia em cuidar de coisas para Brian ou cumprir missões especiais, como organizar shows para o Saville ou sair por aí com Cilla. À noite, eu ia para os bares. Entre uma coisa e outra, eu andava com os Beatles, então, nesse tempo, vi muito bem como os quatro ficavam jogados pelos cantos do Abbey Road, com xícaras de café, pedaços de papel, cigarros e maconha, sem fazer nada. George Martin e o novo engenheiro, Geoff Emerick (que tinha substituído Norman Smith), ficavam sentados na sala de controle, ou no refeitório, entediados. De vez em quando, John ou Paul diziam, "Quando o Mal vai trazer a maldita comida?". George perguntaria, "O John escreveu alguma coisa hoje?". Ou Paul diria a John, "Você tem ouvido algum som novo para guitarras?".

Esse tipo de cena estendia-se por dias. Nada de importante acontecia. Então, de repente, "Fixing a Hole" seria trazida da caverna psicodélica com lareira de Paul, na Cavendish Avenue, para ser rapidamente montada e gravada em questão de horas. Depois disso, viriam mais alguns dias sem fazer nada. Em meio ao tédio, Paul diria, "John tem alguma coisa sobre um cara chamado Mr. Kite! Isso, tem um pôster de uma coisa como, o circo do Mr. Kite vem para a cidade e ele quer transformar isso em música". Mais alguns dias se passavam e então Paul se lembraria das idéias que tinha tido na noite anterior, antes de ir para a cama, de uma bela canção para Ringo: "With a Little Help from My Friends".

As sessões de gravação arrastavam-se por semanas a fio de ócio e tédio, sempre interrompidas, é claro, por clarões de brilhantismo. Ia longe o tempo em que os Beatles chegavam com uma música bem ensaiada e lapidada e o engenheiro original, Norman Smith, fazia a gravação de uma só vez, depois repetiam só para se divertir, ou por segurança.

♪

O Abbey Road era o estúdio próprio da EMI e ela podia fazer com ele o que bem quisesse. A burocracia era cumprida, o tempo de estúdio era cobrado e de alguma forma, os livros de registro eram fechados. Embora fosse um pouco regulado demais, funcionava. Os Beatles não gravavam em nenhum outro estúdio naquela fase, então não faziam idéia das quantias absurdas que estavam perdendo com isso. Qualquer pessoa bem decidida podia entrar em um estúdio e gravar um disco por 35 libras naqueles dias, mas o novo método de gravação dos Beatles – descoberto por acaso – tornou-se padrão na indústria por ter resultado naquele disco maravilhoso. De repente, os músicos começaram a esperar pela hora certa, a vibração ideal. O *Sgt. Pepper's Lonely Hearts Club Band* transformou toda a atitude de gravação, que era sentar e tocar, para uma atividade criativa.

Apesar disso, *Sgt. Pepper*, o disco que iniciou toda esta mudança, era genial. Mudou até mesmo o comportamento e o modo como as pessoas se vestiam. Mudou a cara da arte, as capas de discos e as atitudes. Paul pensava nisso durante uma viagem de volta do Quênia, onde tinha ido passar férias hospedado no Treetops Hotel, em novembro de 1966 – o hotel em que estava a princesa Elizabeth em 1952 quando soube que seu pai, o rei, tinha morrido.

Paul imaginou que se eles se transformassem na Sergeant Pepper's Lonely Hearts Club Band em vez de serem os Beatles, ou John, Paul, George e Ringo, estariam livres para fazer o que quisessem. Poderiam ser seus próprios alter egos, dizia, pessoas diferentes. Não teriam mais que fazer as musiquinhas *pop* bonitinhas de antes, nem precisariam mais dos ternos e franjas, nem ser bons rapazes. O Treetops tinha sido uma experiência psicodélica. Ele dizia que "queria voar", criativamente falando.

Brian não tinha a menor idéia do que Paul estava dizendo, o que esses alter egos eram, ou do que se tratava o *Sgt. Pepper*. Ele realmente só entendia de criar rapidamente discos de música *pop* e fazer shows, e então acrescentou estas novas preocupações à sua longa lista de coisas que o mantinham acordado e acabaram deixando-o quase louco.

Íamos fazer um vídeo para cada uma das faixas do *Sgt. Pepper*. A idéia era escolher um diretor diferente para cada uma delas. Cada um deles ofereceria uma visão diferente sobre um tema central. Alguns roteiros foram escritos, prontos para serem filmados, mas Brian não estava muito contente com aquilo. Dizia que traria um pesadelo administrativo para ele.

"Como 'Lucy in the Sky with Diamonds' será interpretada?", perguntou com a testa franzida.

Eu sabia do que ele estava falando. Eles estavam tomando ácido como se o mundo fosse acabar amanhã. John tomava um atrás do outro, semana após semana, antes e depois do disco, embora nunca tomassem ácidos quando estavam gravando de verdade. Mas Brian estava preocupado com a legalidade das imagens porque "Lucy" tinha sido feita sob efeitos do ácido. Não via sentido em fazer uma coisa que acabaria proibida. Além disso, o sindicato dos músicos e da TV não deixariam que ninguém fizesse um trabalho independente. O custo das equipes de filmagens e de atores do sindicato e as horas extras para os pequenos filmes feitos para cada faixa do disco seria absurdo. No geral, sairia mais caro do que um filme de verdade. Era necessário muito trabalho naquele tempo para lidar com a papelada exigida, além dos aspectos legais e sindicais de uma produção. Não havia fax nem e-mails, apenas o telefone e os correios, ou um entregador de mensagens. Tudo tinha que se contratado por escrito, em três vias, à moda antiga, com papel carbono, depois assinado, selado e entregue. O que parecia uma grande idéia na Escócia na noite anterior acabaria sendo um desembarque na Normandia para nós no dia seguinte.

Brian queixou-se a mim dizendo que a nova aventura tinha criado uma quantidade enorme de trabalho e, por fim, os vídeos acabaram nas prateleiras. Mesmo a capa ícone de *Sgt. Pepper*, feita por Michael Cooper com direção de arte de Peter Blake e Robert Fraser, tinha saído absurdamente cara. Os custos finais chegaram a exorbitantes 2.867 libras, cem vezes mais do que a maioria das capas de discos (dava para comprar dois Jaguar com esse dinheiro). Aquilo acabou com o orçamento da EMI para capas – mas John insistia que a arte estava além de qualquer preço. E ria, "Se você não entende de arte, saia da sala". Algo que parecia ser uma idéia simples para Paul transformou-se em um pesadelo para Brian. Não posso descrever como isso o deixou doente.

"Todos aqueles rostos ali", dizia Brian. "Não tem sentido. Quem são eles?". Naquele momento também estava em andamento a renegociação do contrato dos Beatles com a EMI, que se arrastava, deixando Brian ainda com menos sono.

Interessante foi que *Sgt. Pepper* foi montado aleatoriamente, sem uma seqüência lógica, mas acabou dando certo. Era brilhante. Mas quando a ordem das músicas foi rearranjada para se encaixar em um dos novos formatos para consumo nos Estados Unidos, não deu certo. Estranho e inexplicável, mas o disco ficou um amontoado.

Muitas pessoas falavam sobre aquele tipo de concepção de disco, mas poucos foram capazes de compor e realizar tal feito. Talvez Brian Wilson ou Pete Townshend tenham conseguido. As músicas não tinham muita ligação por uma trama contínua, como em uma ópera clássica, ou como na ópera rock *Tommy*, eram interligadas por um *sentimento*. Para tanto, tinham em George Martin o parceiro ideal, um verdadeiro gênio e arranjador e, mais importante, era um símbolo absoluto de organização e conhecimento.

Vi isso em primeira mão. Nos momentos em que as idéias estão a milhão, é fundamental ter alguém ao lado que não apenas *pode* dizer, mas que *vai* dizer "Claro, vamos fazer assim, depois vamos fazer assado, depois vamos tentar isso e aquilo. Certo! Vamos começar".

Naquele momento, George Martin não tinha somente uma relação de confiança com os Beatles, e quando chegaram com o *Sgt. Pepper*, ele teve certeza de que eram mais do que simples cantores e músicos. Começou a respeitar sua competência e ficava feliz em satisfazer suas exigências musicais em vez de simplesmente atender aos pedidos. Na verdade, tinha prazer em fazer isso. Sempre divertia-se em algumas das sessões mais criativas. Naquele momento, ele era sem dúvidas o quinto Beatle que a imprensa procurava, embora Paul e John dissessem o contrário. Em respeito e amor à sua memória, o único "quinto Beatle" que aceitariam seria Stuart Sutcliffe.

Estar lá em várias dessas sessões era algo para jamais esquecer. Minhas lembranças são amenizadas pelo fato de, naturalmente, não sabermos o quanto *Sgt. Pepper* se tornaria importante culturalmente, um ícone. Lembro-me claramente de estar filmando uma das sessões finais de uma faixa, "A Day in the Life", quando o Sr. McCartney tinha arranjado uma orquestra completa com o Sr. Martin, ou como descreveu Paul, "um conjunto de pingüins" para não tocar nada enquanto ele, o Sr. McCartney, regia.

Quando digo tocar nada, quero dizer nenhuma música em pauta. Paul queria que cada instrumento tocasse em sua própria escala ascendente até chegar a um grande *crescendo*. Obviamente funcionou porque dá para ouvir no disco. Antes de filmarmos, entregamos aos convidados câmeras de 16mm , incluindo, entre outros, Mick e Marianne, e Mike Nesmith dos Monkees. Foram ensinados a ligar as câmeras e instruídos a filmar o que quisessem. Depois a BBC proibiria o filme resultante. Não por causa do conteúdo das filmagens, mas porque a música fazia referência a drogas.

Algum tempo depois de proibir o vídeo "A Day in the Life", a BBC telefonou para mim dizendo que planejavam um empreendimento próprio. Seria a primeira transmissão internacional feita por satélite, e eles a chamariam pomposamente de *Our World*. O programa de 125 minutos iria conectar os continentes ao vivo, colocando "o homem cara-a-cara com a humanidade". Será que o Fab Four aceitaria escrever e apresentar uma nova música para marcar o evento?

Ainda ressentidos por terem o filme das drogas rejeitado, os rapazes disseram não imediatamente, depois reconsideraram. Disseram que fariam se pudessem fazer como se fosse uma festa. Desconfiada, a BBC marcou "uma reunião", e eu fui enviado para lá para explicar a idéia. Levei comigo o filme de "A Day in the Life" que, é claro, como suspeitei, eles sequer tinham visto. E, como já imaginava, eles adoraram. Tomamos umas bebidas e passamos o filme repetidas vezes enquanto cantávamos junto. Quando finalmente fomos falar de negócios, entreguei a eles uma fita com duas novas músicas e pedi que escolhessem uma para a futura transmissão por satélite. As músicas eram "Your Mother Should Know" e "All You Need Is Love".

Logo receberíamos uma carta oficial da Central de Difusão. O texto informava que a escolhida era "All You Need Is Love" e, além disso, concordavam com a "atmosfera de festa".

Os rapazes saíram logo para o trabalho porque iam tocar ao vivo à noite no estúdio. Provavelmente seria a primeira sessão de karaokê ao vivo do mundo. George Harrison foi quem finalmente perguntou em tom de ironia, "Ei! E quem vai participar dessa festa então? Temos menos de dois dias!".

Todos se entreolharam. A solução era óbvia. Saí dali e facilmente encontrei Keith Moon no Speakeasy. Mas não respondi de volta rapidamente. Afinal, por que estragar uma boa noite pelos bares só por ter encontrado o que queria no primeiro? Keith estava alucinado. Pela primeira vez Keith não estava vestido como a Rainha Vitória ou Hitler.

Irônico, sugeri que fosse para casa descansar. Contei para ele a história da transmissão por satélite e disse, "Amanhã você tem uma festa oficial. O mundo inteiro vai ver e você precisa estar em forma".

Ele não estava entendendo nada. Aproximou-se de mim com a voz embargada e disse "Não me reprove, rapaz, não me reprove". Mas Keith estava com um ânimo muito mais confiante. "Meu rapaz, estarei lá, mas se não se incomode, pois vou continuar aqui".

"A filmagem é ao vivo", lembrei.

"Satélite? Sei tudo sobre satélites. Conexão com o mundo todo? Café pequeno", disse ele, grandioso.

Fui embora. Era um trabalho exaustivo, mas persisti. Passei pelo Cromwellian, pelo Bag, e no Scotch of St. James encontrei Eric Clapton, Mick Jagger e Marianne Faithful com amigos. Mick disse que iria, sem problemas, mas ficou um pouco chateado pelo fato de a BBC não ter chamado os Stones. Na ocasião eles estavam gravando o novo disco, *His Satanic Majesty's Request*, e disse que seria um tipo de publicidade impossível de se comprar.

Ele convenientemente se esqueceu de mencionar que enfrentaria um processo por drogas em dois dias e o caso estava nas manchetes havia muito tempo. Houve passeatas em apoio a ele, e vários artigos foram escritos. Eu disse, "Você agora é meio *persona non grata* para o Governo, hein, Mick?"

Ele sorriu e falou devagar, "Sim, tem razão. Eles que se fodam". Mas ele não parecia nem um pouco preocupado, pois no disco *Satanic Majesty's*, Mick dizia, "Cadê o baseado?".

No final, conseguimos criar uma bela atmosfera festiva. Moon chegou cedo. Mick chegou vestindo um belo casaco de seda com olhos psicodélicos estampados. Eppy também foi, e parecia bem feliz. Usava um terno preto de veludo mas não usava gravata. Aquilo o deixou com o rosto mais limpo e muito mais jovem. Tirei várias fotografias naquele dia e as de Brian com os Beatles são últimas em que aparecem todos juntos.

Eu ainda estava na sala de controle tomando uísque com George Martin e Brian quando nos avisaram que estávamos no ar, quarenta segundos antes. Enfiamos a garrafa e os copos embaixo da mesa de mixagem e corremos para nossas posições. Mick estava sentado no chão ao lado de Paul e fumava um grande cigarro de maconha na frente de 200 milhões de pessoas – e ele estaria em um tribunal no outro dia pela manhã. Eric Clapton teve os cabelos produzidos à moda afro, a última moda, como Hendrix. Os mais narcisistas queriam sentar-se aos pés de John porque como vocalista das músicas, as câmeras estariam nele a maior parte do tempo. Ele estava tão ligado e acelerado que mascava chicletes sem parar. Todos tomaram alguma coisa para aumentar a animação, e eu, que era o homem placa exibindo a mensagem O FIM DO MUNDO ESTÁ PRÓXIMO, aparecia dançando e balançando sinos. Mas naquela noite a mensagem foi LOVE LOVE LOVE.

DEZESSEIS

POUCO ANTES DE JIMI HENDRIX ter formado sua banda, sempre o encontrava com seu agente, Brian "Chas" Chandler, ex-baixista dos Animals. Jimi amava Chas, realmente o adorava. Eles tocavam um pouco de *rock*, depois um pouco de *blues*. Isso foi antes de "Hey Joe". Chas sempre foi um cara maravilhoso, alegre e divertido, desde o momento em que os Animals fizeram sua primeira incursão de Newcastle para Londres, tocaram "House of the Rising Sun" por vinte minutos e saíram para beber uma cerveja. Ele era simplesmente grande e engraçado, ao contrário de Eric Burdon, que queria cantar como Ray Charles. Lembro-me que eu tinha uma namorada na época e Chas gostava dela. Toda vez que eu virava as costas, lá estava ele. Chas telefonava nas horas mais estranhas, tentando pegá-la sem mim.

Ele descobriu Jimi tocando em algum beco do Greenwich Village e assumiu o controle de sua vida e carreira. Estavam juntos vinte e quatro horas por dia. Ele levou Jimi de volta à Inglaterra e apresentou-o às pessoas, conseguindo shows levando-o para vários bares, do Bag O'Nails e Cromwellian até o Speak. Sempre que tinha oportunidade, Chas colocava Jimi no palco para tocar junto com sua banda, visando impressionar as pessoas e aumentar seu cartaz no boca a boca. Jimi era realmente impressionante. Fazia aqueles shows com a guitarra, tocando-a nas costas e com os dentes. Quando finalmente ateou fogo nela, a multidão estava quase sedenta por sangue. Mais tarde, como sempre acontece, a histrionice era uma exigência. O estilo sobrepôs-se ao conteúdo. Ficou tão insuportável que se Jimi não atacasse sua guitarra e criasse tumulto, os fãs vaiavam pedindo que saísse do palco. Tentar prosseguir com aquela loucura, sempre sentindo a expectativa de violência e anarquia dos fãs, teria um efeito profundo em Jimi. Ele perdeu seu caminho e, por fim, a própria vida.

Assim como John Lennon, Jimi era absolutamente original. Jamais falava de outra coisa senão música e às vezes sobre o exército, onde tinha sido pára-quedista. Tinha feito parte da famosa Divisão 101 Aerotransportada, a Screamin' Eagles, com base em Fort Campbell na fronteira do Tennessee com o Kentucky. Era uma cidade de fronteira muito louca com sua atmosfera de *blues*, cerveja, uísque e brigas. Foi onde Jimi se batizou no *blues* enfiando-se por Nashville e Memphis, tocando em todos os bares de *rock and roll*, *blues* e *soul*.

Eu sempre ia vê-lo quando podia. Ele era tão fantástico que levei Brian ao Bag para vê-lo tocar certo de que Brian concordaria comigo. E concordou. Ficou estonteado e disse, "Acho que vou colocá-lo no Saville. Ele merece ter um show próprio".

Brian manteve sua palavra, como sempre fazia. Tinha orgulho do Saville. Tínhamos iluminação própria e tudo o mais. Naquela época, não havia muitos números apresentados em teatros de verdade onde a acústica do som era realmente boa. Os artistas eram mais aptos a tocar em bares, *pubs* e inferninhos, aumentando o volume dos amplificadores e fazendo estardalhaço. Jimi sempre tentava tocar o mais alto que podia para conseguir o melhor som que tinha em mente. Naqueles dias, os sistemas de PA eram adequados – exceto para estádios, onde eram inúteis – mas ainda assim não podiam suportar Jimi Hendrix. Toda a indústria, desde a gravação até o marketing, passando pela execução, estava tentando se estabelecer, tudo era ainda tão básico comparado aos padrões de hoje.

Em meados dos anos 1960, o show de luzes tornou-se tão importante quanto o show musical. A iluminação psicodélica era um padrão e se encaixava bem com toda a onda psicodélica, dos cogumelos mágicos às modas bizarras e extravagantes. Bandas como o Pink Floyd envolviam a platéia com sua iluminação junto com sua música. De certo modo, Jimi Hendrix parecia inspirado pelas luzes. Sofria fortes dores por conta de uma má aterrissagem de pára-quedas, e tinha que tomar vários analgésicos. Brincávamos dizendo que ele ficava alto com Valderma, o creme anti-séptico que costumava esfregar no rosto o tempo todo para compensar a má resistência. Também adorava os cogumelos, e com esta combinação de analgésicos e cogumelos, mais as carreiras cheiradas diante do espelho no camarim, Jimi parecia voar além das estrelas quando estava no palco. Sempre achei que ele podia ver cores que nem estavam no espectro. Seus olhos tinham uma expressão que dizia mais ou menos "Posso ver eternamente, e o que posso ver, posso tocar". E ele ficava lá no palco durante os ensaios, envolto nos efeitos de luzes que eu criava, globos luminosos de magenta e lilás, verde e dourado.

Era fácil trabalhar com Jimi e também de confiar nele. Tudo caía bem contanto que melhorasse seu desempenho. Como eu era relativamente novo no negócio de iluminação, queria experimentar coisas novas, tentar de tudo desde os estrobos até canhões giratórios. Jimi experimentava tudo o que eu sugeria, dos efeitos circulares multicoloridos aos flashes em zigue-zague e verticais. Lembro-me dele contente com esses efeitos. "Cara! Parece uma chuva roxa!". E era tudo o que diria. Adorava também os estrobos azuis que piscavam como relâmpagos. Pareciam dar-lhe mais energia, como se estivesse ligado na tomada. Suas apresentações eram incendiárias.

O Saville ficou lotado. O governo tinha ordenado que ninguém ficasse em pé nos teatros, então todos aplaudiam enlouquecidos e batiam com os pés no chão enquanto estavam sentados. Era apenas nos shows dos Beatles, onde havia uma multidão bem mais jovem, que os fãs iam à loucura. O Saville era mais adulto, mais interessado em ouvir música.

Houve duas apresentações de 45 minutos naquela noite. Jimi tocou "Purple Haze", "The Wind Cries Mary" e "All Along the Watchtower". Tocou um pouco de *blues*, um pouco de Cream, algumas faixas de seu disco *Are You Experienced*. Na maior parte do tempo usou uma camisa de seda, calças de veludo, botas Beatle e, no palco, uma jaqueta militar de uma loja estranhamente chamada de I was Lord Kitchener's Valet. Outro modo favorito de se vestir era a jaqueta azul com fios dourados comprada na Granny Takes a Trip, uma loja de velharias na King's Road. Por baixo dela, usava calça militar. Era um visual interessante que se tornaria sua marca registrada.

Colocamos Jimi três ou quatro vezes no Saville e depois disso sua carreira decolou. Ele estava sempre tocando sozinho e podia acabar com qualquer guitarrista do planeta. Porém, havia algo sobre o Saville que parecia levá-lo para outro lugar. Jimi Hendrix talvez seria outro guitarrista se tivesse ficado nos Estados Unidos. Acho que tinha que estar na Europa para brilhar. Era o momento certo e seu progresso foi meteórico, dos lugares apertados, esfumaçados e entupidos como o Speakeasy e o Bag O'Nails, para as grandes apresentações em público em lugares históricos.

DEZESSETE

DURANTE OS PRIMEIROS MESES de 1967, eu sempre me encontrava com Paul andando sozinho pela cidade. Era a época em que Jane estava nos Estados Unidos com o Old Vic Rep em uma turnê de três meses com as peças de Shakespeare e Paul tinha começado a freqüentar concertos, palestras e exposições experimentais para absorver novas idéias. Rapidamente ele estava se tornando o Beatle mais criativo. Em abril, enquanto John voltava de viagem inspirado o bastante para contratar o Fool, um escritório holandês de arte, para criar desenhos para seu Rolls Royce com riscos psicodélicos fosforescentes e ramalhetes de flores sobre um fundo amarelo, Paul estava voando de Los Angeles para Denver em um jatinho particular que o advogado nova-iorquino dos Beatles, Nat Weiss, tinha emprestado de Frank Sinatra. Estava decidido a fazer uma visita surpresa a Jane por seu aniversário de 21 anos. Passaram apenas um dia juntos, apreciando o cenário das Montanhas Rochosas, antes que Jane voltasse ao trabalho, e Paul fosse para Las Vegas ver alguns amigos.

Alguns dias depois, em algum lugar no meio do céu em seu caminho de volta para casa, sua mente ativa sonhou com outro conceito enormemente inovador: "A Magical Mystery Tour", cheia de quadros à la John. Seus ritmos de vida eram tão corridos e imediatos que em breve os Beatles estariam na Abbey Road para as primeiras sessões de gravação do novo disco, já com um filme programado.

Os Beatles não tomavam ácido quando estavam no estúdio, mas antes disso, naquele ano, John tinha tomado por acidente. Talvez influenciado pelo Pink Floyd, que fazia seu primeiro disco *pop* intergaláctico, o *Piper at the Gates of Dawn*, no estúdio ao lado (com Norman Smith na produção), John passou a noite empoleirado no teto dos estúdios da Abbey Road viajando, olhando para as estrelas congeladas e esperando o amanhecer. Por fim, Paul e George subiram e tiraram-no de lá antes que caísse. Paul levou-o para casa e, para ajudar, também tomou um ácido para ficar no mesmo nível e manter-se acordado a noite toda fazendo companhia a John.

Londres agora fervilhava com sons e drogas psicodélicas. "Strawberry Fields Forever" tocava sem parar, assim como "Purple Haze" de Jimi Hendrix e "Paper Sun" do Traffic. Para ilustrar a diferença esquizofrênica nos gostos e opiniões entre as gerações, a velha guarda inglesa pegou "Roses of Picardy" de Vince Hill e escreveu aos jornais, reclamando sobre a juventude daqueles dias. Mas na linha de frente estava tudo acontecendo, começavam os trabalhos em estúdio para imitar o *Sgt. Pepper*, incluindo o sucesso de Pink Floyd, "See Emily Play". Norman teve que brigar para que o Floyd fosse mais melodioso e psicodélico e ele tinha razão: funcionou. Por fim, o homem principal, Syd Barret, tornou-se vítima fatal do ácido, o que foi uma grande pena porque, como me disse Norman quando soube da notícia, "Syd podia compor como John Lennon".

No final de abril, fui ao primeiro grande evento psicodélico na Europa, que aconteceu em um grande espaço, o Alexandra Palace – conhecido pelos londrinos como Ally Pally – na Muswell Hill, norte de Londres. Exibido de forma aleatória pela BBC2, que normalmente mostrava apenas programas bastante sérios e sóbrios, aquele foi o modelo precursor de todos os festivais *pop* que se seguiram. Foi um evento beneficente em favor do fundo de assistência jurídica do *International Times*. Os anúncios na *Melody Maker* diziam que seria "um grande benefício contra o barulho" – o barulho era a polícia que os queria proibir. No reino *hippie*, ficou conhecido como o Fourteen-Hour Technicolor Dream. Eu conhecia a maioria das bandas porque já as tinha levado para o Saville.

Foram montados dois grandes palcos e um outro menor para eventos, malabarismos, engolidores de fogo e coisas do tipo. Ninguém esperava que 10 mil *hippies* felizes aparecessem por lá, mas apareceram. Em um canto, em um iglu de plástico, Suzy Creamcheese distribuía cigarros enrolados em folha amarela que deveriam dar um efeito rápido, mas como era apenas casca de banana, provavelmente não funcionariam – embora Donovan cantasse que a banana elétrica aparentemente se tornaria uma das próximas manias. O Pink Floyd se destacou, e havia mais setenta bandas de todas as tendências; e show de luzes iluminando as grandes muralhas e a dança.

Vi John chegando com Dunbar e mais dois outros, usando um casaco afegão de pele e com aparência bastante alterada. Fui falar com eles. Disseram que estavam vendo TV em Weybridge quando viram o show no ar. Pularam no carro e foram para Londres. Enquanto conversávamos – embora não se pudesse ouvir muita coisa por causa da música – a atenção de John foi chamada por Yoko, que fazia uma apresentação do Fluxus com escadas e tesouras no palco central, abaixo dos acrobatas e malabaristas pendurados nos pilares góticos de ferro fundido. Ele ficou olhando, parecia hipnotizado.

Em meio a toda aquela irradiação de alegria e amor, de repente algo estranhamente desagradável aconteceu em volta dela. O som perigosamente amplificado das tesouras que cortavam sua roupa deixou alguns espectadores agitados e eles começaram a atacá-la, rasgando suas calças, como lobos atacando uma lebre. Ela ficou lá deitada, com expressão impassível e deixou que fizessem o que queriam fazer, como se fosse alguma performance experimental. Quando estava completamente nua, seus companheiros de arte levaram-na para um canto e cercaram-na para que pudesse vestir roupas novas. Yoko pode ter perdido as calças para um bando de loucos, mas naquela noite ganhou John, ou pelo menos, ganhou sua atenção. Será que foi aquela pequena apresentação sadomasoquista o que o fascinou? Fosse o que fosse, John foi despertado. Era óbvio em seu rosto. Enquanto olhava para ele, conhecendo John como eu conhecia, percebi que haveria problemas. Estranhamente, o marido de Yoko, Tony Cox, tinha filmado toda a cena e, às vezes, parecia incitar a multidão. Quando notou o olhar fixo de John, vi um olhar bastante abalado nos olhos de Tony.

O momento mais mágico viria ao amanhecer. Quando o céu estava cor-de-rosa e a luz do sol começava a inundar tudo, o Pink Floyd subiu ao palco, pela primeira vez usando calças boca de sino de veludo e camisas justas de cetim. John ficou tão tocado que mesmo alterado teve uma visão de sua futura vida idílica. Veio até mim e disse, "Vou levar Cynthia comigo. Vamos morar no Paraíso". Ele se referia à ilha que tinha comprado em um leilão na remota Clew Bay no mês anterior, mas ainda nem conhecia.

No dia seguinte, John, Dunbar e Magic Alex voaram para Dublin e entraram em uma grande limusine preta que os esperava no aeroporto, depois foram para a solitária costa oeste. Um balseiro local levou-os dali para a ilha de John. Ele percorreu umas poucas centenas de metros de grama encharcada e espinhenta, antes de se esconder do vento atrás de uma pedra para fazer alguns rabiscos sem sentido do que seria seu futuro lar, com sua visão que enxergava apenas coisas psicodélicas e fantásticas. Ele queria um lugar onde ele, Cynthia e Julian se encontrassem, fossem felizes e onde não houvesse uma mulher tão intensa como Yoko para penetrar-lhe a mente. Um lugar de onde poderia sair de vez em quando para gravar um disco ou ir a outros eventos psicodélicos. Era um sonho que a exposição da ilha e o vento frio do mar levaram para longe. Os três intrépidos aventureiros voltaram para a loucura de Londres e a ilha voltou ao seu descanso.

Em um ano que entraria para o folclore como o Verão do Amor, Paul conheceu Linda Eastman – a mulher que seria o amor de sua vida – em 15 de maio de 1967. Na época, Linda estava fazendo o próprio nome em Nova York. Tinha deixado de ser uma recepcionista que ganhava 65 dólares por semana na *Town and Country Magazine*, para ser uma fotógrafa ganhando mil dólares por página na *Life*. Tinha conseguido isso ao atender a um convite exclusivo enviado à revista para um evento dos Rolling Stones no *SS Sea Panther*, ancorado no Hudson. (Os Stones usavam o iate como base temporária porque tinham sido proibidos em todos os bons hotéis de Nova York). Por conta do destino e um pouco de esforço próprio, Linda acabou sendo a única fotógrafa convidada para entrar na embarcação. Conseqüentemente, suas fotos eram as únicas disponíveis na mídia, o que rapidamente elevou-a à condição de principal fotógrafa do *rock and roll*. Foi naquele iate que viu pela primeira vez o empresário dos Stones, Allen Klein, além de Peter Brown, que estava em Nova York a negócios.

Linda foi a Londres para tirar fotografias para um livro intitulado *Rock and Other Four-Letter Words*, encomendado pela Bantam Books. Seu modesto adiantamento de mil dólares foi quase todo utilizado com as despesas de viagem e filmes fotográficos, então Linda ficava na casa de amigos que havia conhecido em Nova York, como os Animals, para economizar o dinheiro que gastaria com hotéis. Georgie Fame estava fazendo uma apresentação no Bag O'Nails quando apareci por lá com Paul e um pequeno grupo. Linda estava sentada em uma mesa alguns metros adiante, perto da parte frontal. Percebi que alguém tinha chamado a atenção de Paul. Olhei na direção em que ele estava olhando. A garota que ele olhava, Linda, não era do grupo conhecido de garotas do *rock* com suas roupas características. Ela realmente chamava a atenção como uma Veronica Lake, com o rosto anguloso e cabelos loiros, cortados para que balançassem acima das bochechas. Quando ela foi para os fundos para ir ao banheiro feminino, vi que caminhava como uma estrela dos anos 1940, com passos graciosos. Paul "acidentalmente" levantou-se quando ela passou por nossa mesa, bloqueando-lhe a passagem.

"Oi, sou Paul McCartney. Como vai?", disse ele.

Linda não se impressionou, como fariam muitas ao se depararem com um Beatle. Apenas apresentou-se e os dois ficaram conversando. Ela contou a Paul o que estava fazendo em Londres. Logo estavam flertando e rindo, portanto não foi surpresa quando Paul disse que todos íamos para o Speakeasy para ver o Procol Harum, uma nova banda – e será que Linda gostaria de ir junto?

"Claro, adoraria", disse ela. "Vou perguntar aos outros".

Rápido no gatilho, Paul sugeriu que Linda fosse conosco, deixando os Animals e pegando carona em nosso carro. Quando chegamos ao Speakeasy, descobrimos que o tal Procol Harum era na verdade os Paramounts, de Southend. Com nome novo, belo visual e músicas inéditas, estavam viajando e fazendo um bom trabalho também. Quando acertaram um sucesso com "A Whiter Shade of Pale", eu imediatamente fiz o convite para que tocassem no Saville. Naquela noite continuamos no Speakeasy, mas Linda foi embora com os Animals quando eles saíram. Este era mais um ponto incomum nela. A maioria das garotas teria ficado até o fim, esperando que Paul as levasse para casa.

A festa de lançamento de *Sgt. Pepper* seria quatro dias depois, na casa de Brian, um evento exclusivo para apenas 12 jornalistas e fotógrafos. Linda apareceu no escritório da NEMS com suas amostras. Paul não estava lá e a garota na recepção me chamou. Linda apontou para suas amostras.

"Conheci Peter Brown em Nova York e disse a ele que apareceria para mostrar algumas fotos minhas".

Conversamos mais um pouco, depois levei-a para o escritório de Peter e a deixei com ele. Linda pediu que Peter mostrasse seu trabalho a Brian, para ver se podia tirar algumas fotos dos Beatles para seu livro. Brian adorou as amostras de Linda e perguntou se podia comprar algumas fotos – Linda recusou educadamente – mas conseguiu o convite para o lançamento do *Sgt. Peppers*. Brian pessoalmente quase não organizou a festa. Tinha acabado de sair de uns dias de coma na Priory.

A Chapel Street era muito elegante, com a mobília rococó Louis Cinque coberta de faixas de seda. O papel de parede era amarelo claro. Era tudo de muito bom gosto e confortável. Mesmo os quartos – onde se esperaria ao menos uma decoração um pouco sibarita – eram sóbrios. Havia uma grande cama estilo Napoleão, coberta com colcha de cetim. Era confortável. Sentei-me nela várias vezes, conversando com Brian quando ele estava "mal".

Quando Paul viu Linda pela segunda vez, a atração que sentiu por ela foi reforçada. Seus cabelos loiros estavam limpos e brilhantes, as roupas eram simples, à moda dos Estados Unidos. E mais, seu olhar era direto, o sorriso, sincero. Linda parecia ter um jeito que fazia com que todos se sentissem pessoas especiais, bem diferente dos outros presentes ali, que nunca olhavam para você enquanto falavam. Seus olhos estavam sempre percorrendo a sala, como se pudessem perder alguma coisa importante.

Parado em um canto com minha bebida e observando, percebi que Linda se inclinava à frente e ouvia de verdade. Vi o quanto Paul apreciava sua falta de pretensão. Ele parecia relaxado quando falava com

Linda de um modo como nunca ficava quando falava com novos conhecidos. Ele a convidou para sair, mas ela disse, "Não, tenho que voltar para Nova York".

"Ah", disse Paul. "Bem, então numa próxima vez".

"Claro, vou adorar", disse ela. Acho que apenas uma garota bem educada e segura recusaria um convite de um Beatle. A maioria das garotas teria rasgado a passagem e dito que ficariam ali eternamente.

Ela conseguiu tirar as fotos mais utilizadas daquela noite, poses dos Beatles relaxados, agindo naturalmente, rindo. Paul e John estavam apertando as mãos um do outro e John tinha o polegar para o alto como se dissesse, "Ei, ignore os boatos, somos realmente os melhores amigos".

Sgt. Pepper chegou ao primeiro lugar no Reino Unido e ganhou disco de ouro nos Estados Unidos logo no primeiro dia de lançamento. Duas semanas depois, Jane voltava da turnê com o Old Vic pelos Estados Unidos. Ela e Paul voltariam aos velhos hábitos, com Jane trabalhando duro e os dois saindo pela cidade para os bares e noites de estréia, um jovem casal de contos de fadas.

Logo depois do lançamento de *Sgt. Pepper*, Jimi e Chas tinham aparecido em meu escritório para falar sobre o agendamento no Saville. Eu dei a eles uma cópia do disco. Jimi olhou para a capa em silêncio, absorvendo cada detalhe – achei que tinha entrado em transe. Ele colocou o disco embaixo do braço e saiu com ele. Três dias depois, quando estreou mais uma vez no Saville, Paul e eu estávamos lá, andando pelos bastidores. Paul tinha considerado Jimi o maior guitarrista do mundo depois de ver sua apresentação no Bag O'Nails e fez questão de ir ver aquele show. Ficamos olhando enquanto Jimi andava pelo palco. As luzes estroboscópicas piscavam e os canhões de luzes banharam o lugar todo com tons de rosa e roxo. Depois, Jimi começou um *pout-pourri* virtuoso de *Sgt. Pepper*, começando com um pequeno *riff*. Eu não conseguia acreditar. Ele não deve ter feito outra coisa durante aqueles três dias a não ser ouvir o disco.

Antes que Jimi começasse a cantar as letras, Paul exclamou radiante, "Ei, cara! Ele está tocando *Sgt. Pepper*!". Ele ficou ali em pé, absorvendo a apresentação de Jimi enquanto a platéia ia à loucura. Quando acabou, Paul olhou para mim. "Tony, isso foi demais. O disco foi lançado na quinta, hoje é domingo, e Jimi toca ele inteiro!". Tudo o que pude fazer foi balançar a cabeça concordando, também impressionado. Jimi Hendrix era mesmo rápido e bom daquele jeito.

Depois das apresentações no Saville, ele voltou para os Estados Unidos para tocar no festival de Monterey. Paul fez questão de falar com Derek Taylor, que trabalhava por lá montando o festival, sobre o virtuosismo de Jimi. Em Monterey, o Who e Jimi eram mais ou menos representantes do continente britânico. Um ciclo de eventos desta grandeza, não acontece mais atualmente. Um artista como Jimi Hendrix sendo descoberto e levado por um agente-promotor como Chas Chandler não acontece mais. Hoje, tudo o que temos é o Shepherd's Bush Empire, e para tocar lá, você tem que ser grande, ser capaz de esgotar os ingressos. Mas naqueles dias, os músicos tocavam em pequenos lugares por Londres, Liverpool ou Manchester. As bandas arrumavam uma van Bedford, depois uma Transit e pulavam de uma apresentação para outra até chegarem ao Marquee na Wardour Street. A verdade é que eles eram bons. E tinham que ser se quisessem continuar tocando. Parece batido dizer "Tudo passa, tudo muda", mas o padrão de hoje é tão pobre que a maioria dos artistas e bandas não sobem pelo talento, nem pelas apresentações.

DEZOITO

Tanta coisa acontecia naquela primavera e verão de 1967 que os eventos se misturavam. Naquele momento, havia pouquíssimo espaço na NEMS, todos os três andares estavam entupidos de gente como Stiggie, além do crescente número de funcionários que dirigia, agendava e promovia inúmeros talentos mundo afora. Então, Brian conseguiu para mim e Vyvienne Moynihan escritórios de filme e vídeo na 3 Cork Street. Vyvienne tinha sido produtora na ATV até Brian contratá-la. Tínhamos uma secretária eficiente, Angela Gatti, cuja família era dona do Vaudeville Theater e estávamos confortavelmente afastados da ferveção, satisfeitos e em paz para continuar nosso trabalho.

Vi muitas vezes Queenie e Harry, que costumavam vir de Liverpool para as noites de gala de Brian, como pais orgulhosos que iam ver os filhos jogar futebol na escola. Brian vinha se recolhendo cada vez mais até que raramente ia à NEMS – ou mesmo aos escritórios "secretos" que montou em Hille House, Stafford Street, com mesas sob medida para ele e para Peter Brown. A mobília era toda de couro preto e madeira de cerejeira, tudo muito caro. Havia tapetes negros, lâmpadas Anglepoise e arte moderna. Da Eames, um moderno escritório de design, Brian encomendou uma cadeira em cerejeira e couro preto para ele, com descanso para os pés, onde sentava quando queria pensar um pouco. Mas na maioria das vezes, estava tão cheio de comprimidos que nem conseguia ficar muito tempo parado.

Ele ia quase todos os dias para a Priory, o que odiava mas o fazia sentir segurança, e para sua casa, onde a secretária, Joanne, e sua assistente, Wendy Hanson, tinham um pequeno escritório, enquanto eu transitava entre todas as pessoas da Chapel Street, da NEMS e os Beatles. Havia tanto *showbiz* acontecendo na época que eu estava em movimento constante, cuidando das coisas, relatando tudo a Brian quando ele estava disponível, fazendo o que era necessário ser feito quando não conseguia encontrá-lo, ou quando ele jogava as mãos para o alto sem conseguir entender o que eu estava dizendo.

E havia muita coisa acontecendo que precisava de cuidados, com ou sem Brian. Cilla ainda estava fazendo a temporada de três meses no Savoy Hotel. Eu ficava na Abbey Road durante o dia e ia para o Savoy durante a noite. Gerry Marsden estava fazendo um musical em um teatro na Strand. A NEMS tinha evoluído para a Nemperor, para agregar a General Artists Corporation, e por meio desta, agendamos o Who, os Bee Gees e Donovan. Jimi Hendrix e Andy Williams estavam rodando pelos Estados Unidos.

Movido pelas drogas, um sentido de paz e amor varria o mundo. Uma "Marcha Pela Legalização da Maconha" foi feita na Speakers' Corner, no Hyde Park; Ravi Shankar abriu uma escola de cítara em São Francisco; e os ânimos contra a Guerra do Vietnã ganharam intensidade. Em nosso círculo mais próximo, as pessoas mais improváveis estavam tomando ácido, incluindo um ou outro funcionário da NEMS, que os Beatles chamavam de "Suits", além do nosso contador e do executivo de gravação da empresa, assim como, notavelmente, David Jacobs – nosso advogado junto às autoridades londrinas.

Conforme diria, o assistente de Brian, Peter Brown, tinha dado a ele o primeiro comprimido. Peter era um homem gordo com ralos cabelos pretos, com interesses comuns aos de Brian e, apesar de ter a mesma idade, parecia ser mais velho. Estava sempre formalmente vestido, mesmo no auge do *flower power*. Tinha dirigido uma das primeiras lojas de discos da NEMS em Liverpool antes que Brian o levasse para Londres nos últimos anos para ajudá-lo com a montanha de papelada. Sua principal tarefa tornou-se socorrer os Beatles, fazer tudo o que quisessem, principalmente fazendo o trabalho de campo.

A casa de Brian na Kingsley Hill tinha um adorável jardim. Ele adorava aparecer na primavera e no verão quando o jardim estava ainda mais bonito. Em maio, deu uma festa bem extravagante no jardim para comemorar o lançamento de três novas empresas, duas delas pertenciam aos Beatles e foram incorporadas para fins tributários: a Apple Music e a Beatles & Company, o que criou uma parceria jurídica de dez anos. A terceira empresa era a Nemperor Inc., criada nos Estados Unidos em parceria com Nat Weiss. Brian tinha convidado Nat e a esposa para a festa e os levou para lá de avião. Também deu a Derek Taylor, escritor fantasma de suas memórias, passagens aéreas a partir de Los Angeles. Derek tinha saído do emprego havia pouco tempo e estabeleceu-se como um publicitário musical bem sucedido em Hollywood, tendo clientes como os Byrds e o Monterey Rock Festival. Brian tinha se encontrado com ele em Beverly Hills quando estava na última turnê dos Beatles pelos Estados Unidos. Conversaram um pouco, depois Brian pegou o talão de cheques e preencheu uma folha com mil libras e entregou a Derek. "Aqui está", disse ele. "Você não recebeu o suficiente para escrever meu livro".

Em sua chegada a Heathrow, Derek e a esposa, Joan, ficaram impressionados em ver John, Cynthia, George e Pattie esperando por eles, acenando alegres com balões coloridos. Era inacreditável vê-los vestidos com sedas e veludos coloridos, sinos de prata feitos e desenhados pelo Fool, que também estavam na festa carnavalesca. Além de Paul, que não foi, caminhões de pessoas desceram para Sussex, a maioria viajando sob efeito das drogas. Elevando a animação da festa estavam balões coloridos brilhantes que Brian tinha feito sua equipe amarrar em cada cruzamento ao longo das estradas calmas da casa até a estrada principal para Londres.

John e os amigos flutuavam em seu Rolls Royce amarelo brilhante pelas bucólicas vias interioranas, perdidos em meio às flores como se estivessem na carruagem de abóbora a caminho do baile. Aquele carro extravagante tinha ofendido tanto uma velhinha, que ela saiu de seu próprio carro na Piccadilly e brandindo o guarda-chuva gritou, "Seu porco! Como ousa fazer isso com um Rolls Royce!". Naturalmente, John adorou e repetia a história em todo lugar que ia.

Desde aquela vez em que Cynthia teve uma péssima viagem depois de chegar a Londres, ela recusava drogas, mas no caminho para a festa de Brian, deu uns tragos em um esforço para se aproximar de John e não ser taxada de quadrada, algo de que normalmente era acusada de ser. Seus instintos lhe diziam que se não fizesse alguma coisa para reacender o amor de John por ela, o perderia. Afinal, uma loba vestida de preto tinha saído de seu abrigo, pronta para pegá-los e Cynthia admitia estar com medo.

Yoko finalmente tinha se infiltrado em sua fortaleza familiar em Kenwood, embora Cynthia dissesse a poucas pessoas, porque não tinha muita certeza do que estava acontecendo. Sabia apenas que algo sobre aquela japonesa silenciosa e intensa a deixava desconfortável. A mãe de Cynthia, a Sra. Powell, não tinha dúvidas de que Yoko era uma força que deveria ser enfrentada e disse isso claramente.

A primeira vez em que Yoko apareceu, chegou sem ser convidada, dizendo que tinha uma entrevista com John, um truque que várias fãs usavam. Cynthia não a conhecia. John, que Yoko dizia conhecer, não estava, então ela não foi convidada a entrar. Quando Cynthia olhou pela janela, viu Yoko no final da garagem, ao lado da estrada particular que seguia para as outras propriedades do bairro. Ela olhou rapidamente a casa, como se quisesse que os portões se abrissem e a deixassem entrar. Horas depois, Cynthia olhou mais uma vez, e Yoko continuava lá – esperando John voltar. Por fim, quando chegou a escuridão da noite, ela desapareceu. Essa era sua marca registrada: aparecia do nada, depois desaparecia.

Quando John chegou em casa, Cynthia comentou o fato, e John deu de ombros. “Ela é maluca”, disse ele. A Sra. Powell, que sempre se recolhia em seu chalé antes de John chegar, concordaria sem duvidar. Conforme se passavam os meses, John me dizia que queria que Yoko o deixasse em paz.

As estranhas visitas a Kenwood continuaram em todos os climas. Às vezes, quando John estava lá, via Yoko ao longe, em pé como um poste negro, e fazia comentários sarcásticos. Pedia a Cynthia que a ignorasse. Em um dia frio, a chuva caiu durante horas. Com pena da criatura desamparada que tinha se tornado quase um objeto, a Sra. Powell deixou que Yoko usasse o telefone para chamar um táxi para levá-la até a estação. Yoko olhou para ela avidamente por uns instantes, desceu para usar a sala de baixo, e saiu para esperar o táxi no portão. Mais tarde, a Sra. Powell percebeu que Yoko tinha deixado seu anel na sala. "Acho que ela vai voltar", disse, profética.

Então, as cartas e cartões começaram a chegar pelo correio diariamente, pequenas notas misteriosas com pequenos desenhos negros ou incompreensíveis frases de uma só linha. John dizia que ela era idiota ou olhava para as cartas sem dizer nada, depois as jogava fora. Cynthia estava muito nervosa para jogá-las ela mesma, mas a mãe não tinha tantos escrúpulos. "Guarde o que eu digo, aquela mulher é perigosamente teimosa", dizia. Se a palavra "assédio" já fosse comum naquela época, sem dúvida ela a teria usado. Quando chegou uma caixa endereçada a John com a inconfundível letra de Yoko, a Sra. Powell abriu depressa. Ela e Cynthia ficaram preocupadas ao encontrar uma xícara pela metade manchada com tinta vermelha dentro de uma caixa de absorventes. A imagem e a mensagem eram claras para a Sra. Powell, mas segundo Cynthia, ela estava muito em pânico para entender. Era como magia negra.

John, é claro, citava este fato sempre que reclamava das atividades estranhas de Yoko, mas eu sempre me perguntei se ele não gostava daquele comportamento estranho. Não há dúvidas de que John tinha uma certa atração pelo perigo.

Sempre achei Cynthia muito agradável. Era bela, tímida e bem comportada, mas se alguém me dissesse que ela era filha de um coelho com uma avestruz, eu concordaria, porque tinha as características dos dois. Infelizmente, eram estas características que enfureciam John. Ele queria um pouco de confusão, risadas e agito.

Talvez todas estas coisas estivessem na cabeça de Cynthia quando tomou o comprimido de LSD a caminho da festa de Brian, mas aquilo a fez sentir-se mal. Ela entrou em um dos quartos de hóspedes, abriu a janela para respirar ar fresco e olhou para baixo onde todos riam no gramado. Disse a Joanne Newfield que queria voar, voar sobre eles, voar para a felicidade. Em vez disso, caiu na cama e ficou deitada por várias horas até sentir-se melhor. Joanne, que também tinha tomado ácido, acabou no mesmo quarto e vomitou em um par de sapatos de Nat Weiss.

Os Stones e o novo guru das drogas no pedaço, Robert Fraser, um viciado em heroína, também foram à festa de Brian. Em um mês, estariam no tribunal por terem sido pegos com drogas, depois que a polícia entendeu as dicas do *News of the World*, um jornal barato que armava uma série de denúncias pela cidade de Londres. O Esquadrão Anti-Drogas caiu sobre Redlands, a casa de Keith Richards em West Wittering, que era bastante perto de Kingsley Hill. Acertaram em cheio. Marianne Faithful foi encontrada drogada e nua embaixo de um tapete de pele (ela disse que tinha acabado de tomar um banho) e enquanto Mick e o resto do grupo estavam sentados, Robert Fraser – filho de um rico banqueiro – fugia para o jardim. A polícia ignorou a grande pasta prateada cheia de drogas pertencente a David "Acid King" Schneiderman, o que reforçou os boatos de que ele era o informante. Em vez disso, levaram para a perícia bronzeadores e sabonetes de hotéis – recolhidos durante as turnês – dos Stones, e ignoraram também um grande esconderijo de cocaína, simplesmente porque nunca tinham visto aquilo antes e não sabiam reconhecer a droga.

Mick tinha quatro comprimidos de anfetaminas, obtidos de forma perfeitamente legal na Itália, mas eles o prenderam mesmo assim, junto com Robert Fraser e Keith Richards. Keith foi acusado por ter permitido que usassem sua casa. Enquanto os três estavam no tribunal (pagaram fiança para aguardar o julgamento em liberdade) a polícia atacava o apartamento de Brian Jones em Londres, onde encontraram um pouco de maconha. Em uma entrevista para um jornal, o Esquadrão Anti-Drogas diria que tinha três Stones "na rede" e que mais batidas seriam conduzidas durante sua guerra contra as drogas.

Durante um glorioso mês de junho na Inglaterra, os Beatles concordaram que *Yellow Submarine* seria o terceiro e último de seus filmes com a United Artists, e na Califórnia, o histórico festival musical acontecido em Monterey, mudaria a forma de apresentar a música para sempre. Entre os ícones que lá se apresentaram, o festival ficou marcado por lançar gente como Janes Joplin, com Big Brother & the Holding Company e, é claro, Jimi Hendrix, direto do Saville. Ravi Shankar, que tanto influenciaria George, também faria seu primeiro grande show no oeste. Os Byrds e Gram Parsons fizeram apresentações inesquecíveis.

Ao final do mês, veio o julgamento do caso dos Stones. Robert Fraser alegou-se culpado e pegou seis meses. Não conseguíamos acreditar quando ouvimos que Mick e Keith, que tinham alegado inocência, pegaram três meses e um ano de trabalhos forçados, respectivamente. Ultrajado, o *Sunday Times* publicou um famoso editorial assinado pelo editor William Rees-Mogg, intitulado "Who Breaks a Butterfly on a Wheel?". Em solidariedade, a comunidade liberal e criativa uniu-se em apoio e pagou um anúncio de uma página publicado no *Times*. Era assinado por uma longa lista de 65 nomes de destaque, incluindo cientistas, escritores, profissionais de comunicação, críticos, Brian Epstein e os Beatles. Pensando estar ajudando, Paul admitiu durante uma entrevista na BBC já ter tomado ácido quatro vezes. Esta confissão criou furor internacional e a mídia foi para a cidade. Paul foi colocado nas primeiras páginas dos jornais, incluindo o londrino *Evening Standard*. Muitas pessoas em nosso círculo usavam ácido, mas Paul tinha se esquecido do quanto a mídia britânica podia ser puritana. Brian fez uma tentativa fútil de acalmar as coisas, mas acabou piorando tudo ao oferecer uma coletiva de imprensa em que admitia ter tomado ácido e não via nada de errado nisso.

"Meu Deus!", falamos sobre o grande fora no escritório. Brian estava dividido sobre que escolha fazer: se deveria defender Paul vigorosamente e arriscar atrair toda a ira da comunidade conservadora, ou se deveria vestir e sustentar o que se chamava de perfil discreto, esperando que o barulho logo passasse.

"O que você acha, Tony?", perguntou Brian, "Devemos começar uma campanha?"

Eu respondi, "Acho que devemos ficar de cabeça baixa e deixar que tudo se exploda lá fora".

Mick e Keith livraram-se com uma apelação, mas Robert passou o Verão do Amor em Wornwood Scrubs, onde uma sucessão de visitantes ilustres chegava em Rolls Royces, Bentleys e Aston Martins para consolá-lo. Saia logo, diziam, suas festas fazem falta, suas estréias de eventos também, sentimos saudades da alegria que você traz para nossas vidas.

Lembrando-se disso, Marianne dizia que ele era "o sistema nervoso dos anos 1960", e Yoko dizia que ele era "a força motora da vanguarda européia no mundo das artes". Ah, sim, suspirávamos, sabendo qual era a opinião de Robert sobre ela.

Em julho, por meio da NEMS, Brian lançou os Monkees como espetáculo na Europa, apresentando-os no Empire Pool, em Wembley. Mas não esteve na festa oferecida a eles por Vic Lewis no Speakeasy porque mais uma vez, não estava bem.

O problema de seu contrato com os rapazes jamais seria resolvido. Ele achava que eles estavam ignorando o assunto e não sabia como lidar com a questão. Hesitava e gaguejava quando falava sobre o problema, estava mais do que desconfortável, convencido de que eles não iriam assinar porque o odiavam. Depois de meses de paranóia, procurou motivos para fazer a seguinte pergunta, "Será que eles não gostam mais de mim?".

A idéia era uma grande estupidez porque não era nada daquilo. Em oportunidades diferentes, todos comentavam comigo que não assinariam outro contrato como "Beatles", mas todos assinariam individualmente com Brian. John descreveu melhor ao dizer, "Não precisamos mais de um empresário, pois não fazemos mais shows".

Os assuntos de negócios eram tão extensos, suas vidas tão complexas, suas exigências tão estranhas, que eles realmente não sabiam como cuidar de si mesmos e individualmente estavam perfeitamente felizes com a idéia de continuar com Brian de algum modo. Jamais desviaram-se da convicção de que precisavam de alguém para cuidar de seus negócios, como logo provaria a história.

O pobre Brian estava constantemente reagindo de modo exagerado, como quando fez papel de palhaço em uma noite ao aparecer na Abbey Road com um namorado, tentando exibir-se para mostrar ao rapaz como era influente sobre os Beatles e conhecedor dos atalhos do estúdio. Tocou o interfone e disse a John que os vocais que tinha gravado não "estavam muito bons". Se estava tentando fazer uma brincadeira ou tentando ser engraçado, jamais saberei. Todos, inclusive eu, franzimos a testa, cerramos os dentes e esperamos pelo inevitável, que viria de pronto.

John apenas levantou o olhar para ele sem sorrir e disse, "Você cuida do dinheiro, Brian, e nós cuidamos da música". Foi um fora terrível e embaraçoso.

Brian saiu. Hoje não me lembro qual era a música que John estava gravando, mas depois disso, Brian ficou angustiado. "Eu fiz papel de palhaço", disse ele. Essas coisas o abalavam profundamente. Ele estava pálido e preocupado.

"Não se preocupe com isso, John não disse por mal", disse eu.

Quando Brian estava mal, ficava deprimido, e então todas as suas inseguranças vinham à tona e ele entrava em um processo de autoflagelação. Ele disse, "Não, agora acho que John me odeia. Não sei o que vou fazer se eles não quiserem renovar o contrato. O que as pessoas vão pensar? Já vejo as manchetes: EPSTEIN DISPENSADO PELOS BEATLES".

"Vai dar tudo certo", eu disse, mas ele nem ouviu. Para suavizar o que achava ser inevitável, Brian corria por todos os lugares assinando contratos. Seis meses antes, tinha convidado Stigwood para uma parceria – embora dissesse a todos que se tratava de uma combinação de forças de gerenciamento e garantisse aos Beatles, pelo menos, que Stigwood não tinha qualquer participação em seu contrato com eles, sua música, ou qualquer outra coisa. Ele tinha também aquele contrato à parte com a EMI que lhe garantia 25% sobre os discos dos Beatles independente de empresariá-los ou não. Tinha feito duas tentativas de suicídio. Algumas semanas antes, em Nova York, Nat Weiss havia salvado ele de uma overdose de remédios, ao notar que Brian estava atrasado para uma entrevista de rádio. Nat ficou surpreso com sua capacidade de recuperação – em um momento, Brian estava for a do ar, quase morto; no outro, estava no estúdio, dando opiniões lúcidas e interessantes.

O comportamento maníaco de Brian continuava ao mesmo tempo em que marcava e cancelava várias consultas com o Dr. Flood, seu psiquiatra. Estava profundamente infeliz, não apenas confuso. Sua personalidade estava radicalmente alterada. Joanne às vezes falava sobre isso comigo, contando-me o quanto andava preocupada. Brian agia como Howard Hughes. Quando ela chegava pela manhã, ele passava por debaixo da porta papéis com as instruções e dinheiro. Quando saía de lá por volta das cinco da tarde, ele tomava vários medicamentos para acordar de verdade. Mas ultimamente, dizia ela, ele precisa de cada vez mais. Aquilo o deixava tão elétrico que a menor faísca podia causar o maior incêndio. Um número errado podia deixá-lo louco. Voavam bandejas de chá, uma vez, diretamente contra Joanne. Entre depressões e euforias, Brian bebia muito, sem se importar em comer. Às vezes, também não se incomodava em se vestir. Todos os dias Joanne prometia a si mesma que iria desistir, mas nunca chegou a fazê-lo. Brian tinha enfermeiras em casa, médicos que ficavam lá, psiquiatras particulares, todos amontoados naquela pequena casa de bonecas, irritando-se mutuamente. Às vezes ele fazia um esforço. Falava docemente com alguém, depois fugia quando não estavam olhando.

Percorria a cidade procurando por garotos em lugares óbvios como os becos da estação de metrô da Picadilly, ou da Times Square quando estava em Nova York. Estava fora de controle e, como suas orientações infelizmente ainda eram ilegais, sempre estava mais feliz quando havia artifícios para conter seu comportamento. Sentia a necessidade de ter seus demônios sexuais aprisionados com as visitas a clínicas ou ocultados por visitas à mãe, ou então, pelas pressões do trabalho. Sozinho, como vários outros homens de inclinação semelhante, não conseguia resistir e voltava a fazer o que gostava.

Em julho de 1967, a lei mudou e permitiu atos homossexuais particulares entre adultos mas já era muito tarde para Brian. Ele tinha passado vários anos escondido pela culpa e me disse que precisava desesperadamente de umas férias em que pudesse descansar totalmente e desligar a mente. Os Beatles também estavam fazendo algum barulho pedindo uma pausa. George e Pattie, que foram a São Francisco para um feriado, tinham sido importunados por uma multidão nas ruas que queria que George tocasse violão para eles. Quando George voltou para a Inglaterra, os Beatles sentaram-se para falar sobre como não tinham mais liberdade para serem pessoas normais, sempre havia câmeras e fãs. Três anos antes, todos os Beatles com suas mulheres tinham tido um maravilhoso feriado pelas ilhas gregas a bordo do iate de Peter Sellers, um momento maravilhoso do qual todos ainda se lembram apaixonadamente.

Com isso em mente, começavam a procurar uma fuga do mundo, e Magic Alex ficou feliz em poder mostrar que não era apenas um *hippie* esquisitão que andava em volta deles, que era na verdade uma pessoa de alguma importância em sua terra natal. Usou suas ligações na Grécia e encontrou para eles um conjunto de 24 ilhas por 95 mil libras. Alistair Taylor chegou a fazer uma pesquisa para mostrar que a venda de olivas e azeite pagaria este valor em sete anos. Brian, que fazia seus planos particulares de ir para a Espanha, levou os Beatles a sério o bastante a ponto de escrever para Nat Weiss pedindo conselhos.

Naquele momento, o governo inglês estava em dificuldades financeiras. Os cidadãos britânicos tinham permissão para gastar apenas 50 libras por ano no exterior. Investimentos em capital estrangeiro pagavam taxa de 1 dólar, isto é, para cada libra gasta no exterior, 25% do valor tinha que estar preso ao Bank of England, mas além disso tudo, havia ainda um limite sobre a moeda a ser levada para fora do país. Houve uma pequena preocupação quando os contadores disseram aos Beatles que eles só tinham 137 mil libras no banco. John achou que estavam sendo alarmistas. "Não estou nem aí", disse ele. "Vamos morar na Grécia e pronto. Arrumem o dinheiro".

O ministro James Callahan envolveu-se na história. Chegou até a escrever uma carta pessoal aos Beatles dizendo que abriria uma exceção sobre o limite permitido no exterior, mas só permitiria o necessário para que comprassem a ilha. A linha final dizia: "... e nem mais um centavo... como vão comprar a mobília?".

John com seu filho, Julian, e Alex foram para a Grécia ver as ilhas. Por causa das ligações de Alex, foram recebidos por um coronel e tratados como realeza. Apesar disso tudo, John odiou o modo como foram explorados pela imprensa grega e a ala direitista do país, e ficou enojado. Por fim, a idéia foi esquecida.

DEZENOVE

A MORTE DE SEU PAI, Harry, vítima de um ataque cardíaco em um feriado em Bournemouth em 17 de julho de 1967, jogou Brian em um estado ainda mais profundo de dor e angústia.

"Queria que ele me visse estabelecido e com um casamento feliz", ele me disse, triste. "Agora isso nunca vai acontecer, vai, Tony?". E olhou para mim, tentando dizer alguma coisa, querendo que eu entendesse.

Eu olhei de volta incrédulo. Acho que foi então que entendi o que significava sua procura por Alma, depois por Marianne. Depois que o pai morreu, uma esposa não tinha mais importância, por isso Eppy me disse aquilo.

Houve pouco tempo para que enviássemos as condolências já que tudo foi muito rápido. Funerais judeus são concluídos em 24 horas. Brian desapareceu por Bournemouth e acompanhou o corpo do pai de volta a Liverpool para o funeral, que foi presenciado apenas pela família e membros da comunidade judaica. Depois de tudo terminado, ele convidou Queenie para que fosse a Londres para que pudessem conversar sobre o futuro. Brian queria que ela fosse morar em Londres, perto dele e das irmãs, mas ela morava em Liverpool havia 34 anos e todos os seus amigos estavam lá. De qualquer forma, ela foi para Londres em 14 de agosto e ficou no hotel de costume. Era bem perto e ela podia passear pela Chapel Street de manhã antes que Brian acordasse. Ela entrava em seu quarto sem fazer barulho e recolhia as cortinas para que pudessem tomar café da manhã juntos e falar sobre o que fariam durante o dia. A vida restrita começou a fazer efeito e ficamos todos surpresos ao ver o quanto Brian podia ser normal. Parecia até calmo e feliz, embora fosse uma felicidade sem graça, como se tivesse tido a mente esvaziada. Às vezes, parecia estar representando, como em uma peça de teatro.

Eles passavam os dias juntos, conversando, fazendo compras, vendo amigos e a parte da família que morava em Londres. Certo dia, Brian levou a mãe para conhecer Cilla e Bobby na Euston Station, na volta para Liverpool. Foram almoçar, uma refeição amigável e informal, onde falaram dos velhos tempos. Porém, Brian cometeu um pequeno erro de julgamento quando disse a Cilla que tinha preparado tudo para que ela representasse a Inglaterra no concurso musical Eurovision. Ela ficou imediatamente alarmada e defensiva. Era muito arriscado – e se ela perdesse? Ia ficar muito mal. Sua carreira estava explodindo, tinha um sucesso após o outro e recentemente tinha começado a apresentar o próprio programa de TV que prometia ter vida longa (e teve, tornando-se uma instituição). Não precisava participar de concursos musicais, não era um cavalo de corrida.

O temperamento de Brian começou a se alterar. Ele dizia a Cilla que sabia o que era melhor para ela. Educadamente, ela discordou. A refeição terminou com um clima desconfortável, embora Queenie não tenha se incomodado.

Em 23 de agosto, Brian levou a mãe ao Saville e parecia ter recuperado o velho orgulho por um instante quando a colocou no camarote principal, com os sofás de pele de zebra. Quase dava para sentir Queenie olhando para as paredes vermelhas, as colunas douradas e pensando: “Meu menino conseguiu tudo isso, apesar de tudo. Olha como ele se saiu bem”.

No dia seguinte, Brian levou-a à estação e a colocou no trem de volta para Liverpool. Tinha cumprido seu papel de bom filho e já era hora de se divertir na Kingsley Hill. Para manter-se afastado dos garotos de programa, pediu que Joanne e Lulu fossem com ele durante o feriado prolongado que se aproximava, mas elas já tinham outros planos.

Enquanto Brian planejava seu fim de semana, Pattie e Alex tinham convencido os outros a irem para uma palestra em um hotel no oeste de Londres ministrada por um cara estranho da Índia. O nome era quase impronunciável: Maharishi Mahesh Yogi. Alex era contra as drogas e fez pressão para que houvesse este encontro. Ele dizia que o iogue era fantástico, que seu tipo de magia, a Meditação Transcedental, era muito mais poderosa do que as drogas. Rapidamente, John, Paul, George e suas companheiras mais o irmão de Paul, Mike, concordaram em ir. Durante a palestra, Maharishi entrou em transe profundo e os Beatles ficaram cativados. Parecia tão fácil – ser capaz de entrar em transe *sem drogas* era algo que precisavam aprender. Depois disso, Maharishi chamou-os para uma conversa particular em sua suíte, durante a qual pediu que todos participassem de seu curso de introdução naquele feriado – começando no dia seguinte – em Bangor, North Wales.

Quando saíam do hotel, John e Cynthia foram pegar o carro quando, de repente, Yoko apareceu e pulou dentro do carro sentando-se entre os dois. Alguém a tinha informado sobre a presença de John na palestra e ela tinha esperado em silêncio no lobby por aquele momento. Cynthia ficou paralisada. Todos os meses com aquelas cartas estranhas, os telefonemas mudos e as esperas silenciosas no portão estavam contidas naquela mulher pequena e assustadora. Ela olhou para John inquisitiva. Ele deu de ombros como se quisesse dizer, "Não sei de nada".

"Preciso de uma carona para casa", disse Yoko. Não era um pedido educado, era uma ordem de uma mulher bastante segura. Cynthia ficou seriamente preocupada quando o carro foi para o apartamento de Yoko perto do Regent Park, parecendo saber o caminho sem ser informado. No dia seguinte, Paul, George e Ringo com as companheiras, mais Mick e Marianne chegavam à Euston Station para tomar o trem para Bangor. Cynthia e John chegaram à estação em seu Rolls Royce pintado. A estação estava cheia de turistas e repórteres. Enquanto John e Cynthia tentavam atravessar a multidão, um flash estourou no rosto de Cynthia, cegando-a por alguns segundos. Quando pode enxergar de novo, todos tinham desaparecido e ela não sabia mais qual era a plataforma correta. Ela correu, mas a polícia não a reconheceu e achou que era só mais uma fã histérica. De repente, todos os Beatles colocaram a cabeça para fora da janela do trem, gritando para que corresse mais rápido. "Corra, Cynthia, corra!", berrou John. Aquelas eram as palavras que Paul usava quando era perseguido por fãs nos primeiros dias de turnê. Conforme o carro seguia, ele costumava botar a cabeça para fora da janela e gritar "Corram, meninas, corram!" e as garotas redobravam seus esforços.

Cynthia parou. Não adiantaria, o trem estava indo rápido demais. John não voltou para pegá-la, ninguém mais se importou, era como se ela não existisse. Naquele momento, disse ela, enquanto olhava o trem se afastando, viu o quanto era totalmente irrelevante.

Enquanto isso, do outro lado da cidade, Brian preparava sua partida para Sussex. Geoffrey Ellis, o contador do escritório da NEMS, e Peter Brown também iriam para Kingsley Hill, mas Brian teve que mudar os planos na última hora porque precisava fazer com que Cynthia chegasse a Bangor. Ele chegou mais tarde a Sussex. Brian disse que esperou por um jovem rapaz que havia conhecido que por fim acabou não aparecendo. Depois de um jantar tranqüilo, servido pelo mordomo australiano, Brian passou algum tempo ao telefone, tentando encontrar pessoas divertidas para se juntarem a eles. Tinha até o cartão preferencial de uma agência de rapazes – um do tipo leve agora, pague depois – que usou para tentar arrastar para lá alguma alegria, mas ouviu que era muito tarde e todos os melhores rapazes já tinham compromisso.

Segundo Peter e Geoffrey, quando eles falaram sobre o que fariam no feriado, Brian disse, "Vou para a cidade arranjar alguns rapazes e trazê-los para cá".

"Deixa disso", disse Peter. "É tarde e você já bebeu muito".

Mas Brian não dava ouvidos aos outros e saiu com seu Bentley Continental cinza conversível. Tinha se comportado da melhor forma possível nos últimos dias com a mãe à sua volta e estava pronto para alguma ação. Geoffrey Ellis telefonou para a casa de Brian na cidade logo após a meia-noite, e Antônio, o "mordomo da cidade" espanhol, confirmou que Brian tinha chegado são e salvo e tinha ido direto para a cama. Enquanto isso, em resposta aos telefonemas desesperados de Brian depois do jantar, três rapazes chegaram a Kingsley Hill em um táxi vindo de Londres que provavelmente passou por Brian na estrada.

No dia seguinte, sábado, Brian ligou por volta das cinco da tarde e falou com Peter Brown. Ele disse que tinha dormido quase o dia todo mas que iria voltar à noite. Peter sugeriu que tomasse o trem. Brian concordou. Disse que ligaria da Lewes Station quando chegasse e Peter poderia ir para lá buscá-lo. Não ligou. Na manhã do domingo, também não tinha ligado e, como de costume, Peter e Geoffrey foram para um bar na cidade para beber antes do almoço. O mordomo australiano ficou na casa para atender a algum telefonema, se necessário.

Em Londres, preocupado com Brian que não saía do quarto desde a noite de sexta e alarmado com o silêncio, Antonio telefonou para Kingsley Hill para perguntar o que deveria fazer. Mas Peter e Geoffrey ainda estavam no bar, então Antonio ligou imediatamente para Joanne em casa, em Edgware. Disse a ela que o carro de Brian continuava estacionado em frente, que tinha tentado interfonar e não conseguia acordá-lo. Mais tarde, Joanne me diria ter imediatamente sentido alguma coisa errada. Ela telefonou para Alistair Taylor para encontrá-la na Chapel Street. Na chegada, ficaram do lado de fora do quarto de Brian com o motorista, Brian Barrett, e decidiram que chamariam um médico – o médico de Brian, Norman Cowan, morava muito longe. O médico mais próximo era o de Peter Brown, o Dr. John Gallway, que morava a apenas algumas ruas de distância. De qualquer forma, de nada adiantaria, Brian já estava morto. Peter Brown e Geoffrey Ellis já tinham voltado do bar àquela hora e estavam ligando para a Chapel Street, ouvindo pelo telefone enquanto as portas eram abertas à força. Partiram de lá imediatamente para a cidade.

Eu fiquei em Londres naquele fim de semana para cuidar do Saville. Jimi Hendrix tocaria lá em duas apresentações no domingo, com Eric Burdon no apoio. Brian tinha me dito que daria uma festa em sua casa em Sussex, mas voltaria no domingo e estaria no teatro, como de costume.

"Então não vai passar a segunda-feira em Kingsley Hill?" perguntei. Era um feriado de três dias e eu achava que Brian ia aproveitar aquele dia extra.

"Não, tenho muitas coisas para fazer", respondeu. Ele me pareceu bastante normal, o que atribuo à presença da mãe nos dez dias anteriores.

Fiquei olhando para o camarote, esperando que Brian aparecesse. Seja lá o que estivesse fazendo, embora já estivéssemos quase no fim, era uma questão de honra para ele fazer um esforço e comparecer aos shows de domingo, sozinho ou com seu grupo. Ele sempre levava Stigwood e Kit Lambert, o agente do Who, que também era homossexual, para um show no domingo. "Todas as princesas juntas no camarote real", dizia Lambert, e ria. Mas o camarote continuava vazio. Perto do fim da apresentação, estávamos já prontos para abrir as portas para esvaziar o teatro antes do segundo show, quando recebemos o telefonema de Brian Barrett.

"Brian morreu", ele disse. "Acabamos de arrombar a porta do quarto e o achamos. Ele não vai para o show".

Era um modo muito estranho de dar a notícia, que eu repeti para a equipe. Olhávamos um para o outro, incapazes de acreditar. Coloquei Eric Burdon no palco e anunciei que o próximo show estava cancelado. Quando o teatro estava vazio, fechamos as portas antes do segundo show devolvendo o dinheiro às pessoas que chegavam. Eric e Jimi saíram à rua para falar com as pessoas, para explicar o motivo de o show ter sido cancelado. Pequenos grupos se formaram, ficaram ali conversando. Nós nos sentamos no teatro escuro em estado de choque, lembrando de Brian e conversando sobre ele.

Naquela noite, enquanto eu ia para casa, não conseguia parar de pensar no dia em que Brian me levou para trabalhar na NEMS em Liverpool. Minha mãe ouvia tudo pacientemente, esperando que ele não estivesse me levando a um grande erro ao deixar a Ford, enquanto dizia que ali havia uma carreira para mim. Mesmo assim ela estava preocupada. Igualmente, a família de Brian também se preocupava. Esperando a hora certa com paciência, a mãe de Brian dizia a algumas pessoas que estava "deixando Brian ir até o fim com esse negócio de bandas". Ela parecia achar que aquilo era só um capricho, assim como vários outros que Brian tinha. Achava que ele logo voltaria para seu negócio, vendendo discos na loja da família.

Naquela época eu morava perto de Brian. Meu caminho para casa passava pela casa dele, que estava cercada de luzes, câmeras e policiais. O quarteirão estava isolado e a polícia continha a multidão de amigos homossexuais que surgia. Foi muito triste. Lembro-me do prazer de Brian quando comprou a casa na Chapel Street. Estava tão orgulhoso, tão contente em ter um lugar chique e bonito no coração da cidade. Ele adorava dar pequenos jantares para os amigos mais próximos, depois do qual, assistia-se a um filme. Brian gostava dos filmes comuns em preto e branco, como *The Butterfly Collector*, *Budgie*, ou *The War Games*, um tipo de documentário de Peter Whitehead. Quando perguntava o que ele queria ver, ele me respondia, "Ah, você escolhe, Tony".

Ele adorava Terry Stamp, um dos rapazes mais belos da nossa geração. Rindo ele dizia, "Adoro filmes com jovens feios, pegue um desses".

Eu costumava emprestá-los da grande biblioteca da BFI (British Film Institute) e levava-os para Brian que, invariavelmente, estaria entretendo os tipos desprezíveis que eu não podia suportar: parasitas e aproveitadores. Eu armava o projetor, colocava o filme para rodar, depois ia para a cozinha nos fundos para beber vinho com Joanne. Às vezes ia para o bar. Mais tarde, voltava para rebobinar o filme e guardar o projetor.

Brian era tão diferente quando estava rodeado por seus adorados protegidos. Tornava-se um deles. Era amigo, camarada, caloroso, confiável e doce. Punha-se a cumprir o que havia prometido e todos diziam que nada teria acontecido sem ele. Era inacreditável que o homem que tinha colocado tudo aquilo para funcionar – a grande máquina de fazer dinheiro e o choque cultural que mudaria o mundo – tinha morrido.

Se tivesse tido um tempo para parar e sentir o perfume das flores, se não tivesse sido tão perfeccionista. Os últimos anos tinham sido de grande aprendizado para nós. Todos cometemos vários erros, mas Brian encarava tudo com muita responsabilidade, ficava muito angustiado e engolia a maior parte disso.

Suspirei. Olhando para a casa iluminada, cheia de estranhos e atividades de natureza depressiva, fiquei pensando onde estaria Brian naquele momento. Fiquei pensando se os Beatles já tinham recebido a notícia – será que alguém tinha se lembrado de contar? Acho que foi ali que percebi que não havia mais ninguém no comando, Brian não tinha um imediato. Várias pessoas, como Peter Brown no lado dos negócios e Neil Aspinall, que ainda era o único empresário de turnês, ou agentes e empresários como Stiggie e Vic Lewis, tinham trabalhos específicos, mas ninguém manipulava as cordas como o grande mestre das marionetes.

♪

Joanne entrou em estado de choque. Tinha sido a primeira a vê-lo. As portas tinham sido arrombadas e lá estava ele, curvado de lado na cama com a correspondência do sábado ao seu lado. "Todos percebemos na hora que ele estava morto, mas ouvi-me dizendo, 'Está tudo bem, ele está só dormindo. Ele está bem'", disse ela.

Assim que Peter Brown chegou de Kingsley Hill, telefonou para os Beatles em Bangor. E então houve a famosa história do telefone tocando na sala ao lado até que Paul dissesse, "Alguém pode atender?", e Jane Asher levantou-se e foi.

Alimentando ainda mais os boatos de que a morte de Brian não tinha sido um acidente, o *Daily Express* tinha aparentemente telefonado de repente, antes que ninguém mais soubesse que ele estava morto, dizendo que tinham ouvido dizer que Brian Epstein estava seriamente doente. "Há alguma verdade nisso?" perguntava o jornal. Ninguém foi capaz de negar. Eu assisti ao noticiário noturno que mostrou as cenas do lado de fora da casa de Brian no final da tarde e as câmeras de TV mostrando os Beatles saindo da conferência de Maharishi poucas horas antes, indo para Londres para um futuro sem Brian. Era tudo muito surreal. O laudo da necropsia em 8 de setembro diria que a morte foi acidental, devido ao acúmulo de brometo contido no Carbitral, comprimidos para dormir receitados a Brian.

Seu funeral, assunto familiar mantido distante dos Beatles – para manter a imprensa afastada – aconteceu em Liverpool. Ele foi enterrado no Cemitério Judaico de Long Lane, não perto do pai como queria a mãe, mas em um lugar separado. Nat Weiss estava lá e chorou enquanto jogava na cova um girassol dado a ele por George. O rabino enfureceu todos os amigos de Brian ao declarar solenemente, "Brian Epstein foi um símbolo dos males de nossa geração". Era um epitáfio muito duro para um homem que tinha demonstrado tanta gentileza a tantas pessoas.

♪

Todos perguntavam: quem cuidaria dos Beatles? O burburinho começou na NEMS entre os funcionários e Stigwood, no meio da tarde da terça-feira, depois do feriado bancário de agosto, apenas dois dias depois da morte de Brian. David Shaw juntou-se a Stigwood – que passara o feriado com os Bee Gees em um iate de luxo em Monte Carlo – em um plano para assumir a NEMS, já iniciado por Brian. Fizeram declarações à imprensa, firmando sua posição. Assim como também fizeram pequenos diretores da NEMS. Foi terrível. Mas o pior era que nenhum dos pretendentes e herdeiros parecia entender que Brian na verdade não empresariava os Beatles havia muito tempo, ou pelo menos, não da mesma forma que fazia no início, quando ainda não tinha nada. Eles já não faziam mais turnês nem shows. Apareciam na Abbey Road apenas para gravar. Tinham acabado de fazer o *Sgt. Pepper*, o melhor disco de todos. Podiam parecer excêntricos e de cabeça vazia, podiam estar cercados de vários aproveitadores e inúteis que os estimulavam a consumir grandes quantidades de drogas, mas essencialmente, eram muito rígidos e concentrados quando o assunto era trabalho. Achei que poderiam cuidar de si muito bem, com uma boa equipe para cuidar das coisas sob sua direção e iniciativa, e foi o que fizeram.

Jamais ocorreu-me que com a morte de Brian meu emprego estaria em risco. Desde o início, quando tinha ido trabalhar para Brian ainda criança saída da escola, ele sempre me dedicou uma consideração especial. Algumas pessoas ficavam ressentidas e tentavam ganhar confiança cochichando-lhe aos ouvidos, mas fofocas de escritório e conversinhas paralelas o aborreciam tanto que tais esforços geralmente tinham efeito contrário. Normalmente, em nosso universo havia uma grande rotatividade de pessoal. As pessoas que trabalhavam no mundo da música iam e vinham, ou eram despedidas. Sempre havia a política do escritório e quem não a seguisse, tchau.

Sabia que era chamado de queridinho do professor, mas eu era tranqüilo e isso não me incomodava. Considerava tudo isso um ciumezinho à toa, assim como Brian. Muitos se perguntavam por que eu nunca era despedido ou, mais diretamente, por que nunca pensavam em me despedir. Eu tinha consciência desse ciúme porque era próximo de Brian e dos Beatles. Todos sabiam que os que chegavam para qualquer cargo, fosse gerência geral, diretoria ou contabilidade, ficavam espantados com a descrição do meu cargo. Para eles, eu parecia não fazer nada. Tudo o que me viam fazer era ir para algum bar como o Speakeasy, ou passar por estúdios, ou em apresentações ou, talvez, filmar alguma coisa pela cidade e, para eles, parecia que eu estava fazendo tudo e nada, estava apenas me divertindo. Eles tinham papéis específicos e títulos para seus cargos e tinham seu terreno bastante delimitado, mas eu sempre me metia entre este ou aquele cargo. Eles simplesmente não entendiam que Brian não queria que eu fosse "uma só coisa", queria que eu fosse flexível, sempre presente para corrigir algum defeito, acompanhar, produzir, promover, gerenciar, cuidar dos negócios, como faziam os rapazes de Elvis. Em outras palavras, eu tinha que fazer o que fosse necessário no momento. Eu era bom no que fazia, me dava bem com meu pessoal e sempre tinha vontade de aprender. Deus sabe que muitos tentaram me ver despedido – mas Brian tinha prometido à minha mãe que eu teria uma carreira e manteve sua palavra.

Quando ele morreu, a sensação de estar amparado em todas as situações permaneceu. Os Beatles respeitaram a vontade de Brian e eu continuei com eles como o funcionário versátil até que finalmente saí por decisão própria no futuro. Naquele momento, sem saber o que mais fazer, continuei como de costume. Minha primeira tarefa foi organizar o primeiro show britânico do Traffic no Saville. Fiquei alarmado quando soube que alguns dos funcionários queriam fechar o Saville Theater. Eu disse que já tínhamos agendado vários shows, e tínhamos contratos a cumprir, os Bee Gees e o Bonzo Dog Doo Dah Band, entre outros.

"Brian jamais cancelou um show na vida", eu disse, acabando com o pânico. Continuei até que os shows programados fossem feitos e o aluguel do teatro vencesse.

Enquanto os pretendentes ao trono de Eppy lutavam, faziam planos, preparavam suas armas e xingavam-se de nomes horríveis, os Beatles se reuniam na casa de Paul em 1º de setembro para decidir o futuro. As conseqüências da morte repentina de Eppy e a constatação de que estavam sozinhos no complexo mundo das finanças e dos negócios, os uniu para pensarem seriamente sobre o futuro. O que fariam? O que queriam fazer? Em um ponto concordavam todos: não fariam o que os engravatados invejosos queriam que fizessem. O Verão do Amor tinha acabado, mas o outono estava chegando.

parte 4

1967 - 1970

VINTE

Como Stigwood e Shaw não pagaram o meio milhão de libras antes da morte de Brian, os advogados da NEMS consideraram a oferta nula. Os dois australianos perderam sua batalha para tomar a NEMS e foram recompensados com 25 mil libras mais alguns clientes como os Bee Gees, que tinham sido trazidos por Stiggie. Resolvida a rescisão com os Beatles, Stigwood partiu para a criação da altamente bem sucedida Robert Stigwood Organization, e acabou produzindo *Os Embalos de Sábado à Noite e Grease – Nos Tempos da Brilhantina.*

Depois da morte de Brian, os Beatles foram, um a um, para os escritórios fazer planos. Acho que apenas Neil Aspinall e Mal Evans eram pontos de referência quando nos reunimos no escritório que os Beatles sempre usavam. Talvez tenham estranhado estar ali pela primeira vez sem a presença de Brian. Apesar das firmes intenções de serem sensatos, crescer e lidar com as coisas de forma apropriada, os Beatles estavam confusos, principalmente John, que expressou sua opinião sobre a perda de Brian, "Acabou!".

Todos sabiam que Stigwood tinha sido diretor da NEMS, mas nenhum deles fazia a menor idéia do quanto tinha se envolvido. Quando souberam pela primeira vez sobre o acordo proposto entre Brian e Stigwood de vender a NEMS, ficaram boquiabertos, incapazes de acreditar que Brian sequer tivesse cogitado tal coisa.

John era o mais irritado. "Ele ia nos vender por uma merda de meio milhão?", dizia. "Ele estava louco?".

A resposta, é claro, era sim, Brian estava desorientado – mas ninguém queria dizer. Agora, Stiggie era carta fora do baralho e eles tinham que seguir em frente.

George disse, "Sem Brian estamos mortos".

Paul disse, "Não, não estamos. Só temos que continuar. Temos que distribuir as tarefas".

Eles estavam sob as lentes, com o mundo todo esperando para ver o que fariam. George disse, "Talvez precisemos de um pouco de tempo. Vamos para a Índia".

Antes da morte de Brian, em seguida à introdução ao nível 1 feita por Maharishi em um acampamento no País de Gales, eles tinham a intenção de voar quase imediatamente para as cordilheiras do Himalaia. Queriam mergulhar por pelo menos seis meses na meditação de nível 2 enquanto as lições ensinadas pelo iogue estavam ainda frescas na memória. Eu me perguntava se tal atitude naquele momento não pareceria uma alienação aos olhos do mundo. Eles ficariam ausentes por meses em um período excepcionalmente importante, exatamente quando o que mais precisavam era mergulhar na realidade.

George achava que faria bem sumir imediatamente. Dizia que não havia nada de alienação. Estava convencido de que Maharishi era mal compreendido. George e Pattie já tinham estado na Índia, onde ele tinha feito algumas gravações de músicas indianas e conhecido algumas pessoas e o país. "A cultura deles é diferente da nossa", disse ele. "Eles são profundos e conhecem coisas em um nível filosófico diferente". Entusiasmado, exagerava. Os iogues são praticamente *mágicos!* Podem *voar!* Podem ler sua mente! Aprender tudo isso certamente nos ajudaria muito com os negócios.

"Sim, é disso que precisamos. Aprender como ler a mente das pessoas, assim poderemos sabe se estamos sendo enganados", disse John.

"Próximo assunto", disse Paul, que, como sempre, era o presidente da reunião. O assunto seguinte foi o filme *Magical Mystery Tour*, que no papel parecia original e criativo e todas essas coisas artísticas, mas parecia também um pesadelo. Alistair Taylor foi arrumar sessenta figurantes para *Mystery Tour*. Pessoalmente, achei que usar uma multidão mal escolhida com roupas extravagantes e dirigi-las por aqui e por ali sem um itinerário seria visto pela mídia como ilógico a não ser que os rapazes demonstrassem confiança de que *Mystery Tour* era uma seqüência para o *Sgt. Pepper*.

"Será um sucesso", disse Paul e todos concordaram balançando as cabeças. A faixa que dava nome ao disco, "Magical Mystery Tour", já estava pronta e havia sessões agendadas para as outras faixas na Abbey Road. Eles precisavam de um roteiro. Precisavam de mais músicas. Precisavam de organização. Precisavam de Brian.

Só que Brian estava morto. Paul pegou o telefone e ligou para Denis O'Dell no Twickenham Studios, para perguntar-lhe se ele podia produzir *Mystery Tour*. Durante a conversa, em que John e Paul pegaram o telefone um do outro, foram mais longe ao perguntar se Denis poderia assumir a Apple Films.

Paul virou-se para mim. "Você pode ser assistente dele, Tony", decidiu.

Eu estava cuidando do Saville, era o encarregado de promoções na NEMS e faria o mesmo para a Apple, mas assumir um novo papel não parecia muita coisa. *Nada* parecia muita coisa ou impossível de ser feito porque nada daquilo parecia ser real. Era mais ou menos "estamos brincando de fazer negócios ou isso tudo está mesmo acontecendo?". Mas, no momento em que parecia que iríamos adiante com um filme complexo, George, que estava pensativo, disse de repente que queria adiar *Magical Mystery Tour*. Queria desesperadamente ir para a Índia estudar o hinduísmo e mal podia esperar por isso. John disse, "Sim, vamos". Ringo disse que ia acompanhá-los no passeio.

"Ouçam, vamos ficar aqui e fazer *Mystery Tour*", disse Paul firme, "Depois podemos ir para a Índia".

"E quanto à NEMS? E o pessoal?", Ringo queria saber. "Alguma mudança?".

Nenhum dos Beatles sabia exatamente qual era a situação real com respeito à direção da NEMS, seu papel nela ou que influência a empresa tinha em suas vidas. Até onde sabiam, ela era a "empresa do Brian", aberta para gerenciar bandas e turnês, e jamais questionaram nada disso.

Paul achou que as coisas deveriam continuar como sempre foram. Ele disse, "Bem, Eppy escolheu todos e todos eles sabem o que estão fazendo. Se funcionava para ele, irá funcionar para nós, pelo menos por enquanto. Não há necessidade de chacoalhar o barco agora que temos tanta coisa para fazer. Vamos nos concentrar em uma coisa de cada vez".

"Mas e quanto a um empresário?" disse John. "Quem vai fazer esse papel?".

Eles olharam um para o outro com olhares de dúvida. Paul disse, "Acho que não precisamos de um empresário. Não fazemos mais turnês, sempre tomamos nossas próprias decisões sobre discos e filmes. Concordam?".

Todos concordaram. Satisfeitos por terem tratado de todos os assuntos na pauta, encerraram a reunião.

Eu sabia que Paul estava, na verdade, fazendo de *Mystery Tour* um projeto para manter os Beatles em atividade. Ele disse que era um tipo de terapia que, imaginava, evitaria o pânico no grupo e os faria pensar que as coisas continuariam como antes – e o normal era continuar trabalhando. Ao longo dos anos, a carga de trabalho tinha sido impressionante. Quase nunca tinham tempo livre, quase nunca tinham um feriado – nenhum de nós tinha. Olhando para trás, acho que era por causa do entusiasmo e da paixão por tudo de impressionante que acontecia todos os dias. Era o que alimentava toda a estrutura da NEMS e também os Beatles. Não queríamos nos afastar do movimento; queríamos estar na ativa porque nunca deixava de ser empolgante. A grande questão na mente de todos, inclusive na dos Beatles, era: será que conseguiriam pegar o bastão e levar adiante? Paul, que tinha uma mente muito rápida e voltada para os negócios, estava convencido que sim.

John começou a trabalhar em "I Am the Walrus" em 5 de setembro, apenas nove dias depois da morte de Brian. Para a maioria das pessoas, era uma música estranha para um momento estranho – eu já estava acostumado à poética difícil, à moda Edward Lear, de John Lennon. Não demorou para ser feita, nem precisou de grande trabalho, John fez tudo sozinho em uns dois dias.

A maior parte de "Walrus" foi feita em um Mellotron, uma máquina desengonçada e grande que John adorava e jurava ser o futuro da música. De certa forma, ele tinha razão. Foi usada por músicos que gostavam de experimentar, e era um tipo de gravador com uma grande variedade de sons instrumentais para serem selecionados, todos em *tape loops*. Também tinha um banco de faixas de vocais e percussão. A máquina baseava-se em um princípio inventado por Harry Chamberlin, em que cada nota disparava o movimento de uma extensão da fita e tocava de volta sempre que era gravada.

Quando ouvimos o *playback*, houve uma sensação de euforia diferente, aquilo era novidade. Não houve a sensação de estranheza quanto às palavras. Até certo ponto, pude entender o que John dizia ter ouvido quando criança, o som do mar. (Quando John passou pela terapia do grito de Janov uns anos mais tarde, lembrou-se de ter caído em um buraco na areia da praia em Blackpool quando tinha cinco anos, e tudo aquilo ficou nele. Fiquei imaginando se aquele terror e os sons que ouvia daquele fato transpareceram em "Walrus").

Quando escreveu "Walrus", John não fazia idéia de que estava trabalhando com uma metáfora do capitalismo. Na obra de Lewis Carroll, a morsa (walrus) engolia as pequenas ostras. Em sua mente, confundiu a morsa com uma foca amiga. Era simbólico. Eu vi John fazer sua música esquisita e Paul seguiu-se a ele com uma bela música chamada "The Fool on the Hill". Naquele momento senti que duas canções tão diferentes expressavam bem os sentimentos de seus autores: a confusão do lado de John, e a força e a beleza do lado de Paul. Mas adoro as duas músicas do mesmo jeito.

Os Beatles, mais uma multidão de atores, técnicos, jornalistas e seguidores desapareceram pelo interior com o ônibus da Mystery Tour, como um exército em marcha. O ônibus não tinha nada de especial, era só um ônibus amarelo e azul e nem era de luxo. Além dos adesivos chamativos colados na lateral, nada de especial foi feito nele. Aliás, foram quase imediatamente arrancados pelos fãs, e Mal passava a maior parte de seu tempo colando novos adesivos. Quando perceberam o quanto o ônibus era visível, arrastando centenas de fãs e um fluxo enorme de pessoas em dezenas de carros – situação que preocupava a polícia – os adesivos foram arrancados para não serem mais repostos. Não faria a menor diferença. Naquela hora, o ônibus já era tão famoso que as pessoas o reconheceriam onde quer que estivesse.

Paul imaginava o filme como aquele tipo de passeio de nossa infância em Liverpool do qual sempre nos lembrávamos, quando as mães viam um anúncio nas bancas para "uma viagem misteriosa". Eram programas baratos fora da cidade para tirar as crianças do tédio durante as férias de verão. Quase sempre acabávamos em Blackpool, o destino tradicional no litoral norte com seus píers, a areia luminosa e quilômetros de praia.

"Era um bando de gente, gente gorda, gente magra, pequena, louca, como na vida real. É o que fazem, o que conversam, a alegria, a excentricidade. Não dá para traçar um roteiro, simplesmente acontece", explicava Paul, frustrado quando os atores perguntaram, "Cadê o roteiro?".

Quando mais alguém reclamava do atraso na programação, eu dizia, "Não, não estamos atrasados. Não temos uma programação. Todo o filme é um grande improviso".

Para mim, os momentos mais bizarros foram os dias que passei avaliando uma sala cheia de *strippers* do Raymond's Review Bar no Soho, enquanto John e George ficavam babando, tudo estritamente em nome da arte. Paul Raymond, o rei dos bares de *strip tease*, aderiu entusiasmado, escolhendo as melhores garotas e ajudou sempre que podia. Ficou tão rico que comprou o Windmill Theater, famoso por nunca fechar durante a guerra. Sempre pareceu ser o ponto alto da sofisticação e inocência, o tipo de lugar para onde iam os homens distintos com seus bigodes finos e traje social para se divertir. Tudo combinava com o estilo fresco da Bonzo Dog Doo Dah Band que Paul tinha contratado para tocar na sessão de *strip tease* a ser gravada. A banda – fundada por Vivian Stanshall e Rodney Slater, dois alunos da Royal College of Art – foi originalmente chamada de Bonzo Dog Dada Band, por causa de um belo selo postal dos anos 1920 e do dadaísmo, o movimento de contra-cultura.

Paul viu o Bonzo pela primeira vez no Isle of Wight Pop Festival e ficou bastante tocado com sua abordagem divertida de bandas como o Temperance Seven – embora Neil Innes, um dos membros originais que tinha ido fazer parte do Monty Python, disse, "Não estamos interpretando o Temperance Seven, estamos assassinando o grupo". Porém, John não gostava tanto deles e discutiu abertamente com Paul sobre a contratação. A vingança foi consumada quando Rodney usou uma camiseta com a frase ENGULA JOHN na publicidade do filme.

Durante os testes de seleção, não conseguimos decidir entre um grupo final de garotas pernaltas e pedimos que várias voltassem para novos testes. Estreitamos a lista até ficarmos com uma: Jan Carson. Fiz com que ela repetisse o *strip tease*, enquanto os Bonzos tocavam "Death Cab for Cutie" uma vez após outra, em interpretações andrógenas de Elvis vestida em ternos com lantejoulas prateadas. A filmagem em si, com todos os homens da Mystery Tour e John e George sentados no meio do palco de boca aberta, foi muito engraçado de um modo macabro, já que "Cutie" descrevia os momentos finais de uma bela jovem e o motorista de um táxi que passou pelo farol vermelho e bateu o carro. Esta era a cena final do filme, uma cena que antecedia o fim e os créditos. Paul sabia que a BBC iria rejeitar a nudez, então, na edição, colocou uma grande placa que dizia CENSURADO sobre os seios nus de Jan.

O melhor momento de todos foi depois de um dia de filmagem nas areias da praia, perto de Newquay, na Cornuália. Durante um pequeno interlúdio especial de normalidade, Paul, Ringo, Neil Aspinal e Mal Evans foram ao *pub* Tywarhale, em Perranporth e ficaram encantados em rever um velho amigo, Spencer Davis (o Spencer Davis Group incluía Steve Winwood), ajudando no bar. Parece que o *pub* era de propriedade dos sogros de um *roadie* de Spencer Davis. Isto fez com que se sentissem instantaneamente em casa em vez de estarem em meio a estranhos.

Os freqüentadores regulares não acreditaram quando Paul sentou-se ao piano e gritou "Boa noite a todos! Sou o pianista do bar e aceito pedidos!". Eles passaram a noite cantando, ao som de todas as boas músicas antigas com Paul ao piano e, às vezes, Joanna e Ringo juntavam-se com um bandolim de uma só corda. Quando Ringo desistiu de tocar, ele disse, "Acho que gastei meu dedão", e levantou o dedo. Devíamos ter filmado aquela noite – mas na vida real aquilo jamais acontecia. Os melhores momentos estão apenas nas lembranças de algumas pessoas de sorte.

♪

Os Beatles gravariam, interpretariam e filmariam, depois gravariam outra música, filmariam mais alguma coisa, e daí por diante. Passamos um dia no Raymond's Revue Bar, filmando, depois desceríamos para o Maidstone e voltaríamos ao estúdio para terminar "Walrus" – e ao mesmo tempo, gravariam "Hello Good-Bye", depois iriam para a próxima música, a próxima cena. Era tudo feito sem grande planejamento e bagunçado, mas não importava. Era ação, o que era muito melhor para todos do que a inatividade.

A Magical Mystery Tour quase arrasou completamente Denis. Ele não foi para o escritório a não ser uma vez na semana. Ele era como várias pessoas do alto escalão da NEMS e da Apple que nunca eram convidados para festas, ou para ir aos bares com os Beatles: era querido, mas não um membro do grupo. No início, Denis e eu reunimos juntos os roteiros e idéias, que selecionaríamos para a Apple Films a fim de apresentar uma lista potencial para nossos primeiros projetos. Um dos primeiros era um filme chamado *Walkabout*, que Nic Roeg queria fazer na Austrália. Jenny Agutter foi contratada, mas acho que ela só concordou porque era um filme dos Beatles. As pessoas eram enviadas para a Austrália para escolher os lugares de filmagens. Pelo que sei, ficaram por lá porque não ouvimos mais falar delas – embora Nic tenha feito com outro produtor e, em vez dos Beatles, John Barry e Rod Stewart fizeram a trilha sonora.

Outro projeto era o *Traffic Jam*, um filme sobre um congestionamento na Inglaterra, uma idéia estranha mas muito poderosa anterior a Mad Max. Havia também alguns projetos de Terry Southern, *Magic Christian* e *Candy*, nos quais Ringo trabalhava. Eu estava bastante ansioso para transformar as histórias do *Flashman* em filmes. Achei que se fossem feitas corretamente, poderiam ser maiores do que os filmes de James Bond. Mas muita bobagem foi falada sobre quem faria o

Flashman. Alguém queria John Alderton para o papel principal, o que era totalmente errado. Ele era um tipo cômico e gentil, sem força. Alguém mais sugeriu Dave Clark, idéia que mesmo Dave achou engraçada. Houve longas discussões sobre o apelo dos livros, se deveriam ser mudados de alguma forma. Acho que eram um pouco ufanista, como Dick Lester, que tinha feito os filmes dos Beatles, John Davis, chefe do Rank, e Malcom McDowell, que finalmente escolheram para ser o Flashman. Achei que foi uma tremenda escolha errada. Imaginei que se encontrassem o Flashman exato, outro Sean Connery, teríamos feito um enorme sucesso. No final, alguém mais fez o *Flashman*, mas não conseguiu grande coisa.

Há muito John e Paul tinham a ambição de fazer uma *Alice no País das Maravilhas* surreal. Como escritores, achavam que iriam parar com a música *pop* e sentar-se juntos como Roger e Hammerstein. Pensavam em idéias, mas nada surgia de fato. Mentalmente, ignoravam o fato de que a United Artists ainda tinha que fazer um filme com os Beatles, o terceiro filme dos três que Brian tinha contratado. Embora Brian estivesse morto, o contrato ainda tinha que ser cumprido – uma situação que deprimia todos os Beatles, à exceção de Ringo. Exceto ele, todos tinham pouco interesse em “filmes de Hollywood”.

A UA podia ter se valido do *Mystery Tour*, mas recusaram-se a fazer isto porque o projeto era considerado muito arriscado e fora dos padrões. Em vez disso, optaram por *Yellow Submarine*, um desenho feito pela King Features, que mostraria os Beatles como personagens de desenho animado falando com suas próprias vozes. Era um filme estranho, embora definitivamente não tivéssemos nada a ver com isso. Foi feito durante o período em que as coisas estavam ainda mais confusas do que o normal. George ainda tentava desesperadamente amarrar e restringir Pattie, que se recusava a agir como as outras esposas e namoradas. John estava sendo perseguido por Yoko, e Paul e Jane tentavam estabelecer um compromisso se tornando noivos, quando parecia óbvio aos amigos que os dois estavam em dúvida. Não é de surpreender que, com tanta coisa acontecendo em suas vidas particulares, os Beatles não tivessem tempo ou vontade de se dedicarem ao *Yellow Submarine* quando ele começou a ser feito.

Até então, a UA tinha deixado claro que não apoiaria mais nenhum projeto da Apple Films. "Eles acham que os Beatles estão um pouco fora de exposição", era um comentário de que me lembro. Foi a gota d'água para Denis. Ele era um homem adorável, muito fácil de se conviver, mas era de uma geração diferente. Normalmente, ficava em casa e trabalhava em idéias para filmes. Fumava charutos e tomava seu uísque. Antes de entrar para a folha de pagamentos da Apple, esteve envolvido com *A Hard Day's Night* e *Help!* e no filme de Crawford, *Que Delícia de Guerra*, em que John tinha uma pequena participação como o soldado Gripweed. Então, enquanto a Mystery Tour fazia seu caminho pelo interior, Denis ficava em casa. Depois disso, continuou distante do escritório, e eu me via dirigindo o escritório da Apple Films em Londres sozinho, obedecendo ordens de qualquer Beatle que aparecesse com alguma instrução.

VINTE E UM

Os contadores da Bryce Hanmer, na Albemarle Street, ainda lutavam com a grande confusão nas contas da NEMS e de Brian e com impostos relacionados aos Beatles. Ficaram alarmados com o que viram. Brian vinha usando a NEMS como seu banquinho pessoal, adiantando para si grandes somas de dinheiro sobre as quais impostos deveriam ser pagos. Sua riqueza pessoal consistia principalmente de suas duas casas, carros e obras de arte. Seu maior ativo, o contrato com os Beatles, estava quase na data de renovação, embora, esperto, ainda tinha porcentagens sobre os contratos de gravação e publicação, e tudo ia para seu patrimônio. Naquele momento, a EMI sozinha tinha um milhão de libras em *royalties* a serem pagos imediatamente. Desta quantia, graças aos draconianos 96% na taxa de câmbio da libra, o patrimônio dos Beatles e Brian receberia 40 mil libras para dividirem.

Bryce Hanmer marcou uma reunião com os Beatles e chamou um perito tributário para oferecer suas opiniões a respeito. Não me lembro de muitas reuniões a portas fechadas envolvendo os Beatles, então todos fomos ouvir o que havia para se dizer. Os Beatles, ao que parece, pagariam impostos absurdamente altos se não equilibrassem o fluxo de dinheiro que vinha de operações internacionais.

Paul, o prático do grupo, perguntou, “O que significa equilibrar?”

O perito disse, “Em termos simples, significa que se não gastarem o dinheiro, o governo fica com ele. Podem gastar com qualquer coisa que quiserem, contanto que seja uma despesa de negócios autêntica. Não podem usar o dinheiro para despesas pessoais”.

"Qualquer coisa?", perguntaram os quatro.

"Imóveis, negócios, investimentos..."

"Filmes?"

"Qualquer coisa relacionada ao que vocês já fazem", confirmou o perito. "Considerem uma proteção contra os impostos".

"E quanto podemos gastar?", perguntou Paul, curioso.

"Dois milhões de libras". Os Beatles ficaram mudos depois de ouvirem o valor – hoje o equivalente a 25 milhões de libras.

O irmão de Brian, Clive, que tinha herdado a NEMS junto com Queenie, sugeriu que os Beatles abrissem uma cadeia de lojas, algo com o que ele tinha bastante familiaridade. Ele tinha grande interesse na idéia de lojas de cartões de felicitações. Nada do tipo existia naquela época e, para levar a idéia adiante, precisava de dinheiro.

A idéia não teve interesse da parte dos Beatles. Eles a recusaram de pronto. John, que achava Clive um segunda classe que mentalmente nunca tinha deixado a Queen's Drive de Liverpool, estava muito incomodado em ver seus interesses inapelavelmente atrelados àquele homem que, em sua opinião, jamais tinha feito qualquer coisa em favor dos Beatles. Enquanto Brian se esforçava para lançar suas carreiras, Clive estava sempre minando suas idéias dizendo a Harry e Queenie que os Beatles eram uma perda de tempo. Era compreensível que John fosse direto, "Não queremos entrar nessa. Não somos a Woolworths".

Vendo uma briga se formar, os contadores tentaram acalmar os ânimos, "Tenho certeza de que suas mentes criativas vão pensar em alguma coisa. Por fim, nosso plano para vocês é que cresçam, consolidem suas empresas para depois torná-las públicas, daqui a uns cinco anos".

Mas cinco anos eram um tempo insuportável para os Beatles. Tudo o que aproveitaram da reunião foi a idéia do ganhador de loteria: "Gastar! Gastar! Gastar!". Ficaram deliciados com a idéia de fugir dos impostos. Seriam os Medicis do ocidente e espalhariam aquela gastança repentina por todos os lugares. Conforme disse John, seria como "jogar Banco Imobiliário com dinheiro de verdade". Depois que os contadores e os engravatados guardaram a papelada em suas pastas, houve várias discussões entre o grupo, algumas na Cavendish Avenue, sobre como fariam uso da vasta riqueza e influência para investir em talentos ou em qualquer outra coisa que lhes agradasse. Era como aquela brincadeira de criança: "Se eu fosse bem rico e pudesse comprar o que eu quisesse, eu compraria...". De repente, estavam muito, muito ricos – mas nenhuma idéia realmente boa surgia. Não tinham a menor idéia do que fazer.

A idéia de que poderiam fazer o que quisessem era uma grande novidade para eles. Não tinham educação ou experiência para isso. Até Brian morrer, os Beatles jamais tinham tido qualquer liberdade. Mas sem amarras e sem alguém para dizer a eles o que fazer, George afastou-se e começou a tocar com outros músicos. Ringo dedicou-se mais a projetos pessoais, incluindo filmes. Seu primeiro papel em um filme que não fosse dos Beatles foi em *Candy*, filmado em Roma, em dezembro de 1967. Dois meses depois, em fevereiro de 1968, foi convidado, na primeira de várias aparições, de Cilla em sua série na BBC. Paul tornou-se ainda mais experimental mas de um modo interessante, enquanto John estava livre para não passar o dia todo em Weybridge esperando para ir ao estúdio, o que basicamente era sua rotina depois que decidiram parar com as turnês.

A Apple tinha seu início. Sempre disseram que jamais seriam produtores de gravação, mas agora aquilo parecia uma boa idéia. Ron Kass, um estadunidense, foi chamado para o trabalho deixando o cargo de encarregado da Liberty Records no Reino Unido para presidir a Apple Records. Esta foi uma das decisões mais sensatas dos Beatles. Paul não se importaria em admitir que uma das atitudes mais insensatas foi quando ele e John foram ao programa de Johnny Carlson em Nova York e disseram ao mundo, "Mandem suas fitas". Também colocaram um anúncio de página inteira em jornais pedindo idéias. Fitas e manuscritos chegavam aos montes e eles não tinham ninguém para ouvir, ler ou aprovar. Os Beatles estavam ocupados, e ninguém sabia o motivo de Paul ter feito aquele convite aberto, já que o que queria realmente era contratar os Stones, Donovan, os Byrds e todas as bandas de que gostava. Certamente houve conversas entre os Stones e os Beatles sobre juntarem-se e formarem uma empresa. Acho que isso só não aconteceu porque haveria muito cacique para pouco índio.

Os Beatles sempre tinham visto a NEMS como um escritório particular de Brian, mas agora que tinham sua própria empresa, a Apple, cumpriam expediente nos escritórios editando o *Mystery Tour* com hora de almoço no bar como qualquer trabalhador comum. Encontravam-se com as pessoas longe da proteção de Mal ou Neil, ou mesmo minha, ou do motorista. As pessoas iam até eles, conversavam, falavam de suas vidas, idéias, planos e aspirações. Aquilo não era apenas novo, era uma revelação. Era como o tipo estranho de liberdade que algumas pessoas experimentam logo após a morte dos pais, quando percebem que estão sozinhos para nadar ou afundar, capitães do próprio destino.

Certa vez, Paul me disse, "Não temos que responder a ninguém se estivermos de saco cheio. Agora não temos mais que pensar 'Ah, mas o que Brian vai dizer?'". Mesmo antes disso, Paul era o único que saía sozinho. Às vezes saía de sua casa na St. John's Wood, conversava com o pessoal, pegava um ônibus e ia para o West End para passear. Passeava com sua cadela, Martha, no Heath; punha uma carta no correio ou parava em uma banca da esquina para comprar os jornais. Os outros eram levados por motoristas para todos os lugares. Na verdade, enquanto eu escrevo aqui, Paul continua agindo como uma pessoa comum. Pega o trem para Brighton e espera na fila da estação para pegar um táxi para casa. É parte de seu grande charme. Ele é mais ou menos normal.

Mas e o que é ser normal? Brian Epstein uma vez me deixou muito impressionado ao puxar uma cigarreira caríssima que continha cigarros de maconha perfeitamente enrolados. Ele os oferecia dizendo, "Pedi para um dos meus rapazes fazer para mim". Normal é o que as pessoas normais fazem, e eu acho que Brian via o quanto os Beatles ficavam felizes fumando e decidiu que faria o mesmo. Ele sempre tinha enormes quantidades de LSD em casa – e estou dizendo, era muito mesmo.

Quando a Apple anunciou que estava aceitando propostas de idéias para financiamentos, Yoko imediatamente agarrou a chance e pediu 5 mil libras – o equivalente hoje a cerca de 55 mil libras – para uma exposição na galeria Lisson. Considerando-se que o que iria expor eram coisas pintadas de branco e cortadas ao meio, como meia cadeira ou meia mesa, ela poderia ter comprado tudo em uma loja de velharias e ainda receberia troco para uma nota de cinco. Rude, Paul disse, "Por que você não coloca uma meia pessoa também?". Ele não era simpático à idéia de dar a ela qualquer dinheiro, mas disse que John podia fazer isso se quisesse. O comentário sarcástico de Paul tinha tido seu efeito em Yoko e ela capitalizou isso em seu benefício. Ela foi à Apple e cercou John para pedir a ele o dinheiro, cheia de caras e elogios falsos. Chegou dizendo que ele era sua inspiração. "Sinto-me pela metade", disse ela. "Minha outra metade é você, e eu sou a sua. Estivemos perdidos no espaço procurando, agora nos encontramos..."

John tomou um susto e quase fugiu. Mas conforme a idéia era digerida, algo nela o tocou. Desde a infância, ele se sentia como uma meia pessoa; vinha procurando as peças perdidas de seu quebra-cabeças. Na verdade, sempre esteve à procura dos pais. Aquele momento horrível, quando tinha cinco anos e corria de um lado para o outro e encontrou a mãe, tinha lhe deixado uma marca indelével. Depois ela o fez de bobo ao jogá-lo para Mimi e desaparecer. Enquanto ele pensava em tudo isso, Yoko aparentemente pensou que ele estava hesitante, então esquentou o assunto. Disse que se ele não lhe desse o dinheiro, ela se destruiria. John deve ter tido visões de Yoko cometendo o *harakiri*. Pior, já via até as manchetes.

Abruptamente, disse a ela que patrocinaria a exposição, sob a condição de que ela guardasse segredo. Quando ela saiu segurando a folha de cheque, John ainda estava com raiva daquela manipulação.

"E por que você concordou?" perguntei, cauteloso.

"Para me livrar dela", respondeu ele, seco. "Mulheres assim, você tem que pagar para sumirem, ou nunca deixam de importunar". Pessoalmente, acho que o oposto funciona melhor, mas não disse nada. Parecia haver alguma contradição entre as palavras de John e seu comportamento. Mesmo quando a dispensava, ele continuava a vê-la secretamente. Talvez suas palavras fossem apenas uma cortina de fumaça.

Fazer com que John patrocinasse sua apresentação era um golpe de mestre e nada no mundo faria com que ela guardasse esse segredo. Triunfante, imediatamente enviou um comunicado à imprensa anunciando que ela e John organizariam uma exposição de artes. O cartaz branco dizia, "Half a Wind: de Yoko Ono e John Lennon".

John ficou muito irritado. Se Robert Fraser não estivesse na cadeia, teria dito “Não falei?!?”. Tudo o que John podia fazer em retaliação era levar Cynthia nas homenagens em memória de Brian em 17 de outubro, depois segurar sua mão em público no Earl’s Court Motor Show, alguns dias depois.

Embora John desprezasse a idéia de ter um estabelecimento comercial, ele colocou o velho amigo de escola e companheiro dos Quarrymen, Pete Shotton, em uma quitanda em Hapshire e Pete saiu-se muito bem. O negócio crescia cada vez mais. Então, uma idéia criou raízes. Podiam abrir uma loja diferente. Seria o tipo de lugar aonde as pessoas iriam para se divertir e comprar coisas que gostassem e queriam ter. Paul gostou da idéia de uma loja de artigos brancos onde se podia comprar porcelana branca e outras coisas, o tipo de objetos que as pessoas sempre queriam mas não encontravam em lugar algum. Ele achava que o negócio deveria ser uma loja com preços módicos, onde as pessoas podiam entrar sem medo de pagar muito nem sentirem-se intimidadas pelo luxo.

John estendeu a idéia de escolha livre a todos. Disse “Se eles querem um balcão, vendam a porra do balcão, se querem um tapete, vendam também”.

Não tenho certeza de quem teve a idéia de contratar o Fool por 100 mil libras – equivalente hoje a mais de um milhão – para desenvolver uma frente de loja e abastecer o estoque com tudo, desde roupas até móveis mouros, mas foi isso o que aconteceu. Receberam total liberdade para criar seus próprios desenhos e comprar tudo o que quisessem. Magic Alex, que estava presente à reunião, sentado à sua maneira, no braço da cadeira de John, cochichou em seu ouvido e John disse, “E vamos investir em uma oficina para Alex. Ele pode fazer aparelhos eletrônicos que venderemos para a Sony e para a EMI e teremos uma linha de produção em massa para ganhar rios de dinheiro”.

Os Beatles estavam sob grande pressão naquela época em conseqüência da morte de Brian. Assim, as pessoas que trabalhavam para eles, ou para a Apple, sofriam grandes pressões para não discutir nem mesmo as menores das mais brilhantes idéias dos Beatles, nem mesmo o envolvimento com Maharishi, Alexis Mardas ou o Fool. Eles olhavam para as pessoas dizendo: "Diga. Diga o que acha! Podemos agüentar". E as pessoas diziam, "De jeito nenhum. Primeiro: vocês não agüentariam. Segundo: eu gosto daqui".

Discordar significava estar fora de sintonia e desligado, e não obedecer significava outra coisa – rua! Logo, alguém tinha que ceder, então chegava-se a um senso comum.

Então, Magic Alex comprou imóveis no Boston Palace, próximo à Marylebone Railway Station. A Apple Electronics foi criada e ele foi informado de que poderia comprar tudo o que precisasse. Por fim, sua marca de magia custou aos Beatles 300 mil libras – mais de 3 milhões nas cifras de hoje. Para quem dizia ser capaz de balançar o sol no céu ou fazer uma nave espacial com os motores das Ferraris de John e George, ou ainda, construir um estúdio para 24 canais quando 8 ainda era o padrão nos dois lados do Atlântico, nada era demais. Mas a única coisa que me lembro de ter visto Alex fazer que realmente funcionava foi um rádio de bolso, construído com alguns pedaços de plástico e ferro.

Como veículo de todas estas empreitadas, e muitas outras mais que ainda seriam concebidas, eles usariam a Apple, a empresa que Brian tinha criado para eles, já que quem assinava os cheques na NEMS continuaria assinando na Apple. Era tudo rigidamente controlado nas finanças, mas um capricho era um capricho, e 100 mil libras era uma soma absurda para três jovens palhaços holandeses cujo único empreendimento anterior tinha sido uma loja de roupas na Holanda que tinha falido.

E, resumindo, George, que tinha abraçado as filosofias cármicas do oriente, disse, "Há muito divertimento e riso para nós". Talvez, mas ter muito dinheiro, ou mesmo uma fatia ligeiramente maior do dinheiro que tinham gerado, doía. Ficaram profundamente chocados quando descobriram que Brian tinha deixado escapar estimados 100 milhões de libras só com a má negociação de produtos. Depois de sua morte, as pessoas conheceriam mais algumas de suas decisões ruins. Enquanto nenhum dos Beatles era ganancioso ou se importava muito com a riqueza pessoal, aquele dinheiro inesperado, embora apenas uma gota no oceano, era uma certa quantia com a qual poderiam ter se divertido.

Descobriu-se que os contadores tinham investido comprando um grande prédio de esquina na 74 Baker Street algum tempo antes. O lugar era grande o suficiente para abrigar uma loja com os escritórios na parte superior. John convenceu Pete Shotton a colocar a mulher na quitanda enquanto ele iria para Londres ser gerente da Apple Boutique. Pete não estava muito empolgado, mas John convenceu-o com um bom papo. Ele dizia que queria não ter aceitado porque parecia estar trabalhando para quatro patrões. De manhã, Paul erguia uma divisória. De tarde, John a desmontava. A irmã de Pattie, Jenny Boyd, concordou em ser vendedora. Foi tudo muito corrido, porque planejavam abrir depressa e mostrar ao mundo que a morte de Brian não tinha interrompido os planos nem dissolvido as parcerias dos Beatles, como havia sido insinuado pela imprensa.

Para demonstrar que o negócio seria uma coisa bem diferente, chegaram a contratar até um místico em tempo integral. O nome dele era Caleb e seu principal papel por mais de um ano foi o de influenciar todas as decisões na empresa lendo o Tarô e as pedras do I-Ching, uma versão prévia de *O Homem dos Dados* de Luke Reinhardt. As coisas ficaram tão malucas que Derek Taylor perguntou a Paul se ele – Derek – podia ser colocado no escritório como um excêntrico executivo com uma placa na porta. Paul achou que seria uma grande idéia, mas ao ter o pedido aprovado, Derek ficou tão alterado na hora de pedir a placa que a idéia não deu em nada. A posição favorita de Derek era sentado em uma majestosa poltrona na sala de imprensa como um potentado oriental, cercado de mesas onde ficavam telefones, garrafas de bebidas e bandejas de haxixe para que as pessoas se servissem. Enquanto as marés subiam e desciam, ele permanecia alheio em seu mar particular.

O Fool iria para a Apple anunciar que sairiam para as compras. "Para onde vamos?", perguntou alguém. "Não sabemos – talvez para a Índia, ou Marrocos... Para onde pudermos encontrar o que queremos, cara".

"De quanto precisam?"

"Uns 10 mil porque acabamos de fumar um baseado ouvindo o novo disco do Santana e vamos percorrer de camelo a velha Rota da Seda". E sem piscar, alguém assinaria um cheque e entregaria dizendo, "Aqui está. Mande um postal, e tente trazer algumas notas fiscais. Temos que ter alguns recibos".

Algum tempo depois, estariam de volta à Baker Street, cheirando a temperos exóticos como Ali Baba e os Quarenta Ladrões, cantando, "Querida Rita, onde amarramos os camelos?"

As etiquetas das roupas da Apple eram de seda em cinco cores e custavam uma fortuna. Custavam o preço de uma roupa similar em uma loja de departamentos. Quilômetros destas etiquetas especiais estavam nas linhas de produção. Era como: "Sou um novo rico". "Sério? O que você faz?", "Faço etiquetas para a Apple". Até então, os fabricantes de camisetas piratas faziam fortuna vendendo *souvenirs* do lado de fora das apresentações dos Beatles. Agora eram "devidamente fabricantes de etiquetas para a Apple".

Os botões também eram importados, eram todos Milo Minderbinder, saídos diretamente de *Catch-22*. Compravam botões e drogas no mercado de tecidos de Madagascar ou Marraqueche, ficavam doidões, trocavam os botões por figos em Trípoli. Acordavam, comiam os figos, depois lembravam-se de que precisavam de botões. Voltavam, compravam ópio aos quilos e botões às centenas por um centavo, guardavam o ópio, vendiam os botões para a Apple por cinco xelins cada, como Milo: todos ganhavam sua parte, mas ninguém era muito esperto. Era como se tivessem descoberto um jeito fácil de roubar uma pilha de dinheiro sem muito esforço.

Produziam montanhas de pantalonas exóticas e radiantes, túnicas e botões com sedas coloridas, veludos e batiques, mas como rapidamente percebemos, não importava que fantasias as pessoas tinham com aquelas roupas, não as usariam na segunda-feira de manhã.

Mesmo no escritório da Apple, éramos muito conservadores, com roupas bastante conservadoras. Eu sempre usava um terno sob medida e gravata porque isso me ajudava a entrar na maioria dos lugares sem grandes problemas. Certa vez, John apareceu na Abbey Road com um turbante de seda e chinelos, cheio dos ares do oriente, e as pessoas riram tanto que chegavam a cair no chão. Houve várias discussões sobre preços. Os Beatles não queriam parecer como se estivessem explorando as pessoas e insistiam em dizer que não importava o quanto cobrariam; era um dinheiro perdido que de outra forma iria para os impostos. Fazia sentido. Para deixar tudo ainda mais lógico, deveríamos ter colocado um grande cartaz dizendo: SIRVA-SE, porque era o que as pessoas faziam. Toneladas de produtos eram roubadas das bancas. Os Beatles eram os melhores clientes. Escolhiam toneladas de coisas que jamais os vi usando e pediam para que o pessoal de vendas cobrasse de suas contas. O Fool parecia um bando de bobos da corte, então quando chegavam balançando os sinos e pedindo dinheiro para comprar mais alguma coisa para a loja, não era uma boa idéia dizer, "Estão brincando", porque estavam mesmo. Eram o Fool.

A loja finalmente entraria nos trilhos. Contrataram um cara chamado John Lyndon para cuidar da Apple Retail e ele acabou organizando tudo. Ameaçou expulsar o Fool do departamento de roupas a não ser que parassem de tirar mercadorias sem pagar e começou a estabelecer preços adequados, reparar em itens que seriam bem vendidos, mas naquele momento os Beatles estavam "cheios de ser donos de loja". Além disso, a vida de John Lennon estava se tornando muito complicada. Ele tinha uma grande questão em mente – e seu nome era Yoko.

Enquanto isso, o Natal se aproximava e com ele, a difusão de *Magical Mystery Tour* na televisão pela BBC. Paul tinha trabalhado por semanas na edição, caprichando nas cores vibrantes. Se Paul sabia que tudo seria exibido em preto e branco, não disse. Naquele Natal de 1967, o primeiro sem Brian, Paul decidiu organizar uma grande festa à fantasia para comemorar o lançamento de seu filme. Seria no Royal Lancaster Hotel, em 21 de dezembro, com uma ceia de Natal à mesa e dança. Os convites foram enviados em segredo e, pela primeira vez, a notícia não vazou. A imprensa e o público não apareceram aos montes e tudo aconteceu de forma muito pacífica.

Bailes à fantasia e eventos do tipo estavam em alta. Todos queriam se vestir de cartola, fosse em casamentos, aniversários ou bailes. Havia um baile à fantasia quase toda semana em vários hotéis e bares de Londres ou nas casas luxuosas da Hampstead, onde várias pessoas eram vistas sempre usando as mesmas fantasias. Alugamos nossos trajes na Bermans, um ateliê para peças de teatro. Os Beatles quase sempre usavam a mesma fantasia nessas festas. Eu fico pensando se os fãs imaginavam que, por algumas libras, poderiam usar a fantasia de roqueiro de John, com a jaqueta preta, ou a fantasia de rei de Paul, com jóias falsas. George Martin e Judy eram sempre a rainha e o príncipe Philip – e eu era sempre o bobo da corte com sininhos dourados pendurados nas pontas do chapéu e os dedos do pé para fora da sapatilha.

No jantar, *Mystery Tour* foi brindado várias vezes, e todos estavam ansiosos para assistir ao filme. Era uma obra à frente de seu tempo. Sem saber, Paul tinha criado um padrão para o primeiro *reality show* para a TV. Devia ter ganhado um Emmy. Em vez disso, quando o filme foi exibido em preto e branco no Boxing Day (26 de dezembro), e assistido por um público de 15 milhões de pessoas, a crítica foi muito dura. Talvez porque fosse um formato revolucionário desconhecido dos críticos, ou então porque o apelo principal do filme, os figurinos coloridos, maquiagens e efeitos especiais, tenham se perdido na transmissão em preto e branco. Como era possível mostrar palhaços dançando, ou um céu mágico em que as nuvens mudavam de cor *sem* as cores? Foi frustrante para Paul ter filmado e produzido um filme em cores para ser limitado pelas restrições do meio em que foi veiculado. Um ano mais tarde, quando a transmissão em cores foi lançada, o filme foi novamente exibido e, então, redimido, mas era tarde. Os críticos já tinham feito o estrago. Mesmo assim, o disco rendeu 11 milhões de libras assim que foi lançado, o que deixou satisfeitos os contadores.

VINTE E DOIS

No início de janeiro de 1968, logo depois de termos nos mudado dos escritórios superlotados no andar de cima da loja para outros mais espaçosos na 95 Wigmore Street, John de repente tomou a decisão de aceitar os convites insistentes de Maharishi e convenceu os outros a irem junto. Naquele inverno, todos os Beatles tinham se tornado freqüentadores do luxuoso apartamento de Maharishi em South Kensington, John tinha levado até Yoko. Maharishi estava sempre dizendo que o único caminho que levaria os Beatles ao crescimento espiritual era ir para a Índia e meditar sem influências externas, além de entregar-lhe uma grande soma de seu dinheiro.

Mas não foi o desejo urgente de aprender meditação transcendental ou práticas iogues para voar o que levou John a tomar a decisão de ir para a Índia. Foi o medo de ver seu casamento destruído. Yoko tinha aumentado a pressão. Sua perseguição a John – que tinha crescido – tornava-se cada vez mais visível a cada dia. No início, John, um sofredor inveterado, tinha estimulado silenciosamente Yoko como quem instiga um leão na jaula com uma vara comprida. Mas a porta da jaula se abriu.

Yoko disse a John que seus carmas estavam se manifestando e seus destinos estavam ligados, mas por um longo período, John não daria ouvidos a isso. No fundo, ele ainda era muito conservador. O lado normal e classe média de sua educação, o fator Tia Mimi, faziam com que temesse sacudir seu barquinho doméstico. Nos anos 1960, as pessoas davam valor ao casamento. Não se podia arranjar um divórcio rápido, era muito desagradável e reprovável.

Durante semanas, Yoko tinha espreitado a Apple, algo que podia fazer facilmente do grande apartamento que ela e o marido tinham arrumado na 25 Hanover Gate Mansions, extremo sul do Regent's Park. Sua rotina diária parecia ser telefonar para nossa recepção assim que terminava seus exercícios de respiração, comia suas toranjas e injetava heroína, para saber se John estava lá ou quando chegaria. Todos os Beatles estavam notavelmente acessíveis e a equipe tinha instruções para ser franca e aberta com quem telefonasse, então encontrar John não era nada difícil. Se mais fãs tivessem percebido isso, o circo em que já vivíamos teria ficado insuportável. Felizmente, a maioria dos fãs achava que seria ignorada, então nem se incomodavam em telefonar.

Apenas uma metade de Yoko era inegavelmente japonesa, a outra era inconveniente. Tinha irritado tanto Robert Fraser exigindo um espaço em sua galeria que ele disse a Paul que ela era a mulher mais insistente que tinha visto. Onisciente, acrescentou, "Ela insiste até conseguir o que quer".

Poucos momentos depois do primeiro telefonema, Yoko apareceria em frente à Apple. Nós a víamos e dizíamos "Ah, meu Deus! Ela de novo!". Aquela figurinha vestida de preto, normalmente usando algum tipo de chapéu, chegaria até a porta com o sorriso tímido escondido atrás da cortina de cabelos longos, pretos e crespos que ocultavam um brilho no olhar. Depois falava em um inglês com sotaque japonês "John está me esperando".

Se ele já estivesse por lá, alguém interfonava e ele aparecia. Se não estivesse a fim de mostrar a cara, Yoko se sentava na recepção e ficava esperando, impassível, às vezes por horas, como uma instalação viva de arte, até que ele aparecesse. Outras vezes, se achasse que John a estava deliberadamente evitando, ela esperava na calçada ou se escondia atrás de algum carro em frente a alguma loja. Assim que via John chegar ou sair, corria atrás dele, sempre com alguma coisa nas mãos, como seu último poema, um convite para uma exposição de artes ou alguma outra coisa.

E quase estranhamente, John às vezes se sentava na recepção para conversar com ela. Sobre o quê, nenhum de nós sabia. Às vezes, parecia animado e divertido, mas acho que provavelmente estava sob efeito das drogas. Outras vezes, ele parecia ansioso e assustado. Mesmo assim, Robert Fraser previra, Yoko manteria a pressão, e John lentamente começava a ceder. Eu via isso acontecendo e não podia acreditar no que estava vendo. Normalmente, quando ele era rude, sentia muita culpa e oferecia um almoço ou um jantar para compensar, quase como se devesse a ela alguma coisa. Os mais inocentes diriam que ela o estava hipnotizando.

"Ah, Tone, vamos só almoçar", John resmungava ressabiado, evitando meu olhar quando eu o encontrava. Eu ficava na escada balançando a cabeça, descrente, enquanto ele ia para alguma cantina discreta ou ao restaurante japonês do outro lado da rua na Christopher Place. Yoko ia atrás, trotando para acompanhar seus passos. Houve algum problema no Natal, quando John estava em casa com a família. Os boatos diziam que Yoko ficava espiando seu portão elétrico na St. George's Hill. Ele podia ser o dono e chefe da casa, mas com a Sra. Powell e tia Mimi por lá no feriado, nem mesmo John tinha coragem de abrir os portões para que Yoko entrasse.

Não sei quando essa gangorra desequilibrada para um só lado virou – não posso dizer se *evoluiu* para – um relacionamento. Foi muito antes do que John admitia, muito antes da data celebrada na iconografia de John, a famosa Night of the Two Virgins. Acho que foi depois do evento Rainbow, que durou 14 horas no Alexandra Palace. Segundo o motorista de John, Les Anthony, daquela noite em diante, John e Yoko passaram a se relacionar com freqüência – ou transar, como Les grosseiramente dizia – no banco de trás do Rolls Royce de John. Convenientemente, John colocou uma cama dobrável de casal no lugar do banco de trás e eu não podia imaginar a razão de se sujeitarem a tal desconforto quando Yoko tinha um ótimo apartamento à disposição para fazer o que quisesse. O marido, um artista que ela tratava com desprezo, não era impedimento para o que ela pretendia. O que o marido achava parecia não ter importância para ela. Embora parecessem não partilhar mais a mesma cama, Tony cuidava de todos os caprichos de Yoko. Os amigos diziam que ele a tratava como uma princesa. Depois de vários abortos confessados, Yoko não agia como uma mãe natural com instintos maternos normais. Era Cox quem cuidava de Kyoko.

Bebê em Nova York, Kyoko ficava sozinha no apartamento vazio enquanto Cox e Yoko faziam arte.

Tony Cox tinha um histórico criminoso nos Estados Unidos, antes de ter conhecido Yoko. Ele tinha entrado para o círculo de John Cage bem antes dela. Na verdade, diziam que ele tinha roubado o carro de Cage e adulterado os documentos, embora não houvesse acusações contra ele por isso. Houve um problema com drogas e a máfia. Na fuga, com a máfia e o FBI em seu encalço, Tony Cox conseguiu dinheiro com a conta publicitária da La Monte Young, que tinha publicado *An Anthology*, e foi para a casa de uma tia na Califórnia. Ouviu falar de Yoko pela primeira vez na La Monte Young, onde disseram que Toshi Ichiyanagi, o marido japonês de Yoko, era um compositor e pianista consagrado e premiado que ela tinha conhecido em Nova York para se casar contra a vontade da família autocrática. Toshi e Yoko estavam então no Japão. Yoko vinha de uma família nobre e antiga, uma das mais ricas no Japão antes da guerra, e tinha estudado com os filhos do imperador. Cox correu atrás de tal informação como um míssil: o pai de Yoko era o presidente do Japanese-American Bank em Nova York. Com as palavras "presidente do banco" tilintando nos ouvidos e acreditando que Yoko seria um contato útil, Cox usou um pouco do dinheiro que tinha pegado da La Monte Young e rumou para o Japão.

A história continua dizendo que, para seu desapontamento ao chegar em Tóquio, Cox encontrou Yoko em uma clínica psiquiátrica restrita depois de ter passado por uma profunda depressão e um severo ataque de nervos. Ela o cumprimentou como se fosse um primo distante e convenceu-o de que era uma prisioneira, alimentada com pesadas drogas psicotrópicas e incapaz de sair dali – o que, dada a situação, era provavelmente verdade. Ela viu naquele estadunidense uma rota de fuga da vida à qual tinha se acostumado em Nova York. Juntos, bolaram um plano de liberdade. Cox convenceu o diretor do hospital de que era um famoso crítico de arte e que contaria ao público o modo como Yoko vinha sendo aprisionada contra sua vontade. Ela retornou ao marido, mas continuava mentalmente instável. Ela e Cox encontravam-se com freqüência em uma doçaria de Tóquio onde conversavam tomando chá e comendo bolo de arroz, saudosos do círculo artístico que tinham deixado em Nova York.

Parecia destino quando alguns membros daquele mesmo círculo, inclusive John Cage e David Tudor, chegaram para uma turnê cultural pelo Japão. Toshi inscreveu-se para tocar piano para eles, enquanto Yoko seria a intérprete. Na turnê, ela tornou-se mais do que uma intérprete. Meteu-se nas apresentações e foi fotografada totalmente esticada sobre o piano com salto alto e vestido de noite, com os longos cabelos pendurados enquanto Cage tocava. Ao final da viagem, Yoko estava grávida de Cox. Como Peggy Guggenheim, que também estava lá, escreveria em suas memórias: "Permiti que Tony entrasse e dormisse no quarto que dividia com Yoko. O resultado foi um lindo bebê meio japonês, meio norte-americano".

Cox mudou-se para o apartamento que Yoko dividia com Toshi e passou para a cama dela enquanto Toshi dormia no chão. Em 28 de novembro de 1962, Yoko casou-se de modo bígamo com Cox na Embaixada dos Estados Unidos em Tóquio. Sua família ficou apavorada. Contrataram um advogado e a bagunça só foi arrumada quando Yoko "divorciou-se" de Cox, "divorciou-se" de Toshi, depois casou-se novamente com Cox. Parece que tudo o que Yoko queria, conseguia por quaisquer meios. Como disse Nixon certa vez, "Não há nada como a perseverança". Em Nova York, pouco antes de irem para Londres, a relação entre Cox e Yoko piorou porque ele não queria ir e ela sim. Fizeram várias terapias de casal com o reverendo Al Carmines. O reverendo era uma celebridade muito conhecida no Greenwich Village por suas festas e pelos eventos artísticos que abrigava em sua igreja, nos quais Yoko e Tony acabaram envolvidos. Segundo ele, as sessões de aconselhamento foram infrutíferas porque Yoko recusava-se a ceder. Nas reuniões conjuntas com o marido, ela dava a impressão de ser uma esposa subserviente, mas quando Carmines pedia para que fosse à reunião sozinha, ela revelava sua real natureza. Ele disse, "Yoko Ono tinha uma inquietude quase religiosa quanto a suas vontades... era uma mulher de ferro... um dos indivíduos com a maior força de vontade que já vi... eu tinha um pouco de medo daquilo... e também ficava impressionado".

E então, ela queria John Lennon. Dormir com ele no apartamento que dividia com Tony Cox e a filha não era novidade. Ela era uma artista boêmia, afinal de contas. Cox conseguia cheques em vários bancos de

Londres ao dizer que era um produtor de cinema esperando verbas. O filme, supostamente uma elegia a traseiros nus, existia, mas as verbas não. Porém, com um sogro presidente de banco, era fácil conseguir o que queria, e ao mesmo tempo arriscado. O cartão de crédito de Yoko estava estourado e naquele inverno de 1966-1967, um vento gelado soprava-lhes os calcanhares.

Dan Richeter, um brilhante artista de mímicas dos Estados Unidos que coreografou o início de *2001: Uma Odisséia no Espaço* de Kubrick e fez um papel em *Moonwatcher*, era muito íntimo de Yoko e Tony Cox. Conhecia as brigas ferozes do casal e também seus problemas financeiros. Tinha encontrado os Cox pela primeira vez em Tóquio, onde estava estudando mímica. Eu o conheci quando ele foi a Londres e ficou no Indica. Pegou um apartamento na 26 Hanover Gate Mansions, e avisou os desabrigados Cox e Yoko quando o apartamento vizinho ficou disponível. Ele era confidente de ambos. Dizia que ouvia suas esperanças e planos de laçar John, primeiro como um "anjo" financeiro, depois, cada vez com mais entusiasmo, como amante. O que tornava os três ainda mais íntimos era que partilhavam uma varanda em comum com vista para a rua e andavam livremente de um apartamento para o outro. Quase sempre, Dan dizia, que olhava para baixo e via o pequeno Mini de John estacionado na rua. Ele disse, "Depois de um tempo, sempre estava lá". Por fim, mudou-se para Ascot com John e Yoko e passou quatro anos trabalhando com eles em seus projetos musicais e de cinema, entre eles *Imagine*.

Segundo Dan, Tony Cox estimulava ativamente um caso entre John e Yoko como possível meio de sobrevivência. Dizia que Cox pedia a Yoko que "chegasse até Lennon". Quando John mostrou-se evasivo no início, Cox disse a Yoko que ela não estava tentando o bastante. De sua parte, quando viu o quanto estava perto de agarrar sua presa, Yoko disse a Dan que logo estariam mais ricos do que podiam imaginar. Yoko sempre fazia amor com John em seu apartamento. Cox levava Kyoko pela varanda e esperavam no apartamento de Dan. Em um determinado momento, Cox começou a sentir-se fragilizado, achando que poderia ser excluído. Solenemente, escreveu um contrato e insistiu para que Yoko assinasse. O documento de uma única página – escrito e assinado na mesa da cozinha de Dan – dizia que quando Yoko fisgasse John, eles dividiriam todo o dinheiro conseguido na empreitada.

♪

Certa tarde, John entrou furtivamente em meu escritório e disse, "Ei, Tone, está ocupado?".

"Agora?", perguntei.

"Quando tiver um minuto. Preciso que faça uma coisa para mim... hum... confidencial. Quer dizer, como se fosse segredo".

"Tudo bem", respondi, pensando em qual seria a enrascada da qual queria que eu o tirasse. Aquilo não era incomum. Assim como vários outros jovens de sua idade, na liberdade e facilidade dos anos 1960, John era um demônio para o sexo e tinha uma vida conturbada.

"Deixei algumas... hum... coisas no apartamento daquela mulher. Queria que você fosse lá buscar para mim". Ele me entregou um malote marrom daqueles com alças de tira. "E devolva estas coisas que ela me deu".

Eu olhei para dentro do malote. Parecia estar cheio de coisas feitas de tecido, prendedores de metal, papel dobrado e papel higiênico. No alto havia alguns cartões feitos à mão com poemas escritos em tinta preta, como pequenas aranhas rastejando pelos cartões e alguns livros pequenos. Lembrei-me das sacolas de doces para crianças vendidas nas lojas, mas nesta não havia balas e doces, apenas o brinde. A ficha logo caiu, conforme John dizia, "Pegue um táxi. Ela está esperando por mim, então vai deixá-lo entrar. Conhece a Hanover Gate Mansions, não?".

"É claro. Ela tem alguma coisa para você?", perguntei.

"Bem, provavelmente não", respondeu John, desviando o olhar.

"Certo. Então que 'coisas' você quer que eu traga de volta, John?" perguntei, suspirando e com os pés no chão. Fiquei pensando no que estava me metendo.

"Coisas pessoais", respondeu ele, misterioso.

"O quê? Pijamas por exemplo?" perguntei. John sorriu, um pouco mais relaxado.

"Livros", disse ele. "E algumas camisas... ah... talvez algumas meias e um suéter. Ela pode ficar com a escova de dentes e a lâmina de barbear". Ele hesitou por um instante. Se fosse criança, teria pulado de um pé para o outro. "Ah, e... cartas e coisas escritas, *sabe*, Tone. Isso é o mais importante. *Coisas que eu escrevi*".

Eu disse, "Coisas incriminadoras, você quer dizer. E ela vai me entregar tudo isso?".

Contra minha vontade e juízo, fui até Hanover Mansions, e, como na rima infantil que falava do Duque de York subindo e descendo a colina, eu não fui a lugar algum. Nem passei pela porta. Quando expliquei o que eu queria, Yoko olhou-me friamente e disse, "É tudo meu. Diga a ele para vir aqui e pegar ele mesmo".

Nem importava muito porque eu falaria com John sobre Yoko várias vezes outras vezes, enquanto ele escorregava cada vez mais pela ladeira que levava ao divórcio.

A produção de *Yellow Submarine* tinha continuado mesmo em meio à confusão da vida dos Beatles, mas eles ainda não tinham sequer chegado perto do filme. Consideravam aquilo parte de uma época diferente de suas vidas, um contrato com a United Artists do qual se arrependiam. Deixavam claro sua chateação. No final, até mesmos as vozes foram feitas por artistas de novelas e do cinema. Quando alguns minutos da filmagem precisaram ser terminados e sua presença foi insistentemente solicitada, eles apareceram nos estúdios, relutantes. Não tinham interesse, menos ainda entusiasmo, mas o filme precisava de mais duas músicas. Músicas eram uma outra questão. Sempre podiam oferecer músicas. (Mas quando houve a pré-estréia, quando viram o filme pela primeira vez, foi "Uau! É muito bom! Por que não nos envolvemos mais?").

No início de fevereiro, os Beatles trabalhavam duro na Abbey Road gravando as músicas adicionais. Em 11 de fevereiro, gravaram "Hey Bulldog" nos estúdios da Abbey Road, enquanto eu filmava todo o processo. Não precisávamos de qualquer material promocional para "Bulldog", mas Paul gravou também "Lady Madonna", a música que tinha escrito para a mãe, que precisaria de alguma promoção. Eu fiz o vídeo para "Bulldog" usando cenas dos rapazes tocando e sentados no estúdio. Depois o filme desapareceu, totalmente. Achamos que pode ter sido roubado, como sempre acontecia quando nos descuidávamos das coisas. (Cerca de 30 anos mais tarde, em agosto de 1999, o filme original foi descoberto e usado para reeditar "Bulldog" e sair com uma nova versão digital de *Yellow Submarine*.)

Apesar das visitas ao estúdio, John continuava perturbado com Yoko. Ela era impossível de se ignorar e parecia aparecer em todos os lugares onde ele estava. Certa vez, ela apareceu no estúdio. Conseguiu passar pela segurança, mas foi parada na última porta. Em vez de ir pelo caminho livre, deu de cara com o pessoal da Apple parado nas escadas, onde permaneceu silenciosa durante horas esperando que John surgisse. Quando ficou óbvio que passariam a noite toda gravando, ela partiu, furiosa.

"Nunca mais vou ser desprezada", prometeu a John quando voltou a encontrá-lo. Tenho visões dela cozinhando olhos de salamandra, dedos de sapo ou ainda, fazendo bonecos vodu para espetar com agulhas, mas nenhum dos Beatles fazia a menor idéia do que aquela promessa representaria para o futuro de sua paz.

John entrou em pânico com as crescentes ameaças da Princesa das Trevas. Foi quando decidiu ir para a Índia com Cynthia para colocar alguma distância entre ele e Yoko. Esperava que, ficando por lá tempo suficiente, Yoko desapareceria. Talvez voltasse para os Estados Unidos, ou se evaporasse em uma nuvem de fumaça. O número com as tesouras bem que podia dar errado ou, quando estivesse fazendo o número dos sacos, o correio podia despachá-la para qualquer canto, menos para a Índia. Sim, uma longa viagem para ashram (comunidade para promover a evolução espiritual), onde podia meditar e aprender como ter calma e controle para desistir das drogas e passar momentos românticos com Cynthia e reconstruir seu casamento, parecia uma coisa bastante oportuna.

George, naturalmente, tinha muita vontade de ir e já tinha aprontado sua caixa de temperos e uma cópia de *Chanting without Tears*.

Paul, que abraçava quase toda idéia nova, também estava ansioso para ir, embora Jane estivesse ainda cética. Ringo estava profundamente desconfiado, principalmente por causa da comida que esperava encontrar em ashram. Eu sabia que ele odiava tomate e cebola – a base de várias receitas de caril, que ele também detestava – além de iogurte e do peixe (que não vinha embrulhado em jornal com batatas fritas). Como garantia – disse ele – levaria uma grande mala com feijão enlatado Heinz.

"Deve pesar uma tonelada", disse eu.

"Eles tem elefantes para carregar as coisas, não tem?", perguntou. "Se eu não puder levar meu feijão, não vou". Eu sorri. Ringo estava indo para a Índia para ter uma experiência "inglesa".

Alguns dias depois, com a promessa de trazer de volta vastas quantidades de filmes 16mm que eu poderia editar e fazer um filme contando a experiência da Índia, partia de Heathrow a caravana dos Beatles com suas companheiras. Um dia ou dois depois disso, recebi um telefonema de Paul, que era sempre o mais organizado de todos.

"Há algum tipo de proibição aqui para filmes virgens", disse ele. "Só podemos entrar com uma certa quantidade". Ele queria que eu fosse para lá para cuidar disso.

Fui para Nova Déli onde abri um consulado não oficial no luxuoso Taj Hotel como adido da Apple. Desfrutei de luxo puro, fui incrivelmente bem tratado e comi como um rei, enquanto eles passavam fome em um retiro em Rishikesh nas belas e remotas paisagens aos pés do Himalaia. Exceto Ringo, é claro, que comia o feijão em lata. Minha tarefa mais trabalhosa era fazer com que chegassem aos Beatles, nas montanhas, rolos de filmes Kodachrome para que pudessem filmar e fotografar tudo. Eu mandaria tudo de volta a Londres em um vôo sem escalas que não atrairia a curiosidade nem iria contra as regulamentações do governo indiano de proteção à indústria cinematográfica. Eu descobriria que a Índia, assim como a Rússia, fazia filmes maravilhosos, coisa de primeira, mas usavam muito nitrato de prata e cianeto no processo. Os resíduos eram jogados no rio Ganges e tinham um grande efeito adverso no meio-ambiente. Morreram todos os crocodilos que tradicionalmente davam conta dos corpos que eram enviados ao paraíso sendo lançados para flutuarem no rio. O resultado foi um grande entupimento no fluxo das barragens com corpos humanos e crocodilos mortos. Uma cena não muito bonita de se ver.

Felizmente, eu estava quilômetros distante disso, em Delhi, apreciando as fontes refrescantes e o ar aromatizado do Taj Hotel, tomando conta dos negócios, que incluíam o envio de revistas, partituras e os últimos discos lançados nos Estados Unidos para ashram por meio de um serviço especial de entregas. Mesmo meditando a meio caminho do céu com as cabeças entre as nuvens, os Beatles queriam manter contato. Eu enviava também a correspondência, incluindo dezenas de cartões postais de Yoko, que, mesmo à distância, continuava espreitando John diariamente com seus poemas. Para evitar qualquer problema, eu colocava esses cartões em um envelope separado para que Cynthia não se aborrecesse.

Depois de uma semana, Denis O'Dell, acompanhado de Magic Alex, apareceu em meu hotel em Delhi. Alex, cuja bagagem era apenas uma sacola com chaves de fenda e peças eletrônicas, tinha sido solicitado por John para ajudar Maharishi a construir uma pequena estação de rádio que transmitiria a mensagem do iogue pelo mundo. Com a energia que sobrasse, eles iluminariam o ashram e cidades vizinhas. Informalmente, perguntei a ele como faria isso com os poucos itens que trazia consigo. Parecia o Zé Colméia falando.

"Ah, a Índia é muito avançada em eletrônica", garantiu-me. "Posso conseguir tudo que preciso lá. Estudei física, sabe". Ele podia muito bem ter dito, "Porque sou mais esperto do que os outros ursos!". Sua grande vantagem era que, como Maharishi também era formado em física, teriam muito em comum.

Denis, cuja bagagem pesada trazia mais do tesouro enlatado de Ringo a ser carregado pelos inexistentes elefantes, queixava-se de que os Beatles tinham deixado em Londres uma porção de manuscritos a serem analisados. "Mas trouxe todos aqui", disse apontando para a mala estufada. "Presos lá no alto da montanha, acho que eles não têm muita coisa para fazer a não ser ler".

Os Beatles estavam ansiosos para transformar em filme o primeiro livro da trilogia dos *Anéis* de Tolkien e negociavam esta possibilidade. Já tinham até conversado com o diretor, David Lean, mas ele estava ocupado com *A Filha de Ryan*. Tentaram falar com Stanley Kubrick, mas ele achou que os livros não podiam ser adaptados para o cinema. "Estou falando com Antonioni agora", disse Denis, mantendo-me informado.

"Acho que vai descobrir que os rapazes estão bastante ocupados, Denis", eu disse, mas ele não queria ouvir nada desanimador.

O que não sabíamos – e descobriríamos logo que voltássemos da Índia – era que a UA tinha comprado a preferência por *O Senhor dos Anéis* nas nossas costas. Antes disso, nem cogitavam a idéia, mas logo que souberam que os Beatles estavam negociando os direitos, entraram no meio e pegaram para eles. Entregaram o filme para Saul Zaentz, que transformaria a fabulosa magia de Tolkien em uma porcaria de um desenhinho escuro.

Sem saber desta traição, Denis rumou para ashram, onde veria que os Beatles estavam com a cabeça muito nas nuvens, literalmente, para pensar em filmes. George queria tão desesperadamente acreditar em sua nova religião que chamou Denis para sua tenda para mostrar-lhe como podia cruzar as pernas e levitar. Quando perguntei a ele se chegou a ver algum espaço entre o traseiro de George e o chão, ele disse evasivo, "Não tenho certeza. George estava usando uma túnica, e estava muito escuro na tenda". Denis era sempre muito diplomático.

Ele planejava fazer um documentário simples em ashram, mas logo todos veriam que a máquina de relações públicas de Maharishi já estava em ação. Maharishi tinha sua própria divisão de filmagens pronta para faturar com os filmes dos visitantes famosos e já tinha vendido os direitos para a ABC Television dos Estados Unidos – o que enfureceu os Beatles. Antes mesmo de chegarem à Índia, Maharishi já anunciava a ida dos novos discípulos. Denis chegou até a ir à Suécia, onde Maharishi estava em uma turnê de palestras, para estabelecer as regras: nada de filmes, publicidade ou anunciantes.

Serenamente, Maharishi agiu como se não tivesse entendido e continuou fazendo a publicidade que podia, vendendo os direitos de contratos que envolviam os Beatles por rios de dinheiro. Denis voltou à

Suécia, desta vez com George e Paul, para deixar claro como faziam questão de que suas regras fossem respeitadas; de nada adiantou. Percebendo seu óbvio fanatismo por publicidade, pareceu contraditório aos Beatles continuar a relação com ele. Parecia-me – e conforme disseram – que estavam bastante envolvidos com a meditação e a música indiana, mas Maharishi era uma figura repugnante. Os rapazes falaram muito sobre isso, mas no final decidiram conceder-lhe o benefício da dúvida, temendo que ele fosse algum tipo de mágico e tivesse algum poder místico secreto.

Denis esteve em ashram apenas por um dia antes que outros cinegrafistas chegassem aos montes e montassem acampamento. Logo ele estaria sob cerco, incapaz de filmar sem outras 50 câmeras oportunistas ao redor. Os Beatles também estavam sob cerco e abandonados, até entrarem em um novo jogo: "Como evitar as câmeras". As drogas também chegavam com os novos visitantes e John, pelo menos, esqueceu-se de sua intenção de largá-las. Ele logo descobriria que a meditação ficava muito mais fácil sob efeito das drogas.

Então chegaram Roger Corman e seu irmão. Roger tinha feito filmes com o jovem Jack Nicholson e já era um pouco famoso. Joe Massot estava lá. Tinha feito *Wonderwall* com Jane Birkin, com George ajudando na trilha sonora, e faria um filme com o Led Zeppelin. Maharishi era o maior concorrente de todos porque tinha muito em jogo. Seu pessoal da indústria iogue era excelente, muitos tinham sido instruídos em Harvard. Estava colocando muita pressão sobre os Beatles além de frisar que era um guru. E, é claro, estava lá o "criativo" Magic Alex. Um desastre certo era Alexis Mardas: convincente com as palavras e aparentemente um bom técnico em eletrônica – mas anunciava invenções impossíveis para a época (ou para qualquer outra época). Também queria fazer filmes. Naturalmente. Nada estaria à frente da nova divisão de filmes de Magic Alex. Se me lembro bem, naquele tempo, ele estava fazendo campos de força anti-invasão com ar colorido ou ar comprimido para serem colocados ao redor das casas dos Beatles, além de muitas outras invenções "Heath Robinson-Mardas" que acabaram se mostrando inúteis. Ele, assim como Yoko, era muito agressivo com suas vontades e desejos. Ringo logo percebeu tudo. Soube imediatamente quando ouviu o plano, e os outros bem que deveriam ouvi-lo de vez em quando. (Embora acreditasse em Magic Alex naquela época, George acabaria reconhecendo que "ele nunca fez nada, exceto um banheiro com rádio, ou algo do tipo".)

Alex andava constantemente pelos arredores mexendo nas coisas. Com sua fala fácil e confiante e as invenções improváveis, muitos de nós – embora certamente não John – achava que ele era, para usar as palavras de George Martin, ridículo. Quanto ao filme que os Beatles fizeram, a maior parte resultou inútil. Não havia um plano. Era como, "Ei, olha o que fizemos no feriado, mamãe". Quando assistiram às filmagens, alguns disseram que o fato de tudo ter sido filmado, não tornava a experiência sagrada.

Ringo e Maureen deixaram o circo depois de 10 dias. Não que Ringo tivesse fugido atrás de feijões, mas odiou tudo, enquanto Maureen tinha fobia a insetos. Enquanto visivelmente relaxavam nas instalações do hotel, Ringo observava que John chamava ashram de "Butlins da Felicidade", mas, disse Ringo, ele estava errado. Era muito pior do que os Butlins. Maureen fez uma expressão de tédio e achou que pesadelos piores estariam por vir. Eu os vi no aeroporto, depois voltei para o hotel para esperar pelos novos pesadelos com bastante curiosidade. Não teria que esperar muito tempo.

Certa noite, eu descascava uma manga quando Paul e Jane apareceram em um táxi com Mia Farrow e a irmã mais nova, Prudence. Estas mulheres, cuja glamourosa mãe, Maureen O'Sullivan, começava a interpretar Jane para o Tarzan de Johnny Weissmuller, estavam irritadas e choravam querendo ir embora.

George e John, que normalmente estavam sob efeitos de drogas, continuaram até que John, vendo-se sóbrio por uma ou duas horas, foi informado por seu fiel seguidor, Magic Alex, de alguns acontecimentos obscenos incluindo jantares a luz de velas com Maharishi e roupas espalhadas. Alex perguntou quase ingênuo, "Por que Maharishi precisa de uma cama de casal?".

Porém, algumas pessoas achavam que Alex estava usando os boatos sexuais como meio de fuga porque Maharishi – o graduado em física – estava muito interessado na proposta da estação de rádio. Ele fazia muitas perguntas que Alex não sabia responder e o jovem grego ficava em pânico. Foi então que insistiu dizendo que tinham que partir por causa das orgias secretas. Por algum motivo, John sempre era facilmente influenciado por Alex. Ele foi até Maharishi e convenceu os outros a irem com ele. Maharishi tinha percorrido o mundo, recrutando ricos e famosos para irem a Rishikesh. Não eram só os Beatles e suas companheiras que estavam ali. Havia uma colônia inteira de aspirantes a transcendentais, incluindo alguns dos Beach Boys e Donovan.

Em Nova Déli, conversando sobre como deveriam apresentar sua viagem ao mundo, decidiram simplesmente manter a boca fechada. Então, quando voltaram à Inglaterra, os Beatles ficaram quietos e mantiveram segredo sobre o motivo de terem deixado ashram. Paul disse à imprensa que tinham conseguido muita paz interior com a experiência e que tinha recebido um mantra – um tipo de voz interior – que sempre usaria. George permaneceu como devoto pelo resto da vida, assim como Pattie, e John, sendo John, disse, "Em tudo o que se faz, dá para guardar o que é bom e jogar fora o que é ruim", e foi o que ele fez.

As palavras de John eram irônicas, porque parecia-me, assim como a todas as outras pessoas, que ele faria exatamente o contrário quanto às duas mulheres em sua vida. No vôo de volta da Índia, ficou muito bêbado e, por algum motivo, decidiu revelar a Cynthia seus casos amorosos. Revelou brutalmente uma longa lista que incluía modelos, prostitutas, esposas e namoradas de amigos dele e de Cynthia e, possivelmente, o mais cruel, as melhores amigas de Cynthia. Ela se sentiu totalmente traída. Assim que chegaram em casa, ela fez as malas e foi embora com Julian, Magic Alex, Jenny Boyd, Donovan e seu amigo, Gypsy Dave, para a Grécia, um lugar onde tinha sido feliz viajando pelas ilhas no verão anterior. Embora eu possa entender os motivos de Cynthia ao querer se afastar de John, esta seria uma decisão bastante infeliz para todos os envolvidos.

Nada foi perdido ou desperdiçado na experiência na Índia e a vingança viria quando os Beatles começaram a trabalhar em um novo disco o *White Album*. (Na verdade o disco foi batizado de *The Beatles*, mas ficou conhecido pelo nome não oficial por causa da capa branca.)

"Sexy Sadie", que tratava de Maharishi, era uma referência velada aos fatos de ashram. Porém, os Beatles sempre diziam que ainda apoiavam Maharishi. George nunca acreditou nessas histórias e derramou milhões na obra de Maharishi na Inglaterra. Chegou até a comprar a grande mansão dos Rothschilds para isso. Conversava longamente com John sobre as experiências aprendidas e, ao final, a postura de John suavizou-se. Ele concordou que Maharishi era algum tipo de profeta e até voltou a usar seu mantra. Paul também mudaria de idéia, embora demorasse mais um pouco. Ainda na primavera de 2004, foi visitar Maharishi na Holanda em busca de orientações.

VINTE E TRÊS

PAUL TAMBÉM ESTAVA PRESTES a sofrer uma grande mudança em sua vida pessoal, uma que nenhum de nós esperaria ver. Todos achávamos que ele se casaria com Jane e formaria uma família. Ele gostava da idéia de ter um lar, uma grande família e uma esposa, alguém que preenchesse o vazio deixado pela morte da mãe quando ele ainda era muito jovem. Talvez o lançamento recente de "Lady Madonna", com seu clima sombrio, tivesse trazido sua dor de volta. Acredito que Paul começava a perceber, apesar de noivo há tão pouco tempo depois de um namoro de cinco nos, que Jane considerava sua carreira mais importante do que ele.

Em 11 de maio de 1968, quase um ano do dia em que Paul tinha visto Linda pela última vez em Londres na festa de lançamento de *Sgt. Pepper*, ele e John voaram para Nova York com Neil Aspinall, Ron Kass, Derek Taylor e Mal por quatro dias para lançar a Apple Records e suas empresas associadas nos Estados Unidos. Paul ficou com seu advogado nova-iorquino, Nat Weiss, em seu apartamento na East 73rd Street. Os outros ficaram no Regis Hotel, onde eram feitas as coletivas de imprensa. No dia 14, o dia em que voltariam para a Inglaterra, realizaram uma coletiva no Americana Hotel. Linda estava lá, tirando suas fotografias. Paul ficou mais do que satisfeito em vê-la e aproximou-se dizendo, "Nos conhecemos em Londres".

"Sim, eu me lembro", reconheceu ela.

Achei engraçado quando Paul contou-me essa história. Quer dizer, qualquer um se lembraria de ter conhecido um Beatle e conversado com ele, não é? Mas Paul gostou da resposta já que estava cansado das mulheres dos Estados Unidos correndo atrás dele. Linda era um alívio.

Paul disse que estavam indo embora e pediu a ela seu número de telefone. Ela escreveu o número nas costas de uma folha de cheque, rasgou, e entregou a Paul, sem qualquer ilusão de que ele guardaria aquilo. Para sua surpresa, o telefone estava tocando quando ela entrou em seu apartamento.

"Gostaria de vê-la hoje à noite, mas estamos com pressa. Você quer nos acompanhar até ao aeroporto amanhã?", perguntou.

É claro que Linda agarrou a chance. Sentou-se com sua câmera entre John e Paul no carro e começou a tirar fotos. Quando voltou para a cidade na limusine com Neil Aspinall e Nat Weiss, não tinha certeza do que estava acontecendo. "Algo estava acontecendo, mas quem sabe o quê?" pensava, ainda relutante em acreditar que Paul McCartney tinha feito um convite. Além disso, tendo que ganhar a vida e com uma filha pequena, Heather, ela estava muito ocupada para sonhar. Linda era uma mulher pé-no-chão, mas era também muito filosófica, acreditava no destino. O que é para ser, será. Ao contrário de Yoko, cuja filosofia dizia que o destino merecia um chute no traseiro.

Enquanto todos estavam fora, eu passava por um período bastante complicado em minha vida, então fiquei feliz por ter este tempo no trabalho. Eu vivia com Diana Birchmore em uma pequena casa em Kinnerton Yard, os antigos estábulos do St. George's Hospital na Belgravia, onde hoje há o luxuoso Lansdowne Hotel. Diana era secretária de Vic Lewis e Don Black na NEMS. Passamos algum tempo juntos e estávamos felizes na maior parte do tempo. Quando tínhamos uma discussão, ela montava no ônibus para a casa da mãe em Muswell Hill, torcendo para que eu ficasse com saudades. Nunca tive coragem de contar a Diana que estava tendo um caso com uma garota chamada Christine, que tinha conhecido no Speakeasy. Christine era de uma beleza fascinante, muito divertida e vivida, uma figura fabulosa. Seu apartamento era convenientemente perto, do outro lado da Belgrave Square, atrás do St. George's Hospital. Ela morava lá durante a semana e ia para a casa dos pais, em Staines, para os fins de semana. Quando Diana estava trabalhando, ou na casa da mãe, Christine e eu nos divertíamos em um dos lugares de costume, o Speak, o Revolution ou o Cromwellian, depois íamos para o apartamento dela.

Todos me conheciam pela cidade. Eu era o "Tony dos Beatles", então me acostumei a algumas pessoas bem conhecidas que se apresentavam a mim na esperança de que na próxima vez em que me vissem eu estivesse junto com algum dos rapazes. Apesar disso, fui o último em Londres a saber que a garota com quem estava saindo era uma celebridade havia várias semanas; embora de uma categoria não muito reputada. Ela tinha derrubado o Ministro da Guerra do cargo e quase destruiu todo o governo.

Quando nos vimos pela primeira vez, era apenas mais uma garota nos bares que eu freqüentava. Conversávamos e bebíamos, depois saíamos juntos em um daqueles casos informais típicos daqueles tempos. Era incrível porque eu não a tinha associado ao grande escândalo até um dia no escritório em que Jack Oliver (assistente na Apple Publishing) disse, "Então, eu vi você saindo com Christine Keeler?".

Eu olhei para ele, "O que você disse?".

"Você sabe, Christine Keeler", disse ele.

Eu disse, "Keeler? É ela?". A ficha caiu fazendo um grande barulho, eu disse, "Ah, meu Deus! É por isso que me olhavam daquele jeito. Eu sempre achava que estava com a braguilha aberta".

Jack sorriu.

As pessoas não falavam muito sobre assuntos pessoais. Era tudo muito discreto naquele tempo. Apenas comentavam entre si, "Ei, eu vi o Tony saindo com Christine Keeler". É claro que eu estava, mas ninguém veio falar comigo sobre isso. Quando a escritora e colunista Virginia Ironside escreveu a biografia de Christine, eu mandei um recado para ela: "Lembra de mim?" e ela escreveu de volta, "É claro que sim. Você costumava andar por aí transando sem compromisso". Em seu livro, ela dizia que uma vez transou com cerca de 50 homens no mesmo número de dias. Disse que em sua agenda havia "Um Tony B, um Arthur, outro Tony B, mais alguém, não me lembro quem, outro Tony B..." E eu achava que era o único, que humilhação!

Christine logo se tornou um assunto muito complicado para mim. Saí daquela relação e juntei-me a uma garota chamada Rosemary Frankland, que conheci quando ela fez uma pequena participação em *A Hard Day's Night*. Agora era Miss Mundo. Certa manhã, Jack Oliver mais uma vez – alguém com quem eu estava sintonizado – disse, "Tenho que reconhecer, Tone. Você sabe como pegá-las. Miss Mundo... uau!"

Eu disse, "O que é que tem? Está com ciúmes?". Jack balançou a cabeça como se eu não tivesse entendido alguma coisa. Ele me contou que Rosemary era a amante secreta de Bob Hope em Londres – só que não era secreta de verdade, a não ser para a esposa de Bob. (Quando ele morreu, soubemos que também não era segredo para a esposa). Ela estava em turnê entretendo os soldados no Vietnã quando Bob a conheceu. Ele deu a ela um belo apartamento em Londres e também uma mesada e quando ele aparecia, o que era freqüente, jogava golfe durante o dia e transava com Rosemary durante a noite. Não devia ser grande segredo, já que até Jack Oliver sabia, e mais uma vez eu estava completamente por fora. A última vez que a vi foi na Califórnia. Eu estava com Bruce Springsteen e Phil Spector e ela estava com seu novo marido, Warren Entner, do grupo psicodélico Grass Roots. Tiveram seis sucessos entre as vinte mais nos Estados Unidos entre 1967 e 1971. O primeiro foi "Let's Live for Today". Alguns anos depois, Rosemary aparentemente cometeu suicídio com uma overdose de álcool e drogas. Senti muito, ela era uma pessoa solitária.

Paul e John tinham anunciado em Nova York que a Apple estava contratando novos números e produzindo discos para seu selo. Eles repetiram esta mensagem na volta a Londres – e chegaram até a fazer anúncios mostrando rapazes em grandes carros com dizeres do tipo "Você quer ficar rico e a Apple quer seu talento". Não surpreendentemente, o escritório tornou-se um clube internacional de roqueiros e artistas, com gente entrando e saindo o tempo todo. Nem todos os talentos que surgiam eram realmente bons, mas alguns se destacavam. Bob Dylan e Janis Joplin, entre outros, chegavam dizendo que adorariam fazer parte do novo selo, mas lembro-me particularmente do dia em que James Taylor apareceu por lá. Acho que "aconteceu" por lá é a palavra mais correta. Ele era uma daquelas pessoas engraçadas que chegam sempre na hora certa.

Na época, Peter Asher e eu tínhamos pequenos escritórios um do lado do outro bem no alto do prédio, bem fora do tumulto e loucura geral daquele lugar. Peter era o encarregado de A&R (artistas e repertório) e eu era encarregado da Promo/Apple Films. As pessoas não chegavam até nós sem antes passar por vários outros lugares, seguindo a verdadeira tradição do negócio, que era o que gostávamos de fazer. Em certo ponto, acho que Peter e eu éramos as únicas pessoas que realmente se sentavam à mesa e faziam as coisas funcionarem na hora certa. As outras pessoas também realizavam coisas, mas levavam entre seis dias e seis semanas.

Naquele dia, Peter devia estar de bom humor, ou entediado, porque quando ligaram lá de baixo avisando que havia um artista especial dos Estados Unidos querendo uma audição, ele disse, "Tudo bem, mande subir". Logo depois, ouvi Peter dizer, "E o que você faz?".

James Taylor simplesmente sentou-se no chão e cantou uma bela música. "The way she moves.. forever...". Aquilo era tão bom que me levantei, parei imediatamente o que estava fazendo e fiquei ouvindo. Quando ele passou direto para "Carolina in My Mind", eu já estava no escritório de Peter. James Taylor usava calças Levis, uma camisa preta e uma versão grega de sandálias, com solas de borracha de pneu. Mas tinha um belo violão, um Martin ou um Gibson, e sabia tocar direito, o que mostrava que era um artista sério.

Eu olhei para Peter, minha expressão dizia, "Ele é bem bom, não é?" Peter levantou-se e foi até as escadas.

"Tem algum Beatle por aí?", gritou escada abaixo.

Por acaso, Paul estava por ali e veio correndo. James tocou mais algumas músicas e foi imediatamente contratado para gravar um LP intitulado *James Taylor*. Peter recebeu carta branca e verbas ilimitadas para levar James para o Trident Studio, e chamou Richard Hewson para ser o diretor musical. Chamou também Richard Imrie para tirar fotografias de James em um terno, deitado no chão para a capa do disco. O *layout* ficou perfeito, a capa foi lindamente desenhada. O pacote ideal foi produzido em um tempo bastante reduzido. Levamos tudo para Bill Cotton Jr., encarregado da BBC TV, e ele imediatamente concordou em fazer um especial para a televisão, algo inédito para um artista desconhecido.

Organizei algumas apresentações promocionais, colocando James no Marquee com os Strawbs, quando Dave Cousins estava na banda e Rick Wakeman era o tecladista. Também fizemos alguns shows de rádio, como o *Country Meets Folk* com Wally Whyton e Gordon Giltrap. Levamos James para o Cecil Sharpe House e para o Troubadour para tocar sozinho e mostrar que não precisava de apoio. Logo ele começaria a ganhar respeito conforme a fama se espalhava e as pessoas viam que ele era real, não um cantor de *folk* inventado naquele disco "obviamente caríssimo e definitivamente super-produzido".

Logo descobriríamos que ele tinha um histórico de doenças psiquiátricas devido ao alto consumo de drogas, principalmente a heroína, embora naquela época, até onde sei, James estivesse limpo. Ironicamente, tinha voado de Nova York para a Inglaterra para ficar longe das drogas, acreditando que fossemos abstêmios – e acabou no paraíso *hippie* da Apple.

Tudo ia bem até que James teve um outro ataque de nervos. Foi recuperar-se no abrigo da psicose rica e intelectual, a ilha Martha's Vineyard – provavelmente não era a melhor opção de ambiente para aquele momento. Levaria mais alguns anos para que ele "acontecesse" em minha vida novamente.

VINTE E QUATRO

PETE SHOTTON TINHA SAÍDO da loja antes de afundar com ela e tornou-se assistente particular de John, na verdade era sua companhia. Foi ficar com John depois que Cynthia foi para a Grécia. Um dia, sentaram-se, tocaram um pouco de música, fumaram maconha, tomaram LSD quando John, de repente, fez um pronunciamento espetacular. "Acho que sou Jesus Cristo... Não, espere, eu *sou* Jesus Cristo".

Pete não ficou muito surpreso. John sempre fazia estes pronunciamentos estranhos quando era criança enquanto crescíamos em Liverpool. Era parte de sua personalidade excêntrica. "Ah, é?", disse Peter descontraído. "Quer sair? Para onde vamos? Que tal passearmos pelo Getsêmani?"

Mas John não estava brincando. Ele falava sério. Falava da idade de Jesus quando ele morreu. "Eles vão me matar, você sabe", disse ele. "Mas eu ainda tenho pelo menos mais quatro anos, então temos coisas a fazer". Ele insistiu para que Pete chamasse imediatamente alguém que convocasse uma reunião urgente na Apple logo pela manhã.

Parecia tão urgente que os outros três Beatles compareceram e, além de Neil Aspinall e Derek Taylor, mais alguns de nós também estávamos na sala. "Tenho algo muito importante para dizer a vocês", disse John. "Sou Jesus Cristo. Voltei. É isso".

Os Beatles ficaram irritados por terem sido arrastados para lá logo de manhã para ouvir tamanha bobagem. Era John sendo John. Eles ouviriam esse tipo de coisa durante anos. Derek Taylor, que não conhecia John em sua juventude, foi o único que ficou realmente surpreso e preocupado. Achou que John tinha ficado maluco. "Certo", disse Ringo. "Reunião encerrada. Vamos embora almoçar".

John aceitou serenamente o fato de seu pronunciamento ter sido ignorado. Atravessamos a rua para um restaurante e fizemos nossos pedidos. Enquanto comíamos, um homem veio até John e empolgou-se falando dos Beatles, coisa comum. John disse, "Na verdade, sou Jesus Cristo". Sem piscar, o homem disse, "Bem, mesmo assim gostei do seu último disco".

Naquela noite em Kenwood, John e Pete saíram juntos, tomaram as drogas de costume, olharam para o espaço e fizeram pouca coisa. De repente, John disse que "gostava de uma mulher". Pegou o telefone e ligou para Yoko, pedindo para que fosse para lá de táxi, ele pagaria. Yoko rapidamente seguiu para Weybridge.

No início, ela parecia tímida e modesta. Sentava-se com olhos baixos e murmurava algumas poesias. Pete desculpou-se e foi para a cama. O que aconteceu naquela noite pode ser apenas imaginado, mas não era o encontro de dois virgens. Será que Yoko tinha apelado para a hipnose, como alguns amigos de John achavam que fazia, ou será que tinha uma nova e poderosa droga em seu arsenal? Ninguém realmente acreditava que John tinha se apaixonado da noite para o dia, diziam "por que não tinha feito isso antes?". Ele vinha chutando Yoko para fora de sua vida havia um ano. Aliás, vinha dando a impressão de desprezá-la. Então deve ter sido algo bastante poderoso o que fez John sair de um caso comum com ela para entrar em pura obsessão. Talvez John fosse mentalmente doente e, assim como várias personalidades esquizóides, desenvolveu uma fixação por religião. Se ele realmente acreditava ser Jesus, Yoko provavelmente o convenceria de que era a Virgem Maria. Uma virgem acima de tudo. John logo diria ao mundo que os dois passaram a noite no alto de sua sala de música, gravando a fita Two Virgins. Disseram que a vontade pode levantar os mortos e alcançar o impossível. John e Yoko passaram a noite gritando.

Pete Shotton também percebeu a profunda mudança no coração de John quando acordou na manhã seguinte. John estava na cozinha, com um quimono roxo, comendo um ovo cozido. "Eu estava morrendo de fome e tinha que comer alguma coisa", disse ele, "mas vou voltar lá para cima com Yoko. Não suporto ficar longe dela nem por um minuto". Pete ficou ainda mais assustado quando John disse, "Quero que você encontre para mim uma casa onde eu possa viver com Yoko".

"Só isso?", perguntou Pete.

"Sim, só isso. Agora vou ficar com ela".

No dia seguinte, John enviou Pete para a cidade com Yoko para fazer algumas compras e conseguir tudo o que ela quisesse, e então, Yoko mudou-se para Kenwood. Quando Cynthia chegou do aeroporto naquela manhã fatídica decidida a perdoar John por causa do filho do casal, Yoko já estava instalada por lá havia quatro dias. Quando entrou, Cynthia teve uma premonição de que algo não estava direito. A casa estava muito silenciosa e parecia estar vazia. Ela correu à frente de Magic Alex e Jenny Boyd e encontrou John e Yoko na cozinha. Yoko estava sentada de costas, com o quimono de Cynthia, um verdadeiro ultraje, porque ela devia saber que Cynthia voltaria logo.

"Oi", disse John descontraído.

Cynthia ficou tão confusa, começou a falar rapidamente sobre café da manhã na Grécia e almoço em Roma, e de como todos iriam jantar em Londres. John acabou com ela com um "Não, obrigado".

Foi então que Yoko virou-se e olhou para ela. Foi um olhar que arrasou Cynthia fulminantemente. Horrorizada, ela virou-se e saiu correndo pela casa aos prantos, enfiou algumas coisas na mala antes de entrar no carro e ir embora. Pete fez o melhor que podia para suportar Yoko – chegou até a dizer que ela parecia uma boa para John – mas segundo ele mesmo, no momento em que conseguiu seu objetivo, Yoko se transformou. Começou a impor suas vontades e John obedecia. De repente, ele não tinha mais vontade própria.

Yoko tinha feito 35 anos três meses antes, em 18 de fevereiro de 1968, e talvez tenha achado que precisava chegar logo ao seu objetivo. Seja o que for que a tenha feito correr tão persistentemente atrás de John, finalmente conseguiu o que queria. Mas John fez mais do que abrir as portas de sua casa. Ele abriu as portas dos Beatles. Desde a morte de Brian, eles estavam incertos sobre o futuro, mas continuavam juntos, continuavam sendo os melhores amigos. Yoko tornou-se um espinho. Deixara de ser "aquela mulher horrível" para tornar-se o amor da vida de John, sua alma gêmea. Parafraseando um verso de uma música de Tim Hardin: "The lady came from Tokyo. Got away with love".

No escritório central da Apple, sabíamos apenas de pedaços da história conforme as coisas aconteciam. A maioria das mulheres que tinham sido traídas pelos maridos, pegava o telefone, ligava para qualquer um que quisesse ouvir e começava a contar tudo. Cynthia era muito tímida e fechada. Até onde sei, a única pessoa com quem se confidenciava era Paul, que a fez sorrir e sentir-se melhor quando disse, "Ei, Cynthia, que tal se nós dois nos casássemos?". Paul realmente pensou em John antes de sentar-se e escrever "Hey Jude", uma de suas músicas mais belas e de maior sucesso, escrita para demonstrar seu amor e simpatia por Julian, que foi pego no meio da história.

Paul, que acreditava piamente na família e seus valores, disse que se sentia como se os próprios Beatles estivessem a caminho do divórcio, não apenas John e Cynthia. Acho que a raiva de Paul e a desaprovação geral de todos levou John ainda mais para os braços de Yoko por causa de sua necessidade de confrontação. Longe de ouvir o que Paul tinha a dizer, John chegou a falar que suas palavras, "You have found her, now go and get her", em "Hey Jude", era Paul dando-lhe permissão para ir atrás de Yoko.

Não era surpresa o fato de todos estarem confusos com o modo como John virou completamente sua vida e apaixonou-se perdidamente por ela quase ao ponto obsessivo. Ela conseguiu penetrar seu escudo anti-bobagens. "Ei! Aqui está um martelo virtual, John. Por que você não pega uma escada virtual e prega um prego virtual?". Nos velhos tempos ele simplesmente diria, "Vá se foder sua vaca, e leve a escada junto! Eu estudei arte em Liverpool, vou te falar. Pode ser no norte, mas lá não somos assim tão atrasados e se eu achar que você está me gozando, vou quebrar a sua cara! E tem mais, Paul vai fazer uma música para você: 'Bate bate o martelo na cabeça dela. Bate bate o martelo até ela morrer!'".

Logo depois disso, John começou a usar heroína, droga que Yoko o tinha apresentado. Estavam cada vez mais unidos, não apenas como amantes, mas também como usuários de heroína. Segundo John, ela cheirava, mas tenho certeza de que se usasse uma agulha, diria que era acupuntura. Foi por meio da heroína que John aproximou-se ainda mais de Robert Fraser. Robert tinha acabado de sair da cadeia e rapidamente retomou seu caminho, abrindo uma nova galeria e dando festas comemorativas. A galeria ficava na Duke Street, um endereço caro entre a Wigmore Street e Oxford Street, muito conveniente para nossos novos escritórios. John era um experimentador, um ousado por natureza, então a novidade não me surpreendia embora Paul estivesse enojado e todos sabíamos que aquilo era muito arriscado.

"Tudo bem", John me disse uma vez quando tinha tomado umas bebidas, como se isso o fizesse sentir-se melhor. "Detesto agulhas. Sou muito covarde. Cheirar tudo bem, não vicia".

"John", eu queria dizer, "você está errado", mas ele não ouviria. Falando de um modo geral, ele era muito discreto, embora todos percebêssemos quando ele usava heroína. Paul dizia, "Bom, sendo John, ele vai saber lidar com isso". Eu não usava drogas, a não ser maconha ou alguns comprimidos de anfetamina igual a todo mundo, nem bebia muito nos primeiros dias. Geralmente, algumas cervejas já me valiam a noite toda. Eu raramente ia dormir depois das três da manhã e sempre estava acordado às oito. Mas para mim, John parecia estar entrando em um beco escuro e muito perigoso.

A primeira vez em que Paul e Yoko foram vistos em público, antes que a imprensa descobrisse que havia um escândalo em andamento, foi na abertura da Apple Tailoring, na King's Road, em 22 de maio. A Apple Boutique pode ter sido uma confusão mal concebida, mas a Apple Tailoring era melhor. A idéia era fazer e vender ternos e camisas John Crittle, costureiro australiano pai do bailarino Darcy Bussell. Eram belos trajes, mas quem precisaria de um terno de três peças em tons de amarelo? Provavelmente apenas os Beatles e meia dúzia de amigos que podiam pagar por isso. Quando John saiu da festa de inauguração, andou pela Kings Road para os fotógrafos e, trotando atrás dele vinha Yoko. Todos os repórteres e fotógrafos perderam o furo, o que John achou muito divertido. Acho que Yoko não achou. Ela queria chamar atenção. Queria ser uma mulher oficial dos Beatles. Ela fez um barulho tão grande que John obedeceu na oportunidade seguinte em que havia um evento. Logo, três semanas depois na Coventry Cathedral, eles seriam vistos em público como casal.

Houve relatos na época dizendo que Yoko tinha se apossado de uma exposição de arte moderna organizada pela catedral, ao tomar posse da exibição chamando-a de "Evento da Avelã", depois de ter uma discussão aos gritos com o encarregado da catedral que não considerava avelãs, arte. A catedral recuou e John e Yoko plantaram dois pés de avelãs pela paz no jardim da catedral, antes de sorrirem enigmáticos para as câmeras. De volta ao escritório, fizeram com que empacotássemos pequenas caixas de avelã – que, inacreditavelmente, embalamos como os esquilos do Regent Park – com uma mensagem escrita à mão de John e Yoko para serem enviadas a todos os líderes mundiais. Uma das antigas fãs de Paul, agora promovida a secretária com sua própria mesa, tinha que ir ao correio com um grande saco para despachar. Não tenho certeza de quem fez toda a pesquisa para descobrir os nomes e endereços de todos os líderes. Certamente não foi John, nem Yoko. A partir daquele dia, Yoko se tornaria a amante oficial de John, ela levou mais uma mesa e cadeira para seu escritório e começou a tomar conta, à força, dando ordens a todos. Nunca tinha visto alguém tão segura de si, tão completamente no controle, um saco.

Então, ela era a Yoko de Kenwood, para desespero da Sra. Powell. Ela disse a Cynthia para comprar a briga, mas Cynthia estava muito chateada e assustada com o que tinha visto nos olhos de Yoko e fugiu para a Itália com Julian. Com toda a imprensa acampada do lado de fora da casa, era impossível viver em Kenwood, então John e Yoko saíram pelos fundos e foram para a velha casa de Ringo e Maureen, do tempo em que tinham ido pela primeira vez a Londres. Era uma casa modesta com porão na Montagu Square. Ringo então a emprestou a Paul para ser um estúdio secreto. Em uma época, Jimi Hendrix chegou a morar ali, mas pintou as paredes roxas de branco, jogou fora a maior parte da mobília e fez tanto barulho brigando com a namorada que os vizinhos reclamaram.

John e Yoko ficaram no porão. Ele ainda não tinha sido redecorado depois da estada de Jimi., e duvido que os armários sequer tivessem sido esvaziados. Não demorou muito para que a imprensa descobrisse onde os dois pombinhos viviam. Com as janelas abertas diretamente para a rua e sem outro caminho para entrar ou sair, eles não tinham privacidade. Em poucos dias, correram para a Cavendish Avenue procurando abrigo atrás das muralhas de Paul. Eu levava os suprimentos para eles como se vivessem sob cerco, e encontrei um Paul de saco cheio de John e Yoko sempre fora da realidade. John mostrou-me uma montanha de cartas de ódio dirigidas a Yoko e disse, "Por que as pessoas a tratam assim? Será que não entendem que somos apenas duas pessoas apaixonadas?".

Paul estava compreensivelmente irritado por outro motivo. Parecia que apenas uma semana antes John reclamava para todos que quisessem ouvir de que Yoko estava tornando sua vida um inferno, agora ali estava ele, instalado com ela na casa de Paul, tornando sua vida um inferno. Só que agora, John dizia que a amava mais do que a própria vida. Era uma reviravolta que assustava a todos nós. Além disso, ela estava sempre por ali e tinha opiniões fortes que irritavam a todos. Paul procurou buscar alguma sanidade no trabalho.

"Vamos organizar isso, Tone", dizia ele, indo ao meu escritório e abrindo as janelas. "Precisamos de um recomeço".

A palavra "recomeço" tornou-se o novo mantra em todos os escritórios da Apple. Por algumas semanas os Beatles tinham trabalhado no *White Album* ou, mais apropriadamente, no *The Beatles*. Estranhamente, como na maioria dos discos dos Beatles, este também tinha sido batizado com um título de trabalho, *A Doll's House*. Mais tarde, com a aprovação do ashram na Índia, foi decidido que seria *Everest*. (O título de trabalho de *Rubber Soul* era *Abracadabra*, mas depois da polêmica de "Jesus" de John, decidiu-se que deveríamos nos afastar de qualquer coisa que lembrasse magia. As músicas também tinham títulos de trabalho, por exemplo, "Yesterday" começou como "Scrambled Eggs".)

Claramente, Yoko começava a influenciar os escritos de John e, sem ser solicitada, andava cantando uma estranha canção não lançada (uma das muitas demos gravadas na casa de George), "What's New

Mary Jane". (Diziam que foi escrita por Magic Alex, mas os créditos acabaram indo para John e Paul). Embora estivessem no meio da gravação de um novo disco – um processo que levaria meses – George e Ringo fugiram para a Califórnia em 10 de junho. Ringo disse que foi uma viagem para clarear as idéias. George foi ao Big Sur onde ele e Ravi Shankar fizeram um pequeno filme e algumas gravações. Este desprendimento indicava o padrão que as coisas deveriam seguir. Os Beatles ainda trabalhavam juntos, mas começavam a se dispersar. Ringo estava infeliz e demonstrava isso, principalmente ao ficar distante e não ser mais o mesmo cara engraçado. Ao final de julho, Ringo tinha voltado da Abbey Road, depois de gravar duas músicas para o disco: "Don't Pass Me By", escrita por ele (fico imaginando se era uma indireta para ser reconhecido), e uma escrita por John, "Good Night".

O *White Album* deveria ser lançado pela EMI, mas parte da estratégia de recomeço de Paul tinha a ver com sua velha insatisfação com a empresa. Os planos eram renegociar o velho e draconiano contrato e usar a nova empresa, Capitol/EMI, como distribuidora da Apple Records, que era sua empresa particular e não fazia parte do contrato com a EMI. Foi decidido que eu produziria um filme promocional de 20 minutos para o lançamento da Apple em Los Angeles. Paul estava muito envolvido naquele processo criativo e, acreditava, mostraria às pessoas na Capitol/EMI a atmosfera da Apple e o que ela era na verdade.

O filme que acabamos fazendo ficou artístico e fantasioso. Havia uma seqüência com James Taylor, Mary Hopkin e Paul cantando "Blackbird" que eu tinha filmado em junho; um filme inédito que a BBC tinha proibido mostrando os Beatles cantando "A Day in the Life" do *Sgt. Pepper*; um pouco sobre a nova loja da Apple; algumas filmagens sobre a extremamente experimental Indica Art Gallery e, por fim, os Beatles em uma reunião de negócios com o "tio" Dick James nos novos escritórios da Apple na Wigmore Street. John insistia em incluir algumas cenas de Magic Alex em seu habitual casaco branco mexendo em uma pilha de bugigangas. No geral, era um belo filme e todos falavam do quanto ele seria bem recebido. Ron Kass disse que seria um instrumento interessante para mostrar o que era a Apple aos executivos de gravação durante a convenção da Capitol em Los Angeles.

"Por que não vem também?" disse Ron a Paul.

Paul disse, "Tudo bem", e, virando-se para mim acrescentou, "e você também vem, Tone. E vamos levar Ivan". Ele falava de Ivan Vaughan, o mais velho colega de escola de Paul, que tinha sido dos Quarrymen. Acho que Paul só concordou em ir porque queria ver Linda novamente. Literalmente corremos até o aeroporto para pegar o vôo e, já que não podíamos voar direto para Los Angeles, tivemos que parar em Nova York. A primeira coisa que Paul fez quando chegou no Kennedy no dia 20 de junho de 1968 foi pegar o cheque com o telefone de Linda que tinha guardado cuidadosamente na mala e telefonar para ela. Ela não estava em casa, e ele teve que deixar recado.

"Oi, estou nos Estados Unidos!", disse ele. "Venha ficar conosco por uns dias. Estou no Beverly Hills Hotel". Ele parecia desapontado por ela não estar em casa para atender ao telefone.

"Acha que ela virá?", perguntei.

Paul deu de ombros. "Ela é uma mulher muito independente", disse ele. Assim como muitos homens da sua idade, as idéias de Paul sobre as mulheres tinham sido formadas nos anos 1950, quando a maioria das mães ficava em casa cuidando dos filhos. Porém, sua própria mãe conseguia conciliar a carreira – ganhando até mais do que o pai – com os cuidados que tinha com Paul e o irmão menor, Michael. Paul tinha uma visão bem avançada sobre como as mulheres deviam se comportar e Linda se encaixava em sua imagem ideal: a mulher ocupada e independente. Alguém que mostrasse interesse autêntico por ele como homem e não como Beatle. E também era como Jane Asher, inteligente e elegante.

No luxuoso Beverly Hills Hotel, ficamos em um bangalô ao lado da piscina. Parecia o paraíso! A primeira coisa que fizemos foi trocar de roupa e dar um mergulho. Pode parecer clichê, mas, *isso que é vida*, pensei, enquanto Paul e eu flutuávamos lado a lado em colchões de ar com copos nas mãos, olhando para o céu azul enquanto o perfume de jasmim e flor de laranja pairavam no ar.

De tarde, decidimos fazer compras na Sunset Strip. Para mim, tudo era muito caro, mas Paul nem se importava.

"Pegue o que quiser e assine", dizia. Era uma situação estranha. Ali estava um jovem que valia vários milhões e não tinha um centavo consigo. Mais ou menos como a realeza, pensei. De certa forma, todos ficavam mais do que felizes em ter nossas assinaturas.

"Mande a conta para a Apple", dizíamos eu e Ivan, majestosos, rindo ao virar a esquina para a Rodeo Drive. Parecia irreal. Até mesmo Paul disse que depois de vários anos ele ainda não estava acostumado àquele estilo de vida. Vários anos depois, ele ainda adorava contar a história de quando a filha caçula, Mary, chegou em casa e perguntou enquanto andavam à cavalo na casa de Sussex, "Pai, você é o Paul McCartney?".

"Aquilo me fez parar para pensar", disse Paul. "Sabe, às vezes, eu paro e falo sozinho, 'Ei você é o Paul McCartney!'. É uma sensação estranha, quase como sair de si para perguntar, 'Quem sou eu, afinal?'. Como se fosse alguém fazendo o papel de um Beatle, aí um dia você acorda, descobre que foi um sonho e que você é na verdade Pete Best!".

Aqueles poucos dias no Beverly Hills foram como a música "Hotel California", com sol, diversão e garotas. Em nossas compras, Paul e eu compramos jaquetas estilo Nehru. A de Paul era de veludo vermelho e a minha era de seda branca. Compramos também vários pares de óculos escuros psicodélicos com lentes cor-de-rosa em uma ótica psicodélica onde fizemos muita graça. Um par já seria o bastante, mas como estava difícil escolher, Paul disse, "Ah, foda-se. Vamos levar todos". Mais uma vez, enquanto assinávamos a conta absurda, sentíamos o quanto aquilo era divertido e corremos para a rua, rindo como quem sai correndo de um restaurante sem pagar.

Naquela noite, depois de mais um mergulho nas águas mornas da piscina do hotel, vestimos nossas roupas novas, colocamos os óculos e fomos para uma limusine de 15 metros de comprimento e vidros escuros. Eram os anos 1960 e dentro dos padrões do que era legal, nós éramos o mais legal do legal.

"Cara, dá para jogar sinuca aqui dentro", disse Ivan. Os Beatles sempre tinham carros grandes quando saíam em turnê, mas aquele era demais. Ficamos nos bancos de trás olhando as belas californianas andar de patins com seus bronzeados maravilhosos nas pernas, ainda mais belas, e com os cabelos longos e loiros voando ao vento. Todas as garotas pareciam ser loiras e bronzeadas. Às vezes, algum carro esportivo emparelhava-se ao nosso com uma mulher linda ao volante. Era como se todas tivessem nascido para Hollywood.

"Deve ser a água", disse Paul, e nós achamos engraçado. Afinal, tudo era sol, mar e piscina.

Quando a notícia de que Paul estava em um hotel da cidade se espalhou como fogo, as garotas começaram a aparecer aos bandos mais uma vez. Nossa primeira parada foi o Romanoff's, o restaurante favorito de Frank Sinatra, dirigido por um tipo de príncipe russo. Depois, fomos para a noite. O bar Factory era o próximo da lista. Localizado no meio de um grande armazém industrial, seus freqüentadores eram basicamente membros da elite de Hollywood, pessoas como Paul Newman e Steve McQueen. Paul Wasserman, "Wasso", o principal assessor de imprensa de Hollywood, sentou-se conosco. Ele cumprimentava, apresentava e identificava os rostos. (Ele continua no ramo, comandando os três agentes de imprensa dos Stones). Sammy Davis Jr. estava lá e veio até nossa mesa para conversar.

"Oi, Paul, como vai, cara? Que bom ver você". Fiquei fascinado com a quantidade de ouro que aquele pequeno homem conseguia usar no corpo miúdo enquanto dançava. Ringo teria ficado impressionado. Ele adorava ouro, adorava dançar e era bom nisso também. Enquanto isso, modelos e pequenas estrelas vinham até nós. Se não podiam chamar a atenção de Paul, então servia Ron, Ivan ou eu. O uísque com coca não parou de rolar até o início da manhã, e todos estávamos tão altos que nem sentíamos o efeito. Saímos do bar ainda acompanhados por Wasso e várias garotas. Acho que terminei a noite com uma comissária de bordo, mas é difícil dizer. Dezenas de garotas circulavam à nossa volta e iam para o hotel conosco. Na viagem de volta pela Sunset Strip até o hotel, com o carro cheio de garotas, Wasso divertia-se ao bater na traseira de nosso carro com seu igualmente gigante Cadillac antes de nos ultrapassar, acenar e sumir para casa.

Na manhã seguinte, Paul acordou e se esqueceu de tudo porque havia trabalho a fazer. Ao levar o equipamento e o vídeo promocional do filme para o Beverly Hills Hilton, onde a convenção aconteceria naquela tarde, descobri que a trilha sonora do filme estava no sistema errado para projetores de padrão norte-americano. Durante as horas seguintes, corremos em pânico tentando encontrar algum lugar aberto no sábado para fazer a transferência do som. Al Corey, que cuidava da divulgação na Capitol, finalmente levou-me até os estúdios da Hanna-Barbera onde tudo foi feito muito rapidamente, salvando o dia.

Paul fez um pequeno discurso para anunciar que a EMI/Capitol iria distribuir para a Apple Records e, dali em diante, os Beatles estariam no selo Apple. Aquela era a senha para que eu mostrasse o filme. Paul passou algum tempo recebendo e dando os tradicionais cumprimentos e tirando fotografias com os executivos da Capitol, Alan Livingstone, Stanley Gortikov e Ken Fritz. Foi uma obra prima de relações públicas. Aliviados com o modo como as coisas se saíram bem, estávamos prontos para voltar ao hotel e pular na piscina de novo. Quando entramos no bangalô para trocar de roupa, seguidos de uma fila de garotas, ficamos surpresos ao ver Linda sentada radiante e totalmente à vontade esperando por Paul. Tinha um baseado na mão e um sorriso puritano no rosto. Paul imediatamente livrou-se do circo à sua volta e puxou Linda de lado. Quando olhei pela sala, logo percebi que algo estava acontecendo. Bem diante dos meus olhos, eles se apaixonaram. Foi como o trovão que os sicilianos falavam, ou o *coup-de-foudre* que os franceses falavam aos cochichos, aquele sentimento de uma só vez na vida. Paul ficou quase mudo quando seu olhar encontrou o de Linda. Depois, lembrou-se da multidão atrás de si.

Como um pescador com a rede de peixes na mão, fingiu que as beldades pernaltas atrás dele não eram sua pesca. “Estão com Ivan e Tony”, disse ele. Foi muito difícil de engolir porque elas chegavam aos montes, modelos e aspirantes a estrelas, incessantemente pedindo para entrar no hotel. Tivemos que pedir aos seguranças do hotel para tirá-las de lá, mas mesmo assim, pequenas ninfetas continuavam entrando, escalando as paredes e rastejando por trás dos arbustos de laranjeira e jasmim. Tudo o que queriam era ver Paul, e tudo o que ele queria era alguma privacidade com Linda.

Naquela noite, fomos todos novamente para o bar, ao Whiskey-A-Go-Go, onde B. B. King e o Chicago Transit Authority (que mais tarde encurtaria o nome para Chicago) estavam tocando. O bar estava quente, escuro e lotado. Paul e Linda sentaram-se em um canto onde agíamos como uma barreira para os dois. Por uma estranha coincidência, tanto Eric Burden quanto Georgie Fame estavam no camarote ao nosso lado, um fato que nem Linda nem Paul deixaram passar em seu estado de atenção elevada. Eric e Georgie estiveram no Bag O'Nails na noite em que eles se conheceram havia uns 13 meses. Agora estavam ali, na noite em que tinham se apaixonado. Era um sinal.

Paul e Linda saíram de lá para ficarem sozinhos no hotel enquanto o resto de nós aproveitou a noite até as últimas horas. No dia seguinte, ainda mais fãs apareceram e tumultuaram o hotel. Multidões de fãs rondavam a entrada, o lobby e os andares, enquanto Paul e Linda ainda estavam na cama fazendo amor. Por fim, para agradecer a presença de todos, Paul levantou-se e sentou-se nos degraus do bangalô, tocou violão e cantou para eles – acho que foi "Blackbird" – enquanto Linda manteve-se em silêncio ao fundo, sem querer ser vista.

Eu perambulava pela parte principal do hotel quando encontrei o coronel Tom Parker, agente de Elvis Presley. Ele convidou-me para a volta de Elvis, um concerto da NBC que seria realizado no Havaí na semana seguinte, e me deu alguns ingressos. Eu mostrei a Paul mais tarde e ele disse, "Que merda, não podemos ir! Vamos estar em Londres!".

"O coronel disse que é o show da volta de Elvis", eu disse. "Aos 28 anos!".

Entreguei os ingressos a Ray Connolly, o escritor e grande fã de Elvis. Por volta do meio dia, Ivan foi destacado para cuidar de Linda, enquanto Paul, Ron e eu visitávamos Alan Livingstone, presidente da Capitol Records, em sua glamourosa mansão em Beverly Hills. Depois do almoço, encontramos Ken Fritz, com quem passamos o resto da tarde vagabundeando em sua piscina.

Na volta para o bangalô, Linda passou uma sacola vitoriana fechada, daquelas que se fecham com cadarço, cheia de erva. (Em Londres, esta sacola se tornaria sua marca registrada, a lendária "spice-bag" da qual Plonk Lane, dos Faces, falava em uma música). Todo tipo de músico começou a aparecer, como Roger McGuinn dos Byrds. Boyce e Hart, os letristas dos Monkees, telefonando para nos convidar para suas famosas festas de toga, a versão hollywoodiana da orgia romana. Paul pediu que eu recusasse todos os convites para que ele pudesse passar mais tempo com Linda. Foi o que fiz, mas uma pequena estrela jovem e de pernas longas chamada Peggy Lipton, que tinha conhecido Paul durante sua última turnê pelos Estados Unidos e ainda tinha planos para ele, continuou telefonando a noite toda.

No dia seguinte, Ron Kass foi convidado para um passeio no barco do diretor de cinema Mike Nichols de *A Primeira Noite de um Homem*. Mike e Dustin Hoffman, o astro do filme, sempre foram dois dos maiores fãs de Paul, e Mike estendia o convite a todos nós, mas Paul sabia que se Linda fosse com ele para o barco, a notícia vazaria rapidamente. Ficou dividido entre ir ou mantê-la em segredo um pouco mais, escondendo-a no fundo do bangalô. No final, decidiu que iriam, pois Linda sempre teria a desculpa de estar apenas tirando fotos.

Quando saíamos do hotel para entrar na limusine, Peggy Lipton apareceu de repente, com biquíni e toalha em uma sacola de praia, pronta para passar o dia conosco. Alguém deve tê-la avisado que estávamos indo para o mar. “Ah, meu Deus”, disse Paul quando a viu. “Ela não pode vir”.

Tive que dizer a ela do modo mais educado possível que se tratava de uma festa particular, enquanto Linda permanecia em silêncio ao lado, fingindo não estar conosco. Peggy ficou muito irritada e começou a discutir. Percebi que ela precisava da publicidade para sua carreira e fui aconselhado a garantir que ela conseguisse, mas Paul estava cansado de ser usado pelas garotas. Partimos rapidamente, deixando Peggy parada em frente às escadas do hotel aos prantos.

Foi um daqueles dias perfeitos, embora não para Peggy, é claro. Navegamos para Catalina, nos sentindo como Bogart e Bacall para os quais a ilha era o destino favorito, na companhia dos Flynns e Fairbanks. Mergulhamos ao redor do barco no mar azul onde os golfinhos nadavam. Tomamos sol no convés, comemos sanduíches de bacon e bebemos champanhe. Foi um dia maravilhoso, um antídoto contra os dias de loucura em Londres.

Depois, ainda naquela tarde, fechamos a conta do hotel para voltar a Londres. Paul e Linda eram como gêmeos siameses, sempre de mãos dadas olhando-se nos olhos durante todo o trajeto até o aeroporto. Na sala VIP, sentaram-se longe de nós em uma fila de cadeiras no corredor central, o tipo de assento que fica com as costas encostadas na fila de trás. De repente, as portas se abriram, como se entrassem o xerife e seus homens pelo bar atrás dos bandidos.

"FBI!" gritou um deles mostrando o distintivo. "Há uma ameaça de bomba em seu vôo. Conhecem algum caucasiano que tenha algo contra vocês?".

Paul olhou surpreso. Isso foi anos antes de astros serem assassinados e precisarem de seguranças. Ele disse, "Não, ninguém".

"Posso examinar sua bagagem?", perguntaram.

De canto de olho, percebi quando Linda rapidamente armou um chute com os calcanhares. Sua maleta quadrada, que ela tinha colocado bem debaixo de sua cadeira, escorregou ao longo da fila de assentos vazios e, felizmente, parou exatamente embaixo de um deles. Espontânea, levantou e disse, "Bem, rapazes, acho que é hora de me despedir. Preciso pegar meu vôo".

"Em que vôo você está?", perguntaram os agentes.

"Nova York", disse Linda. "Não estou com a turma de McCartney". E sorriu para nós saindo pela porta da sala VIP como se tivesse todo o tempo do mundo, e como se não tivesse maconha o suficiente para uma manada de elefantes em sua pequena mala.

Todos ficamos pensando se Linda tinha conseguido voltar para apanhar a maleta, ou se ela ficou mesmo por lá. Quem sabe? Nunca perguntei.

VINTE E CINCO

QUASE IMEDIATAMENTE AO NOSSO RETORNO da Califórnia, em 29 de junho de 1968, um sábado, Paul e eu, com Peter Asher e Derek Taylor, junto com a querida Martha, cadela de Paul, fomos para Saltair, perto de Leeds, para gravar a Black Dyke Mills Band que tocaria um dos temas de Paul para TV, "Thingumybob" e uma versão com metais para "Yellow Submarine".

Eram uma velha banda de metais de Yorkshire que ganhara recentemente o concurso inglês para bandas da categoria no Albert Hall. Ringo os tinha descoberto por meio de um pedreiro que trabalhou em sua casa, cujo irmão fazia parte da banda. Paul adorou o som porque era muito característico do sul, da autêntica classe operária. A gravação era parte do plano ambicioso de Paul de lançar o selo Apple com quatro *singles* novos de estilos totalmente diferentes no mesmo dia. Tudo em uma caixa promocional, sendo uma delas entregue à própria rainha no Palácio de Buckingham.

Saltair era uma pequena cidade tradicional em Yorkshire, cheia de obras primas da era industrial construídas por um milionário dono de usinas. Fizemos a primeira sessão no auditório da cidade, que foi muito bem. Entre as sessões, Paul saía para passear com Martha e apaixonou-se pela cidade. Era um belo dia e ele sugeriu algo como uma autêntica parada pelas ruas, terminando na praça da cidade. Todos saíram para assistir e ouvir e tudo correu muito bem, em uma atmosfera carnavalesca.

Passamos a noite por lá em um antigo hotel. Eu não sabia aonde enfiar a cara quando Paul chegou até o porteiro do hotel puxando Martha e disse, sério, "Pode tirar a coleira dela?". Bem, Martha era muito agitada e as correntes chacoalhavam muito quando não deviam. Sem piscar o porteiro disse, "Com todo prazer, Sr. McCartney, e a Madame quer uma tigela com água e o jantar?".

"Obrigado", disse Paul, e saímos todos para tomar umas canecas da boa cerveja de Yorkshire.

Terminamos as gravações no domingo, depois voltamos para Londres. Percebi que Derek tinha engolido algum LSD com o café da manhã e estava fora de controle, mas não comentei nada. Estávamos na grande limusine quando o novo *single* dos Stones, "Jumping Jack Flash" tocou no rádio. Não podíamos acreditar e eu me inclinei à frente para erguer o volume.

Que ferramenta de vendas era o rádio do carro! Como promotor de discos, o rádio é meu meio. Meu canal. Algo sensual vindo pelas ondas do rádio sempre funciona e as músicas eram sempre tão boas de se ouvir no carro que os aficionados pediam aos DJs que tocassem os novos discos só para que ouvissem como ficaria no rádio do carro. Para o inferno com os audiófilos e seus aparelhos de duas mil libras. Um carro com rádio é o que há. E de seu próprio modo, seus aficionados são tão chatos quanto os audiófilos. Falavam sobre o compressor de som que as estações de rádio usavam para aumentar a potência. Girando o botão, aumentando o som para dar mais tempero.

Na verdade, todos falavam sobre o que os deixava ligados, mas o assunto sempre se resumia – porque todos eram consumidores de todos, todos eram fãs de todos – a guitarra de Keef Richards te deixa ligado? Faz você balançar? A bateria de Charlie faz você mexer a cabeça na contra-batida? Você tem vontade de levantar e dançar dentro do carro?

Em uma discussão que tivemos uma vez sobre os Stones, acho que foi Ringo quem disse, "Vocês ouvem 'Honky Tonk Women' e 'Brown Sugar' e dizem que não têm vontade de dançar. Eu digo que precisam de ajuda".

Os Beatles eram todos fãs da boa música. Andar de limusine ouvindo "Jumping Jack Flash" estourando nos alto-falantes fez com que até Martha começasse a chacoalhar. Derek Taylor tentou levantar-se, desistiu e sentou-se para balançar em um canto, mas Paul ficou enlouquecido. Era a primeira vez que ouvíamos a música e ela foi uma revelação. Mick e Keef podem ter passado por um período sem músicas quando emprestaram "I Wanna be Your Man" de J & P, mas meu Deus, como se recuperaram! A letra de "Jack Flash" dizia tudo. "I may have started out as a no-hoper. Born in a storm but now it's okay! In fact, it's a bit better than that. It's bloody great! Let me tell you about it!"

Estávamos chegando a um posto de gasolina quando a música acabou e Paul virou-se para mim. Referindo-se ao grupo, ele disse, "Caralho! Muito bom. Ei, Tone, você acha que pode ligar para Alan Freeman e pedir para tocar de novo?"

"Quer que eu promova os Stones?"

"Sim, por que não?". Havia um olhar estranho no rosto de Paul enquanto eu saía para procurar um telefone. Como se, não apenas tivesse o mundo todo sobre os ombros, mas agora os Stones entravam em seu caminho. Não era ciúme, senão admiração. Na verdade, os Stones provocavam os berros e os Beatles, os suspiros.

Liguei para "Fluff" Freeman conforme Paul pediu e quase imediatamente, para nossa surpresa, ele anunciou no ar, "Tony Bramwell da Apple Records acaba de ligar de algum posto de gasolina no meio do nada. Ele está com Paul McCartney e pediram para tocarmos 'Jumping Jack Flash' de novo". Ele virou-se para seu produtor, Dennis Jones, e perguntou, "Podemos fazer isso?". Dennis disse, "Por que não?". E tocaram. Ficamos sentados lá, no posto de gasolina ouvindo. Continuava fantástico. Um ano depois, eu levaria o disco de Billy Preston, "That's the Way God Planned It", para que Kenny Everitt tocasse. Kenny e eu éramos grandes amigos. Ele era totalmente maluco e um fanático pelos Beatles. Eu disse a ele meio brincando, "Por que não toca o disco de Billy por uns segundos em um intervalo entre os outros discos? Depois, quando achar que dá, pode tocar inteiro". E Kenny disse ao produtor, Derek Chinnery, "Que tal?" Derek concordou, e foi o que fizeram o dia todo. Tocaram alguns segundos aqui e ali, depois, ao final do programa de Kenny, tocaram tudo. Foi direto para as paradas na semana seguinte. Foi gratificante. Podíamos sugerir esse tipo de coisa naquele tempo, mas não agora.

Quando chegamos a Bedfordshire, já tínhamos dirigido por um bom tempo na A6 e estávamos entediados. Paul queria deixar Martha esticar as pernas e, para dizer a verdade, foi um dia tão espetacular que não tínhamos a menor pressa de voltar para Londres. Paul pegou um mapa da estrada e colocou o dedo em um ponto. "Harrold", disse ele. "Parece bom. Vamos visitar Harrold".

Tivemos sorte. Harrold era uma belíssima cidadezinha medieval inglesa ao longo de Great Ouse River. Entramos nela, mas todos os bares estavam fechados. Na saída, vimos um homem aparando a cerca de uma casa encantadora. Paul disse "Pare!".

Saímos todos do carro e Paul perguntou se havia algum lugar onde pudéssemos comer alguma coisa. "E Martha precisa beber água", disse ele.

O homem, um dentista, disse, "Não há lugar algum aberto. Mas é quase hora do chá. Querem se juntar a nós?".

Entramos todos, onde a esposa preparava sanduíches e colocava um ou dois bolos em bandejas. Ela olhou para nós e sorriu. Se reconheceu Paul, não disse. Eles foram muito educados. As crianças estavam brincando no quintal e foram chamadas para dentro. A mais velha, uma linda garotinha de sete anos, reconheceu Paul na hora, mas mais uma vez, tinha sido tão bem educada que não disse nada. Porém, ela tinha um violão encostado em um canto da sala e, depois do chá, Paul pegou-o e, tocando com a mão esquerda, cantou "Blackbird" e "Rocky Raccoon" e mais algumas outras músicas para as crianças, que se juntaram à sua volta como se ele fosse o flautista de Hamelin.

Depois de um tempo, o dentista sugeriu que, já que os *pubs* logo abririam, podíamos tomar alguma coisa. E saímos pela noite descendo a High Street, passando por uma igreja do século XIV com um belo pináculo. O dentista, que era muito bem informado sobre a história local, contou que a cidade foi fundada no tempo do Rei Estevão I. O priorado datava de cerca de 1150 e havia uma ponte de pedra do século XIII sobre o rio Ouse. Enquanto Martha se esparramava feliz entre os arbustos, ele apontava para a ponte. "Chellington fica ali, ou o que resta dela", disse ele. E prosseguiu contando-nos a estranha história da cidade desaparecida. Na época da peste bubônica, as casas foram derrubadas – ou queimadas – e os sobreviventes juntaram-se na igreja rezando e pedindo a proteção divina contra a peste. Quando saíram, diziam que a cidade estava assombrada e a maioria deles mudou-se para o outro lado do rio, para Harrold.

Quando chegamos ao *pub*, a notícia se espalhou e o bar ficou lotado. Tomamos cerveja enquanto Paul sentava-se ao piano para tocar um repertório de músicas dos Beatles, algumas outras dele e várias outras até a hora de fechar. Acho que no fundo, Paul queria esquecer definitivamente o dia seguinte. Pelo menos no interior, havia paz. Em Londres, não. Londres era para os negócios e problemas relacionados. Naquele momento, todos pareciam estar sozinhos.

Na segunda-feira seguinte, John perguntou-me se eu filmaria mais um dos caros eventos de Yoko.

"E como se chama este, John?", perguntei.

"'Yoko Loves John'", respondeu, um pouco embaraçado. "Mas talvez ela mude para 'You Are Here'".

Eu filmei o evento "You Are Here" em 1 de julho, na galeria de Robert Fraser, o mesmo Robert Fraser que disse que não teria qualquer exposição de Yoko em sua galeria enquanto estivesse vivo. Na verdade, a exposição foi creditada a John, mas ele não contribuiu com nada, era tudo de Yoko. Acho que provavelmente a única razão de ela ter escolhido a galeria de Robert foi a de dar-lhe uma lição, e colocá-lo em seu lugar – muito inteligente, mais uma vez. Ela encheu o térrco com montes de caixas de coleta de donativos, belos cachorrinhos em tamanho real e cara de pedintes e crianças do Dr. Barnardo com muletas, embaraçoso e de muito mau gosto quando dispostos em massa. Na parede, no meio ao fundo, ficava uma tela circular de uns dois metros, com a frase VOCÊ ESTÁ AQUI escrita à mão com caneta preta de feltro como um alvo em miniatura. Escondi câmeras por trás de vidros de duas faces, como no *Candid Camera*. A idéia era capturar as expressões das pessoas conforme chegavam à exposição, ver se colocavam dinheiro nas caixinhas e filmá-las em *close* enquanto liam as pequenas palavrinhas na tela. John abriu o evento lançando milhares de bexigas brancas pela paz, uma ou duas carregavam vale-brindes: SE ENCONTRAR ISSO, PROCURE JOHN E YOKO E GANHE 5 LIBRAS. Muito surreal, pensei, mas filmei tudo e entreguei o filme sem comentar.

"O que você achou?", perguntou John.

"Muito bom, John, muito bom", respondi, entregando a ele um vale-brindes que guardei para mim e pedindo meu prêmio, tentando fazer cara de sério.

"Sinto muito, Tone", disse ele, "Eu dei todo meu dinheiro a Yoko". Achei engraçado John não ter percebido que eu estava brincando. Mas quando ele estava perto de Yoko, parecia perder seu senso de humor de Liverpool. Yoko pegou os filmes, com um daqueles sorrisos misteriosos e eu nunca mais os vi de novo. De alguma forma, não conseguia imaginar John e Yoko sentados na cama assistindo aos filmes mais de uma vez.

Paul era outro que também passava muito tempo na cama. Enquanto a vida amorosa de John era obscuramente confusa, bem ao estilo de sua própria personalidade, Paul também estava passando por mudanças importantes. Seu noivado com Jane no Natal anterior parecia ter anunciado o declínio de uma relação de 5 anos. Logo depois de voltarem da Índia, Jane voltou ao trabalho na Bristol Old Vic, e Paul lançou-se no que provavelmente foi o tempo mais relaxado de sua vida. Escancarou as portas da Cavendish Avenue e as fãs, que acampavam fielmente do lado de fora assim como fizeram na Wimpole Street durante os anos em que Paul viveu por lá com a família Asher, ficaram surpresas ao serem convidadas para entrar. Não apenas eram convidadas a entrar na casa, como também a ir para a cama de Paul. Sempre que eu ia vê-lo, a casa estava cheia de garotas zanzando, seminuas, cozinhando, passeando com Martha ou grudadas no telefone por horas a fio, falando com o mundo todo.

"O que está acontecendo, amigo?", perguntei a ele. Ele sabia o que eu queria dizer.

"É minha fase de solteiro", respondeu com um olhar malicioso.

Às vezes, eu conseguia tocá-lo. Lembro-me de uma vez ter chegado no momento em que ele tentava se livrar de uma garota insistente que pensava poder mudar-se para lá de forma definitiva, como uma Sra. McCartney. Paul atirou sua mala pelo jardim e trancou a porta da frente.

Mas ela pegou de volta a mala, escalou o muro e entrou pela janela. Tinha voltado para o lugar de onde saíra.

"É tudo culpa sua", eu disse a ele. "Uma vez que as deixa entrar, jamais vai se livrar delas".

Mas a Paul nunca faltavam motivos complexos, que talvez nem ele mesmo entendesse. Basicamente, sempre foi o mesmo garoto doce de Liverpool com quem eu tinha crescido. Assim como eu, ele achava difícil magoar os sentimentos das pessoas, e parecia saber que o único meio de romper sua ligação com Jane era levá-la a fazer isso ela mesma. De propósito ou não, foi o que aconteceu. Alguém já analisou as palavras em *flagrante delicto*? Elas querem dizer algo como, "pego com a boca na botija". Na verdade significam "com o crime ainda ardendo". No caso de Paul, a cama é que ainda estava ardendo.

O noivado terminou. Margaret Asher apareceu muito triste para recolher os pertences da filha porque gostava muito de Paul. Parecia que Paul estava mais triste por desapontar Margaret do que à própria Jane. Ele adorava sua maravilhosa figura materna que lhe tinha sido tão gentil, mas agora o caminho estava livre para ele ir atrás de uma mulher a quem poderia ser fiel.

O dinheiro vazava da boutique a uma velocidade incrível. Teria sido muito mais fácil se os Beatles subissem e descessem a Baker Street uma vez por semana distribuindo dinheiro. O catalisador disso tudo tinha sido um ofensivo artigo de jornal que perguntava os motivos de os Beatles perderem tempo como donos de loja. Tinham se tornado exatamente o que John tão grandiosamente tinha dito a Clive Epstein que jamais seriam. A loja era uma bagunça desde o início e nunca esteve de acordo com o idealismo romântico do grupo. Ficaram tão ansiosos por abandonar o negócio que decidiram distribuir tudo em vez de proceder o fechamento com uma vexatória liquidação. Dois dias antes do grande final, John e Yoko chegaram em seu inconfundível Rolls Royce e entraram na loja. A equipe ficou boquiaberta quando Yoko espalhou metros de seda e veludo pelo chão e amontoou tudo o que queria, de roupas a botões de seda e veludo. Ela juntou as pontas e saiu arrastando tudo até o carro, como se fosse uma sacola. Depois de servir-se – imagino que para uso oficial em suas apresentações teatrais – todos da Apple foram instruídos a pegarem o que quisessem antes que as portas fossem fechadas ao público. Eu escolhi uma estranha coleção de jaquetas de couro, algumas calças esquisitas e camisas floridas, e não me lembro de ter usado nada daquilo.

A Apple tinha ultrapassado a Baker Street, depois a Wigmore Street. Por meio milhão de libras – um preço barato – os Beatles compraram novos escritórios no número 3 da Savile Row, no coração de Mayfair, um prédio histórico que tinha sido a casa de Lady Hamilton na cidade enquanto ela foi amante de Nelson. Paul adorava tanto a história quanto o prédio, que era muito bonito, com belas salas espaçosas e uma escada circular. Antes de nos mudarmos, tudo foi redecorado com um projeto de paredes brancas e muito artesanato de madeira com carpete verde espalhado por todo o lugar – exceto no escritório de George. George queria usar seu mantra em uma atmosfera apropriada, então teve que decorar seu escritório de cor-de-rosa. Tapeçarias com elefantes ornados e deusas hindus de seis braços penduravam-se pelas paredes. O toque final foi a instalação de falsas vigas no teto pintadas em dourado, com almofadas e grossas mantas indianas no chão.

Passamos dias empacotando tudo dos escritórios antigos e esperamos pelas *vans* Pickford para remover tudo. Era um trajeto de apenas um quilômetro, mas muita coisa desapareceu no meio do caminho de uma das *vans*. Para mim, o destino das coisas é um mistério total. Perdi meu arquivo pessoal – estou falando daqueles grandes arquivos de metal com quatro gavetas – que estava cheio de filmes, fotografias e raros programas de teatro dos anos passados, além de outros itens insubstituíveis que eu tinha recolhido. Tudo perdido. Fiquei arrasado. Não houve qualquer explicação e nada foi recuperado. O departamento de contas não teve melhor sorte. Colocaram toda a papelada em um táxi que nunca mais voltariam a ver.

♪

Tinha sido Paul quem, no ano anterior, sugeriu o nome “Apple” para a nova empresa, baseado na primeira letra do alfabeto. “A é para

Apple, como dizem os jogos de alfabetização para crianças. Fácil e legal e começamos pelo começo". Ele disse que seria de fácil memorização, enquanto John achava que a imagem era tanto pagã quanto enigmática, com a conotação do fruto proibido assim como na história de Adão e Eva e o Jardim do Éden. Mas todos adoravam fazer o trocadilho com Apple Corp. "*Apple core*, entendeu?" dizia John, rindo.

Paul gostou tanto disso que queria chamar a empresa de Apple Core, mas foi aconselhado do contrário, devia ser uma empresa com um nome apropriado. Alguns desenhistas *hippies* foram convidados e criaram um desenho, uma imagem alternativa à laranja comum de Cox. Uma maçã toda vermelha, verde e amarela que todos adoraram porque era uma imagem amistosa e bonita, o tipo de maçã que se encontrava nas meias de Natal penduradas na lareira. No início, o logo foi usado em coisas da loja da Apple e nos blocos de papéis para anotação. Era um símbolo muito descontraído e harmonioso, mas não tinha apelo para os negócios. Ron Kass e os advogados explicaram que os Beatles tinham que patentear o nome e a marca a fim de torná-la um símbolo reconhecido no mundo todo, ou correriam o risco de serem copiados sem amparo legal.

Alan Aldridge e Gene Mahon, da nova empresa de propaganda dos Beatles, declararam que apresentariam a maçã definitiva, uma maçã com um significado, uma maçã que seria a APPLE, assim como a Coca Cola é "Coke" em todo o planeta. Durante meses, apareceram com desenhos de maçãs, pinturas de maçãs, fotos de maçãs de todo tipo, e maçãs colocadas contra fundos de todas as cores. Mas nenhuma delas tinha o fator "uau!".

Quando a Associação Inglesa de Cultivadores de Maçã lançou a Semana Nacional da Maçã, Paul imediatamente viu aquilo como uma rara oportunidade de marketing.

"Isso, somos a Apple, então vamos nos promover como tal", disse entusiasmado.

Naquele momento, uma cantora galesa quase desconhecida chamada Mary Hopkin também tinha sido recomendada a ele pela famosa modelo Twiggy, que tinha se apresentando pela primeira vez na televisão meses antes no *Opportunity Knocks*. Quando ele ligou para a casa dela no País de Gales e disse, "Aqui é Paul McCartney", ela ficou tão assustada que derrubou o telefone e gritou para que a mãe viesse falar com ele. A timidez de Mary era uma de suas adoráveis características, assim como os longos cabelos loiros, saídos direto dos contos de fadas, e a voz pura. Paul pediu para que ela fosse a Londres, fez uma audição para ouvi-la cantar seis de suas belas canções em um *folk* peculiar nos estúdios de Dick James na New Oxford Street e, assim como todos os que ouviram, apaixonou-se por sua voz incrível. Foi então que a filmaram cantando "Blackbird" junto com Paul e um violão acústico. As imagens foram usadas em um filme promocional exibido em Los Angeles.

Paul encontrou "Those Were the Days" para Mary e levou-a de volta a Londres para gravar na Abbey Road. Foi decidido que faríamos um filme para promover o disco. Em um dia quente de verão no início de agosto, quando eu estava filmando Mary no jardim verde de Paul, Robert Fraser, designado por Paul para comprar pinturas para ele, apareceu com uma pintura especial, um Magritte intitulado *Le Jeu de Mourre*, em que uma maçã verde enchia a tela. Ao saber que Paul estava conosco nos jardins, Robert, de surpresa, deixou o quadro colocado contra um vaso na mesa da sala de jantar e foi embora. Quando Paul entrou na casa vindo da claridade do jardim, viu aquela bela maçã verde, quase brilhando na sombra da sala. Foi um momento mágico. Tinham encontrado a maçã.

Toda a literatura dos Beatles afirma que a EMI recusou-se a lançar o compacto número 1 da Apple. A história diz que "Hey Jude" foi o primeiro lançamento da Apple, sem número de catálogo, e "Those Were the Days" foi o número 2. Não foi assim. A verdade é muito mais interessante.

A Harrisons era a empresa que fazia os rótulos da EMI. Tiveram inúmeros problemas para encontrar a cor exata para o logotipo da Apple. Um dos profissionais de impressão, um belo profissional inglês, veio com a solução. Ele nos mostrou um novo processo de impressão, que na verdade seria o precursor do jato de tinta a laser, usado para trabalhos de luxo operados à mão. Depois de alguns experimentos, ele mostrou impressões quase perfeitas, sem qualquer informação no rótulo.

"Parece muito bom, é perfeito", disse Paul, e passou adiante os rótulos.

"Certo", disse o impressor. "Onde está o primeiro disco?"

Os Beatles olharam uns para os outros e ficaram calados entre si por uns segundos porque ainda não tinham um disco pronto para aquela solene ocasião. Isso aconteceu quando no aniversário de 22 anos de Maureen, em 4 de agosto, e Ron Kass ficou incrivelmente empolgado com a idéia de fazer algo especial para ela. Telefonou para seu amigo Sammy Cahn em Hollywood e fez com que ele reescrevesse a letra de "The Lady Is a Tramp" incluindo Ringo e Maureen. Ninguém achou que Sammy faria isso, mas fez. Depois, ainda nos impressionaria chamando Frank Sinatra para que a gravasse. Foram para o Capitol Studios, na Capitol Tower em Hollywood. A fita acabada foi enviada por avião para Ron para ser masterizada. (Frank, fã das músicas dos Beatles, ainda incluiria versões de "Blackbird", "Yesterday" e "Something" em seu número de palco.)

Enquanto isso, nosso companheiro impressor na Harrisons tinha imprimido um único rótulo que dizia: "The Lady Is a Tramp" by Frank Sinatra. Não tenho certeza se estava escrito ainda "Feliz Aniversário, Maureen" ou não. Levamos a matriz para um teste na EMI e assim foi feito o compacto número 1 do catálogo da Apple, com dois lados iguais. Houve uma grande festa e com a devida cerimônia, o disco foi tocado. Foi um acontecimento e tanto. Depois Ron pediu que a matriz fosse destruída. A gravação foi cortada e também destruída.

Ringo deu a única cópia existente no mundo a Maureen que agora está morta. Não sei onde está o Apple 1 hoje, mas aquele é um objeto incrivelmente raro, um Santo Graal para os colecionadores de discos.

Em 30 de agosto lançávamos a Apple Records. Fiel ao espírito ético da Apple, concedi-me uma promoção para o cargo de chefe de promoções. Não havia ninguém mais com tal experiência, provavelmente ninguém mais em toda a indústria fonográfica. Fui eu quem fez isso desde o início, quando chegamos pela primeira vez a Londres, quando a função ainda nem existia. Em "O Primeiro Dia da Apple", toda a imprensa ganhou uma caixa com nossos primeiros discos. Era um pacote de apresentação com quatro compactos, dois dos quais tornaram-se sucessos nas paradas: "Hey Jude", "Those Were The Days", "Sour Milk Sea", que George escreveu e produziu para Jackie Lomax, e "Thingummybob" da Black Dyke Mills Band (com "Yellow Submarine" ao fundo). E, um toque especial típico dos Beatles: tal qual uma meia de Natal, havia maçãs, laranjas, nozes e moedas de chocolate.

Por algum motivo, Sandie Shaw, uma cantora já bem estabelecida, correu para gravar uma versão de "Those Were The Days" – como isso aconteceu, não sei, mas muitos acharam que ela pode ter enviado um espião à festa de Mary Hopkin. Em vez de dizer, "A nossa é a melhor", Paul colocou um anúncio dizendo, "Ouçam a de Sandie, ouçam a de Mary, e comprem a que gostarem mais". Felizmente, todos preferiram a versão de Mary. O *single* rapidamente subiu ao topo das paradas até chegar ao primeiro lugar. Em quatro meses, vendeu quatro milhões de cópias pelo mundo. Todos os quatro discos foram simultaneamente lançados em mais de 30 países. Foi um trabalhão com poucos de nós cuidando de tudo, mas deu certo. As moedinhas de chocolate logo foram substituídas pelo barulho do ouro, ouro de verdade, pingando nos cofres da empresa. A Apple Records era uma empresa de sucesso e gerava muito dinheiro.

A música que tive mais prazer em promover foi "Hey Jude". Com certeza! A reação era inacreditável. Foi o primeiro *single* dos Beatles na Apple e lançá-lo no primeiro pacote da nova empresa foi maravilhoso. A BBC tinha lançado a Radio One havia pouco tempo, uma estação que tocava música *pop* sem parar por pelo menos oito horas por dia. Era a primeira vez que tínhamos aquele tipo de acesso ao público em uma rádio e eu me via andando pelos lugares com caixas de "Hey Jude", distribuindo cerca de 100 cópias promocionais em vez das 10 de costume. Outra coisa importante também, foi o primeiro *long single* lançado na história. Tinha cerca de sete minutos e todos acharam que os DJs terminariam a música antes baixando o volume, sem se importar com o "La la la la" final. Mas desde a data de lançamento, todos tocavam a versão até o final.

O primeiro disco de Mary Hopkin, *Postcard*, era um belo exemplo de promoção. Billy Butlin, proprietário do acampamento de férias

Butlin para onde nossas famílias iam quando éramos crianças e onde Ringo tocou com o Rory Storm, dirigia um restaurante no alto de uma torre dos correios. Ela girava, e enquanto as pessoas comiam, podiam ver Londres em um cenário magnífico. Na primeira vez que Paul esteve lá, logo depois de aberto o restaurante, ainda morava na casa dos Asher na Wimpole Street. O Dr. Asher decidiu que queria fazer um *tour* guiado completo e tomou providências para que toda a família fosse, inclusive Paul.

Algum tempo depois, eu estava sentado no restaurante, jantando com uma namorada quando Bobby Butlin, filho do Sr. Butlin, veio até minha mesa e contou tudo sobre a visita recente de Paul. Ele disse, "Se houver qualquer coisa que eu possa fazer por você, ou Paul ou a Apple, por favor avise". Quando lançamos "Postcard", surgiu o problema de arranjar um lugar para a festa de lançamento. Paul disse, "Ei, Tone, acha que há alguma chance de fazermos no restaurante da Post Office Tower?"

Fingi desinteresse e disse, "Ah, não sei. Espere até eu conversar com eles". Peguei o telefone e tomei as providências rapidamente. Paul olhou para o relógio e disse, "Ótimo. Vou dizer uma coisa. Por que não damos uma olhada no lugar?". E fomos todos almoçar no Tower. Tivemos uma ótima tarde e, devidamente abastecidos, Paul e eu decidimos correr pelas escadas até a porta. Foi uma idéia muito idiota, principalmente depois de um farto almoço. Há algumas fotos dos dois deitados no chão ofegando e provavelmente tentando acender um cigarro.

A festa de lançamento de "Postcard" foi maravilhosa, com uma grande presença de astros do *rock*. Jimi Hendrix, Brian Jones e Donovan compareceram, além do futuro marido de Mary, Tony Visconti. Eu estava saindo com Mary naquela época mas ele também gostava dela, e, no final, acabaram se casando. Mais tarde ele produziria Mary, David Bowie, T. Rex, Lou Reed e vários outros artistas.

Não havia dúvidas de que a Apple Music Publishing era extremamente bem sucedida, mas, para confusão de muitos que trabalhavam duro na indústria, Terry Doran foi nomeado diretor presidente. Terry era um velho parceiro de Brian em sua empresa de carros – um revendedor de carros sem qualquer experiência na indústria musical e menos ainda em publicação musical. Mas ele gostava de música, assim como a maioria dos amigos de Brian de Liverpool e, dado o momento, não tinha como errar, embora realmente tenha tomado algumas decisões idiotas – como vender os direitos sobre as músicas de George Harrison para o filho de Doris Day, Terry Melcher, que produzia os Byrds para a CBS. Os Beatles tinham sido apresentados a Melcher por Derek Taylor, cujos clientes incluíam os Beach Boys e os Byrds. Para equilibrar sua falta de conhecimento no ramo, Terry contratou Mike Berry, um ex-assistente da Sparta Music Publishing para cuidar dos direitos autorais e oferecer consultoria.

Os letristas que contratávamos eram fantásticos. Muitos eram talentos por trás dos panos, que não tinham nome mas escreviam comercialmente e muito bem. Gallagher e Lyle eram ambos grandes letristas, mas Graham Lyle era provavelmente o de mais sorte. Tornou-se um dos maiores letristas do mundo porque escreveu sucessos para Tina Turner em seus áureos tempos. O Family foi contratado como banda. Jim Cregan, guitarrista de Rod Stewart e seu parceiro de autoria por vários anos, também foi contratado, assim como Steve Miller, Dr. John, Tony Ashton, Gardner e Dyke e vários outros.

A Apple Records, sob a batuta do brilhante e experiente Ron Kass, explodiu desde o momento de sua concepção para sobreviver por oito anos um terreno árduo. Uma das primeiras tarefas de Ron quando contratado foi comprar de volta as músicas de George que estavam com Terry Melcher. Do outro lado, havia a resistência ao velho Jackie Lomax. Tentamos e tentamos. O material era excelente mas não conseguíamos fazê-lo deslanchar. A grande imagem na época era Jim Morrison, então, no cenário musical daquele momento, foi onde o colocamos: no pedestal do artista genioso com uma bela voz. Trouxemos até Justin de Villeneauve, agente e namorado de Twiggy, para gerenciá-lo. Fizemos uma grande produção feita por George Harrison. Parecia bom, soava bem, mas não funcionou. O produto da Apple era licenciado pela EMI e talvez tenha havido conflito de interesses. Eles trabalhavam no que lhes interessava mas eram lerdos com a maioria dos discos. Por fim, tudo o que interessava a eles eram os Beatles porque seus discos sumiam das prateleiras. Era mais ou menos assim, “Gostamos desse, não gostamos daquele, quando vai sair o novo disco dos Beatles?”.

♪

Paul voltou à adolescência quando se separou de Jane. Antes, ele e Jane iam a pequenos jantares ou ao teatro, ou, às vezes, a algum bar. Mas imediatamente depois de deixá-la, ele saía todas as noites. Seu período de recuperar o tempo perdido durou cerca de seis meses. Então, de uma hora para a outra, ficou cansado daquilo. Foi para Nova York para ficar com Linda, não em um hotel caro, mas em seu pequeno apartamento de dois cômodos perto da Lexington Avenue. Yorktown era um bairro cosmopolita e seguro a três quarteirões do Central Park e do Metropolitan Museum of Art. Era fácil entrar e sair do metrô para o Harlem, ou andar pelos bares irlandeses e ouvir música. Linda mostrou a Paul onde comprava roupas, em bazares ou lojas baratas. Ele comprou uma jaqueta de veterano do Vietnã e um sobretudo de lã que usou durante anos. Paul adorava a sensação de liberdade e por dez dias almoçaram em pequenos restaurantes italianos ou alemães, depois ficavam passeando. Paul admirava o modo como Linda cuidava da filha. Ele deitava no sofá e ficava olhando enquanto ela a alimentava com comida de verdade. "Ela tem um maravilhoso instinto materno", disse ele. "Acho que de certo modo eu me lembrava de como minha própria mãe costumava cuidar de nós".

Paul voltou para casa depois de dez dias, mas não estava satisfeito. Pequenos casos não mais o atraíam. Conforme o nostálgico aroma de outono enchia o ar e as folhas começavam a ficar amarelas, Paul calmamente me dizia que tinha chamado Linda para ficar com ele. Ele sentia sua falta e passava longas horas todos os dias falando com ela por telefone em Nova York. Ele queria ver se podiam continuar juntos. Paul não era um grande mulherengo e estava cansado demais dos tempos de loucuras com as fãs. Sentia-se pronto para assentar-se, trazer alguma normalidade para sua vida.

Linda chegou enquanto Paul passava por um período particularmente intenso no estúdio com os outros, trabalhando no *White Album*. Mal foi apanhá-la no aeroporto e deixou-a na Cavendish Avenue, dizendo para que ligasse para Paul no estúdio se precisasse de alguma coisa. Linda entrou na casa, cansada do vôo que cruzou o Atlântico e encontrou Martha enlouquecida, pêlos e fezes de cachorro por todos os lados porque Paul tinha dispensado os que a levavam para passear e não tinha tempo de fazer isso ele mesmo. Não havia comida na casa, apenas um caixa de leite azedo. Linda ficou impressionada ao ver que aquele homem, que podia comprar toda a comida da Harrods sozinho, não tinha nada em casa e vivia em tamanha miséria, com uma geladeira minúscula em vez das grandes que via nos Estados Unidos e uma televisão que mal funcionava. Ela telefonou para o estúdio e falou comigo. Eu disse, "Quer que eu chame Paul?". Ela me disse que não queria incomodá-lo se ele estivesse trabalhando, mas ia limpar aquela imundície.

"Adoraria vê-lo, Tony", acrescentou. "E se você vier, pode trazer um pouco de comida de cachorro, leite e café?". Não era a primeira vez que me pediam para comprar comida pela cidade, nem a última. E Linda era ótima. Ela não tratava as pessoas como se estivessem ali para trabalhar para ela por causa de sua relação com Paul, como Yoko fazia com John. Esta comparação é de todo injusta porque Linda era calorosa, engraçada e talentosa. Além disso, organizou a vida de Paul quando ele mesmo reconhecia que precisava urgentemente de uma organização. Sua casa foi uma baderna do momento em que Jane saiu até Linda chegar. Antes, Paul convidava pessoas como Nico, a cantora drogada e loira do Velvet Underground para passar a noite lá. Pessoas como ela nunca ajudavam em nada. Ser astros era tudo o que faziam. Assim como vários outros astros, costumavam fazer discursos sobre igualdade, mas alguém sempre tinha que recolher suas coisas, suas roupas e arrumar a bagunça. Essas pessoas que confundiam sucesso com talento, ou eram simplesmente arrogantes, egoístas e preguiçosas, jamais mudariam, algo que Paul começou a notar quando viu o quanto Linda tinha os pés no chão. Ele parou de convidar aquelas pessoas para dormir em sua casa. Linda foi buscar a filha e as duas jamais voltariam a viver em Nova York. Paul e Linda juntaram-se e fecharam as portas de sua vida particular.

VINTE E SEIS

O DISCO DE JOHN E YOKO, *TWO VIRGINS*, surgiu da convicção de que tudo o que faziam, desde a primeira vez em que transaram, a primeira briga, e até o primeiro ovo cozido que dividiram, era uma arte importante. Pela causa da arte, tudo o que faziam tinha que ser relatado, documentado, filmado, gravado, os pontos tinham que ser ligados e o desenho tinha que ser colorido cuidadosamente – com os dois sempre com a língua para fora mostrando concentração.

Minha contribuição para a causa começou em uma calma tarde de sábado no final de setembro ou começo de outubro, quando eu estava cochilando docemente em minha cama. O telefone tocou. Era John.

"Ei, Tone, pode nos fazer um favor? Estamos na Montagu Square. Não é longe de você, é?", eu concordei dizendo que era perto. "Bom, você pode trazer umas garrafas de leite?".

Naqueles dias eu tinha uma mini-motocicleta Honda Monkey. Várias pessoas, inclusive Twiggy, tinham uma, pois eram ideais para andar pela cidade. Eu me vesti e logo estava na Park Lane, procurando leite para comprar. Uma *deli* estava aberta. Comprei leite e logo estava em minha moto chegando à Montagu Square. John abriu a porta, pegou o leite e hesitou um pouco. Eu esperei.

"É, Tone", disse ele. "Enquanto está aqui, pode instalar a câmera para nós? Eu quero... hum... conhece câmeras, não? Porque eu quero... hum... você pode instalar a câmera naquele quarto e ajustar a luz para... hum... e tudo mais...hum... como se usa o programador de tempo?"

"Você quer programar o tempo?"

"Sim... hum... para tirar fotos e coisas assim depois". Ele sorriu. "Sabe, depois", disse sem fazer sentido. Eu peguei a câmera e expliquei para ele como deveria fazer.

"Bom, você aperta esse pino, faz isso aqui, aperta este botão e ele faz esse barulho, depois você faz de novo". John ficou assistindo a tudo em silêncio.

"Tudo bem, Tone, muito obrigado, acho que entendi", disse ele. "Obrigado pelo leite". E saí de lá em minha pequena motocicleta.

No outro dia, uma tarde de domingo, eu dormia profundamente quando o telefone tocou novamente.

"É o John. Você pode vir aqui falar comigo? E pode trazer mais um pouco de leite? E já que vai vir, pode aproveitar para trazer café?"

Não era assim tão fácil arranjar leite e café naquele tempo no West End em uma tarde de domingo, mas eu consegui. Quando cheguei, entreguei a ele o leite e uma lata de Nescafé.

"Aliás", disse John, "você pode tirar esse filme da câmera?"

Tirei, enquanto ele me olhava com atenção, para aprender a fazer sozinho na próxima vez.

"Hum, Tone, sabe quando a gente tem fotografias diferentes... hum.. sabe, esse tipo de coisa, como... hum... fotos de nus... bem, como a gente pode revelar isso? Onde levamos para revelar?"

Eram, é claro, fotos do "depois".

"Bem, você não vai querer levá-las para o Boots the Chemist", eu disse. "Leve para o Sky, no Soho".

"Você conhece o pessoal de lá?", John perguntou, cauteloso.

"É claro. Fazemos tudo lá, como as capas dos discos".

O rosto de John ficou iluminado. "Capas de discos? Certo, então, Tone, pode levar estes filmes para eles? Quer dizer, eles são meio picantes, sabe. Não deixe ninguém ver, entende o que eu digo?"

"Bem, *alguém* terá que vê-los, John", disse eu.

"Sim, eu sei, mas eles são mais ou menos nosso pessoal, não são? Como uma equipe. Podemos confiar neles, né?"

Levei o rolo de filme para o Sky na manhã seguinte e perguntei se podiam fazer um trabalho bem rápido nele. De volta ao escritório, meu telefone tocou. Era o revelador do Sky.

"Tony, sabe o que está nas fotos?". Eu disse que não fazia a menor idéia. "Ah", ele disse com ar de surpreso. Depois começou a rir. "Vou mandar para você em um envelope pardo".

Quando o envelope chegou, eu o abri e olhei as fotos, depois coloquei-as de volta no envelope. A idéia de John de fotos picantes era uma noção bastante subestimada. As fotos eram nuas e cruas. Eram fotos cabeludas, com perdão do trocadilho. Nos Estados Unidos seriam chamadas de fotos pornográficas.

Mais tarde naquele dia, John foi até meu escritório. Casualmente, perguntou, "Você pegou as fotos?"

"Sim, John, é claro", respondi, entregando o envelope a ele. Foi a última vez que ouvi falar delas até Jack Oliver aparecer dias depois segurando duas grandes imagens que tinha escolhido no Sky.

"Esta vai ser a capa do novo disco de John e Yoko", disse ele, passando uma das fotos para todos vermos. Todos rimos muito. Como eu disse antes, Yoko não era bonita, mas ela e John pelados juntos era uma coisa bastante embaraçosa. Nenhum de nós achou que iriam até o fim, mas não tínhamos pensado que era tudo em nome da "Arte". Uns dois dias mais tarde, houve uma grande reunião comigo, John, Ron Kass, Jack e Derek Taylor para falarmos do novo disco. Infelizmente, antes que entrássemos na discussão, John fez com que nos sentássemos para ouvir toda a confusão que era o *Two Virgins*. Já que estávamos todos sóbrios, aquilo provavelmente feria a Convenção de Genebra, e quando ouviu-se o último grito de Yoko, John pegou as então já familiares fotos do tamanho de um disco e das quais já tínhamos rido muito e pigarreou.

"Esta foto vai estar na capa", anunciou ele, "e esta outra será a parte de trás".

Ron Kass, que era o Dr. Certinho, ficou tão apavorado que parecia estar em choque. Recobrando a postura, ele disse, "John, você não pode fazer isso!".

Mas John começou a rir com a cabeça baixa, de nervoso, prazer ou pelo efeito da maconha, não sei, e disse, "Não quero saber, Ron. Vou fazer de qualquer jeito". A reunião foi encerrada logo depois, porque era óbvio que Yoko tinha feito a cabeça de John e nada do que Ron ou qualquer outra pessoa dissesse mudaria alguma coisa.

Sir Joseph Lockwood, presidente da EMI, sempre demonstrou interesse nesses assuntos e, assim que as fotos chegaram à sua mesa, quase teve um ataque cardíaco. Procurou Ron Kass imediatamente para ouvir alguma explicação.

"Sim, John diz que isso é arte", disse Ron, vacilante.

"Ele está decidido, não está?", perguntou Sir Joe.

"Podemos dizer que sim", concordou Ron.

"Bem, vou ter que mostrar ao pessoal da impressão em Hayes", disse Sir Joe. "Como você provavelmente sabe, temos que lidar com os sindicados e vendedores. Alguns podem ser bem radicais. Imprimir esta obscenidade não é assim tão fácil quanto John imagina".

Mas os sindicatos e seus pontos de vista não eram nada comparados à reação de McCartney. Paul soube de tudo, depois viu as fotos. Ele tinha um milhão de argumentos contra elas. Achou tudo pavoroso e ficou absolutamente estarrecido em saber que John estava decidido a ir até o fim com elas. Paul, é claro, culpou a influência de Yoko. E acertou em cheio. John tinha sido até bem puritano antes de conhecê-la. Agora dizia que ela liberava suas inibições.

"Será que John não percebe que estamos todos juntos nisso?", disse Paul. "Pode ser ele e Yoko, mas as pessoas vão dizer que são os Beatles que estão ficando malucos e pornográficos".

Paul exigiu uma reunião imediata com Sir Joe, John e Yoko. Foi uma reunião bastante desconfortável e eu fiquei surpreso por John e Yoko, considerando-se sua mentalidade teimosa na época, terem comparecido. Sir Joe disse que não achava as fotografias obscenas, já tinha visto coisa muito pior, opinião que confundiu John e Yoko. Eles queriam ser considerados vanguarda e crianças malvadas. O pior estaria por vir. Em sua opinião, dizia Sir Joe, sem medir as palavras, John e Yoko pareciam repugnantes. E concordou com Paul sobre as pessoas considerarem os Beatles bons moços que conquistaram sucesso. Aquelas fotografias iam varrer essa idéia por água abaixo. John sorriu. Yoko apertou as mãos e fechou os olhos.

No final, Sir Joseph soube que a EMI não seria capaz de ir adiante quando os membros do sindicato em Hayes disseram que não tocariam no disco *Two Virgins*. Recusavam-se a trabalhar nele e ponto final. Sir Joe ligou para Ron para dar a boa notícia.

"Disseram para levar embora, que não vão fazer isso lá. Meu receio é o de que mesmo que a EMI imprima o disco, não tenhamos como distribuí-lo", disse ele com grande satisfação.

Para Ron, não era o caso de dizer, "Por favor, diga que é mentira, Joe". Não havia uma só pessoa na Apple que não achasse o disco e a capa um verdadeiro lixo. Mas John, com Yoko falando em seu ouvido, não deixaria as coisas assim. Ele cutucou Ron insistentemente até que, por fim, Ron foi até Roy Silver, um amigo particular que estranhamente combinava as funções de dono de restaurante e agente de Bill Cosby. Roy tinha uma empresa chamada Campbell Silver Cosby Corp. e uma empresa de gravação chamada Tetragrammaton, dirigida por Arty Mogul e Greg Smith, com grupos como o Deep Purple contratados por eles nos Estados Unidos. Porém, era muito mais complicado do que qualquer um poderia imaginar, como sempre. Ao inocentemente pedir a ajuda de Roy Silver, Ron acabou vazando a notícia porque a própria prensagem e distribuição da Tetra estava com a empresa inglesa Track. A Track, por sua vez, tinha um contrato similar de impressão e distribuição com a Polydor, que era parte da Polygram – de propriedade da EMI. Por fim, todos, por conta das estranhezas das obrigações contratuais, acabaram envolvidos no *Two Virgins*, e o problema era que, já que a EMI já tinha dado sua opinião, ninguém mais quis saber do assunto.

Logo depois, John chegou aos escritórios com uma nova idéia que, suspeito, tenha surgido do grande envelope pardo em que o Sky tinha entregado as fotos ou possivelmente dos sacos pardos em que as revistas pornográficas eram vendidas no Soho. Fosse o que fosse, a capa marrom do Soho estava para se tornar arte.

"Tone? Quero vender o disco em uma capa marrom", foi o novo pronunciamento bombástico de John. "Ah, e outra coisa – "

"O quê?".

Enquanto meu coração parado esperava, John elaborava sua "melhor idéia de todas". Ele queria fazer um filme para embalar junto com o disco. Os dois juntos caberiam muito bem na tal embalagem parda, que agora seria uma sacola que, tinha certeza, faria com que os compradores fizessem filas. *Onde* fariam as filas não disse, já que os arranjos para a distribuição estavam se desmanchando.

Porém, forçados pela mania de grandeza de John, alugamos várias câmeras caríssimas da Cambridge Scientific, o pessoal que filmava mosquitos acasalando aumentados um milhão de vezes, ou as flores se abrindo uma vez ao ano na Bacia Amazônica, e agora, John e Yoko. As câmeras de alta velocidade que gravavam 10 mil quadros por segundo, eram do tamanho de uma geladeira, tudo para que John pudesse filmar a própria ereção ou as idéias que tinha em mente quando estava com a cabeça em outro lugar. A Cambridge Scientific era tão ocupada, que eu só podia usar os equipamentos nos finais de semana, quando eles não os estavam ocupando. Quando ouvi isso, quis rir. Era como "tem programa para o fim de semana, senhor?". Para que John precisava de coisas tão avançadas, nunca soube. Perguntei a ele se aquilo era mesmo necessário.

"Sim, eu li sobre isso", disse vagamente.

Recebi a incumbência de editar a trilha sonora do disco para o filme em alta velocidade de John embora eu tivesse dito a ele que não entendia muito de filmagens em alta velocidade. No final, procurei Ray Millichope, do Monty Python da BBC, que entendia alguma coisa do assunto. Fizemos, mas quase previsivelmente, assim como o "You Are Here" de Yoko, o filme jamais foi ao ar. E o que estava naquele filme caríssimo em alta velocidade? O *rosto* de John Lennon. Soube recentemente que Yoko o tinha lançado em algum lugar. Sempre me pergunto que créditos aparecem no texto final.

Eu morria de medo de ter que levar a arte de John e Yoko para as rádios e pedir para que tocassem. Para mim, era uma péssima experiência porque o material era impossível de se tocar ou de se ouvir. Para quem eu poderia oferecer aquilo? John ficava no meu pé pedindo para que eu fizesse alguma coisa. Então achei melhor tentar. A reação era um aborrecido, "Por que você trouxe este lixo para nós?". No início, tentava argumentar com os produtores de rádio, embora não em um nível artístico. Certa vez, cheguei a dizer "Porque ele paga meu salário. Só por isso!". Era muito embaraçoso.

VINTE E SETE

PROVAVELMENTE A SENSAÇÃO DE estar alienado do mundo fez com que John se interessasse pela heroína. Quanto a Yoko, se excluirmos toda sua atmosfera mágica, curativa, anti-guerra, altruísta, onisciente e macrobiótica, estar grávida e consumir heroína era a última coisa de que precisava. E como isso tudo poderia se encaixar nas drogas? Como todo esse universo espiritual pode se misturar com colheres e agulhas se você não for uma fraude? Hunter Thompson disse uma vez que se você vive com alguém que está usando drogas, você acompanha ou se separa. Então, psicologicamente parecia que cada vez mais a força de Yoko arrastava John para mais perto dela e para mais longe das outras pessoas. Uma sensação de "Eu e você contra o mundo, querido".

Para nós da Apple, quando nos perguntávamos o que estava acontecendo com John, era difícil não pensar nisso porque ele amava a vida. Gostava de rir, comer e beber. Sanduíches de carne eram seus favoritos. A qualquer hora do dia ele podia comer um. Mas também comia tudo o que fosse saboroso: belos cafés da manhã, omeletes com carne e legumes, tortas, peixe com batatas fritas, frango frito, carnes grelhadas aos domingos, comida chinesa, caril, espaguete à bolonhesa. Tudo. Depois, encontrou Yoko, deixou a barba crescer e abraçou todo tipo de paz possível: paz nos cabelos, paz na cama, paz nos sacos de dormir. Da comida irlandesa dos marinheiros, tinha passado à heroína e à macrobiótica. Acho que se Yoko tivesse dito que cheirar feijão era mais saudável do que comê-lo, John teria feito exatamente isso.

Todos achávamos que o meio de Yoko demonstrar seu poder era sua capacidade de gastar o quanto quisesse do dinheiro de John e da Apple do jeito e quando bem entendesse. Isto foi demonstrado na perdulária fase do caviar. Era totalmente fora de sintonia com o que diziam sobre o mundo, a fome e a paz. John tinha aquela barba e dizia que era Jesus, então, tecnicamente deveria sobreviver a pão e peixe, mas Yoko não se importava nem um pouco com os outros. Saía do escritório de John no andar térreo e mandava o *office boy* – um estudante estadunidense chamado Richard DiLello – para a Fortnum e Mason's todo dia para comprar o melhor Beluga naquele grande pote branco esmaltado com tampa especial, e os *chefs* começariam a fazer torradas na cozinha. John não gostava muito de caviar, mas eles ignoravam as torradas e serviam-se às colheradas, ficavam drogados e deixavam o resto do pote em cima da mesa, com as colheres enfiadas nele, ou entravam em um saco de dormir e se esqueciam de guardar na geladeira. Quinhentas libras esquecidas para apodrecer. Milhares de libras em caviar iam para o lixo porque a princesa Yoko podia comprar um pote novo por dia. Aquilo enfurecia o pessoal da Apple. Costumávamos cochichar, "Tanto barulho com esses protestos na cama, e sobre alimentar os milhões de famintos no mundo". Não conseguíamos entender como parar a guerra do Vietnã mandando alguém para a Piccadilly para comprar caviar na rica Fortnum. *Cabelos Compridos! Paz! Caviar!*. Não combinava, mas agora que tinha fisgado seu peixe grande, Yoko não se incomodava com mais nada. Ela provavelmente pensava: "Eles que comam torrada". Era o modo de Yoko dizer, "Vocês, desprezíveis, ganham 30 libras por semana, e eu sou mais rica do que todos vocês agora". Talvez não reconhecesse a ironia no comentário de James Bond em *Casino Royale*: "O problema em pedir caviar não é vir pouco caviar, mas é que vem pouca torrada".

Quando George chegava, encontrava John e Yoko alimentando um ao outro como um casal de pombinhos e dizia, irônico, "Certo! Muito bem! Mas não deixem o caviar destampado".

Não víamos muito George porque ele sempre estava em Kinfauns, sua casa em Esher. Acho que percebeu o que estava acontecendo e achava que um futuro com suas próprias composições seria tão importante quanto era para John e Paul. Aquele foi o período em que escreveu e produziu um clássico, "While My Guitar Gently Weeps", tocada por Eric Clapton. A música tinha sido escolhida para o *White Album*.

Tinham começado o processo de escolha das músicas em Kinfauns fazendo 23 demos no aparelho portátil de 4 canais de George.

Muitas das músicas eram conceitualmente novas e originais, como "Revolution" de John e "Blackbird" de Paul; duas outras escritas por John, "Sexy Sadie" e "Dear Prudence", eram sátiras baseadas em suas experiências na Índia. A presença constante de Yoko em Esher era surpreendente e irritante, mas depois da notória noite de 19 de maio, quando pela primeira vez ela passou a noite em Kenwood, ela e John se tornaram irmãos siameses.

Os Beatles começaram a trabalhar na Abbey Road – alguns momentos foram filmados por mim, pela primeira vez, capturando imagens da presença ainda constante de Yoko.

Com todo aquele caos em nossas vidas, era problema demais a política casa aberta de Derek Taylor, o assessor de imprensa, com meio mundo entrando e saindo da Apple. Caixas e caixas de bebidas chegavam aos escritórios tornando-os o Fleet Street local. Nem todos bebiam, muitos fumavam e ficavam por ali. Peter Asher e eu tentávamos impor alguma ordem da melhor maneira possível, pedindo para que as garotas na recepção e o porteiro filtrassem os telefonemas menos interessantes. Entre os recusáveis estava um jovem estudante chamado Richard Branson.

Como eu disse, foi um outro Richard, o Nixon, quem disse, "Nada substitui a perseverança". Richard Branson, é claro, seria contra qualquer coisa que Nixon tenha representado, mas quanto à perseverança, Branson punha Nixon no chinelo.

Tenho certeza de que Richard tinha todo o tempo do mundo, mas naqueles dias, ele era um estudante muito chato que ninguém agüentava. Tentava entrar a todo momento para fazer algum contato com os Beatles e conversar com qualquer pessoa que não fosse muito truculenta a ponto de arrastá-lo de volta à Savile Row. Muito chato, mas admirável em sua persistência.

Richard esperava despertar o interesse do Fab Four para sua revista estudantil. Bem, às vezes, a ajuda vem de lugares inesperados e era o que aconteceria daquela vez. Yoko exigiu um escritório próprio na Apple, isto é, ela queria que uma mesa e uma cadeira fossem levadas para o escritório de John para que ela pudesse sentar-se ao lado dele. Queria aprender o ofício. Não havia nada para aprender, mas Yoko não sabia disso. Pelo olhar concentrado, dava para imaginar que no dia seguinte – ou no outro, no máximo – ela faria algum ato supremo em nome da Apple, do povo, da arte ou da Yoko Inc.

Branson estava pela recepção um dia, quando viu John e Yoko. John, muito sociável, costumava conversar com todo mundo. Apesar da irritação do pessoal, que tinha que se livrar das pessoas, ele dizia, "Entrem, vamos conversar", e então entravam os estranhos, os sujos, os malucos, entre outros. John até segurou a porta aberta para que Richard entrasse e, mostrando a John uma cópia de sua revista, perguntasse a ele se poderia responder algumas perguntas.

"É claro", respondeu John, amigavelmente.

Quase incapaz de acreditar que teria a entrevista, o que na verdade foi um belo furo, Richard seguiu John por algumas horas, fazendo perguntas sérias até que tivesse material suficiente. Confiante depois do feito, arriscou mais um pouco e pediu uma música a John. A conversa parou por um instante.

"Uma *música*?", disse John, confuso, achando que Richard estivesse pedindo que ele cantasse alguma coisa para seu divertimento.

Richard explicou que queria uma fita que pudesse copiar, imprimir e distribuir na forma de um disco brinde junto com a revista. John adorou a palavra "brinde" – ele até costumava parar na recepção e perguntar ansioso se algum brinde tinha chegado naquela manhã – mas Richard foi tão ansioso e persistente que John começou a entrar em pânico e disse, "Ah, tudo bem. Vamos escolher alguma coisa para você". Àquela altura, Yoko já tinha tido muito tempo roubado da atenção de John e pediu que os seguranças expulsassem o rapaz de lá.

Dali em diante, um jogo de resistência começou. Fomos importunados pelo estudante que queria uma música dos Beatles para distribuir com sua revista. Por fim, quando ficou claro que John o estava evitando, Richard insistiu em ter uma reunião com Ron Kass, que, por sua vez, insistiu em passar a batata quente para mim. Eu expliquei que realmente tínhamos distribuído pequenos discos para revistas como a *Fab* e tal, mas eles tinham uma organização comercial.

"Você não pode querer um disco dos Beatles de graça", Ron tinha dito. "Eles estão sob contrato com... você é quem sabe, Tone".

"Com a EMI e a Apple", eu disse a Richard. Ele ficou muito magoado e começou a agir como criança censurada.

"Mas John prometeu", disse ele, com o lábio inferior tremendo, empurrando a armação dos óculos nariz acima. "John é um Beatle, não é? Tudo o que ele tem que fazer é me dar uma fita e eu devolvo. Não é para vender, nada disso. Eu disse a ele que era um brinde".

"Não existe esse negócio de disco dos Beatles de brinde", disse eu. "Teríamos que pagar os *royalties* para a EMI".

Mas Richard Branson não aceitava um não como resposta. Um terror de "esse estudante de novo aqui" começou. O prédio todo foi colocado sob um "alerta Branson". Estávamos todos vigilantes, exceto Derek Taylor, cujo escritório estava tão entupido com caixas de bebidas que não se via nem a porta. Branson entrou, mas Ron Kass mandou-o embora dizendo, "Não podemos mais tolerar essa invasão diária". O próprio John já estava aterrorizado e ameaçava despedir qualquer um que deixasse estranhos chegar perto dele.

Em 18 de outubro de 1968, o sargento Norman Pilcher, junto com seu cão de guarda e vários outros policiais fardados, bateu à porta do porão de John na Montagu Square. Depois de algum tempo, John apareceu à porta cambaleante, parecendo alterado e desleixado. Ele tinha feito a polícia esperar enquanto ligava para seu advogado. Estava atrasado para uma coletiva de imprensa na Apple e de repente ficou alarmado quando percebeu a gravidade da situação. Ele olhava sem enxergar muito bem para os sete policiais troncudos e uma policial – que estava lá para Yoko – parados em frente à porta. Pilcher entregou a ele um mandado.

"Certo, rapazes", disse ele prontamente. Os soldados vestidos de azul entraram, era uma das famosas buscas por drogas de Pilcher.

Nem John, nem Yoko deveriam estar surpresos, mas estavam. A heroína faz com que o tempo pare. Uns dois dias antes, eles tinham sido avisados da busca por um velho companheiro, Don Short, que era o correspondente chefe para assuntos do *showbiz* no *Daily Mirror*. Apressado, John chamou Pete Shotton para limpar o apartamento. Pete foi relutante porque estava com os sentimentos feridos com o modo arrogante como era tratado por John e Yoko sempre que era chamado para limpar o lixo do apartamento quando a bagunça ficava insuportável para os dois. A gota d'água foi quando teve que lavar as roupas de Yoko. Ele disse a John, "John, sou eu, Pete – lembra?" antes de ir embora correndo.

Mesmo assim, ele estava lá quando John precisava. Eles percorreram todo o apartamento como um furacão, livrando-se de qualquer sinal de drogas. Pete carregava pilhas de lixo quando Yoko apareceu. "Livre-se dele!", gritou ela para John. Pete foi embora. Se tivesse ficado talvez teria encontrado vários pequenos esconderijos de maconha pelo lugar que ele e John ainda não tinham vasculhado, principalmente a grande quantidade escondida em uma velha lata de filme sob a pia que o sargento Pilcher e o "Farejador" Willy descobriram na busca, ou pelo menos foi o que disseram.

John dizia que não era dele, ele nem sabia que estava lá. Possivelmente, seria de Jimi Hendrix, que já tinha morado lá em uma ocasião; mas a alegação preferida é de que a droga tinha sido plantada. E não era exagero. Em sua fixação por reduzir o problema das drogas no país, Pilcher foi pego plantando provas e acabou passando algum tempo na cadeia. John e Yoko foram formalmente acusados de posse e obstrução da justiça por conta dos momentos em que John fez a polícia esperar na porta enquanto jogava drogas no vaso sanitário. John tinha o direito de telefonar para Neil no QG da Apple e a notícia espalhou-se como fogo. Quando saíram da casa para as viaturas, com o olhar vago e assustado, a imprensa já tinha chegado e os flashes espocavam. Na delegacia, para proteger Yoko que estava grávida, John assumiu a culpa. Algumas horas depois, Yoko era levada às pressas para o hospital com risco de sofrer um aborto.

Ficamos impressionados quando Richard Branson apareceu na Apple um dia no final de novembro com dois engravatados. Um era Charlie Levison, figurão do escritório de advocacia Harbottle and Lewis, o outro era o pai de Branson que, por acaso era juiz. O Harbottle and Lewis – que ficou famoso por causa dos fãs dos Goons que o chamavam de Bluebottle and Lewis – também eram os advogados da Apple.

Enquanto andávamos pelos fundos ouvindo as vozes e pensando "Vocês nunca vão sair daqui vivos com uma música grátis! Lá vem o estudante com Bluebottle and Lewis, melhor correr antes que sobre para alguém", na recepção, sem o menor sorriso, Levinson explicava a Ron Kass e a mim que o jovem Richard tinha planejado uma nova edição de sua revista estudantil baseado na promessa da música grátis feita por John Lennon. Ele tinha pedido cópias extras e, apesar de ainda ser um estudante, vinha trabalhando duro – depois de terminar as tarefas de latim, é claro – na divulgação porque aquela seria sua super-edição multimilionária.

Todos achávamos que o estudante de 17 anos estava ameaçando levar John Lennon, a Apple e os Beatles para um tribunal por danos usando nossos próprios advogados. Quase não havia dúvidas. Tinha *sobrado* para nós.

John entrou pela porta da frente no meio do grupo. Yoko tinha acabado de sofrer um aborto no quinto mês em público e John, obviamente, ainda estava ansioso e irritado. Ele olhou para Charlie Levinson.

"Você é advogado de quem afinal?", perguntou exigente. A resposta de Levinson não foi ouvida porque John nem prestou atenção. Não sei de onde tirou aquilo – talvez tivesse trazido direto do hospital depois de ver Yoko e ainda estivesse com ela no bolso – mas com um olhar de maníaco no rosto, enfiou uma fita nas mãos de Richard. "Está aí a porra da fita, produção da John Lennon Productions. Saia daqui e não apareça nunca mais!", rosnou.

Levinson disse, "Mas que fita é essa?".

"As batidas do coração do nosso filho e o aborto", disse John, saindo dali, deixando todos perplexos. Não havia muito que se pudesse fazer. Uns pigarrearam, outros giraram os pés sem sair do lugar, outros olharam para o relógio e a reunião terminou. Foi um dia estranho. Uma semana depois, houve o julgamento de John. Ele declarou-se culpado pelas drogas e recebeu uma multa de 150 libras. Uma pequena quantia, talvez, mas não foi responsabilizado por suas próprias ações. Ele e Yoko disseram também que o sargento Pilcher tinham-lhe causado a perda do filho. A busca de drogas na casa de John também teria uma repercussão interminável quando decidiu morar nos Estados Unidos.

Não faço idéia do que aconteceu com a fita ou se ela foi usada de algum modo. Dado o reconhecido gosto de Richard por vestir-se de mulher, talvez Ron Kass devesse ter encomendado uma nova versão de "The Lady is a Tramp" para o jovem Branson. Hoje, essa fita também seria uma raridade. Aqueles eram tempos realmente estranhos.

Tempos ainda mais estranhos estavam por vir. Quando George esteve em São Francisco alguns meses antes, andando tranqüilamente pelo bairro de Haight-Ashbury, encontrou Ken Kesey e convidou-o para ir até Londres. Ken e os Merry Pranksters tinham viajado pelos Estados Unidos no ônibus psicodélico de Ken, dirigido por Neil Cassady, enquanto faziam os notórios Electric Kool-Aid Acid Tests. Infelizmente, toda a tribo aceitou a oferta de George. Chegaram com dois Hell's Angels, Frisco Pete e Billy Tumbleweed, e 16 acompanhantes. Ken teve a graça de falar com George antes, e ele, em sua sabedoria, deixou-nos um bilhete que, parafraseando, dizia algo como: *Hell's Angels estão chegando para ficar na Apple. Deixem entrar, sejam legais, não tratem mal, mas não deixem tomar conta de tudo – Paz e Amor, George.*

Mal tivemos tempo de digerir o conteúdo da mensagem que foi passada de mão em mão em meio a risos, e no final de novembro os motociclistas apareceram roncando os motores das Harley Davidsons enviadas por avião às custas da Apple. Mais dez chegaram de táxi e se juntaram no escritório da Apple como gafanhotos. Espalharam-se pelo prédio para nos examinar e também as acomodações. Escolhendo todo o andar superior, começaram a carregar as tralhas escada acima, e não havia nada que pudéssemos fazer. Muitas pessoas podiam achar legal termos Ken Kesey por lá, mas no final das contas, a Apple ainda era um local de trabalho.

Mal tínhamos nos acostumado a eles ocupando nosso espaço, quando uma família de *hippies* dos Estados Unidos chegou com os quatro filhos correndo por todos os cantos e aumentando ainda mais a confusão. Era como um encontro de escoteiros, só que para velhos, em que os homens iam à frente reclamando a terra e os outros vinham atrás tomando posse dela. Passaram o dia todo fumando maconha, fazendo bolos de haxixe e tomando o uísque do grande estoque de bebidas da Apple. Logo, Derek Taylor já podia enxergar por sobre a pilha de seu suprimento diminuído, mas sabiamente, manteve a cabeça baixa.

Desde o início, os recém chegados foram simplesmente uma grande interrupção na rotina do prédio e assustavam a todos – sem falar nas secretárias, que ficaram aterrorizadas com eles. Elas os chamaram de Piratas Sujos da Savile Row. A Apple tinha seus próprios *chefs* Cordon Bleu – duas belas garotas chamadas Sally e Diana, que serviam almoços com três pratos todos os dias na Apple, quando havia alguém por lá para comer. Os Pranksters tomaram conta da cozinha, assaltaram os armários, fizeram grandes bolos de haxixe e bandejas de *brownies* de haxixe que crianças comiam rapidamente, depois ainda tomaram bebidas de Derek Taylor. Suas roupas lavadas ficavam penduradas pelas escadas de incêndio, até que os grandes escritórios da refinada Mayfair se parecessem com uma favela do Rio de Janeiro. Os vizinhos ficaram horrorizados e começaram a fazer um abaixo-assinado. Não fazia muito tempo, tínhamos recebido uma petição dos residentes da Baker Street solicitando a remoção do grande mural do Fool da parede da loja, e agora estávamos em situação semelhante.

Naquele momento, John e Yoko apareceram com a idéia de um novo selo na Apple a ser chamado de Zapple. A intenção original era fazer isso apenas para os discos narrados. Na verdade, a primeira coisa a ser produzida seria uma música não terminada de John e Yoko, depois viriam as músicas eletrônicas de George. Eles também tinham uma lista louca de outras pessoas que queriam contribuir com material incluindo Richard Brautigan e Allen Ginsberg – um intelectual e excêntrico estadunidense que morava em um apartamento acima da Indica, e que costumava aparecer e andar pela Apple o tempo todo. Acho que foi Ginsberg quem sugeriu que trabalhássemos com seus amigos poetas *beat*, William Burroughs e Jack Kerouac. Indo mais longe com a idéia, a Zapple ainda faria fitas com Charles Bukowski, Lawrence Ferlinghetti e Lenny Bruce.

Algumas delas viraram músicas. "Tomorrow Never Knows", a última faixa de *Revolver*, foi escrita por John depois de comprar o *Livro Tibetano dos Mortos* de Timothy Leary, na Indica. Ele levou o livro para ler em casa e no outro dia, na Abbey Road, eu o via escrever uma de suas obras primas. Como compositores, John e Paul conseguiam ser notavelmente rápidos. “Hey Jude” foi escrita por Paul em uma volta de carro a caminho de uma visita a Cynthia e Julian quando John os tinha abandonado. Foi gravada em um dia. Várias vezes estive sentado com eles sem termos nada e no outro dia Paul chegava com músicas prontas e perfeitas para serem gravadas no disco em que estavam trabalhando. Isso aconteceu várias vezes, dia após dia. Eles eram impressionantemente prolíficos.

Ken Kesey chegou na Apple na época em que havia escrito *One Flew Over the Cuckoo's Nest* e o livro já estava quase sendo publicado. Decidiu-se que ele também faria um disco falado de *Cuckoo's Nest*, e talvez escrevesse e gravasse alguma coisa nova para a Zapple. Recebeu um gravador caro para trabalhar e uma máquina de escrever IBM Golfball, que naqueles dias era uma marca nova no mercado. Eram como ouro, difícil de se conseguir até mesmo para um Beatle, e Derek Taylor tinha lutado com unhas e dentes para isso. Tanto o gravador quando a Golfball desapareceram imediatamente para jamais serem vistos de novo.

Enquanto isso, Ken estava praticamente vestindo trapos, aliás, trapos sujos. Ele tinha aparecido sem qualquer bagagem. Em minha função de encarregado de promoções, recebi o encargo de cuidar dele e levá-lo até a Carnaby Street para vesti-lo decentemente para que pudesse ser colocado em um programa de televisão e ser entrevistado, fotografado pela mídia, etc. Com dinheiro à vontade, ele logo tomou gosto pelas compras. Não posso culpá-lo. Era tudo de graça e a Carnaby Street tinha coisas maravilhosas para oferecer.

O Natal era um grande acontecimento na vida dos Beatles. Todo ano até que parassem de fazer turnês, eles faziam um grande show de Natal no Hammersmith Odeon que sempre esgotava ingressos. Também lançavam discos de Natal totalmente singulares todos os anos por meio de seu fã clube. Além disso, sempre davam uma festa maravilhosa na Apple. No passado, Brian organizava tudo, com garçons em trajes especiais, que ele mesmo se dava ao trabalho de escolher. Quando o dia amanheceu, logo depois da chegada de Kesey e seus amigos, ficamos assustados em ver John e Yoko entrarem, vestidos como o Sr. e a Sra. Natal. Eles andaram pelo prédio, fazendo Ho Ho Ho e Yo-ko-ko, dando tapinhas nas cabeças das pessoas, distribuindo presentes para os funcionários, familiares de funcionários e amigos, além de outros. Todos ganhamos ótimos presentes. Acho que ganhei um jogo de taças naquele ano. Mas, como logo veríamos, não haveria ceia.

Quando chegou a hora de nos sentarmos para almoçar, e todos nos reunimos para isso, soubemos que os Merry Pranksters já tinham passado por lá. Tinham sentido os aromas deliciosos vindos da cozinha e correram de sua toca para o último andar como abutres. A mesa tinha sido limpa enquanto a distribuição de presentes acontecia em outra sala. Nossos perus, recheios e frutas tinham desaparecido, restando apenas alguns ossos jogados debaixo da mesa e migalhas de tortas nos pratos para mostrar que estiveram ali. Os Beatles ficaram arrasados. Eles ainda eram mais ou menos normais e adoravam o Natal, mas como o Grinch, os Merry Pranksters tinham roubado-lhes o Natal. Tinham despedaçado os perus, tomado o champanhe e o vinho do porto. Simplesmente zombaram de nossa festa.

Não era um simples caso de *hippies* que fumam maconha, sentem o cheiro no ar e mastigam o que vêem pela frente. Parecia uma cena depois de um ataque viking em um vilarejo com crianças descalças ainda rastejando pelas mesas depois de os bandidos atacarem a comida com as mãos, facas e machados. A maioria dos talheres estava limpa, então eles provavelmente enfiaram as mãos cheias de comida na boca e carregaram o resto nos bolsos antes de sair. Enxugaram todo o vinho das garrafas. Não sobrou nada. Isso foi antes de John, Paul e Ringo e alguns outros na Apple virarem vegetarianos, então deveria haver peru e presunto suficientes para um exército. Sally e Diana ficaram tristes em ver destruído seu banquete caro, bem planejado e cuidadosamente preparado com velas e enfeites. O lugar parecia um campo de batalha.

Os Merry Pranksters tinham acabado com todo o evento e estavam extremamente bêbados e selvagens. Vomitaram nos tapetes e xingaram seus anfitriões. Bastava! Alguns dias depois, foram postos para fora do prédio por George, que estava bastante envergonhado, e Derek Taylor, que também aceitou parte da culpa. Houve uma certa resistência e a "polícia" – eu e alguns outros rapazes maiores – fomos chamados para ajudar a jogá-los para a Savile Row. Algumas belas garotas que tinham vindo com eles continuaram por lá como secretárias ou assistentes pessoais. Belas garotas são belas garotas.

VINTE E OITO

De várias formas, os Beatles são uma metáfora para os anos 1960. Londres parecia estar indo incrivelmente bem ao longo de toda a década, um imã para a juventude e talentos do mundo todo. Música, moda e diversão. Tudo vinha da capital. Era fácil conseguir empregos, não havia mendigos nas ruas, havia aquela sensação boa no ar, tudo ia bem, tudo por conta de nossas indústrias. Tudo pareceu implodir na virada da década. Conforme os anos 1960 deram passagem à década seguinte, a diversão acabava. Era como um carrossel, lentamente diminuindo a velocidade enquanto a música e as luzes eram desligadas.

De um modo mais geral, culpo o primeiro ministro inglês, Harold Wilson, chefe do Partido Trabalhista, e cheguei até a dizer isso a ele. Eu não entendia o motivo de ele ter desvalorizado a libra repentinamente em 1967, quando o país inteiro ia a todo vapor. As coisas persistiram durante algum tempo, mas a recessão estava logo adiante. Ao mesmo tempo, a polícia do pensamento surgia. Houve novas regulamentações e lacres suficientes para fechar empresas por anos. Foram criadas licenças para regulamentar apresentações em público e música nos bares. Uma hora, a Londres da diversão era como um grande parque temático, depois eles – Wilson e sua gangue – fecharam o parque. Foi como se saíssem às ruas proibindo tudo. Música ao vivo, cinemas, teatros, rádios piratas, a Carnaby Street, a Kings Road – tudo o que era divertido na Inglaterra foi proibido.

Os Beatles tinham uma forte convicção socialista, assim como a maioria do povo de Liverpool, mas nós nos convencemos de que aquele homenzinho horrível do cachimbo fedido era um traidor. Ficamos deprimidos em 1964. Na noite das eleições gerais, Brian chegou até a enviar-lhe um telegrama desejando sucesso. Para piorar as coisas, ele era também o representante local no Parlamento de Huyton em Liverpool. Nós nos sentíamos traídos. Vi minha chance de exprimir meus sentimentos quando fui convidado para o *Start the Week*, um programa matutino no rádio apresentado por Melvin Bragg e soube que o outro convidado seria o Camarada Wilson, que estaria lá para promover algum tipo de feira, que traria de volta o agito à Londres da diversão. No ar, dirigi-me a ele furioso.

"Está tudo acabado. Você destruiu tudo. Estragou tudo. Não vai conseguir ressuscitar algo só porque quer".

Ele parou de tragar o cachimbo e olhou para mim. Ele respondeu, mas eu continuei, "Isso é ruim. Você nos prejudicou, quebrou o país. Você é patético, barato, um homenzinho horroroso. Liverpool não o merece, muito menos a Inglaterra". Logo depois, seu partido perderia a eleição, mas a podridão já estava instalada.

Se Harold Wilson era o Imperador do Mal que tinha derrubado a Inglaterra e empurrado o país para uma era obscura de greves, a semana de três dias úteis, aumento da criminalidade e sacos de lixo amontoando-se nas calçadas, então Yoko Ono era a Bruxa Má do Oriente que destruiu os Beatles.

Quando Yoko surgiu, levou a relação entre os Beatles e John ao limite. Os homens do norte simplesmente não levam as esposas com eles para o trabalho. Isso não apenas os faria parecer idiotas, mas também seria contra a "ética masculina". John, ao que parece, de repente não se importava mais em parecer um idiota, e parecia nem notar – ou se incomodar – que a presença constante de Yoko era incômoda, irritante e aborrecia muito seus amigos. Os Beatles chegaram a uma conclusão: ele só pode estar louco ou hipnotizado. A própria Yoko, mais tarde, tentaria justificar dizendo que ele era tão paranóico que não suportava tê-la longe de seus olhos.

Fosse qual fosse o motivo, ela era uma entidade tão negativa, que parecia sugar todo o ar da sala quando entrava. Ela queria possuir John e, dos dois, era ela a excepcionalmente ciumenta. Não podia aceitar o fato de John ser capaz de amar outros três rapazes. A erosão gradual da alegria e confiança que havia entre os Beatles desde os primeiros dias insinuava um divórcio em breve. Só sabia disso quem estava lá para ver, para entender a força da ira, do ódio e do ciúme; das emoções que surgiram entre eles. Era como estar dentro das páginas de Tolkien. Eu estava com eles quase o tempo todo, filmando suas atividades diárias, e via as tensões dentro do prédio.

Quando John entendeu os sentimentos dos outros, em vez de manter Yoko afastada em respeito aos amigos e preocupar-se com a dinâmica da banda, ele disse, "Não quero mais tocar com vocês". Paul queria desesperadamente que as coisas se arrumassem. Ele era imensamente paciente. Foi seu grande amor por John e pelos Beatles que o impediu de explodir mais cedo. Lembro-me da exasperação em seu rosto fora do estúdio. Naquela época, ele era a Abbey Road muito mais do que John, que na maior parte do tempo estava distante. A contribuição de John era mínima, exceto pelas músicas, ou suas participações nas músicas dos outros. A contribuição de George era bem grande, mas Paul era o mais visível de todos, talvez até demais. Não de uma forma ruim, mas estando sempre à frente nas criações. Acho que isso era porque sua vida pessoal estava em uma fase bastante feliz. John, recém obcecado por Yoko, deveria estar feliz, mas estava exausto e atormentado. Procurando algum alívio, ele e George chegaram até a cantar juntos.

Acho que depois que John e Yoko foram presos juntos, a coisa piorou. Talvez, no caso de John, a realidade da separação dos Beatles, um bando de safados e contratos mal feitos, combinados com o desgosto popular com Yoko, estariam massacrando-o. Ele estava prestes a acordar de mau humor e perguntar: "Por que estou fazendo tudo isso? Essa merda não é nada. O que é tudo isso, afinal?".

A partir do momento em que Yoko abateu-se sobre os Beatles, a atmosfera ficou muito carregada. No outono anterior, Ringo tinha sido o primeiro a explodir. A presença constante e incômoda de Yoko estava por trás de tudo, mas era impossível dizer qualquer coisa a John. Quando Ringo voltou de uma pausa no estúdio para encontrar Paul – que também era capaz de tocar vários instrumentos – brincando com sua bateria, todo seu ressentimento e insegurança emergiram e ele foi embora. John e Paul estavam em um dilema.

Pediram minha opinião. "Se vocês quiserem que ele volte", eu disse, "talvez tenham que se humilhar um pouco, sabe, pedir desculpas". Então John e Paul, humildemente foram até Ringo para pedir-lhe que voltasse, mas ele se recusou. Desapareceu em uma viagem para a Sardenha com Maureen. Ele sempre me pareceu o Beatle "adulto", perfeitamente satisfeito com seus amigos mais sofisticados do cinema como Peter Sellers, cuja bela casa Ringo comprou, e planejando sua própria carreira como artista. Se alguém podia sobreviver sem os Beatles, este era Ringo.

Por fim, acabou voltando. Os rapazes ficaram tão felizes que pediram para Mal decorar sua bateria com guirlandas de flores. Nada foi dito. Ringo foi ao estúdio e simplesmente começou a tocar de novo. Pelo menos por um instante, tudo estava em harmonia.

Paul sugeriu que deveriam começar tudo de novo, tentar recuperar seja lá o que os tivesse unido tanto, muito mais do que como apenas amigos – como irmãos – durante tantos anos. Tinham compartilhado tantas experiências; os Beatles se uniram, sua música os uniu. "De volta às raízes", disse Paul, "acho que devemos voltar a tocar ao vivo. Foi isso o que nos fortaleceu".

John concordou com Paul e, por um momento, houve um breve período de nostalgia enquanto falavam sobre os fantásticos momentos que compartilharam. Como uma marionete, por sobre os ombros de John, Yoko sempre interrompia a conversa, descrevendo algumas de *suas* apresentações. Segurando a boca fechada em nome da harmonia, os outros a ignoravam. Infelizmente, a nova fase seria tudo, menos uma volta às raízes.

Alexis Mardas provavelmente contribuiu muito para os problemas e a falta de segurança de John com suas idéias caras, artísticas e futurísticas que não funcionaram, nem poderiam. Por conta de suas idéias serem inovadoras de um modo não comprovado, Yoko e John tornaram-se seus heróis, mas John acabou envolvido nas invenções fracassadas de Alex. O hoje lendário ponto alto veio quando Alex disse que poderia desenvolver um estúdio de ponta com 24 canais no porão do QG da Apple na Savile Row quando tudo o que existia na época eram os 8 canais. John acreditou e Alex foi autorizado a pedir tudo o que fosse necessário para atingir seu milagre tecnológico que usariam para gravar o disco da volta às raízes, *Get Back*.

Quando John conquistou seu poder pessoal, passou a investir seu dinheiro e suas crenças em pessoas como Alex em vez de conversar com gente que sabia o que estava dizendo, como George Martin. Alex deveria ler sua cópia da *Future Electronics and Toys Monthly* e ficar inspirado. Em vez disso, anunciava invenções dos outros como se fossem suas e, pior, dizia que podia fazer "*ainda* melhor!".

George passou o dia andando por lá antes de estarem prontos para começar as gravações e ficou surpreso quando viu Alex amarrando 24 pequenos microfones individuais pelas paredes do porão. O equipamento que Alex dizia ter desenhado e construído sozinho ainda estava em caixas por todo o porão, claramente rotulado com o nome do fabricante na Alemanha. Ringo e Paul sempre foram céticos com ele, agora George o via exatamente como ele era. Quanto mais John insistia em dizer que seu amiguinho grego necromante era um gênio, mais os outros viam John como maluco. Mesas de mixagem com 8 canais tiveram que ser trazidas às pressas, mas o estúdio do porão estava uma bagunça e sem isolamento acústico, com o sistema de aquecimento jogado em um canto. Eles não puderam trabalhar ali e acabaram voltando para a Abbey Road.

Como de costume, as sessões foram filmadas como ferramenta promocional, com Denis O'Dell e eu encarregados pelas filmagens. Durante o período no estúdio, enquanto gravavam as faixas ao longo de várias semanas, as coisas ficaram muito tensas. Yoko tornou-se uma figura ainda mais presente sobre os ombros de John, beijando-o, falando-lhe aos ouvidos, cochichando com ele. Até ia com ele ao banheiro, enquanto todos se olhavam espantados. Eles pareciam grudados. As coisas chegaram ao limite quando Yoko começou a dar palpites nas músicas.

É impossível imaginar que Yoko não percebesse estar interferindo nas coisas. Em quase tudo, seu comportamento era inaceitável, mas ela podia estar se fazendo de ignorante. Simplesmente se metia ali, sentada em um amplificador ou em uma cadeira ao lado de John sem ter sido convidada. Aquilo enfurecia os outros, e quanto mais os outros se irritavam, mais agressiva ela se tornava.

Quase todas as fotografias tiradas na época mostram Yoko como uma sombra de John. Se os Beatles colocassem a cara pela janela para serem fotografados, Yoko também apareceria, com um sorriso triunfal, enfiando-se à frente, com um grande chapéu que preenchia todo o quadro. Se John estivesse sentado em uma cadeira tocando sua guitarra, Yoko ficava ao seu lado, com a mão em suas costas, pronta para dirigir seus movimentos, para comandá-lo. Não sei como ela conseguiu dominá-lo tão completamente.

Ela e John costumavam cochichar pelos cantos lançando aos outros olhares completamente alheios como se dissessem "somos nós contra o mundo". Sei que faziam isso porque filmando em silêncio, eu ouvia tudo. Ao discutir os caminhos e descaminhos da vida e tendo cunhado frases do tipo *tudo é nada*, John e Yoko não queriam, e provavelmente nem poderiam, agregar muito crédito ou respeito aos Beatles. Ela queria que fôssemos cooperativos, com ela inclusive. John queria que os Beatles fossem ao mesmo tempo agradáveis com Yoko e uma banda para satisfazer sua criança interior, seu Elvis interior. Ao redor de uma mesa de reunião dos Beatles, ou em meio a um ensaio da banda, uma gravação ou compondo músicas, aquela dicotomia não ia funcionar.

Provavelmente em retaliação à presença constante de Yoko, Paul começou a levar Linda para lá algumas vezes. Ou talvez, de modo não confrontante, ele tentasse fazer com que John percebesse os problemas que Yoko causava ao ficar ao redor. Mas se o plano de Paul era esse, o tiro saiu pela culatra. Linda era tão discreta que ninguém se opunha à sua presença. Ela tirava fotos, mas jamais se metia entre eles e certamente jamais dava palpites sobre o trabalho do grupo. Era descontraída e inteligente, com senso de humor. Foi acusada de ser entrona. Jamais percebi isso nela. Ela era sempre agradável, nunca intrometida. Yoko fazia exigências como se fôssemos seus empregados. Se ela fosse nosso chefe, aquele que nos pagasse nossos salários, tudo bem. Mas simplesmente abusava de sua posição como nova namorada de John. Não podia aceitar o fato de não ser um Beatle. E era ativamente estimulada em tudo isso por John. Esperava que todos a tratassem do mesmo modo que toda a equipe da Apple tratava John. Todos, fosse quem fosse, tinham que atender seus pedidos. Mas John era sempre cortês e podia ser cativante e engraçado. Começamos a odiar Yoko ainda mais porque ela não tinha um modo elegante de pedir as coisas. Apontava para algo e exigia, imperiosa, "Traga um pote de caviar", ou "Coloque minha cadeira ao lado de John". Linda, por outro lado, sorria docemente e pedia educadamente aquilo que queria.

George sempre se sentia como se fosse seriamente desprestigiado. Embora, como unidade, os Beatles fossem a maior banda do mundo e gerassem uma grande influência, como indivíduos eles eram vistos de formas diferentes. George sentia ser o Beatle menos notado pelas pessoas e isso sempre o incomodou. Paul era, é claro, Paul. Tinha boa aparência, era o vocalista e homem de frente, como John. John também era John. Era tudo o que precisavam ser. Era como o rei ser o rei. Juntos, eles eram Lennon-McCartney, uma força poderosa.

Ringo era um personagem, sempre muito popular, principalmente nos Estados Unidos onde acabou morando depois de se interessar mais por filmes. Mas George era inseguro havia anos. Parece nunca ter percebido quem ele era e engoliu tudo isso sozinho. Sempre senti sua tensão e seu sentimento obscuro e, ao mesmo tempo pensava tratar-se de seu ciúme quase doentio por Pattie. Era também óbvio que por um longo tempo ele se sentiu criativamente inferior a Paul e John. Por fim, acabou desistindo de ser um Beatle mais ou menos quando a Apple foi criada. Começou a tocar com outros músicos e percebeu que era um músico muito melhor do que imaginava. Estava tocando com seu antigo rival no amor, Eric Clapton, com Delaney e Bonnie, apoiando outros grupos e gravando com Billie Preston. Produziu um disco com Jackie Lomax, que tinha uma banda em Liverpool chamada Undertakers. Usavam ternos de coveiro e chapéus com fitas negras. George adorava.

Tudo isso deu a ele um novo grau de confiança, mas quando começava a descobrir seu nicho criativo no grupo, chegou a intrusa que em poucos meses destruiu o frágil equilíbrio de poder. No início do caso de John, George tinha dito que Yoko era "nada além de uma puta boêmia de Nova York que tinha causado tantos problemas por lá que acabou rejeitada", mas ele não perderia a paciência até a sessão de gravação apelidada de *Get Back*, que filmei no Twickenham Studios no início de janeiro de 1969. A idéia original era fazer um filme sobre toda a constituição do disco, mas isso não apenas resultou em uma grande bagunça, com os Beatles passeando livremente por mais de uma centena de músicas, como também o ambiente quase faiscava de tensão e animosidade contra Yoko. George era o mais afetado. Quando Yoko fez mais uma sugestão musical endereçada a ele, George virou-se para Paul em vez de olhar para ela. Simplesmente colocou a guitarra no chão e disse a Paul, "Para mim chega. Quer tocar toda a parte da guitarra, então toque, porque estou indo embora". E então, assim como Ringo, ele saiu.

John disse, "Foda-se. Se ele não voltar na segunda, chamamos o Eric". (Ele se referia a Eric Clapton). Sem hesitar, Yoko imediatamente sentou-se na cadeira azul ainda quente de George e começou a choramingar. Ela chamava aquilo de "tocar o ar". Mas acreditem, ela estava *choramingando*. Nossas câmeras se aproximaram e, pela primeira vez, Yoko Ono foi filmada sorrindo. Para espanto deles próprios, os outros Beatles pegaram os instrumentos e começaram a acompanhá-la. Era inacreditável, mas não era uma partilha. Era uma sala cheia de gente irritada batendo nos instrumentos com raiva. George voltou depois de uns momentos de meditação, mas a atmosfera estava carregada.

Mais tarde, John expressou o quanto estava chateado. "Yoko só quer ser aceita", disse ele. "Ela quer ser um de nós. É detestável ver alguém ser tratado com tanta hostilidade só porque ama alguém". Ringo respondeu, "Bem, ela não é um Beatle, John, e nunca vai ser". Eles esperavam que John logo se cansasse dela, como se cansou da maioria de suas loucuras momentâneas. Mas ele amarrou a cara. "Yoko é parte de mim agora. Somos John-e-Yoko, estamos juntos", insistiu ele. Era o que mais temiam, quase mais do que qualquer outra coisa.

Quando chegou a hora de escolher um lugar para o filme de promoção do, por fim, abortado disco duplo *Get Back*, os Beatles tiveram idéias grandes e muito além de suas condições financeiras. Primeiro, seria no Roundhouse em Londres, com os *hippies* e malucos do Middle Earth de Yoko que faziam parte da banda de rock pesado UFO, mas o pessoal do Middle Earth começou a fazer escândalo como capitalistas enlouquecidos – em outras palavras, brigavam por dinheiro. Falavam sobre um bazar alternativo para conseguir dinheiro vendendo suas camisetas tingidas. Depois seria algo caridoso, no estilo de George, algo que alimentasse as massas famintas. Jeffrey Archer, então um político conservador louco por publicidade, apareceu nos escritórios, farejando uma grande oportunidade para si. Em 1964, tinha convidado os Beatles e Brian para um jantar em Brasenose, sua velha escola em Oxford para o aniversário de 21 anos de Oxfam. É claro, por acaso havia repórteres e câmeras a postos. Antes que percebessem, as manchetes do dia seguinte diziam, BEATLES APOIARÃO CAMPANHA DE CARIDADE DE MINISTRO CONSERVADOR, o que – como socialistas – não os agradava. Desde então, Archer estava sempre aparecendo, com ar de nobre e seguro de si, e ali estava ele de novo, pronto para atraí-los. Foi explicado que embora os Beatles apoiassem a caridade, não podiam ser vistos como figuras políticas.

Em vez disso, disseram a Archer que tinham decidido filmar em um anfiteatro romano em algum lugar como Trípoli, com milhares de beduínos vindos de todas as direções, seguidos por pessoas de todas as raças e cores. Seria como uma versão prévia do que viria a ser um anúncio da Coca-Cola: "Gostaria de Ensinar o Mundo a Cantar". Estimulados pelas visões multicoloridas e psicodélicas que ainda compartilhavam, imaginaram que com o pôr do sol em um cenário amplo, com o Mediterrâneo ao fundo, eles subiriam ao palco e cantariam. Seria tudo incrivelmente caro, como um filme de Cecil B. De Mille e, lembrando-se do que teve que comer na Índia quando não estava comendo feijão, Ringo tratou logo de enterrar a idéia. Disse diretamente que não iria para Trípoli de jeito nenhum. Na verdade, Ringo nem sabia onde ficava Trípoli, mas disse que soava "muito estrangeiro".

Decidiram que seria a mesma coisa se fizessem tudo no meio de algum deserto dos Estados Unidos. Mal seria enviado para encontrar um bom local a quilômetros de distância da civilização. Neil Aspinall parecia preocupado. "Você já pensou nas reclamações se milhares de fãs começarem a aparecer e ficarem perdidos no meio do nada?", perguntou. "E como vamos levar banheiros suficientes para lá?".

George começou a rir. "Boa! Presos na areia por causa dos banheiros!".

A idéia criativa de Paul foi agendar um bar na Alemanha que tinha um nome de que gostava, Ricky and the Red Streaks. "Ei, dá para imaginar a cara deles quando chegarmos?", disse ele. "Seria um ótimo filme".

Promovido a "Ministro das Relações Exteriores", Jack Oliver foi encarregado de preparar tudo. "Não dá para manter uma coisa dessas em segredo", disse ele. "O lugar vai ficar cheio. Vai ser um tumulto".

Os Beatles tinham uma idéia mais louca do que a outra, até que o tempo simplesmente acabou. No final, dois dias antes da última data programada para as filmagens, Denis O'Dell e eu sugerimos que filmássemos os ensaios para as filmagens do concerto – que agora parecia que jamais iriam acontecer – apenas para termos alguma coisa nas mãos. Um deles, acho que Paul, disse, "Vamos fazer depois de amanhã, no telhado".

Cansados e cheios de tudo, os Beatles entreolharam-se. Em um primeiro momento, ficaram surpresos, depois a idéia foi bem aceita. John disse, "Tudo bem, o telhado é uma boa idéia. Depois podemos filmar alguma coisa de verdade". Nem nos incomodamos em avisá-lo de que seria apenas aquilo – não haveria depois. Precisávamos lançar um filme logo, junto com o disco *Get Back*, não podíamos mais esperar por um momento futuro. George foi o único a relutar um pouco, mas no final concordou. Decidiram tocar seis músicas e pensaram na ordem de execução.

Cuidei de tudo às pressas. Neil Aspinall, que não tinha nada especial para fazer naquele momento, foi o produtor. Michael Lindsay-Hogg, que tinha ido dirigir "Jumping Jack Flash" e "Rock and Roll Circus" para os Rolling Stones depois de "Paperback Writer", foi contratado para dirigir em 35mm. Foram erguidos alguns andaimes no teto do Quartel General da Apple. O som ia para baixo por meio de uma serpentina, direto para a mesa de mixagem no estúdio. Eu instalei a iluminação, chamei a imprensa e ela veio.

O que parecia ser um anticlímax acabou se transformando em um momento célebre. Em 30 de janeiro de 1969, bem agasalhados contra o frio, no ar rarefeito, envoltos por pessoas nos telhados até onde os olhos alcançavam, e mais algumas outras penduradas no topo de chaminés, meia Londres parou enquanto milhares de pessoas ouviam e assistiam. Gente dentro de escritórios ficou pendurada nas janelas e transeuntes aglomeravam-se nas calçadas.

Meu trabalho estava terminado e eu voltei para o meu escritório para ouvir de longe todo o circo. Vez ou outra descia para a rua para falar com funcionários da Gieves and Hawkes, que se juntavam em frente a porta de entrada do local, ou simplesmente para ver a reação das pessoas que por ali passavam. Carregado pelo ar frio e úmido de janeiro, durante quarenta minutos, a música arrastava-se pelos tetos de Londres. Era apenas um sistema de som com 200 watts, mas aparentemente dava para ouvir em lugares como a Park Lane e o Soho, a um quilômetro e meio de distância. Enquanto via os trabalhadores empolgados nas janelas sorrindo com prazer, percebi que aquele era um acontecimento maravilhoso e único.

De todas as seis músicas que tocaram – algumas mais de uma vez e sem contar um improvisado "God Save the Queen" – a que mais me tocou foi "Don't Let Me Down". Eu sabia que aquela apresentação era exatamente o fim. Triste, senti que embora John tivesse escrito aquela letra em particular para Yoko, ela parecia diretamente relacionada aos próprios Beatles e às relações entre eles, e era também um grito para que o mundo entendesse o grupo e tudo o que tentaram alcançar. A música que provocou maior reação entre o público por ser um pouco mais forte e agitada foi "Get Back". Esta também dizia muito sobre como as coisas estavam andando. Foi uma mensagem do fundo do coração de Paul e John, principalmente dirigida de um para o outro que dizia, "Vamos voltar para onde começamos".

Os telefones não paravam de tocar, mas todos estavam do lado de fora, se divertindo. Por fim, quando alguém finalmente atendeu, era a BBC, fazendo perguntas para o noticiário das seis. Logo os senhores alfaiates da Gieves and Hawkes reclamaram do barulho e chamaram a polícia, que, aliás, sempre estava por perto. A polícia chegou e fizemos com que o porteiro os parasse, perguntando se tinham ingressos. Eles foram retidos por mais algum tempo pelo *office boy* que repetiu a mesma pergunta. Os caras de azul enfiaram-se por entre as secretárias e funcionários da Apple e quem mais estivesse no caminho até chegarem ao telhado. Foi tudo muito bem humorado. Negociamos com eles para ganhar mais uns 20 minutos enquanto os rapazes continuavam tocando. Por fim, disseram, "Olhem, rapazes, está muito alto, vocês vão ter que parar". O concerto ao ar livre tinha começado por volta do meio dia e terminado umas quinze para a uma quando a polícia puxou o fio da tomada.

Depois disso, todos desceram para tomar uma xícara de chá com sanduíches. Foi tudo muito civilizado. Depois seguiram seu caminho – como se tudo não tivesse passado de mais um dia na vida dos Beatles. Na verdade, foi a última vez que tocaram juntos como um grupo. Tristemente, aquele estranho concerto no telhado se transformaria em um adeus aos anos mais incríveis da história da música *pop*. Os Beatles estavam no topo, depois disso não havia mais para onde ir senão para baixo.

Fomos para o incrivelmente inútil estúdio de Alex, no porão, e ouvimos a fita. Estava horrível. Houve interferência de ruídos externos como o trânsito, buzinas e, o pior de tudo, o zumbido do aquecimento central do prédio e dos encanamentos de descarga. Na função de "controle de qualidade", os Beatles balançavam a cabeça. Paul dizia, "Está horrível. Não podemos usar isso". Eles ouviram várias vezes e decidiram que apenas "Get Back" era boa o suficiente para um *single*, o resto era muito ruim para ser lançado. O disco foi inicialmente refeito na Abbey Road, com George Martin, sob condições mais bem controladas e, com uma porção de equipamentos novos acrescentados mais tarde por Phil Spector, e foi finalmente lançado como *Let It Be*. George, reclamando seu devido crédito disse, "Não falei?".

Os Beatles passaram três semanas, entre dezembro de 1968 e janeiro de 1969, filmando no Twickenham o material para um filme apropriado. A maior parte, assim como as fitas do teto, ficaram uma bagunça. O que se pretendia fazer como um pequeno filme promocional acabou virando um pseudo-documentário horroroso sem qualquer roteiro. Ficou tão ruim que poucas pessoas queriam colocar seus nomes nos créditos. No final, uma ironia típica dos Beatles, Mal Evans – o *roadie* – acabou creditado como produtor.

De um modo geral, os Beatles começaram a ruir quando os contadores prepararam outro relatório alertando que eles logo estariam quebrados se os gastos não fossem estancados. John reclamava ter sido o único a ler o relatório, mas em vez de discutir adequadamente, anunciou à imprensa, "Vamos quebrar, precisamos acabar com esse negócio de Apple".

Paul ouviu alguém dizer, "Vocês precisam de um Beeching para tirá-los desse apuro". Na mesma hora ele ligou para Lord Beeching, o ministro do governo que tinha brandido seu famoso "machado" para cortar drasticamente o sistema de ferrovias fechando centenas de linhas e estações para tornar o sistema mais lucrativo. Mas Beeching era provavelmente a única pessoa no país que não sabia quem eram os Beatles e, solenemente, recusou o convite de Paul. Outros nomes importantes foram cogitados. Even Caleb, o mago da Apple, foi consultado. Suas runas mágicas se colocaram contra todas as opções. Provavelmente para sorte dos Beatles, suas runas logo o aconselhariam a sair da Apple.

VINTE E NOVE

Os Beatles sempre souberam – e jamais reclamaram disso – que Brian tinha 25% brutos sobre tudo. O que não tinham pensado direito era no quanto isso representava. Ele entregava a eles o dinheiro depois de pagar os impostos e eles nunca perguntavam como ele tinha chegado àquele valor. Todas as despesas, incluindo a sua própria (e ele tinha hábitos bastante caros) eram deduzidas dos 75% restantes, que depois eram divididos em 4 entre os Beatles. Assim, Brian ganhava muito mais do que qualquer um deles.

Mesmo assim, havia mais do que o suficiente para se viver, mas desde o início, Brian não percebeu o tamanho da capacidade dos Beatles para ganhar dinheiro e negociava contratos absurdamente ruins, principalmente com relação à publicação e comercialização das músicas de John e Paul, o que se transformou em um pesadelo quando calculou-se que ele provavelmente tinha deixado escapar 100 milhões de libras (1 bilhão de libras no dinheiro de hoje). Foi somente após a morte de Brian que os Beatles vieram a perceber o quanto seus negócios eram pessimamente administrados. Talvez não fosse culpa deles. Irving Azoff – agente dos Eagles – disse uma vez que quando se mistura a criatividade com os negócios, chega-se ao caos. Os Beatles faziam música e achavam que Brian tinha que cuidar do dinheiro.

Houve viagens para os Estados Unidos com Ron Kass para se discutirem os negócios. Os Beatles ainda não eram maduros ou experientes o suficiente para tratar a Apple com seriedade. Isto não era surpresa, considerando-se que ainda estavam nos seus vinte e poucos anos. A Apple era como um balde furado, um brinquedo pessoal que estava à beira da ruína. A empresa se expandia incontrolavelmente, sem um encarregado geral por tudo. Os contadores – os mesmos que tinham dito aos Beatles que eles tinham que gastar o dinheiro ou ele estaria perdido, diziam agora que para cada 10 mil libras gastas, eles tinham que repor 120 mil por causa do grande comprometimento com os impostos.

Para piorar, quando os Beatles mudaram-se do grande escritório na Wigmore Street para a Savile Row, toda a papelada financeira e restituição de impostos foram colocados em um táxi que jamais foi visto novamente e agora, fiscais do imposto de renda estavam famintos atrás deles. Um dos maiores problemas surgidos foi que os Epsteins tinham grandes valores a pagar sobre os imóveis de Brian. Apesar de dizerem que jamais "venderiam tudo por nada", Clive rapidamente cansou-se da confusão e queria uma vida simples. Começou a procurar compradores para a Nemperor, a empresa que tinha absorvido a NEMS e parte da Northern Songs que ele e Queenie tinham herdado. Graças a um seguro pessoal de Brian com a EMI, a Nemperor não tinha que fazer nada e ainda assim recolheria 25% dos ganhos dos Beatles por mais 9 anos. Quando os Beatles souberam que uma empresa de investimentos na cidade, a Triumph Investment Trust, tinha oferecido um milhão de libras pela Nemperor, ficaram enfurecidos com a idéia de que uma grande empresa anônima poderia assumi-los pela porta dos fundos. Quase qualquer sacrifício valeria a pena para não passar tal vergonha.

Paul imediatamente pegou o telefone e ligou para o pai de Linda, Lee Eastman, para perguntar se ele poderia ir até ele urgentemente para organizar as coisas, mas Lee estava tão ocupado que cometeu o erro estratégico de enviar o filho. John Eastman tinha estudado direito em Harvard. Era preciso, mas jovem, e os outros três Beatles queriam alguém com presença e respeito. Discutiram isso entre eles e chegaram à conclusão de que embora Eastman Jr. não tivesse o mesmo *status* do pai para enfrentar os pesos pesados da cidade, era tudo o que tinham. John Eastman marcou uma reunião com Sir Joseph Lockwood e os Lazards, os banqueiros, para chegar a alguma solução. Todos os quatro Beatles, mais Yoko – que tinha uma opinião forte e solitária em seu tino comercial, e talvez estivesse ansiosa por saber sobre o dinheiro –

encontraram-se na EMI para falar sobre assuntos da Nemperor e da Apple tomando chá com biscoitos.

Eastman tinha uma solução. Sugeriu que os Beatles comprassem a Nemperor. "Quanto precisam em adiantamento?", perguntou Sir Joseph. Quando ouviu 1 milhão e 250 mil libras, olhou para Lord Poole, que balançou a cabeça. Ele disse que examinariam os números, mas parecia um investimento alto. Disse ainda que ajudaria a organizar as coisas sem qualquer custo. Era uma oferta generosa e os Beatles deveriam ter aceitado, mas hesitaram e acabaram surpreendidos por um monstro.

Allen Klein era gordo e sujo. Era um arquimilionário acostumado a usar camisas pólo brancas e encardidas debaixo de paletós sujos de comida. Desde o momento em que soube da morte de Brian, tinha tentado enfiar-se no negócio, mas tinha apenas um número de telefone: o do escritório de nosso encarregado, Peter Brown, que havia conhecido no iate dos Stones em Nova York. Ele telefonou repetidas vezes, pedindo permissão para falar com John. Por que John, não sei. Talvez já tivesse percebido que lidar com Paul seria mais difícil para um espertalhão como ele. Mas Peter, que não tinha a menor intenção de deixar aquele nova-iorquino intrometer-se, continuou impedindo sua aproximação. Klein tentou por um outro caminho. Chegou até Tony Calder, um antigo co-administrador dos Stones, para aproximar-se de Derek Taylor, com quem tinha amizade. Tony foi ao escritório e depois de uma ou duas doses de vodka, abordou o assunto. Derek passou a mensagem a John de que Allen Klein estaria no Inn on the Park e queria vê-lo com urgência.

"Para quê?", perguntou John. "Para quê?", repetiu.

Inocente, Derek disse, "Olhe, ele fechou um contrato incrível para os Stones com a Decca. Deu a eles um grande adiantamento e uma alta porcentagem sobre as vendas dos discos, ao contrário de Brian, que não deu a vocês qualquer adiantamento e ofereceu uma piada em direitos. Ele quer ajudar vocês".

"Ele é norte-americano", disse Yoko. "Gosto deles".

John e Yoko apareceram no novíssimo hotel de vidro e mármore naquela noite para jantar com Klein. Em vez de ficarem desapontados com a aparência de Klein, gostaram de sua postura pés no chão. Eu já o conhecia dos Stones, antes de seu ataque à Apple, e sem dúvidas ele era divertido e boa companhia. Tinha preparado inteligentemente seu discurso depois de estudar meticulosamente seu alvo. Primeiro, tinha perguntado a Mick Jagger quem era quem e o que era o que na estrutura social dos Beatles. Mick foi quem, no início, quando era a favor de Klein e seus negócios eram uma bagunça, inadvertidamente aconselhou-o a concentrar-se em John, algo do que se arrependeria.

Enquanto conversavam durante o jantar, Klein fez um discurso elaborado a John e Yoko sobre as lutas de sua vida, sobre como um órfão tinha agarrado sua chance até tornar-se um contador altamente bem sucedido com clientes de alto nível no campo musical. John admirava aquilo. Depois, Klein falou sobre cada um dos discos dos Beatles, sabiamente concentrando-se nas letras escritas por John. Klein não sabia que John era ligeiramente complexado com a leve dislexia, mas tinha imaginado acertadamente que ele se ressentia de ser visto como o parceiro menor. John e Yoko ficaram satisfeitos com o óbvio interesse de Klein pela música. Nenhum dos outros possíveis gerentes tinha a menor idéia do que se tratava. Acima de tudo, foram seduzidos por suas magníficas promessas. Contou a velha história que usava como isca com os clientes em potencial, a de como chegou até Bobby Darin em uma festa de casamento em que eram apenas convidados. "Posso fazer você ganhar 100 mil dólares", teria dito a Bobby.

"Como?", perguntou Bobby, desconfiado.

"Sem complicações – sem custos para você. Deixe-me apenas verificar suas contas". A história de como fez o dinheiro aparecer do nada se desenrolou durante a conversa. E ele terminou dizendo que poderia entregar a eles a Nemperor Holdings de graça, poderia conseguir um contrato com a EMI semelhante ao contrato dos Stones com a Decca e – o golpe final – poderia conseguir um grande adiantamento pela distribuição dos filmes de Yoko. Ele não tinha visto um sequer, mas dizia que eram ótimos.

John e Yoko ficaram encantados. John imediatamente escreveu em um pedaço de papel do hotel que Klein lhe ofereceu, *De agora em diante, Allen Klein toma conta das minhas coisas.* Assinou e entregou a ele. Quando uma cópia do papel chegou aos escritórios no dia seguinte, foi uma correria, como se a raposa entrasse no galinheiro.

"Nós não concordamos com isso", disse Paul. "Temos John e Lee Eastman para nos ajudar".

"Não", disse John. "*Vocês* têm John e Lee. Eu tenho Allen Klein".

John e Yoko de alguma forma conseguiram convencer George e Ringo a nomear Klein encarregado de seus negócios também. Ele disse que Klein conhecia muito de música, gerenciava seus amigos, os Stones, e, principalmente, era independente, enquanto a tendência de Eastman era favorecer Paul. Quando a notícia da reunião mal aconselhada vazou, Mick Jagger foi direto aos Beatles dizer que em hipótese alguma deveriam juntar-se ao contador obscuro. Os Stones estavam com ele havia algum tempo e queriam cair fora.

Mick e Keith tinham casas exóticas em Cheyne Walk, em Chelsea, perto do rio, cada uma delas decorada com tecidos ricos e cores escuras e pastosas. Quando eu e John aparecemos em uma das festas de Mick, o assunto logo chegou a Klein. Mick disse imediatamente, "Fiquem longe dele. Ele sacaneou a gente, cara".

Keith concordou. "Tivemos que fugir para a porra de Matão para escapar. Foi lá que surgiu 'Honky Tonk Women'".

John ficou imediatamente interessado porque adorava aquilo. Keef sorriu e disse, "Estávamos em uma fazenda no meio do inferno em Matão, no Brasil, e havia mais caubóis do que no Texas. Eu e Mick estávamos em frente à varanda fazendo aquelas coisas de fazenda que adoro fazer. Seguimos a linha Hank Williams, bebendo caixas de Jack Black e cerveja e usando os trajes. Toquei para ele uma coisa que chamei de 'Country Honk'. Tocamos bem devagar e trabalhamos nela até que dissemos, meu Deus! Não podemos mostrar isso para os Stones. Vão rir de nós. O quê? Charlie? Bill? Nunca! Eles vão largar os instrumentos e correr para o bar. Mas mostramos. Arriscamos e talvez tenham sido as palavras, sei lá, mas eles gostaram da batida e ela ficou mais alta, mas ainda era *country*".

Nessa hora Keith pegou um violão e tocou o começo da música, no estilo Hank Williams, como em "Your Cheating Heart". Depois mostrou como a música tinha ficado.

"Mas só nos Estados Unidos entenderam", disse Mick. "Eles nos entenderam e não se importavam. Aceitaram a música e gostaram, mas se fosse na Inglaterra, se dissesse que estava fazendo uma música *country*, ririam na sua cara. Ainda riem".

John disse, "Sim. Tem razão. A música é boa, mas se eu e Paul tivéssemos feito isso, teríamos que entregar para Ringo cantar. Porque ele se vê como um dançarino, queria ser um homem de frente como Mick, dançando e fazendo bocas e – quer dizer, não podemos ter isso nos Beatles, certo?"

E a noite prosseguiu com cantoria, brincadeiras, dança e discussões sobre letras com todos fazendo emendas nas músicas de todos. É engraçado, mas eu ainda adoro essa música. Escrita pelos dois talentos de Dartford Kent enquanto bebiam e brincavam de serem vaqueiros no fim do mundo, em *fuckin'* Matão. Este é o mundo da música.

Aquela noite foi um alívio bem vindo do que ainda era um grande problema a ser resolvido. Apesar do alerta de Mick e Keith, John tinha aquela idéia do tipo briga de rua nova-iorquina sobre Klein ser seu herói contra os contadores de Londres, espertalhões da classe alta e contra a opção de Paul pelo cavalheiresco Eastman. Yoko sempre se disse uma mulher de negócios. Era possível que tenha aprendido alguns termos da área pelo caminho, afinal, era filha de um banqueiro. Tinha também o dinheiro de John para brincar, mas era óbvio que não entendia de coisa alguma. Em minha opinião, Yoko fez crescer ainda mais o conflito. Votar a favor de Klein ajudava a aumentar ainda mais a fervura. Era mais ou menos assim: "Quer chegar até John? Fale comigo. Eu sou seu ouvido".

Nós a imitávamos pelo escritório: "Tenho o caviar. Tenho a torrada. Eu estava nas barricadas. Eu fazia o Middle Earth, sabe. Me chame de número um. Traga minha escada. Traga meu martelo de ouro. Traga, traga..."

Enquanto isso, Yoko e Tony Cox estavam em uma dura negociação pelo divórcio. John, inocente, tinha dito a Yoko que compensaria Cox com o que fosse necessário, e então, não surpreendentemente, o necessário foi uma grande quantia em dinheiro. Durante sua estada em Londres, o Senhor e a Sra. Cox tinham ganhado praticamente nada.

O Sr. Cox arrancava algum dinheiro dos bancos e laboratórios de filmes. Do mesmo modo, muito antes de terem uma relação verdadeira, Yoko tinha usado o nome de John como patrocinador de sua exposição de arte e várias outras despesas. Deviam dinheiro de aluguel, de empréstimos. Tudo chegava à enormidade de 100 mil libras. Além disso, John concordou em dar a Cox uma vultosa quantia que lhe permitiria estabelecer-se confortavelmente com Kyoko nas Ilhas Virgens. Os advogados de John e os consultores jurídicos na NEMS fizeram cara feia, mas John Winston Lennon não se importava com o custo. Queria que Cox fosse embora e estava convencido de que queria Yoko. Mais tarde, talvez houvesse amor, mas eu não tenho dúvidas de que no início, pelo menos da parte do casal Cox, a questão era só o dinheiro.

Os Beatles tinham mudado drasticamente sua aparência e postura depois dos tempos dos adoráveis topetes. Desde a origem, estiveram à frente do movimento *hippie*. Mas desde que os escritórios foram para a Savile Row, tinham se transformado em uma espécie comercial de paz, amor e arroz integral. Na verdade, éramos um banco esperando para ser roubado por Butch Cassidy e Sundance Kid. Como se soube depois, os ladrões não tinham nem um pouco do charme da famosa dupla. Sem esperanças, estávamos de mãos atadas, vendo tudo acontecer.

Klein mudou-se para Londres, no início de 1969, e ficou por lá por um bom período de tempo. Nos Estados Unidos, gerenciava Sam Cooke e o selo Cameo Parkway. Muitos dos grandes artistas da Inglaterra, em parte ou integralmente seus, acabavam sob sua bandeira porque ele tinha negociado contratos para o que foi chamada de Invasão Britânica. Tinha contratado os Stones para a Atlantic, Herman's Hermits para a MGM e Dave Clark para a Epic nos Estados Unidos – depois os contratou para si mesmo.

Alugou um apartamento perto do Hyde Park Gate – pago pela Apple – para que pudesse chegar cedo e sair tarde. Basicamente mudou-se para dentro da Apple a partir daquele momento. Não ia almoçar, comia sanduíches em sua mesa, enquanto analisava a montanha de papéis que tinha se acumulado ao longo dos anos. O que viu deve ter enchido seu coração de alegria. Página após página das demonstrações financeiras mostravam filas de zeros ao final revelando as centenas de milhões que tinham entrado e continuariam entrando. Mas, para onde o dinheiro estava indo? Quem ficava com tudo? Klein disse aos Beatles que descobriria e os faria mais ricos do que jamais imaginariam ser. Durante o processo, ele próprio também enriqueceria, já que três dos quatro Beatles tinham concordado cegamente em dar-lhe 20% de tudo o que conseguisse acima do que já ganhavam. Assim, Klein tornou-se um acionista igualitário, tudo apenas com sua garantia não comprovada de que tinha o mesmo valor para a função sem ter que fazer os mesmos esforços de Brian.

Paul era a única pedra em seu caminho. Paul recusou-se a assinar o contrato e saiu do escritório. Aquilo deixou as coisas no limbo, já que segundo os termos do contrato de parceria dos Beatles, todas as decisões sobre os negócios tinham que ser unânimes. Pode ser notável o fato de Klein ter conseguido tamanho poder sobre os assuntos dos Beatles. Mas mesmo parecendo estranho, a questão da unanimidade foi totalmente ignorada. Pode ser que nenhum dos Beatles estivesse totalmente ciente de que havia aquela cláusula no contrato com Brian. Duvido que naquele momento algum deles tivesse uma cópia. Três Beatles apoiavam Klein, seguindo cegamente a liderança de John, e ele tinha conseguido entrar, ocupando um escritório só para ele e tomando conta de toda a papelada. Alguns dos veteranos como Neil Aspinall e Peter Brown tinham sido contra, mas Klein era como um Panzer – sólido, agressivo e impiedoso – além disso, três Beatles o apoiavam. Para Paul, era incrivelmente frustrante, mas ele simplesmente não sabia como se livrar dele a não ser jogando-o pela janela e trocando a fechadura, o que obviamente não poderia fazer sozinho. Paul chegou até a gritar com Klein e disse a ele para que fosse embora, mas ele simplesmente ignorou Paul e continuou com seu trabalho.

Paul não queria que o que acontecia na Apple ofuscasse um evento mais importante em sua vida. Ele e Linda casaram-se no Marylebone Registry Office em 12 de março de 1969. Eu conhecia seus planos, assim como Mal e Peter Brown, que foram padrinhos de Paul e Linda, mas além deles, pouquíssimas pessoas foram avisadas. A imprensa soube e testemunhou uma cerimônia discreta, onde Linda vestia um velho sobretudo de lã, vestido de lã liso feito sob medida e sapatos sóbrios. George e Pattie correram atrasados para o café da manhã do casamento porque o esquadrão anti-drogas tinha atacado o casal pela manhã. Mais uma vez, a batida policial era liderada pelo sargento Norman Pilcher, o mesmo policial que tinha ido atrás de John, Mick Jagger e Keith Richard, acompanhado de seu famoso cão farejador, Willie.

George estava sentado conosco no escritório quando Pattie telefonou falando da batida. Ele ficou muito irritado, porém calmo. Pediu para falar com o sargento Pilcher e disse, "Os pássaros têm ninhos, os animais têm tocas, mas os homens não têm um lugar onde encostar a cabeça". Disse a Pattie para entregar a eles a erva guardada em uma caixa sobre a lareira, "ou eles vão quebrar tudo".

A caminho da lua de mel, Paul e Linda voaram para Nova York para apresentar Paul à família. Passaram duas semanas na bela casa dos Eastman no rico subúrbio de Scarsdale onde o pai de Linda, John, e a madrasta viviam. Foram ver também a mãe de Linda. Na volta ao Reino Unido, desapareceram pela Escócia, um país pelo qual Linda tinha se apaixonado. A casa de fazenda com mobília primitiva – grande parte feita por Paul com caixas de frutas e colchões – era um grande contraste com a casa luxuosa em que os Eastmans viviam, mas Paul e Linda sentiam-se muito mais relaxados ali. Permaneceram longe das vistas por meses. Paul queria fugir de tudo enquanto secretamente escrevia e gravava um disco exclusivo que se chamaria *McCartney*. Ele terminou o disco sozinho na Cavendish Avenue, ajudado por Linda, usando equipamentos alugados para gravação e mixagem.

Dois dias depois de Paul e Linda se casarem, como se quisessem competir, John e Yoko tentaram fazer a mesma coisa em uma viagem de balsa perto de Southampton. Foram até Hampshire para pegar Mimi para o evento (mais tarde, Mimi diria sobre Yoko, "Eu devia ter dito a John o que achava realmente"), mas os planos foram frustrados porque o capitão não "fazia" casamentos no mar; e o mais importante: o visto de Yoko para o Reino Unido, estava vencido havia muito. Em vez disso, voaram para Paris em um avião particular, fugindo da fiscalização do passaporte, mas também não conseguiram se casar em Paris e acabaram na "Rocha". Gibraltar era território inglês e eles finalmente se casaram em 20 de março.

Cynthia tinha se divorciado de John no Supremo Tribunal de Londres por conta do adultério cometido com Yoko, em 28 de novembro do ano anterior. Tomou o primeiro passo e aguardou a decisão definitiva que viria seis meses depois, tempo suficiente para uma reconciliação ou para que qualquer novo fato jurídico surja. Quando Yoko anunciou que estava grávida – embora logo sofresse o aborto – parece que o juiz tornou a decisão oficial e de efeito imediato. Se isto não tivesse acontecido, já que Gibraltar era território inglês, teriam se casado enquanto John continuava casado com Cynthia. John e Yoko já tinham tentado se casar em um evento artístico que chamaram de "Um Casamento Alquímico", em 18 de dezembro de 1968, no Royal Albert Hall. Vestidos inteiros de branco, contorceram-se dentro de um grande saco branco enquanto o *Two Virgins* era exibido ao fundo.

Os outros Beatles disseram à imprensa que não sabiam que John e Yoko tinham se casado até comprarem o disco, "The Ballad of John and Yoko". Estavam fazendo cena porque Paul, que tinha trabalhado naquilo, estava creditado não com seu nome, mas como "Um Beatle".

"É tudo niilismo, cara", disse John sobre a apresentação no saco, o protesto na cama e os créditos do disco. Para mim, fumar um cigarro na cerimônia em Gibraltar enquanto Yoko se contorcia em suas performances não era niilismo suficiente. Viver em pecado com Yoko em vez de ir para a Europa procurando algum padre/capitão de balsa/juiz de paz para arranjar uma certidão de casamento era mais do que niilista. John saiu pela tangente ao dizer diretamente, "Yoko deu-me força interior para romper meu outro casamento – meu casamento real – com os Beatles".

Foi durante este longo exílio eremita na Escócia que os boatos sobre a morte de Paul surgiram, e passaram a circular livremente. Tudo começou com uma ligação anônima de um certo "Tom" para um DJ de

Michigan, John Small da WKNR, parecendo bem convincente e oferecendo várias pistas sobre a morte de Paul. Ele não dizia que tinha encontrado as pistas no *Northern Star*, um jornal universitário. Soube-se que seu nome verdadeiro era Tom Zarski, um estudante da Eastern Michigan Univesity. John Small achou que era uma grande bobagem, mas como fraude, ele e outros DJs decidiram perpetuar a história por diversão, para criar um grande debate no ar. Não esperavam que as coisas se espalhassem tão dramaticamente.

Nossos telefones começaram a tocar sem parar. Jornalistas queriam falar com Paul. O escritório recusava-se a dizer onde ele estava – e na verdade, na maior parte do tempo, nós simplesmente nem sabíamos. Tínhamos desligado o radar. Ele e Linda estariam passeando pelas montanhas, dando à luz, cultivando hortaliças, escrevendo, velejando em barcos de pesca para ilhas desertas, felizes aprendendo a ser uma família. Porém, os boatos se expandiam. As pessoas começaram a procurar por "sinais" em lugares estranhos. Paul foi fotografado usando um cravo negro quando todos os outros usavam um vermelho (a florista não tinha mais vermelhos). No ombro de seu uniforme na capa do *Sgt. Pepper* havia uma insígnia com as letras OPD. Os fãs diziam que significava "Officially Pronounced Dead" – na verdade era um distintivo de um uniforme que Paul tinha pegado da polícia de Ontário e significava "Ontario Police Department". Ele atravessou a rua na famosa foto sobre a faixa de pedestres na Abbey Road descalço enquanto os outros usavam sapatos (era um dia quente e Paul gostava de andar descalço).

Os teóricos da morte foram a fundo e reviraram tudo a procura de "pistas". Havia um caixão na capa de *Sgt. Pepper* e uma guitarra feita de flores, as letras foram esmiuçadas, como a música de Bonzo "Death Cab for Cutie" que, conforme diziam, descrevia o acidente fatal em que Paul tinha morrido. Tinha morrido em 9 de novembro de 1966 e foi enterrado em 27 de setembro de 1968. Um sósia tinha tomado seu lugar nesse período.

Os boatos tomavam corpo e ficavam cada vez mais ridículos. Allan Klein, que estava em Nova York, não ajudou em nada, estimulando ainda mais ao ver o quanto aumentavam as vendas de discos dos Beatles nos Estados Unidos. Há muito já se dizia sobre astros esquecidos do rock: "Você vale muito mais morto" – e isso certamente se comprovava. Derek Taylor telefonou para Klein e disse que gostaria que ele negasse os boatos, mas Klein parecia achar tudo divertido. Ele ria e dizia que aquilo não atrapalhava as vendas.

Quando Paul reapareceu um dia, eu disse, "Temos que fazer alguma coisa para consertar isso. Pode descer comigo para uma coletiva de imprensa? Assim as pessoas podem vê-lo".

Paul suspirou. "Isso não me incomoda. É tudo tão idiota. Por que não me deixam em paz?"

Eu disse, "Bem, temos que fazer alguma coisa".

Paul disse, "Olhe, Tone, faça o que achar melhor".

Bem, tomei aquilo como uma carta branca para ser criativo, mas primeiro conversei com Derek Taylor e mais alguns outros enquanto estávamos sentados em uma tarde, relaxando e tomando uma bebida. Fingindo ser Paul, coisa que podia fazer muito bem já que crescemos no mesmo raio de um quilômetro, telefonei para Richie Yorke, um DJ inglês que conhecemos na CING-FM, na Burlington Ontario, e disse, "Aqui é Paul McCartney. Como pode ver, estou realmente vivo".

Aquilo certamente causou uma reação, mas uma reação que eu não esperava. A breve entrevista espalhou-se por todas as estações de rádio como fogo e duas das estações, a WKNR – a estação que tinha originado e perpetuado a farsa – e uma outra de Miami, enviaram a fita para uma perícia técnica. O professor Oscar Tossey da Michigan State University concluiu que a voz na fita não era de Paul, assim como o Dr. Henry M. Truby, diretor do laboratório de línguas e estudos lingüísticos da Miami University. "Ouvi três McCartneys diferentes", disse o Dr. Truby.

O furor que se iniciou foi impressionante. Aquilo foi uma prova irrefutável de que Paul estava morto! Por fim, Derek Taylor emitiu uma declaração ambígua supostamente escrita por Paul: "Estou vivo e bem, e preocupado com os boatos sobre minha morte E, se estou morto, sou o último a saber". Mas os boatos persistiam, então Derek publicou uma declaração sua: "Paul se recusa a dizer mais do que isso. Mesmo se aparecesse em público, não ajudaria em nada. Se as pessoas querem acreditar que ele está morto, então vão continuar acreditando. A verdade não é nada persuasiva".

Os boatos finalmente perderam a força – assim como qualquer teoria conspiratória perde – quando a revista *Life* mandou um intrépido repórter e fotógrafo para a Escócia à procura de Paul. Ele percorreu alguns brejos e finalmente encontrou sua presa cuidando de uma horta. Paul ficou muito irritado e jogou um balde d'água no repórter, depois correu para dentro da casa, mas saiu logo depois com Linda, Heather e a pequena Mary. Ciente do problema que sua demonstração de destempero poderia causar, desculpou-se humildemente e ofereceu uma pequena entrevista e algumas fotografias em troca do filme que o mostrava jogando a água. A foto seguinte, mostrando a família com Paul segurando o bebê – a primeira vez que era fotografado – e Heather defensiva, agarrando um cajado de pastor, foram a capa da *Life*. Havia mais algumas belas fotos na parte de dentro, com Paul, que inegavelmente parecia ser ele mesmo, explicando como realmente queria ser deixado em paz. Mas mesmo com essas provas, as pessoas ainda achavam que Paul tinha um sósia e os boatos persistiram. Aquela fita comigo fingindo ser Paul era exibida a todo momento pelos boateiros como uma "prova", o que mostra que gente idiota é sempre idiota.

TRINTA

NA VOLTA da estranha lua de mel, onde aconteceu o primeiro de seus protestos pela paz na cama, no Amsterdam Hilton, John e Yoko me chamaram para ajudar na trilha sonora de *Two Virgins*, e também no filme "Smile", que não era nada além de uma câmera lenta mostrando o rosto de John.

Havia, porém, uma ligação no título com as lendárias sessões *Smile* perdidas dos Beach Boys. O trabalho foi feito no período de "Good Vibrations", coisa pela qual todos os Beatles estavam obcecados. Tocaram seus discos dos Beach Boys e ouviram repetidas vezes as harmonias, falando sobre como podiam chegar a uma sonoridade similar. Eu saí em turnê com os Beach Boys, e ironicamente soube que todos eles, principalmente Brian Wilson, idolatravam Paul. Ele estava sempre me perguntando dele. Naquela época, as bandas de *surf music* não eram uma coisa popular. Achei irônico que os dois grupos tivessem tanta admiração um pelo outro sem que nenhum soubesse disso. Também descobri que Brian Wilson tinha procurado Norman Smith, o primeiro engenheiro de som dos Beatles na Abbey Road, para trabalhar para ele. Norman disse, "E é claro que você quer também o produtor deles, George Martin?". Brian respondeu, "Não, Norman, eu mesmo produzo. O que eu preciso é do som deles!".

Logo, Paul foi para Los Angeles para trabalhar com Brian em seu novo disco conceitual, o *Smile*. Todos os que ouviram diziam que era muito original e impressionante, mas ele acabou desaparecendo e virou uma lenda. Diziam que tinham perdido as fitas no caminho da prensagem, mas o mais provável é que Brian tenha perdido o roteiro e não o tenha terminado. O disco permaneceria oculto até 2004, quando ele e Van Dyke Parks finalizaram os trabalhos e Brian tocou as músicas em um concerto. E, por fim, foi lançado como um disco gravado em estúdio.

George não ia muito para a cidade naquele período. Tinha criado o hábito da reclusão. Ao contrário dos outros Beatles, Ringo era muito organizado, e tinha uma governanta e uma secretária. Sua vida social era cheia e ocupada, mas nós não o víamos muito. Ele e Maureen percorriam círculos alternativos com um bando de gente exótica e bonita. Chamávamos sua turma de "Gangue de Dorchester" – Dorchester era um grande hotel na Park Lane, onde mulheres vestidas com alta costura chegavam em Bentleys e Rolls Royces e dançavam ao som de orquestras no grande salão de bailes. Ele também ia a bares diferentes dos nossos, lugares muito esnobes e casas particulares de jogos na Mayfair onde era necessário traje de gala para passar pela porta, como no Les Ambassadeurs e o Saddle Room. De vez em quando, eu ia ao Les Ambassadeurs porque às vezes gostava de vestir um traje de gala, e eles serviam um delicioso *steak au poivre*. Mas no geral, ficávamos pelo Scotch e o Bag.

Havia um clima tenso na Apple, com todos olhando para trás para ver se não vinha uma pedrada. Antes, a atmosfera era bastante leve. Com Klein por ali, tornou-se como a música de George, "Sour Milk Sea", um lugar onde ninguém queria mais estar. As fotos do período anterior a Klein mostravam uma típica reunião de diretoria da Apple, com todos sentados no chão de uma sala grande, sem móveis e sem nada além de almofadas. Depois de Klein, não podíamos mais andar pelo prédio como antes. Tornou-se um ambiente de portas fechadas. Conspirações, boatos e segredos fervilhavam. Furtivamente olhávamos por sobre os ombros, esperando uma punhalada, que Klein desagradavelmente prometia logo vir. Uma atmosfera desconfiada e sombria tinha se instalado. Ninguém entrava nem saía. As únicas pessoas que apareciam por lá eram contadores e advogados.

Klein queria que tudo passasse por ele. Não queria que ninguém tivesse contatos íntimos com os Beatles para que não cochichassem conselhos contra ele em seus ouvidos. Brian era exatamente igual, possessivo com os rapazes, mas não tanto com o dinheiro. Brian via-se como um vigilante artístico deles. Uma das primeiras ações de Klein foi fazer uma pesquisa sobre horários e movimento para ver o que todos fazíamos – exceto o Quarteto Fantástico, é claro.

Antes de mais nada, havia uma contagem de cabeças de funcionários – quem fazia o quê? Quem cuida do quê? – que era uma coisa bastante idiota porque depois da NEMS e Brian eu nem me lembrava mais do que era um contra-cheque, quanto mais do pagamento da previdência. Era como ir para um restaurante nos Estados Unidos e ouvir, "Oi, meu nome é Kevin e eu serei o fiscal de seu horário hoje. Vou segui-lo durante todo seu dia de trabalho. Tudo bem. Agora diga, o que vai fazer exatamente agora?".

"Exatamente agora? Bem, eu estava pensando em ir a um bar."

"Ah."

"Ou, talvez, John podia aparecer e sentar-se –"

"Este John, o que ele faz? Trabalha com quê?"

"Ele canta um pouco. De qualquer forma, como eu dizia. Ele pode ficar um pouco entediado e vai sentar em minha mesa e dizer, 'Oi, Tone. O que você vai fazer?' e nós vamos para o Kilburn para ver Mick e Keef e vê-los fazer-"

"Mick? Keef? Entendo. Em que parte da Apple eles trabalham?".

O sujeito designado para mim desistiu depois de uns quatro dias saindo do Scotch of St. James às três ou quatro da manhã. Ele não era capaz de fazer isso. Nem eu realmente, mas estava determinado a fazê-lo merecer seu dinheiro – ou o dinheiro da Apple, já que era ela que pagava suas contas. Antes de desaparecer da minha vida, ele escreveu um pequeno memorando, que deixou na máquina de escrever. Ele dizia: *Não sei o que Tony Bramwell faz mas estou muito cansado e vou para casa agora. Muito provavelmente, não voltarei.* Eu acrescentei *Get back Jo-Jo* no final e deixei lá por três semanas, mas ele nunca mais voltou.

Acho que o cara que colocaram atrás de Jack Oliver durou ainda menos. O que nenhum deles gostou de ver é que quando você fala com DJs e músicos, ou se encontra com astros do *rock* que dormem a maior parte do dia, só pode encontrá-los depois da meia-noite em um bar ou restaurante. Como se separa o tempo do *rock and roll* do tempo normal? Para o resto do pessoal, eu estava me divertindo. Mas fazer aquilo era meu trabalho. Se os números mostram que você está vendendo uma porção de discos fazendo o que faz, então não reclame. As coisas já estão bem afinadas.

♪

Eu era íntimo de Ron Kass. Na época éramos dois "solteiros", recentemente saídos de relações duradouras. Nós nos juntávamos para cuidar dos assuntos da indústria e para os almoços durante o dia. Mais freqüentemente, nos encontrávamos de noite no Tramp, e íamos jantar, depois passávamos pelos bares. Por meio de Ron, conheci Joan Collins, que se tornou sua esposa, e a irmã de Joan, Jackie. Eu trabalhei promovendo a trilha sonora de dois dos filmes adaptados de livros de Jackie, nos quais Joan era a estrela: *The Stud* e *The Bitch*. Os dois foram filmados na Inglaterra e eram notáveis pelo roteiro pobre, mas tinham uma grande quantidade de belas garotas e nus. O Pan's People dançava em um e Joan, que era fabulosamente glamourosa, aparecia em várias cenas usando corpetes pretos com meias.

A grande diversão que tínhamos era um antídoto para a atmosfera vil do escritório. Por causa de minha amizade com Ron, Klein não me queria à volta, ele odiava Ron, que era honesto. Klein queria livrar-se de todos, para que pudesse maquiar os livros contábeis e ordenhar a empresa até secá-la. Ele passava os dias conspirando sobre como se livrar de nós, cochichando sobre todos com John e George, que achavam que ele era algum tipo de gênio financeiro de Nova York. Ringo raramente estava por ali e portanto não causava atritos, o que era seu estilo de vida. Ele sempre conseguia o que precisava sem machucar os sentimentos dos outros. Fugia de encrencas. Mas para o resto de nós, era uma época estranha e incômoda.

Os tentáculos de Klein eram compridos. Ele destruía tudo. Em poucos meses com ele, eu era o único membro antigo que restava na empresa.

Derek Taylor foi novamente para a Califórnia. Alistair Taylor e Peter Brown saíram. Ron Kass foi despedido e substituído por Jack Oliver, o que foi uma promoção estranha, considerando-se o quanto o cargo de Jack era inferior. Provavelmente era um tapa planejado na cara de Kass, para mostrar o quanto seu cargo era insignificante. Até sua promoção, Jack tinha sido contratado como assistente de Terry Doran na Apple Publishing. Para seu espanto, foi rapidamente nomeado chefe da Apple Records mas com uma remuneração muito abaixo da que Ron recebia. Mas Jack não tinha permissão para fazer nada porque Klein corria à sua volta, tentando fazer tudo sozinho. Tinha se protegido com um de seus artifícios, contratou um batalhão de fantoches que tinha apenas uma orientação: dirigir-se diretamente a ele. Foi apenas depois que Klein demitiu todos, que as pessoas descobriram o que ele estava realmente fazendo: tudo o que as pessoas que despediu faziam, mas que ele mesmo era incapaz de fazer.

Várias coisas passavam pela rede do reino de Klein, incluindo um musical de palco que durou anos. O primeiro grande musical em Londres, depois de *Hair*, foi *Jesus Christ Superstar*, o primeiro de uma série de musicais de Andrew Lloyd Webber e Tim Rice. *Jesus Christ Superstar* foi levado à Apple como um novo projeto porque Ian Gillan, do Deep Purple, tocou na demo e outro amigo, Johnny Gustafson, o baixista do Big Three de Liverpool, tocava nele. Ainda me lembro de ter ouvido isso pelo escritório na época, com todos cantando pedaços da música tema bastante cativante. Mas foi Robert Stigwood quem acabou produzindo o espetáculo. (Nem tudo o que Stigwood tocava virava ouro. Em 1979, ele produziu a infame versão para o cinema de *Sgt. Pepper's Lonely Hearts Club Band*, que estrelava pessoas como Peter Frampton, Steve Martin, Alice Cooper e os Bee Gees – mas, acreditando que os norte-americanos não entenderiam o sotaque inglês, usou George Burns para fazer a narração. Os fãs detestaram e o filme foi tão mal que o vídeo não seria lançado até 1997).

Eu sempre achei que quando Klein jogou Peter Brown para escanteio, Peter deve ter colocado algumas fitas de Lloyd Webber na mala quando limpou sua mesa e levou-as com ele para a casa de Stiggie, contando que não havia muito interesse por elas na Savile Row. Se fez isso, tinha razão. Na verdade, Peter Brown ainda é o relações públicas de Andrew Lloyd Webber nos Estados Unidos. Se Klein tivesse mantido os olhos na questão e não estivesse muito preocupado em forrar seu ninho, a Apple poderia ter contratado Lloyd Webber e Tim Rice e produzido todos os seus grandes musicais depois de *Superstar*, como *Evita*, *Cats* e *Les Miserables*. Eu trabalhei na Polydor depois da Apple e, ironicamente, promovi *Cats*, *Starlight Express*, *Tell Me on a Sunday* e *Song and Dance*. Fiz vários trabalhos para Andrew, que quanto à promoção, envolvia basicamente levar pessoas para almoçar. Eu saia todos os dias para os melhores restaurantes de Londres com jornalistas e pessoal de rádio e TV. Não sei como conseguia. Às vezes começávamos na adega de Andrew – uma das melhores de Londres, dado seu *hobby* de freqüentador dos melhores leilões de vinho – depois saíamos. Sim, era divertido, mas às vezes a diversão pode ser trabalho duro se houver pouco tempo de descanso.

Fui perguntado várias vezes sobre o motivo de os Beatles simplesmente não contratarem um gerente de escritório para cuidar de seus assuntos de negócios e pagarem a ele um salário. Faria mais sentido. Mas essa idéia nunca ocorreu a eles. Simplesmente seguiram adiante, cegos, tentando encontrar alguém para substituir Brian, como se fosse alguma lei. Achavam que tinham que ter um agente, a quem teriam que dar 25% de sua renda bruta, ou seriam presos e jogados na masmorra.

Mesmo sem os Beatles, a Apple era uma gravadora de discos muito bem sucedida. Tudo o que precisava era de um bom gerente para cuidar das coisas e fazer alguns cortes. Tudo tinha que ter arestas aparadas, inclusive aqueles gastos lunáticos como o caviar de Yoko e os almoços extravagantes regados com os melhores vinhos dos quais Peter Brown e Neil Aspinall se serviam todos os dias. Muitas pessoas acreditavam – por causa dos mitos sobre a falência da Apple largamente espalhados na imprensa, ou por meio da banda The Rutles (uma sátira dos Beatles feita pelo Monty Python) e pequenos documentários imprecisos – que a Apple estava quebrada, ou que todo o dinheiro tinha sido desperdiçado. Isso simplesmente não era verdade. A empresa era extremamente bem sucedida apesar da astronômica porcentagem que pagavam em impostos e taxas. O problema visível era que não havia qualquer controle sobre os gastos.

Costumávamos ir a bares como o Revolution ou o Speakeasy e eu, ou qualquer um que lá estivesse, assinaria as contas. Acho que eram enviadas à Apple para serem pagas, e talvez tenham sido pagas. Não havia cartões de crédito e ninguém em sã consciência pegaria uma folha de cheque, então assinávamos as coisas e uma conta era enviada ao QG. Isso, é claro, dava margem a vários abusos. Metade das "celebridades" em Londres assinava por tudo, desde bares, restaurantes, táxis, lojas e diziam que eram da Apple. As contas continuavam chegando e alguém pagava algumas delas – depois provavelmente ia almoçar e assinava sua própria conta. Assim, as contas iam e voltavam.

Em tese, cada um dos Beatles teria uma conta na Apple para compras e coisas que queriam, e seus assistentes particulares pediriam coisas como passagens aéreas, e elas eram compradas. Ringo e George eram muito discretos e bastante auto-suficientes, enquanto Paul e John, que ativamente faziam muito mais, costumavam pedir à nossa equipe que buscasse coisas para eles. Todos tinham assistentes particulares, mas tenho que dizer que para músicos e astros do *rock*, os assistentes de George e John não eram muito eficientes. Sempre nos perguntavam o que fazer. Por um tempo, influenciado pela obsessão de Yoko por tudo, John empregou um sujeito de galeria de arte chamado Anthony Fawcett, que os ajudava a produzir algumas de suas exposições e filmes experimentais difíceis de engolir – chamado pelo escritório de "filmes caseiros". Ele não durou muito tempo.

Pedidos particulares criavam pequenos ciúmes. Por exemplo, os "filmes caseiros" de John e Yoko, que de forma alguma eram projetos da Apple embora cobrassem da Apple, irritavam os outros Beatles porque eram extremamente caros e não davam qualquer retorno. Acho que John e Yoko deviam acreditar que estavam fazendo projetos sólidos. No grande esquema da vida dos Beatles, a maior parte de suas indulgências pessoais era um pouco de cerveja, *hobbies* ou experimentações. Com todo o dinheiro que estava à volta, parecia coisa boba criticar e a maioria das pessoas não fazia isso. Aqueles eram tempos estranhos, afinal. Todos estavam experimentando algo e perseguindo a última idéia. Principalmente as vítimas do ácido andavam por aí vestidos como *Sgt. Pepper*. Era uma coisa divertida na época, mas nem mesmo os Beatles gostavam de dar a impressão de terem acabado de sair do *Yellow Submarine*.

O departamento de eletrônica de Alex era um grande desperdício de tempo e dinheiro, mas não tinha nada a ver com a Apple. Era uma fantasia criada por ele e John. A loja também era uma perda de tempo e dinheiro, mas era dinheiro que podiam se dar ao luxo de gastar, dinheiro que de outro modo iria ser levado pelos impostos. Poderiam até ter feito uma fogueira no telhado da Apple com o dinheiro que desperdiçaram – mas se fizessem isso, provavelmente choveria. Havia desperdícios consideráveis, mas ninguém ligava para isso. George chegou até a escrever em uma música: tudo estava marcado para ir para os impostos. Como Mario Puzo disse uma vez, "Se você quiser ficar rico, tem que ficar rico no escuro".

A Apple provavelmente contratava mais gente do que qualquer banco. Olhando para trás, pode-se ver como isso mostrou várias idéias erradas sobre como dirigir uma empresa internacional. O logo devia ter sido uma serpente com um sorriso malicioso junto da maçã. Devíamos ter colocado uma grande placa azul na parede do número 3 da Savile Row com os dizeres em latim, TRABALHE DIREITO OU ROUBARÃO ATÉ AS PLACAS DO TETO, ou então pregado uma daquelas placas tão em moda em Londres usadas pela Syd Bishop, empresa líder em demolições, VEJA ESTE PRÉDIO CAIR.

Mas, apesar de tudo, a Apple era impressionante. Vendia milhões de discos, em números reais, não no exagero de quem quer alavancar suas vendas. Costumávamos receber números que mostravam milhões de discos vendidos todos os dias! O lugar era tão entupido de discos de platina, ouro e prata que nem tínhamos mais onde colocá-los. Klein ficava com 20% de tudo, e John, que o tinha levado para lá, era um tolo na época e nem devia ser levado a sério. Eles não precisavam de Klein, nem de qualquer outra pessoa como ele. Ron Kass estava fazendo um grande trabalho. Todos adorávamos Ron, mas não havia como colocar Ron e Yoko frente a frente. Ele era um homem distinto. Vestia-se bem, era educado e instruído. Conhecia e entendia a indústria fonográfica. Na verdade, ele foi uma das melhores coisas que aconteceu à Apple. Mas Klein o odiava, Yoko também, e os dois eram uma grande força para ser enfrentada.

TRINTA E UM

APESAR DE PRESENÇA DE KLEIN ENTRE NÓS, de algum modo os negócios prosseguiram como de costume, com alguns pontos altos. Janis Joplin foi um desses pontos altos. Eu a vi várias vezes. Albert Grossman, agente de Bob Dylan, era quem a gerenciava. Ele era uma lenda, um homem afável com seu rabo de cavalo. Como só vestia camisa e calça jeans, parecia que só tinha aquela roupa. Sempre nos encontrávamos na MIDEM (convenção anual da indústria fonográfica em Cannes) e ele sempre foi um ótimo anfitrião.

Janis foi pela primeira vez à Inglaterra no início de 1969, para tocar no Royal Albert Hall, em Londres. Foi um show fantástico e superou em muito todas as expectativas. Ela sempre ouviu que os ingleses eram muito formais, mas quando todos começaram a dançar pelos corredores, ela retribuiu com uma apresentação de enlouquecer. Depois, ainda ofegante, ela disse, "Meu Deus, foi excitante, cara!". E continuou, "Ninguém, nunca ninguém... pensou que seria assim tão bom! Eu não pensava... mas foi muito melhor do que tudo... Sim, Londres foi demais. Ninguém nunca se levantou para dançar e se mexer... e eles dançaram, cara! Eles levantaram e se mexeram e ouviram. Foi como uma explosão". Belas palavras.

Assim como vários outros artistas quando estavam em Londres, Janis começou a freqüentar os escritórios da Apple. Ainda posso vê-la usando um grande chapéu estilo russo. O canto da minha mesa parecia atraí-los todos como um imã. Ela se sentava no canto com um baseado e um copo de Bourbon do grande estoque de Derek e fofocava comigo uns minutos. Não era atraente, mas era uma mulher realmente legal e divertida. Flertava com os dois lados, mas não dava muitos sinais disso, pelo menos não para mim. Não via qualquer sinal de que ela estivesse injetando drogas naquela época – na verdade, acho que ela nem usava muitas drogas naquela fase. Ela realmente começou a se drogar quando veio o sucesso.

Janis, Albert e eu íamos para o Speakeasy para ouvir o White Trash, uma banda escocesa contratada pela Apple. Ian Mclean era o vocalista e Ronnie Leahy, o tecladista. A esposa de Ronnie, Joan, tornou-se a Sra. Richard Branson. Ronnie sempre reclamava dizendo que Richard, que se deu muito bem importando discos da Europa enquanto ainda estava na escola, a tinha roubado dele mostrando seu dinheiro. A música do White Trash era muito boa, estilo *blues*, mas nunca vendemos discos deles. O mais perto que chegaram de emplacar um sucesso foi com uma versão de uma música dos Beatles, "Golden Slumbers", que Paul tinha escrito enquanto estava com o pai em Liverpool. A história da música é interessante, ela mostra que Paul usava várias fontes para colher material. Jim McCartney tinha se casado novamente e tinha uma filha, Ruth (meia-irmã de Paul). Paul estava sentado ao piano quando viu algumas partituras de Ruth, entre elas "Golden Slumbers". Ele não sabia ler partituras, mas gostou das palavras. Não havia direitos autorais, já que tinha sido escrita em 1603, e Paul decidiu fazer sua própria música. Como sempre, John e ele receberam os créditos, mas na verdade foi Paul quem a escreveu.

O problema básico com o White Trash era que a BBC os tinha banido de sua lista porque consideravam o nome da banda racista. Alguém alertou os músicos sobre o terrível engano da BBC e eles mudaram o nome para apenas Trash, que ficou ainda pior. Janis adorava seu som no estilo do *blues*. Costumava ir até o palco e cantar com eles no Speakeasy. Ficava bêbada e engraçada e se divertia muito. O *office boy* e ajudante geral da Apple na época, o jovem estadunidense, Richard DiLello, foi designado para a tarefa de anunciar Janis e o White Trash. Tornaram-se um tipo de projeto para ele, que começou a fazer várias fotografias. Uma delas era de Janis do lado de fora do Albert Hall, pouco antes dela morrer. Na época, Richard não era um fotógrafo muito bom, mas aquela foto ficou famosa. Ele observou o suficiente do que era a loucura da Apple naqueles dias para escrever um livro, *The Longest Cocktail Party*.

Apesar do barulho e das brigas, no fundo os Beatles ainda eram grandes amigos e realmente se importavam uns com os outros. Sem influências externas, ainda eram capazes de se reunir em um estúdio como uma banda e trabalhar amigavelmente. Foi assim em julho de 1969, quando apaziguaram as diferenças e iniciaram o longo processo de gravação de *Abbey Road*, que continuaria por julho e agosto. Seria a última grande obra dos Beatles, o canto do cisne da banda. Tornou-se um dos discos mais evocativos e belos. No começo, ressuscitaram "Everest", o título de trabalho anterior do *White Album*, e decidiram usá-lo. Queriam que o disco refletisse algo eterno, imagens da própria montanha e chegaram até a pensar em ir para Índia filmar e tirar aquela fotografia clássica. A idéia dos Beatles caminhando pelo Nepal naquela fase da vida era idiota. Acho que foi George quem de repente teve um momento *zen* e disse, "Bem, aqui estamos nós – na *Abbey Road*. É nosso lar espiritual. Vamos usar este nome".

Paul gostou. Ele morava do outro lado da rua e para ele aquele era seu verdadeiro lar. Por um momento, não houve discordâncias. Foi então que tiraram a famosa foto atravessando a rua na faixa de pedestres que leva à Cavendish Avenue.

Se era para ser o último disco – o que suspeitavam – queriam que fosse um estouro. Tinham material praticamente de sobra para escolher, algumas coisas de anos atrás de quando John e Paul tinham começado a compor. Mesmo George, que mais tarde se tornaria letrista, tinha o suficiente para o que seria seu disco triplo. Lembro-me de estar com eles quando se sentaram pelo estúdio durante dias ouvindo fitas e fazendo listas. Rejeitaram "Jealous Guy" e "Mother Nature's Son", e rejeitaram até a clássica "Imagine" de John porque ela não estava terminada – a música que seria chamada a maior música de todos os tempos, igualada apenas por "Yesterday" de Paul.

Queriam que todos os quatro tivessem alguma música no disco.

Muitas pessoas consideram que George tenha roubado a cena com as maravilhosas "Here Comes the Sun" e "Something" – que foi considerada uma das mais belas baladas. Ringo fez a bela "Octopu's Garden", e John fez três músicas, a magnífica "Sun King", "Mean Mr. Mustard" e "Polythene Pam" (esta última remetia aos seus tempos de estudante de arte). Paul, que era a força motora por trás do projeto, fez todas as outras, inclusive "Golden Slumbers".

O título de uma das músicas de John inclui a palavra "heavy", como em "I Want You (She's so Heavy)". O uso contemporâneo da palavra foi atribuído a mim, pelo menos segundo Paul em sua biografia, *Many Years from Now*. O termo surgiu um dia na Apple quando a atmosfera estava mais envenenada do que de costume e todos se sentiam infelizes e indispostos, como se o peso do mundo estivesse sobre nossos ombros.

Eu disse, "Cara, esta atmosfera está horrível. É tão pesada".

Paul, que era apaixonado por palavras, levantou o olhar e disse, "Uau!". Logo, todos estavam usando a palavra e foi assim que ela surgiu. No mundo todo? Não sei. Mas a palavra viajou por todos os cantos com a música de John.

Uma boa idéia do disco *Abbey Road* foi o *medley*. Foi usado com várias músicas não terminadas dos Beatles, algumas que talvez jamais fossem terminadas. Acho que os responsáveis por esta idéia inovadora foram George Martin e Paul, e funcionou.

Paul, George e Ringo imediatamente começaram a trabalhar nas sessões do *Abbey Road* em 1 de julho, mas John e Yoko decidiram ir para a Escócia para um feriado em família com Julian e Kyoko e ficaram na casa de uma das irmãs de Mimi, onde John tinha passado quase todas as suas férias na infância. Era piada corrente no escritório o quanto John dirigia mal. Ele raramente pegava o volante porque sua visão era péssima. Mas, daquela vez, estava determinado a ser o chefe da família – um chefe bem doidão – mesmo assim, saíram todos para uma jornada em zigue-zague. Em poucos dias chegou a notícia de que John tinha destruído o carro, um Austin Maxi, em uma estrada reta e pouco movimentada, e ele, Yoko e Kyoko estavam feridos e no hospital.

Todos os três sofreram grandes cortes e precisaram tomar vários pontos, enquanto Yoko tinha sido sofrido uma grave lesão nas costas e não podia se mexer. Depois do acidente, Cynthia pegou Julian e Tony Cox correu para pegar Kyoko e levá-la à Dinamarca. John cuidadosamente tomou providências para que Yoko fosse transferida de helicóptero do hospital até o Glasgow Airport, onde foi colocada em um avião particular e levada para o Heathrow. De lá, o helicóptero voou para o gramado espaçoso de sua nova casa, em Tittenhurst Park.

John tinha comprado esta casa enorme no ano anterior e a reformou totalmente. As reformas incluíam um estúdio de última geração e uma grande sala branca para música que continha nada mais além do que um grande piano branco e portas dobráveis. Foi naquela sala que "Imagine" foi finalmente concluída no ano seguinte, inspirada pela capacidade de Yoko em tocar piano clássico, por seu livro *Grapefruit* e pela busca conjunta do casal pela paz. Teria sido bom se as coisas continuassem simples, mas para espanto de todos, depois do acidente, John encomendou uma enorme cama na Harrods e a instalou no estúdio da Abbey Road para Yoko. Um microfone foi pendurado na posição ideal acima da cama, para permitir que Yoko fizesse seus comentários. Acho que isso jamais tinha acontecido na história da música. As pessoas não sabiam para onde olhar, ou o que dizer. Os outros três Beatles deviam ter dito não. Uma conseqüência deprimente das dores nas costas de Yoko foi que a heroína entrou com mais força na vida dos dois e eles desapareceram das vistas. Abrigados em uma enorme cama na nova casa, passaram o verão sonhando, como Coleridge e uma gueixa. No final, passaram por um período difícil de abstinência por conta própria – até escreveram uma música sobre isso, a primeira gravação que fizeram sozinhos na Abbey Road – dizendo que tinham largado as drogas sozinhos, pela própria força de vontade. Talvez, mas há registros de que foram internados na London Clinic e vários amigos visitaram o casal lá.

♪

Com o *Abbey Road* na mala, pronto para ser lançado, Klein anunciou que nós iríamos para a Capitol Records/Apple Convention, no Havaí. A Capitol, parte da EMI, distribuía a Apple nos Estados Unidos e ele deixou claro que era importante conhecer todos os encarregados das divisões e também que eles nos conhecessem melhor. Isso nos fez rir. Já tínhamos comparecido à primeira das convenções em Las Vegas dois anos atrás, muito antes da chegada de Klein em nosso universo. A equipe seria composta por Allen Klein, que finalmente era o responsável pelos Beatles, e eu e Jack Oliver que estávamos encarregados de beber, já que Klein não nos permitiria fazer muita coisa e não tínhamos a menor intenção de andar ao lado dele.

Mas devo admitir que foi maravilhoso voar para o Havaí em um Boeing 707, em 1969, antes dele se tornar tão turístico. Era como estar no começo de um filme de James Bond, aquele em que Ursula Andress aparece no mar de maiô branco. A ilha toda tinha um cheiro bom como se tivesse sido borrifada com perfume. Eu estava bem bêbado. Assim como o pequeno contingente inglês – Klein tinha trazido uma *entourage* de seu próprio pessoal de Nova York, incluindo executivos da Invictus Records, que lançaram o grupo Chairmen of the Board, na convenção. Klein estava muito feliz, quase pulando de um lado para o outro como uma bola na areia da praia, dando tapinhas nas costas e radiante. "Olhem para mim! No topo do mundo!". Ele passava as tardes jogando tênis com os italianos de Nova York, correndo pela quadra toda para se mostrar, enquanto Jack e eu fazíamos as relações públicas de nossas poltronas no terraço, com muitos coquetéis tropicais servidos em abacaxis cortados ao meio. De vez em quando, Jack olhava para Klein do outro lado e dizia, "Olhe para aquele gordo nojento. Queria enfiar este abacaxi no rabo dele".

"Boa idéia. Mas seria um desperdício perder o abacaxi...", eu disse.

Nosso hotel, que ficava bem na praia de Waikiki, era o hotel onde a série *Havaí 5-0* foi filmada. Uns mil bêbados vestidos com bermudas largas e camisetas chamativas andavam tontos de um lado para o outro com os abacaxis na mão, rindo e imitando as falas de Jack Lord. No bar estavam Freda Payne, tocando "Band of Gold", e Glen Campbell e Joe South – grandes amigos de Elvis – também se apresentaram. O próprio Elvis estava fazendo um filme lá naquele momento e Glen e Joe nos apresentaram a ele. Não conversamos muito, ninguém falava muito nessas situações. Era só um aperto de mão e, "Tudo bem?".

Fiquei completamente maravilhado. Sua voz era como se estivesse falando as palavras de "American Trilogy". Ele era fantástico e eu me lembro de um verão passado em Los Angeles, quando o coronel tinha me dado os ingressos para seu "retorno" – que também foi no Havaí. Infelizmente, naquela vez ele não estava ali para cantar, então eu nunca cheguei a vê-lo no palco ao vivo.

TRINTA E DOIS

De várias maneiras, Ringo tinha se afastado da bagunça da Apple havia algum tempo e chegou a dizer, "Fico pensando no que fazer da vida agora que tudo acabou". Decidiu voltar às raízes produzindo um disco com boas bandas e músicas de shows de sua infância. Pediu à mãe para lembrá-lo de algumas e os amigos sugeriram outras. De setembro de 1969 até o início de 1970 ele estava fazendo seu próprio disco na Apple, *Sentimental Journey*. Foi produzido por George Martin e amigos, como Paul, contribuíram com os arranjos. Ringo disse em uma entrevista: "O lado bom é que isso me mantém andando. Continuo em movimento. Tudo bem, não vamos muito rápido, mas de alguma forma estamos andando. É como a primeira pá de carvão na fornalha que faz o trem sair do lugar".

Enquanto Ringo ia adiante em silêncio fazendo as coisas acontecerem, George foi o primeiro a expressar sua insatisfação com sua própria situação. Sentia que os discos que estava fazendo com Jackie Lomax, Doris Troy e Billy Preston não recebiam a atenção digna de um disco de um Beatle. Os únicos sucessos verdadeiros eram o *single* de Billy Preston, "That's the Way God Planned It", e os dois discos Hare Krishna, que foram vistos como novidade. Não conseguiu fazer com que a Apple contratasse Delaney e Bonnie and Friends, que George adorava. Para conseguir algum espaço, saiu em turnê com eles. A viagem não foi programada, como as turnês planejadas com o esforço de Brian. Esta foi muito mais relaxada e divertida. Acho que foi aí que percebeu que havia um mundo totalmente diferente por aí.

Mais ou menos no outono de 1969, os Hare Krishna tornaram-se a grande paixão de George, infelizmente algo que os outros não queriam saber; mas George acabaria conquistando e arrastando todos para isso. Acho que tinha seu caso com a Índia assim como John tinha seu caso com o *Two Virgins*. Depois da experiência na Índia, os Beatles passaram a se vestir à moda oriental por uns dois anos, que também se parecia muito com a moda dos *hippies*, com cetins coloridos e túnicas de veludo, camisas sem gola, miçangas, chapéus chatos e assim por diante. George, porém, chegou ao extremo, cobrindo-se com camadas e camadas de miçangas. Deixou o cabelo e a barba crescerem. Parou de usar sapatos, ia para os escritórios vestido com togas e robes, em uma interpretação própria do aparato laranja dos Hare Krishna. A isso tudo, acrescentava ainda uma guirlanda com os cravos sagrados em volta do pescoço. Estava sempre fazendo o V da paz, que John também logo assumiu.

Escondíamos o riso e, condescendentes, chamamos de "Mania Hare Krishna de George", mas a seriedade com que tínhamos que lidar com isso era mesmo uma chateação dos infernos. Toda vez que surgia o assunto, imitávamos roncos, olhávamos para os relógios e dizíamos, "Ligue a televisão para vermos *Magic Roundabout*". Na verdade, *Magic Roundabout* fazia muito mais sentido. (Era um programa *cult* na TV, para crianças, em que alguns dos nomes eram relacionados a drogas, algo que os produtores da BBC não perceberam – assim como não perceberam nada sobre Bill e Ben, o Flowerpot Men e o seu amigo Weed em outro programa infantil popular.)

Podíamos ter rido do novo interesse de George, mas não era muito engraçado. Não apenas era trabalho duro dar a devida atenção aos Hare Krishna para agradar George quando ele os queria à sua volta, mas também estávamos morrendo de tédio em ver aquele bando de desocupados entrando e saindo, cantando, balançando sininhos e pedindo dinheiro.

O templo Radha-Krishna de Londres, totalmente financiado por George, ficava na Oxford Street e muito perto de nosso escritório na Savile Row. Quem passava pelo templo, podia sentir o cheiro de incenso e maconha pairando no ar. Eu sempre via membros esmolando nas ruas, curvando-se e andando pelas calçadas, às vezes usando apenas sandálias na neve, sem casacos, com os narizes resfriados escorrendo, os rabos de cavalo mal tratados e os olhos vermelhos. Era um pesadelo ver essas mesmas pessoas agora entrando em nossos escritórios e nos estúdios de TV, sempre chacoalhando os malditos sininhos e procurando por George. Era eu quem tinha que lidar com eles na maior parte das vezes, e tenho pouca paciência com pessoas cujos filhos são levados pela assistência social por estarem mal-nutridos. Eu acreditava mais em alimentar as crianças em vez de fazê-las rezar a noite toda e alimentá-las com caldos e feijão.

Quando George entrou no estúdio com os novos amigos todos achamos que aquilo não daria em nada – como seria possível? Mas, de alguma forma, Joe Public chegou a acreditar que aquilo era uma coisa profunda. Sua idéia era mais ou menos "Se você não abraçar tudo isso, então é um idiota insensível que vai pagar caro na próxima encarnação". Eu via tudo como chantagem emocional, um estranho tipo de pressão religiosa que dizia que aquele que não dá tudo o que tem, vai pagar caro mais tarde. Como dizia John, "O carma vai continuar com você".

Eu dizia, "Vou arriscar. Vou dizer a Deus que ele nos mandou Yoko e Klein e eu estava ocupado com eles por culpa dele". Na época, John estava sem seu habitual senso de humor, então olhou para mim desconfiado.

A convicção dos Krishna podia ser convincente exceto pelo fato de que muitos eram drogados regenerados. Eu mesmo nunca tinha visto um indiano legítimo entre eles. A maioria daqueles caras não apenas eram ingleses, como também eram de Liverpool! Eu disse a Paul, "Como é que você vai pedir seu frango *tikka masala* se todos os caras que trabalham no restaurante indiano estão na Oxford Street com George, marchando, batendo sinos e esmolando?".

Paul sorriu e disse, "George não bate o sino, ele é muito ocupado".

E era mesmo. Quando os Hare Krishna foram ao *Top of the Pops* naquele mês de setembro, tiveram que ser levados a sério porque o *TOTP* era o programa de TV mais popular da Inglaterra. A improvável mania Krishna tinha surgido durante o verão de 1969, quando George lançou seu *single*, "Hare Krishna Mantra", com membros do templo cantando ao fundo. Logo chegou ao primeiro lugar na Europa e na Ásia. Nós, céticos, ficamos todos surpresos com aquele sucesso comercial. Alguns ainda riam daquela proeza, então o produtor do *TOTP* me ligou.

"Tony, quantos Hare Krishna você acha que podemos colocar no estúdio para o programa desta semana?", perguntou. Espantado, fiz a George esta pergunta metafísica.

"Quantos Hare Krishna podemos conseguir, George?". Ele fez uma contagem mental. "Hum... trinta e sete", disse ele, depois franziu as sobrancelhas. "Espere, talvez... hum... trinta e oito".

Deixando George com suas contas, voltei ao telefone com o produtor do *TOTP*. "Podemos mandar trinta e sete", respondi.

O cara da BBC disse, "Ah, meu Deus. Só temos espaço para cinco. Mande os cinco melhores cantores".

Tive que ir ao QG dos Hare Krishna e, sentindo-me mais do que ridículo, disse, "Ei, Hare, será que cinco de vocês podem ir ao *TOTP* amanhã?"

"Não!", disseram, servindo-se de outro pão *bhaji* de cebola macrobiótica. "Ou vamos todos, ou não vai ninguém. Coma um *bhaji*. Deixe uma oferenda à paz".

Pensei estar perdido no mar quando liguei de volta para o cara da BBC para dizer que era impossível desfazer o grupo. "Vai o templo todo ou nada", disse eu. Ele rosnou.

"Bem, já que é George Harrison", disse ele, relutante, "Acho que não tenho muita escolha".

Um novo corredor de camarins teve que ser aberto e algumas dezenas de vasos foram levados para lá para abrigar todos os cravos. Gravar o programa não foi fácil, considerando-se a dificuldade de andar no meio de tantos Hare Krishna. Lá estavam todos eles com seus robes alaranjados, meditando, contando miçangas e entrando na frente das câmeras, sem falar em todos aqueles cabos elétricos que se espalhavam pelo caminho. Mas o programa foi gravado e levado ao ar e foi assim que os Estados Unidos souberam que George Harrison tinha um novo mantra para combinar com sua consciência elevada.

Todos aqueles sinos Hare Krishna devem ter soado como uma caixa registradora. Como sempre acontecia quando qualquer religião estava em evidência, oportunistas viam possibilidades políticas e comerciais.

George e seus pequenos amigos alaranjados, com os narizes vermelhos e escorrendo, de repente viraram um grande negócio. A Capitol Records imediatamente enviou um Rei Mago em busca da estrela brilhando no oriente: o presidente, Stan Gortikov. Em vez incenso ou mirra, Stan levava apenas o largo sorriso. Estava ansioso para ver as coisas, pelo menos foi o que me disse.

"Era um sonho meu ver os Beatles em ação na Abbey Road", confidenciou-me, "com George Martin na produção". Logo ele queria ver todo o lendário circo e coube ao "sortudo" aqui programar tudo para ele. Infelizmente, Stan ainda estava no tempo de "She Loves You" e "I Wanna Hold Your Hand", e no lugar disso viu uma daquelas noites malucas de George com sua "mania de Hare Krishna". A maior parte do templo da Oxford Street estava lá para cantar e se balançar como ramos cor de laranja. Por todo lugar para onde olhava, Stan via cítaras, incenso, tambores e miçangas. Era "Cléing! Cléing! Cléing!" em vez de "Yeah! Yeah! Yeah!". Iogues sentados de pernas cruzadas em almofadas, pela sala, de vez em quando dando saltos usando os músculos da bunda como molas. Nem mesmo a vida de Los Angeles tinha preparado Stan Gortikov para tal vôo iogue. Seu rosto não mostrava qualquer reação e eu, gentilmente, levei-o para um bar.

Um setembro maluco ainda não tinha sido o suficiente para me derrubar. John estava se sentindo muito melhor depois de um tratamento para viciados em heroína na London Clinic e vários meses de tentativas com a Terapia do Grito Primal com Arthur Janov por telefone, para libertá-lo de seu vício em heroína. Ele e Yoko começaram a aparecer nos escritórios regularmente.

Os Beatles tinham sido convidados para tocar no Toronto Rock Festival mas não tinham aceitado, embora John tivesse dito algo sobre ir na parte Live Peace do evento. Dois dias antes do festival, eu estava conversando com Mal no escritório quando John apareceu. Ele obviamente tinha algo em mente.

"Oi. Estive pensando – ", começou a falar. Mal e eu paramos de conversar e esperamos que John dissesse o que tinha para dizer. "Hum", continuou ele, calmamente resumindo a situação de modo desprendido, "Vou precisar de um baterista, um baixista, além de mim, Yoko, você e Mal".

De repente percebi que John estava querendo formar uma banda para ir a Toronto. Era como no quadro do Monty Python: "Você doutor, eu paciente, ela enfermeira, você Tony, você Mal, encontrem pessoas, arrumem passagens para o grande pássaro prateado para irmos ao grande show, cara!"

"Sim, deixe comigo, John", disse eu. Mas já era quinta-feira e o concerto era no sábado. Por que John, como sempre, tinha deixado para a última hora? Mais uma vez, Mal e eu formamos a dupla dinâmica, "Appleman e Robin!". Podíamos ter um ataque de nervos imediato, pegar o telefone e mesmo assim estar no bar às seis, tratando de negócios em uma outra Bat-Caverna de Londres. Mas John estava dizendo mais alguma coisa.

"Eu perguntei ao Allen e ele disse sim, para eu ir adiante – para fazer". Fiquei pensando nos motivos de ele precisar de permissão, principalmente de Klein, mas não disse nada. Porém, podia ver Mal se perguntando a mesma coisa. Então, pouco antes de John sair, ele se virou e disse, "Ei, Tone, pode levar algumas músicas? E... hum... nos vemos amanhã no aeroporto".

"Música, John? Que música?"

"Sim, você sabe, todas aquelas músicas de antes... hum... sabe, aquelas músicas que costumávamos tocar. Toda aquela coisa de Chuck Berry e Little Richard, Fats Domino... pegue o principal de todos esses... entende o que eu digo?".

"E quanto aos músicos?", perguntou Mal.

"Eu escolho", disse John, o que, é claro, não fez.

Montar um grupo não era fácil. Até conseguirmos, já era sábado, e a maioria das pessoas, como Eric Clapton, ainda estavam em coma e não atendiam o telefone. Por fim, a banda foi formada com Eric, que finalmente acordou, o baixista Klaus Voorman, que John conhecia de tempos atrás, desde a primeira viagem a Hamburgo, e o baterista Alan White. Na época, Alan tocava para uma banda chamada Skip Bifferty, um dos grupos novos de Don Arden. Mais tarde, ele se juntaria ao Yes.

Depois de cuidar das passagens e hospedagem, eu estava andando pela Tin Pan Alley e pela Charing Cross Road, com minha mala, indo aos distribuidores para comprar todas as partituras de clássicos do rock que pudesse encontrar. Corri para Heathrow, para a sala VIP, onde Eric, John, Yoko, Mal e o resto do grupo bebiam chá verde e suco de manga, esperando para embarcar.

"Obrigado, Tone", disse John quando cheguei. Ele pegou o grande maço de partituras da minha mão. "Belo material. Vamos ensaiar no avião, entendeu?". Olhei para o grupo reunido com suas caixas de instrumentos e disse, "Aliás, o vôo está lotado. Não posso ir com vocês".

Para dizer a verdade, eu não estava desapontado embora soubesse mais tarde que John e o resto deles tinha ensaiado no avião com violões, uma ocasião rara para os outros passageiros, e uma coisa que, acredito, poucos deles esquecerão. De volta ao escritório quando entrei e fui perguntado sobre o que tinha acontecido, a piada começou a circular dizendo que Yoko tinha levado uma escada acústica para ensaiar no avião para que ela preparasse sua apresentação.

Chegaram a Toronto bem na hora. Foi a primeira apresentação pública de John e Yoko como a Plastic Ono Band. Soubemos que se saíram extremamente bem, todos exceto Yoko, que rolava pelo palco em um saco branco enquanto John estava tocando. "Muito bem, pessoal, aqui vai a parte que estavam esperando!".

Yoko soltou um grito perdido e solitário por uns vinte minutos ou mais. A platéia inteira vaiou com toda força, apesar do respeito que tinham por John e pelos outros. Apesar disso, o disco *Live Peace in Toronto* ficou ótimo, com um pouco do melhor *rock and roll* improvisado jamais ouvido.

Muitas pessoas me perguntavam se Yoko se considerava artista ou vanguarda. Para dizer a verdade, eu não sabia. Nas festas, as pessoas diziam, "Ah, sim, Yoko... hum... ela está com John, que é incrivelmente talentoso, e *ele* a admira, mas, pessoalmente eu acho, bem... não sei". E então surgia a dúvida porque alguns críticos e comentaristas fizeram boas críticas na imprensa e TV. Alguns deviam se perguntar se eram um fracasso intelectual por não serem capazes de enxergar o valor na arte e música de Yoko. Posso me lembrar destas discussões e debates entre os amigos de John, principalmente quando era óbvio que John estava obsessivamente apaixonado. Ele tinha uma reputação de intelectual, então, de alguma forma, era preciso julgar Yoko imparcialmente, especialmente por conta de seu envolvimento com John. O problema era que não podíamos aceitar que ele fosse tão cego.

Será que se tivéssemos dito, "John, ela é terrível – você sabe disso, nós sabemos disso e o mundo todo também sabe", ele teria *percebido* e talvez Yoko Ono jamais tivesse acontecido? Mas todos encobríamos o fato. Todos dizíamos a ele que ela era boa quando ele pedia nossa opinião – o que sempre fazia no começo. Em resumo, somos todos culpados pela ascensão artística de Yoko. Foi um caso de culpa coletiva e também um pouco como a roupa nova do rei. Como resultado, Yoko era praticamente à prova de fogo quando John estava por perto. Depois de um tempo, ele estava tão perdido por ela que a verdade nem mais importava.

Ao longo dos anos, trabalhar tão perto de tantos astros e estar muito mais próximo deles do que outras pessoas, criou em mim um certo ceticismo. Desenvolvi uma certa postura antiquada achando que o trabalho de um astro *pop* era fazer música e vender discos, não comentar sobre política, fosse John Lennon ou qualquer outro. Acho que o que levou John a acreditar que tinha o direito de falar sobre a paz mundial foi o fato dc que as pessoas levavam suas opiniões sobre qualquer assunto a sério, fosse sobre chicletes ou bombas atômicas. Hunter Thompson disse uma vez que quando pessoas como Lennon começaram a falar sobre política, tudo o que fizeram foi acompanhar o movimento. As pessoas seguiam John porque ele tinha cara de pacifista. Enxergava mal e usava óculos, o que o fazia parecer acadêmico e politizado. Ele parecia preocupar-se. E provavelmente se preocupava mesmo. Parecia profundo, mas não era nenhum Sócrates. Houve uma famosa caricatura de Rigby no *Sun* na época em que John e Yoko estavam cortando os cabelos pela paz e enfiando-se em sacos. Tudo se resumia a sacos-paz-amor-cabelos. O desenho mostrava lixeiros sorrindo ao apanhar o saco errado – o saco com John e Yoko de cabelos raspados e cabeça para fora, não o saco com os cabelos – para jogar na caçamba do caminhão de lixo.

O evento do corte de cabelos não era de forma alguma uma questão política. Era uma questão de drogas. Yoko tinha permissão de Tony para ir visitar a filha na Dinamarca durante o Natal. Durante a visita, ela e John foram persuadidos por Cox a rasparem as cabeças. Foi um momento estranho, e aparentemente tinha mais a ver com Cox tê-los convencido de que seria uma boa idéia, enquanto ao mesmo tempo pregava-lhes uma peça que os dois pareciam não ter percebido. Na volta para a Inglaterra, encontraram-se com Michael X, conhecido também como Michael Abdul-Malik, líder dos muçulmanos negros e presidente da Racial Adjustment Action Society. Ligada aos Águias Negras e Panteras Negras, sua base era a Casa Negra e ficava em um complexo de residências, lojas e fábricas vazias na Holloway Road. Descrita como uma comunidade social, era financiada por artistas, cantores, religiosos e afins. John e Yoko apoiaram com entusiasmo tudo o que o movimento representava e doaram os cabelos raspados para que A Casa Negra levantasse fundos. (Em troca, ganharam um calção suado de Muhammad Ali). O destino final de Abdul Malik foi a forca na Jamaica, acusado de homicídio. Sempre penso naqueles cabelos e tenho idéias estranhas quanto a eles, por exemplo, será que seria possível clonar John a partir de seus cabelos?

John raramente insultava ou era grosso com alguém. De vez em quando, dizia coisas inteligentes como um Lewis Caroll ou um Edward Lear, mas jamais dizia coisas racistas ou sujas. Fazia aquele estranho sinal de V pelas costas das pessoas, mas não era de assustar ninguém. Yoko sim *era* assustadora. Tentar promover seus discos era algo de meter medo.

Ainda me lembro de levar seu produto às estações de rádio. O mais perto que chegavam de uma lista de execuções era a lata de lixo ao lado da mesa dos DJs. Eles riam e diziam, “Obrigado, Tone”, depois jogavam o disco pela sala como um *frisbee*. Isso era anos luz do tempo em que eu aparecia com um disco novo dos Beatles e era calorosamente recebido. Ainda me lembro de vários estúdios com os corredores entupidos de produtores e secretárias que queriam ver o disco girando no toca-discos enquanto ouviam a nova música.

A idéia da Zapple, o projeto de Poesia e Palavra Falada da Apple, que tinha começado bem, depois murchado com o desaparecimento de Ken Kesey e os Merry Pranksters, ainda não estava morta. Paul era muito aberto à idéia e John e Yoko também gostavam dela e mencionaram isso a Klein. Naturalmente, ele deu uma boa olhada no projeto. Eu não era particularmente atraído pela poesia *beat* e toda aquela história do *On The Road – Pé na Estrada* de Kerouac, assim como o resto do pessoal da Apple. Simplesmente gostávamos de *rock and roll* e acho que não havia qualquer mercado, ou melhor, não via qualquer motivo para a Apple se envolver com experiências poéticas. Mas enquanto as paredes ainda ressoavam essas discussões na Savile Row, Barry Miles, um dos fundadores da Indica, estava sumido, rodando pelos Estados Unidos com uma unidade móvel de gravação, compilando entrevistas e gravações de uma nova safra de escritores de vanguarda.

O que acabou com tudo foi uma das grandes idéias de Miles de gravar um disco em Nova York com o bisavô dos poetas *beat*, Allen Ginsberg, que encontrou pela primeira vez em Londres, na Indica. Ginsberg concordou, mas estranhamente afeito aos negócios para um *hippie*, disse que queria algum tipo de contrato especial com a Zapple, um contrato de verdade com porcentagens e valores escritos. Ele não sabia o tamanho de seu erro porque Klein agora estava envolvido com as questões financeiras da Apple/Zapple. Klein disse que ele e Ginsberg precisariam de uma reunião para falar sobre o contrato. Miles levou Ginsberg com ele. Dizer que os dois não conseguiam se entender é subestimar a situação. Ali estava o irrequieto poeta *beat* judeu com manteiga de amendoim na barba falando sobre projeções de direitos autorais e do outro lado da mesa estava o radiante Klein, o arquicapitalista advogado/contador judeu que abominava a idéia de entregar quaisquer pagamentos por direitos autorais a quem quer que fosse, principalmente a alguém a quem chamava de "falso poeta".

Não, não se entenderam. Ginsberg aparentemente colocou-se em ásana e fez um rápido "ommmmmmm". Convidou Klein para juntar-se a ele para entrarem na vibração correta. Klein não faria nada daquilo. Ele gritou, "Levante-se do meu tapete e saia do meu escritório, sua maldita bicha *hippie*!"

Logo, por mais estranho que possa parecer, Klein cortou todo o financiamento da Zapple e acabou imediatamente com aquela idéia. Miles ficou arrasado. Estava com todas aquelas fitas, morando no Chelsea Hotel em Nova York, absolutamente sem dinheiro, sem nada e ficando louco. Por fim, teve as fitas compiladas e elas foram lançadas por vários outros selos do ramo.

Paul tinha colocado dinheiro na livraria Indica, que era dirigida por Miles, onde Ginsberg esteve morando por uns tempos. Ginsberg estava firmemente envolvido na grande manifestação em favor da maconha no Hyde Park, na Speaker's Corner. Gonzo Ginzo, como costumávamos chamá-lo, tinha subido em uma caixa de sabão, tocava seu pequeno acordeão e recitava suas poesias, mas a maioria das milhares de pessoas que estavam ali naquele domingo ensolarado, foram por causa da apresentação de Eric Clapton. Quanto a Bukowski, conheci-o em Los Angeles, mas era impossível manter com ele uma conversa porque estava sempre caindo de bêbado. Mickey Rourke interpretou Bukowski no cinema, mas William Burroughs era uma situação diferente. Um romancista *beat* em vez de um poeta. Estava sempre por Londres e ia muito à Apple. Por um tempo, assim como Ginsberg, praticamente morou ao nosso lado, na livraria Indica, na Masons Yard. Por fim, o destino da Zapple seguiu-se ao da Apple Electronics e da Apple Boutique: depois de muito dinheiro desperdiçado, acabou sendo fechada.

TRINTA E TRÊS

ENCONTREI-ME COM PHIL SPECTOR pela primeira vez quando Brian ainda era vivo. Ele tinha ido à Inglaterra para uma turnê com Billy J. Kramer, que era contratado da NEMS, embora eu não me lembre exatamente o que Phil ia fazer. Andrew Loog Oldham deu a ele o tratamento dispensado a uma lenda viva e eu era o encarregado de promover a turnê. Cilla também tinha gravado uma versão cover de "You've Lost That Loving Feeling", o grande sucesso de Phil com os Righteous Brothers. Antes mesmo de conhecê-lo, os Beatles adoravam a música de Phil Spector. Tocaram seu grande sucesso "To Know Him is to Love Him" na fracassada audiência na Decca. Apesar do fracasso, os Beatles ainda adoravam o trabalho de Phil Spector quando finalmente o conheceram.

A rejeição de Paul por Spector começou quando Klein chamou Spector em segredo para "resgatar" as fitas de *Get Back*, que jamais tinham sido lançadas. Depois da sessão no telhado e da filmagem no Twickenham, grande parte do filme e todas as fitas tinham sido colocadas em um depósito. Algumas coisas foram acidentalmente jogadas no lixo e roubadas. (Depois de alguns anos, foram lançadas na Holanda como artigos piratas.) Ao analisar as contas da Abbey Road e descobrir que o estúdio tinha cobrado por horas não utilizadas, Klein fez algumas investigações e soube das sessões de *Get Back*. Bem, para ele, aquilo era ouro puro. Era um material perdido dos Beatles que poderia ser lançado e gerar montanhas de dinheiro.

John e George gostavam de Phil Spector e quando Allen Klein, que estava ocupado tentando agradá-los, perguntou a eles quem poderia cuidar daquelas fitas, sugeriram o nome de Phil. Na primavera de 1970, Phil trabalhou muito com cordas, metais e vozes femininas ao fundo e o material foi lançado com o título de *Let It Be*.

Quando Paul ouviu, principalmente o que chamava de uma versão enjoativamente doce de "The Long and Winding Road", ficou furioso. Correu direto para a Apple e reprovou Klein a berros tão altos que se ouviam por todo o prédio. "Não somos mais nós!", gritava Paul.

O comentário grosseiro de Klein foi, "Seu material original era horrível. Era imprestável. John acha Phil um gênio e eu concordo com ele".

Ironicamente, o filme *Let It Be* ganhou o Oscar em 1971 por melhor arranjo musical. Os únicos que se incomodaram em comparecer à cerimônia foram Paul e Linda, que pegou a estatueta em nome dos Beatles. (Trinta anos depois, Paul e Ringo juntaram-se e "despectorizaram" o disco para um relançamento.)

Phil começou a gostar de mim, talvez porque eu era um bom ouvinte e ele, um falante clássico. Toda vez que ia para lá, passava pela Apple e sentava no canto da minha mesa como um anão de jardim. Ele falava sobre a vida, sobre tudo e sobre nada. Na maioria das vezes, falava de si mesmo, então acabei conhecendo-o, assim como seus medos. Ele ainda era casado com Veronica, a "Ronnie" das Ronettes, para quem tinha produzido seus sucessos estilo Wall of Sound como "Da Doo Ron Ron", "Be My Baby" e "Baby I Love You", músicas que pegaram o mundo *pop* de surpresa. A surpresa da indústria fonográfica dos Estados Unidos com a capacidade dele logo se tornaria ódio. Ele foi o primeiro multimilionário do *pop* com cerca de 38 milhões no banco, mas também era um renegado que se recusava a seguir as regras. Isso enfurecia e espantava a indústria. Seus grupos negros tinham desbancado do pedestal vários grupos brancos. A indústria fonográfica não suportava gênios indomáveis e Phil estava convencido de que eles conspiravam para livrar-se dele porque ele era muito poderoso. Sua reação foi a de atiçar as chamas de sua paranóia natural de garoto pobre nova-iorquino contratando um guarda-costas enorme com o nome de George, e equipando-o com a maior pistola existente.

Acho que não tinha visto alguém carregando uma arma antes de conhecer Spector. George tinha sido policial em Los Angeles e tinha licença para andar armado. "Ele tem licença para matar", Phil disse a mim, pedindo a George que mostrasse os dois coldres presos aos ombros. Phil não tinha porte de armas válido para o Reino Unido, mas sempre me disse que nunca andava sem seu 38 da polícia dos Estados Unidos – que mantinha preso à cintura ou em um coldre preso ao ombro escondido sob o paletó. John era fascinado por armas e conversava sobre isso por horas com Phil ou, principalmente, George, que mostrava a ele como carregar e descarregar e girar a arma nos dedos como os caubóis do cinema.

♪

Phil era um ex-esquizofrênico paranóico auto-confesso que carregava para todos os lados mais bagagens do que uma companhia aérea. Tinha também tanto medo de vôos que quando chegou a Londres depois de um, ficou sem fala por algumas horas. Quando os Beatles e Phil voaram para Nova York certa vez, Phil não se sentou. Em vez disso andou para cima e para baixo pelo corredor. Ringo disse, "Ele é maluco. Atravessou o Atlântico andando, sabe?". Outra vez que voou, Phil teve algum tipo de ataque psíquico e se recusou a entrar no avião, então todos tivemos que esperar pelo próximo vôo.

Quando seu pai se matou em uma garagem em Nova York com a fumaça do escapamento do carro, sua mãe escreveu na lápide: CONHECÊ-LO ERA AMÁ-LO. Phil foi mais adiante e transformou o epitáfio em música, "To Know Him is to Love Him". Sempre maníaco-compulsivo-obsessivo, sem dúvida parte de seu atrativo charme e sucesso, decidiu exagerar repetindo as palavras do mantra pegajoso – "To know-know-know him is to love-love-love him..." – e a música foi direto para o topo das paradas com os Teddy Bears, grupo que era formado por Phil, aos 17 anos de idade, e mais dois amigos.

Às vezes, ele falava sobre a Inglaterra. Como exemplo de sua personalidade esquizóide, falava sem parar sobre o quanto odiava a Inglaterra porque seu melhor amigo, Lenny Bruce, tinha sido deportado de Londres. "Filhos da puta!", dizia. "Este país é uma merda!".

John era um tanto renegado, pois ele concordava balançando a cabeça e fazia o sinal do V, mas Paul era muito patriota, "Se não gosta daqui, vá embora", dizia.

Phil retrucava, “Não! Este é um grande país! Eu amo este lugar!”. Às vezes ele conseguia ser bem estranho porque sua mente não funcionava igual às das outras pessoas. Metia-se com várias coisas diferentes, depois gritava como um pequeno Demóstenes. Ao contrário de Paul, eu o deixava reclamar à vontade. Concordava balançando a cabeça e de vez em quando soltava um cauteloso, “SIM” – embora Phil precisasse de pouco estímulo.

Seus modos estranhos não o ajudavam em nada, com suas roupas de veludo, as perucas esquisitas e uma capa. Certa vez, foi à Berkeley Square para comprar um Rolls Royce usando uma capa, parecendo-se com seu amigo Bela Lugosi. Os vendedores acharam que ele era um maluco qualquer e deram trabalho. Quando se recusaram a dar-lhe permissão para experimentar o carro, ele pulou ao volante do último modelo e atravessou a vitrine com ele, cantando “A Nightingale Sang in Berkeley Square” a plenos pulmões. Ele me contou a história toda em uma de suas costumeiras aparições no canto da minha mesa e pediu que lhe arranjasse a letra completa da música. Riu como um maluco. Disse que queria produzi-la. Lennon achou a história muito hilária e os dois riam como bruxas. Yoko não tinha senso de humor e detestava Phil tanto quanto ele a detestava. Os dois eram implacáveis e paranóicos.

Mas se alguém de fora iria fazer a produção, ela não via motivos para não ser ela mesma. Quando Yoko e Phil se enfrentavam, faíscas saíam e eu esperava que Phil pegasse seu revólver ou uma arma qualquer para cortar Yoko em pedacinhos. Phil era muito bom em artes marciais. Não sei com quem aprendeu, mas entre eles estavam mestres como Bruce Lee e o segurança de Elvis, Mike Stone, que fugiria com Priscilla. Fiquei surpreso, então, quando soube que Phil tinha tido uma briga com David Geffen, parceiro de Spielberg na DreamWorks. Mesmo sob efeito de drogas, Phil sabia que poderia ter destruído o magnata, mas se conteve. Então, obviamente sabia até onde podia ir.

Quando Phil veio para resgatar as gravações de “Let It Be” que tinham dado terrivelmente errado, e sobre o qual os Beatles tinham perdido todo o interesse, começamos a fuçar em centenas de fitas guardadas por todo o lugar, cortes de músicas e horas de conversas durante filmagens. Havia tanta coisa que muito foi jogado fora e reapareceu como parte das coisas "descobertas" em 2003 pela polícia, provavelmente valendo milhões.

Phil levou tudo para a Abbey Road e ficou lá por meses enquanto trabalhava. Ele parecia viver de frango indiano durante aquela época e pedia esse prato aos montes. Foi sua adoração que nos apresentou àquela comida que viria a ser o prato principal na Apple. Quando os Beatles finalmente ouviram a fita concluída, John e George adoraram. "Não são os Beatles", disse Paul, teimoso, recusando-se a reconhecer. "Não é o nosso som". O clima ficou tão ruim que Paul não conseguia mais ficar na mesma sala em que Phil estivesse. Quando Phil entrava, Paul saía – conforme faria publicamente vários anos depois, durante uma cerimônia de entrega de prêmios. Porém, quando o disco ganhou um Grammy, foi Paul quem apareceu para receber o prêmio – assim como tinha também recebido o Oscar pelos arranjos do filme.

Com a proximidade do Natal, Klein decidiu que lançaria novamente o famoso disco de Natal de Phil. A genialidade de Phil foi pegar músicas de Natal como "Rudolph" e "Frosty" e transformá-las em obras de arte da Wall of Sound. O disco tinha sido lançado alguns anos antes, no dia em que John Kennedy morreu, mas o pessoal da indústria fonográfica dizia que aquele tinha sido o dia em que a música morreu porque as vendas de discos despencaram. Ninguém queria saber de coisas natalinas então o disco de Phil foi rejeitado. Desde então, tinha se tornado uma raridade para colecionadores.

A idéia de Klein de um novo lançamento era bastante boa, mas Phil não ajudou. Eu agendei algumas entrevistas dele com a imprensa, que o odiava, e ele as concedeu com muita má vontade. Xingava tudo e todos com sua vozinha horrível e alta saída de um pescoço que logo todos ficaram com vontade de esganar. Ele parecia sair do controle tentando ofender a todos com sua postura. Como eu já disse, um grande produtor – e uma pessoa de dar dó. Mas todos gostam de um belo disco de Natal e não havia dúvidas de que sua produção era brilhante. Os cofres da Apple – e de Klein – ganharam vários milhões de libras mais.

As armas e guarda-costas de Phil tinham sempre grande destaque e, por fim, ele se recolheria no abrigo de sua fortaleza com suas próprias regras. Tornou-se impossível lidar com ele, embora eu admirasse tanto seu talento que cheguei a tentar durante vários anos. Dediquei-me de corpo e alma a essas tentativas. Trabalhei com ele, fui seu gerente uma vez, eu o promovi, visitei-o – e quase acabei tão maluco quanto ele.

TRINTA E QUATRO

ENQUANTO OS BEATLES ESTIVERAM SEPARADOS – pelo menos criativa e emocionalmente, embora não legalmente – e cada um cuidava de seus próprios assuntos, eu continuava fazendo tudo o que me era pedido na Apple, na verdade na NEMS, que ainda existia. Na maioria das vezes, promovia discos ou levava para lá algum novo talento. Mas eu tinha mais tempo livre do que antes e minha vida social se expandiu por conta disso. Durante vários anos, conheci muito da vida diária londrina, porque sempre estava percorrendo a cidade, passando pelos lugares e conhecendo as pessoas, coisa que os Beatles não podiam fazer por causa de sua fama.

Eu estava sempre encontrando o *enfant terrible* Keith Moon pela cidade. Mais do que qualquer outro astro, ele era conhecido pelos grandes exageros. Mesmo os Stones perdiam de longe na comparação. Eu gostava dele porque ele era muito divertido. Certa noite, Moon me deu seu apartamento, "só isso", como diria o comediante Tommy Cooper. O aluguel do meu apartamento em Chelsea estava quase vencendo e, muito ocupado para prestar atenção a assuntos domésticos como renovação de contratos, de repente fiquei na rua. Isto coincidiu com os problemas de Jack Oliver e a esposa. Ela pediu a ele que saísse do apartamento, ou talvez ele mesmo tenha se decidido por sair. De qualquer forma, decidimos ir para o Speakeasy tomar uma bebida. A solução dos nossos problemas chegou de modo inesperado. Keith Moon estava lá e logo tomou parte em nossas reclamações.

“Meu querido, não se desespere”, disse Keith. “Eu tenho um apartamento na Highgate, acima de uma concessionária de veículos, bem prático se você precisar de um carro. Pode ficar com ele, Tone. Fica no número 32 da Highgate High Street. Aqui está”. E me entregou um molho de chaves.

“Ficar com ele, Keith?”, perguntei enquanto pegava as chaves. “O que quer dizer com *ficar com ele*?”

“É seu, meu querido, e com tudo o que estiver dentro. É propriedade minha. Está mobiliado, você não vai precisar de mais nada”. Eu olhei para ele desconfiado.

“O que você está pensando, Keith?”. Fiquei imaginando ele serrando um círculo no chão da sala do apartamento, acima da loja de veículos. Jack e eu entraríamos, despencaríamos lá para baixo e seríamos levados para o hospital, onde Moon apareceria com flores, risos, uísque e dinamite perguntando “Como está, querido? Tem um fósforo?”.

“Estou enjoado dele”, disse Keith. “Não o quero mais”. Isso me fez sentido e eu enfiei as chaves no bolso.

Pouco depois da meia-noite, Jack e eu entramos em um táxi e eu dei o endereço para o motorista. Naquele universo, naqueles dias, a vida era realmente uma viagem mágica e misteriosa e tudo era possível. O apartamento era exatamente como Keith tinha descrito, total e muito confortavelmente mobiliado, o que era muito mais do que se podia dizer dos quartos de hotel depois que Keith passava por eles. Um belo toque decorativo era uma garrafa de champanhe enterrada pela metade na parede da sala. Ao que parece, em um costumeiro surto, Moon tinha atirado uma garrafa cheia contra a parede e, em vez de se espatifar, como costuma acontecer com garrafas de champanhe quando atiradas contra a parede ou cascos de navios, ela acabou enterrada no gesso. Mais tarde, coloquei uma bela moldura em volta, transformando-a em um objeto de arte. Morei no apartamento de Keith Moon até me apaixonar por Julie Ege. Em março de 1970 mudei-me com ela para Belgravia, deixando o apartamento para Jack, onde ele continuou morando, sem ter que pagar aluguel.

Julie Ege, modelo e atriz norueguesa, foi minha namorada por cinco ou seis anos. Rosemary Frankland, minha namorada anterior, tinha sido Miss Mundo e Julie representou a Noruega no concurso de Miss Universo. As duas eram incrivelmente bonitas. Quando conheci Julie, ela tinha acabado de fazer um filme com Marty Feldman chamado *Every Home Should Have One*. Depois disso, decolou como um foguete como o "símbolo sexual dos anos 1970". Era impossível abrir um jornal ou revista sem ver sua fotografia. Todos os dias, literalmente, ela estava lá, nua e maravilhosa, nos jornais. Acho que fomos a milhões de festas de artistas simplesmente porque eu estava com os Beatles e ela aparecia nua. Quer dizer, estava sempre nua nos jornais. Por um tempo, moramos em um apartamento na Chesham Place, perto da Pont Street, em Belgravia, um bairro central bastante chique em Londres, entre o Palácio de Buckingham e a Victoria Station. Mas eu queria muito voltar a morar na Barnes. Um dos primeiros lugares que aluguei depois que Brian mudou a NEMS para Londres foi um sobrado perto do rio, na Barnes. Eu gostava do lugar porque ao mesmo tempo em que parecia uma cidadezinha do interior, era o tipo de lugar para onde se ia nos finais de semana e ficava a apenas vinte minutos de trem até o West End. Convenci Julie de que aquele era o lugar perfeito para morarmos, e quando encontramos uma casa adorável de quatro quartos com um grande jardim na Suffolk Road bem na esquina de onde eu tinha morado antes, ficamos com ela. Terminamos a mudança no final da tarde, começo da noite. O lugar ainda estava cheio de caixas e malas carregadas, mas estávamos com tanta fome que depois que o caminhão de mudança foi embora, saímos também. Trancamos a porta e fomos para o restaurante indiano mais próximo, onde encontramos algumas pessoas conhecidas. Depois disso, fomos para um bar e tivemos uma noite bastante alegre. Quando voltamos para casa por volta da meia-noite e meia, encontramos a casa vazia. Tínhamos acabado de chegar e os ladrões já nos visitavam.

Foi muito triste, Julie era praticamente a modelo fotográfica mais famosa do país e tinha muitas jóias. Acho que provavelmente o alvo era ela – talvez alguém já estivesse nos observando. Eles provavelmente nos seguiram até o restaurante e perceberam que teriam pelo menos algumas horas. A polícia foi até o local e examinou a janela quebrada que eu apontei dizendo, "Olhem, eles entraram por ali". Eles lamberam a ponta dos lápis, fizeram algumas anotações e foram embora. Só isso. Caímos na cama e dormimos. Mas no dia seguinte, ficou pior. Liguei para a companhia de seguros para dizer que tínhamos sido roubados e eles negaram a cobertura dizendo que não tínhamos avisado que estávamos nos mudando da Chesham Place para a Barnes. "Leia as letras miúdas", disseram satisfeitos. "Você devia ter nos avisado", disseram. "Cada região é diferente, mas mesmo assim, não podemos transferir o seguro a não ser que nos ligue". Para ser honesto tenho que admitir que eles tinham um bom argumento. Quando começamos a fazer a lista do que tinha sumido, de repente percebi que todas as minhas relíquias dos Beatles tinha desaparecido, todos os presentes que os rapazes e Brian tinham me dado ao longo dos anos. A lista é muito grande para dizer aqui, mas incluía um belo Rolex de ouro com a inscrição FROM THE FAB FOUR, um isqueiro com a inscrição FROM J & Y, discos de ouro. Tudo roubado. Levaram até minhas abotoaduras Faberge, recebida de herança, com o brasão da família.

O único item do qual voltaria a ter notícia, trinta anos depois quando alguém me enviou um e-mail, foi um disco de ouro que ganhei por ter levado um disco de sucesso arrasador ao primeiro lugar. O sujeito dizia que tinha comprado a relíquia em um bazar. (Não vou dar o nome do artista que o vendeu para não envergonhá-lo.) O dono da peça não queria ter problemas e pedia, "Posso ficar com ele?". Imediatamente mandei um e-mail de volta dizendo, "Por favor! Fique à vontade! É todo seu!".

Vários tipos interessantes do meio musical moravam na Barnes. Era um daqueles lugares tradicionais, arborizados, onde pouca coisa mudava com os anos, embora moderno, com o Olympic Studios onde os Stones fizeram os primeiros trabalhos, os Eagles gravaram seu primeiro disco e todo tipo de astro do rock costumava ir com freqüência. Eles gostavam de lá porque o ritmo de vida era mais calmo. Dava para fazer uma pausa para passear ou ir ao Sun Inn, um *pub* à moda antiga perto da Village Green. O Sun estava sempre cheio de atores e astros do *rock*, sentados dentro e fora do bar, bebendo cerveja.

Havia até um clube de boliche da era Tudor e um time de críquete. Era muito tranqüilo e aconchegante. Muitas pessoas se associavam para poderem continuar bebendo no *pub* do clube depois do horário em que ele deveria supostamente estar fechado. Eu fui eleito capitão da equipe de boliche porque morava perto e parecia ter bastante tempo disponível. Os membros eram pessoas como o comediante Billy Connolly, Roger Chapman da banda Family and Captain Sensible. Era uma verdadeira mistura. Tínhamos uma equipe, mas poucos torneios, e havia uma boa razão para isso. As regras que adotávamos e a pista de boliche eram bem peculiares. Apenas um outro clube tinha regras e pista semelhantes. Era um clube antigo na Tower of London e, uma vez por ano, os Beefeater Bowlers da Tower nos convidavam para jogar uma partida contra eles. Sempre achamos uma grande honra jogar com aqueles homens de visual excêntrico com seus bigodes afinados e o histórico uniforme vermelho e dourado. Na verdade, a primeira partida foi jogada na maravilhosa pista de grama da Tower, que era como um veludo. Imagine jogar em um gramado em que Ana Bolena, Elizabeth I e Henrique VIII jogaram! O jogo de volta no Sun Inn foi um grande evento, mas mesmo assim, não tinha exatamente a mesma categoria. E sempre costumávamos ganhar.

Brian May, do Queen, era outro membro do clube de boliche, e eu o conheci muito bem porque ele era mais um dos meus vizinhos. Brian sempre vinha beber e brindar conosco. Tínhamos nos conhecido quando os Beatles foram ao Trident Studios pela primeira vez, no Soho. O Trident sempre esteve tecnicamente muito à frente dos outros. Os Beatles fizeram "Hey Jude" lá e a Apple fez "Those Were the Days", com Mary Hopkin. O Trident era de dois irmãos, Barry e Norman Sheffield, especialistas em música no início dos anos 1960. Tinham também um cara dos Estados Unidos chamado Jack Nelson trabalhando com eles. Eu aparecia no Trident para fazer algum trabalho da Apple ou às vezes só para visitar. Foi quando Jack e um amigo meu chamado Ronnie Beck me fizeram ouvir algumas músicas do Queen, provavelmente esperando que eu as levasse para Paul ou John, para que o Queen fosse contratado pela Apple. Eu gostei do que ouvi, mas não levei adiante. Em algum momento de 1973, ou perto de 1974, Jack e Ronnie me convidaram para uma apresentação do Queen em uma escola técnica. Talvez fosse uma noite incomum, mas não fiquei muito impressionado.

Antes de eu sair, Ronnie me deu uma fita, ou acetato, que toquei para John Lennon e ele odiou.

"É horrível", disse John. "Lixo". Naquela época, John achava que quase tudo era lixo, exceto as criações de Yoko. Mas eu gostei do som do grupo e insisti mais um pouco.

"É diferente, John", disse eu. Acho que "Seven Seas of Rhye" estava na fita, e "Killer Queen". Era quase o disco acabado, tudo pronto para ser levado por alguém. Olhando para trás, vejo que realmente não havia qualquer desculpa para não fazermos alguma coisa com o material, mas não fizemos. Apesar disso, todos os membros do Queen, inclusive Freddie Mercury, que ficou muito desapontado, continuaram meus amigos. Costumava conversar com Brian enquanto ele estava aparando a grama do quintal e sempre íamos beber cerveja nos *pubs*. Cerca de um ano depois, "Killer Queen" foi um tremendo sucesso.

"Você devia ter nos contratado, Tone", foi tudo o que Brian disse.

"Quisera eu", respondi arrependido.

Depois disso, tudo deu certo para o Queen. Se John tivesse feito um comentário mais positivo, eu teria levado o material para os outros Beatles ouvirem, mas uma vez que um deles fazia um comentário negativo, não se falava mais no assunto. Era assim que funcionava na Apple – exceto por Ringo. Ringo não participava muito do repertório da Apple. Ele tinha suas próprias idéias sobre as coisas. Na verdade, ele não passava muito tempo na Apple quando podia evitar. Por um longo tempo depois da morte de Brian, John e Paul iam para lá quase diariamente, e George ia cerca de uma vez por semana depois que Yoko instalou-se por lá. Depois da chegada de Klein, eles estavam sempre em casa.

Eu sempre encontrava Jack Oliver, que continuava morando no apartamento de Moon, limpando a moldura da champanhe. No QG da Apple, as coisas estavam tensas. Jack e Allen Klein, que odiavam um ao outro, continuavam brigando, mas as intrigas e complôs tinham uma tendência muito mais positiva quando se tinha o poder de contratar e despedir, como Klein. Ao final, Jack foi cortado, algo que estava mais do que previsto. Ele foi trabalhar com Peter Asher em Los Angeles, mas antes deixou o apartamento de Moon como "herança" para o irmão, Jeff. Por outros, soube que Jack tinha deixado o serviço com Peter para abrir seu próprio negócio no ramo de decorações, importando lareiras da Inglaterra para as casas ricas de Malibu. Vários anos depois, morando em Devon com minha esposa, Lesley, e nossos dois filhos, chamei um táxi para ir até a estação de trem para ir a Londres a trabalho. O motorista tinha um sotaque muito londrino.

"Eu já vi o senhor nos jornais, não foi?", perguntou ele. "O senhor é da música". Confirmei dizendo que sim. "Meu melhor amigo, Jeff, também está no ramo da música. Ele mora na Highgate", prosseguiu o motorista. "Talvez o senhor o conheça. O nome dele é Jeff Oliver".

E foi assim que soube que o irmão de Jack, Jeff, tinha morado no "meu" apartamento de Moon por 20 anos, tinha se casado, tinha três filhos e jamais teve que pagar um centavo de aluguel. Ninguém jamais cobrou nada desde a noite em que Moon me entregou as chaves no Speakeasy. Pobre Keith Moon – ironicamente, ele que engolia e bebia tudo o que via pela frente, morreu em 1979 por tomar remédios devidamente receitados pelo médico. Há mais um pequeno fato curioso nesta história. Em 1997, eu estava em Chicago como agente dos Falling Wallendas quando recebi um telefonema de Butch Vig, que produzia grandes grupos, como os Smashing Pumpkins e o Garbage. Butch estava cuidando da música do filme de Nicolas Cage, *Wild Card*. Ele tinha acabado de colocar os Smashing Pumpkins na trilha sonora e também queria usar os Falling Wallendas.

"Nick Cage gosta de pôr a mão na massa em seus filmes e vai querer discutir a situação com você, Tony", disse Butch. "Por que não dá uma ligada para ele?", e me deu o telefone da casa de Nicolas Cage em Los Angeles. Uma voz bastante inglesa atendeu ao telefone. Eu cheguei a dizer, "Aqui quem fala é Tony Bramwell", quando fui interrompido.

"Cacete, é você, Tony? Aqui é o Jack Oliver. Sim, sou a porra do agente de Nick Cage!". Foi como soube que Jack morava em Hollywood e também era o agente de Roseanne Arquette, cunhada de Cage na época. Duas semanas mais tarde, ele e Cage foram para a Inglaterra para a venda de um Lamborghini antigo e nos encontramos para fofocar, principalmente sobre Keith Moon.

O velho e querido Moon atraía mais atenção do que a maioria das pessoas, e não seria um exagero de imaginação pensar que ele estaria aprontando alguma no paraíso. Entregando chaves de apartamento no Speakeasy do céu aos sem esposa e sem teto, atirando garrafas de champanhe nas nuvens, vestindo-se como a Rainha Vitória, enfiando o estranho Cadillac na piscina de Deus e estourando os portões do Éden. Tenho saudades dele.

TRINTA E CINCO

O DIA 18 DE MARÇO DE 1970 FOI UMA DATA MEMORÁVEL. Paul estava convencido de que Klein era um espertalhão e buscou assistência jurídica para tentar desfazer a parceria dele com os Beatles. Levaria um ano para que o caso fosse a julgamento, mas, enquanto isso, ele e Linda, considerados culpados pelo resto do grupo, tornaram-se párias aos olhos dos outros três Beatles. Não podiam acreditar que Paul tomaria tal atitude. Ele tentou explicar que não tinha nada contra eles pessoalmente, que aquela era a via legal, mas eles não lhe dariam ouvidos. Insistiu dizendo que os advogados tinham dito que a única forma de resolver aquela bagunça, livrar-se de Klein e botar as coisas em pratos limpos, era recomeçar tudo de novo.

Antes disso, os Beatles tinham tentado conviver, agora havia divisões. Era como andar no fio da navalha em um ambiente cheio de conspirações e fofocas. Eu assistia à loucura e a lenta desintegração da Apple conforme as barreiras se erguiam e anos de processos e desentendimentos começavam. O trabalho ficou muito chato uma vez que não havia nada para fazer no universo dos Beatles, onde nada mais estava acontecendo. Klein tentava ainda com mais força livrar-se de mim, assim como tinha já se livrado de toda a velha guarda, mas por mais estranho que possa parecer, era incapaz de aparecer na minha frente com as palavras, "Você está demitido". Na falta disso, se eu visse um trabalho que precisava ser feito, fazia, mas basicamente cuidava do que bem entendia enquanto recebia meu salário.

As pessoas que trabalhavam para os Beatles e para a Apple deveriam ser totalmente fiéis, mas era impossível ser leal a todo mundo.

Paul mantinha-se afastado, mas ainda esperava que eu me mantivesse fiel a ele, e assim me mantive. Ele sempre me ligava e dizia coisas como, “Não diga a ninguém, mas...”. Às vezes ele variava me perguntando o que estava acontecendo ou quem estava fazendo o quê.

George esperava de mim o mesmo. Logo depois que desligava o telefone com Paul, George ligaria, “Ei, o que está acontecendo?”. Eu sabia o que ele estava perguntando, “Tem notícias de Paul? O que ele anda fazendo?”. Então John ligaria e fazia cerimônia tentando descobrir se eu sabia algo que ele não soubesse. Eu tentava andar na linha. Éramos amigos por tanto tempo, e eu me sentia igualmente fiel a todos. Ringo era o único que estava ativo, bem feliz cuidando de suas coisas, gravando discos e sendo um astro. Enquanto Klein explodia irado, fazendo barulho e determinado a não perder sua posição, e conforme os advogados se preparavam para o julgamento, a cena ficou ainda pior. Todos tentavam manter sua “equipe” consigo, mas o problema era que a equipe era sempre formada pela mesma meia dúzia de pessoas, e cada vez mais reduzida.

Comentários sujos começaram a circular. Houve uma época em que a maioria das pessoas e os Beatles em particular eram muito cordiais uns com os outros. Brigavam, sim, mas a afeição verdadeira norteava suas relações. Agora, pareciam não se importar com o que diziam. Yoko e John eram os piores. Pareciam se dar ao trabalho de conceder longas entrevistas com comentários terríveis sobre a chegada de Linda em seu meio. Tornou-se pessoal, descreviam sua aparência. Mas o pior comentário que John podia fazer sobre Paul foi dizer que ele era um “Beatleholic”.

Durante o longo caminho do processo de Paul para dissolver a parceria, os Beatles ficaram chocados ao descobrir que Dick James tinha vendido a Northern Songs em segredo à ATV por uma grande quantia. Ele tinha sido capaz de fazer isso não apenas porque sua empresa era acionista majoritária, mas também porque Brian tinha convencido os Beatles a entrarem na bolsa de valores com a Northern Songs. É verdade que ganharam 365 mil libras no acordo – que era em sua maioria livre de impostos, na época em que John comprou sua casa em Kenwood por 20 mil libras – mas perderam o controle sobre o melhor de seu trabalho antigo.

Além disso, Paul descobriu que todas as novas músicas teriam que ser registradas na ATV Publishing. Ele estava ocupado escrevendo músicas para seus próprios discos e não tinha a menor intenção de "entregá-las" para a ATV. Em vez disso, disse que Linda havia escrito as canções. Lew Grade – chefe da ATV – não acreditava que Linda estivesse escrevendo as letras – embora estivesse, e continuaria a fazê-lo – e comprou uma briga contra Paul por quebra de contrato, que Paul resolveria fora dos tribunais. Parte do acordo era que Paul concordaria em fazer *James Paul McCartney*, um especial na TV feito para a ATV, a rede de televisão de Lew.

A história mostra que no passado os juízes sempre emitiam sentenças favoráveis aos editores musicais contra os compositores, não importavam as circunstâncias. Paul fez um grande esforço para envolver-se com o lado da publicação musical do negócio. Com a ajuda de Lee Eastman conseguiu alguma vantagem, embora fosse muito tarde para salvar os trabalhos antigos. John também assinou um acordo separado com a ATV e as coisas pareciam caminhar por um lado melhor e mais transitável.

♪

Fiquei aliviado quando me pediram para levar Mary Hopkin para os Estados Unidos e Canadá para sua estréia no Maple Leaf Gardens, em Toronto. Era bem distante do País de Gales, e ela estava bastante empolgada. Estava muito linda no show em Nova York, sentada sozinha no palco apenas com seu violão e o cabelo dourado caindo pelos ombros. Quando começou a cantar, todos ficaram em silêncio e encantados durante toda a apresentação. Depois disso, fomos para Greenwich Village, onde James Taylor estava no Bottom Line. Era o melhor bar de *folk* e o lugar certo para se tocar. Instalei-me confortavelmente no Drake Hotel, onde o Who também estava e quando voltei para o hotel nas primeiras horas da manhã, o telefone tocou. Era Peter Asher de Londres, dizendo que estava se juntando a mim. "Está acontecendo alguma coisa?", perguntou ele.

"Sim, milhares de novos talentos para se ver", respondi. Acho que Klein ficou feliz em ver Peter pelas costas por um tempo. Para ele, nós dois éramos lembranças incômodas de Brian e da velha guarda.

Ele queria um terreno limpo, mas até o momento pelo menos Paul se opunha à minha demissão. Mas ele era um pouco mais ambivalente com Peter, por causa do rompimento com sua irmã, Jane. Paul era uma pessoa muito decente para despedi-lo, mas sempre havia aquele clima estranho.

Peter ficaria com Gloria Stavers, editora na revista *16*. Ele adorava Gloria. Ela era a mulher mais poderosa no mundo dos discos, já que a *16* era *a* revista! Gloria era rápida, divertida e muito atraente. Tinha fugido aos 15 anos para se casar com um cara. Aos 16, estava em Nova York tentando tornar-se modelo, o que não deu certo. Quando recebeu uma oferta de emprego como vendedora de assinaturas para uma revista adolescente, era pegar ou largar. Um ano mais tarde, em 1958, com 17 anos, ela já era editora chefe. Sozinha, alavancou a circulação de cerca de centenas de milhares para um milhão e duzentas e cinqüenta mil. Seu método era simples: ela pensava como adolescente, o que na verdade era. Trabalhou em parceria com o promotor de *American Bandstand* e produtor de TV, Dick Clark: ela escrevia sobre os números que ele promovia, ele promovia os números sobre os quais ela escrevia. Juntos, ajudaram a moldar a cena adolescente nos Estados Unidos, mas foi o caso apaixonado de Gloria com Jim Morrison, o belo e fadado vocalista do Doors, e as fotos em preto e branco que tirou dele com uma velha câmera jornalística que a tornaram uma lenda.

Na época em que a conheci, ela era, inacreditavelmente, esposa de Frank Barselona. Frank era um grande divulgador musical. Tinha muito poder e já havia promovido alguns concertos dos Beatles em estádios dos Estados Unidos, e também do Who. Logo trabalharia com Bruce Springsteen, entre outras várias bandas lendárias, nos Estados Unidos. Naqueles dias, sempre havia problemas com sindicatos, mas Frank era sempre capaz de contornar tudo. Ele e Linda eram próximos enquanto ela foi fotógrafa em Nova York. Ela sempre ia fotografar os números que Frank promovia no Fillmore East, no Village. Ela estava lá quando Keith Moon entrou enlouquecido na casa de Frank. Ele voltaria para o Gorham Hotel para explodir o banheiro com uma bomba. Depois, foi até a janela e começou a atirar bombas contra a polícia na rua. Barselona conseguiu evitar que Keith fosse para a cadeia, mas o Who foi expulso do Gorham. Passaram a noite dormindo no túmulo de Grant, vestidos com a bandeira da Inglaterra – o que deu ótimas fotos – e no dia seguinte foram para o Waldorf. Era Keith por todos os cantos – ele sempre aparecia com cara de quem não tinha feito nada.

Naquela noite, o Scene estava lotado, mas conseguimos entrar porque o porteiro era o irmão caçula de Paul Simon. Ele era muito parecido com o irmão. Quando entramos, Jimi Hendrix estava tocando junto com Stephen Stills. Foi absolutamente incrível. Na época, Jimi era provavelmente a melhor coisa que existia nos Estados Unidos e Stills era do Crosby, Stills, Nash and Young, provavelmente o melhor grupo de rock suave da costa oeste. David Crosby participou dos Byrds, Graham Nash, dos Hollies. Stephen e Neil Young juntaram-se vindos do Buffalo Springfield. Tinham tocado em Woodstock, junto com os grandes e muitas de suas músicas, como "Marrakesh Express" e "Woodstock", foram hinos de uma geração. No Bottom Line na noite seguinte, James Taylor estava espetacular. Era apenas ele e seu violão, mas o que tornava a apresentação particularmente especial era o fato de ser sua volta depois de um ano. Depois de finalmente ter se livrado do vício da heroína, tinha feito um retorno bem sucedido no Troubadour em Lons Angeles, mas logo depois, quebrou as duas mãos em um acidente de moto, ficando incapaz de tocar por vários meses.

Ele foi ótimo. Fiquei lá sentado, assistindo, pensando no quanto as coisas estavam diferentes da primeira vez em que ele entrou pela porta da Apple. Estávamos empolgados, éramos novos e pensávamos no futuro. Agora, tudo o que estávamos fazendo era nos dispersando. James era tremendo, mas Klein já tinha decidido tirá-lo da Apple, apesar do pouco custo com seu primeiro disco. Klein estava sempre tomando decisões além de sua alçada e não havia ninguém que pudesse impedi-lo.

Porém, vendo a reação da platéia, Peter Asher ficou ali sentado como se estivesse hipnotizado. Decidiu ser o agente de James e, muito inteligente, esperou a notícia da dispensa dele da Apple. Peter tinha trabalhado com James em seu disco homônimo, *James Taylor*, na Apple, quase todo gravado no Trident Studios. James costumava dormir no apartamento de Peter ou às vezes no meu, no sofá. Quando o disco não foi capaz de fazer o mundo pegar fogo, Klein reagiu indignado, chocado com o fato de Taylor não ter imediatamente gerado uma fortuna e foi então que decidiu livrar-se dele. Acho que ele não fazia a menor idéia do que James significava.

Enquanto eu estava sentado pensando no passado, no presente e no futuro, de repente senti que já tinha visto o bastante. A Apple estava uma loucura e eu sentia que as coisas só ficariam piores, principalmente agora que Paul havia iniciado um processo contra Klein. Em vez de voltar para Londres imediatamente, voei para Los Angeles. Hospedei-me no Capitol Tower por uma semana ou duas para ficar longe daquilo tudo. Logo, Peter chegaria a Los Angeles e me diria que finalmente tinha se decidido a sair da Apple e ficar nos Estados Unidos.

"Tirei James Taylor daquele filho da mãe e levei-o para a Warner", disse com um brilho no olhar. James logo lançou *Sweet Baby James*, que fez o mundo pegar fogo. Devíamos ter posto fogo nas calças de Klein para vê-lo sair correndo pela Savile Row.

Uma das faixas de *Sweet Baby James* era "You've Got a Friend", escrita por Carole King. Foi um sucesso arrasador e tornou-se um *single*. Isso reacendeu sua carreira e ela lançou *Tapestry*, que a transformou em uma grande estrela. A carreira de Carole começou de forma engraçada. Neil Sedaka escreveu "Oh! Carol", dedicada a ela. Foi um grande sucesso. Em retribuição, ela escreveu "Oh! Neil", dedicada a ele. Foi um grande fracasso mas serviu para torná-la conhecida. Linda Ronstadt também assinou com Peter e se tornou uma estrela – sua banda de apoio se transformaria no Eagles. Para Peter, ser dispensado do ambiente outrora aconchegante da Apple deu-lhe o ímpeto de que precisava para usar todo seu potencial.

O clima de guerra e competição crescia entre os Beatles, principalmente entre John e Paul enquanto os dois trabalhavam para lançar discos *solo* exatamente ao mesmo tempo. Em abril de 1970, Phil Spector terminou seu trabalho com o disco *Let It Be* dos Beatles e, em seguida, foi produzir o *Instant Karma* para John e a Plastic Ono Band, de Yoko. Empolgado, John ligou para George para que fosse tocar *naquele instante!* para a gravação da música "Instant Karma", dizendo que ela tinha que ser feita naquela noite para ser lançada no dia seguinte. Estranhamente, George aceitou e apareceu no estúdio. John tocou piano, George tocou violão, Klaus Voormann tocou baixo (porque John não estava falando com Paul) e Alan White ficou com a bateria porque Ringo estava em Hollywood. O disco foi mixado em tempo recorde por Phil e levado para a EMI na mesma semana. Foi um grande feito.

O disco de Paul, *McCartney*, tinha o lançamento programado pela EMI para abril, na mesma semana em que *Let It Be* seria lançado. Sem falar com Paul, Klein pessoalmente supervisionou algumas faixas na mixagem, e depois, na grande convenção da Apple no Havaí, pediu para a EMI esperar com o disco de Paul até 4 de junho. Muito irritado, Paul escreveu uma carta para Klein, dizendo para que nunca mais fizesse isso. "E também nunca mais mexa com a mixagem", acrescentou. Ele também dizia que estava com o saco cheio de ser um Beatle.

George telefonou para Paul e disse, "Fique nessa merda de gravadora! Hare Krishna!" e bateu o telefone.

A reação de Paul foi emitir um comunicado, em 10 de abril de 1970, contando que os Beatles tinham oficialmente se separado. Irritado por ter sido ignorado, John anunciou em uma coletiva de imprensa, "Eu saí primeiro, antes de Paul, só não disse primeiro!". O belo sonho estava oficialmente acabado, exceto para o público, que pedia mais. Logo que foi lançado, *Let It Be* tornou-se um novo sucesso.

Klein continuava determinado a se livrar de mim, mas o Fab Four uniu-se ao menos quanto a isso e não permitia que eu fosse dispensado. Em retaliação, ele criou pequenas regras excludentes que sutilmente me mandaram para Coventry. Ele me ignorava, as portas se fechavam na minha cara e ninguém mais queria ser visto ao meu lado. Era patético e muito decepcionante, mas funcionou. Comecei a pensar seriamente em fazer algo diferente da vida. Sabia que, como Peter, tinha andado por lugares suficientes para criar várias opções. Podia pegar um emprego na indústria. Afinal, eu sempre era convidado. Podia arranjar minha própria banda de *rock and roll* para agenciar e promover. Eu sabia como fazer isso. Sabia contratar, produzir, promover, filmar e tudo o mais.

Podia estar em quase qualquer gravadora, empresa musical ou casa de shows, na frente ou atrás do palco, e todos sabiam quem eu era. As pessoas do meio sabiam o que eu já tinha feito, e o que eu provavelmente poderia fazer por eles. Eu era querido – era até invejado. Até o aparecimento de Klein, embora não estivesse ganhando uma fortuna, tinha me divertido muito. Era sempre convidado pelos DJs. Andava com Tommy Cance, John Peel e Kenny Everett. Bebíamos, fumávamos, falávamos sobre mulheres e eu divulgava discos para eles que considerava bons e merecedores de atenção. Tinha tudo de que precisava!

Antes que pudesse me decidir por qual caminho seguir, fui mandado para os Estados Unidos para dirigir a Apple Films e a Apple Records, dividido entre Nova York e Los Angeles. Em Los Angeles morei na atmosfera rarefeita do Chateau Marmont durante todo o tempo, sendo entretido por tipos como Jerry Moss e o lendário agente e produtor de cinema, Jerry Weintraub. Parecia que os velhos tempos estavam indo embora quando, em setembro, Jimi Hendrix morreu sozinho em um apartamento em Londres e, duas semanas depois, Janis Joplin morreu nos Estados Unidos.

Voltei para Londres para o Natal de 1970 e estava em uma festa de Ano Novo quando encontrei Ron Kass novamente com Joan. Depois que Ron foi despedido por Allen Klein, tinha ido trabalhar para a Warner Bros. Records nos Estados Unidos, onde eu sempre o via e saíamos para almoçar ou beber. Ele me disse que tinha saído da Warner, casou-se com Joan, e estava de volta à Inglaterra para trabalhar com Harry Saltzman, que tinha criado uma nova empresa com Cubby Broccoli para produzir os filmes de James Bond. Ron apresentou-me a Harry Saltzman, que estava conversando com Michael Caine e sua esposa, Shakira.

"Este é Tony Bramwell", disse Ron. "Ele trabalha para os Beatles e para a Apple".

Harry disse imediatamente, "Por que não vem trabalhar conosco, Tony?"

"Eu adoraria, Harry", respondi. "Para fazer o quê?"

"Vou pensar em alguma coisa", disse ele. "Precisamos de alguém como você".

Foi Ron quem disse. "Que tal uma empresa que faça música para filmes? Eu gostaria de me envolver em algo assim".

Eu sempre quis estar no meio cinematográfico e fiquei empolgado. "Podíamos lançar discos comuns também", eu disse. "Ouço cantores e bandas novas todos os dias".

"Ótimo! Ótimo!", disse Harry entusiasmado. "Vamos marcar uma reunião, formalizar tudo".

Apesar do entusiasmo, tudo parecia apenas empolgação natural de uma conversa de festa e eu disse algo como, "Claro, ligue para mim". Eu não diria não, é claro, mas certamente não levei muito a sério. Porém, um colunista de fofocas ouviu a conversa e logo vi um artigo em uma revista sobre cinema, provavelmente a Screen International, dizendo, "Em uma festa, Tony Bramwell, Harry Saltzman e Ron Kass falavam sobre formar uma nova gravadora".

Inevitavelmente, isso chamou a atenção de Klein e ele ficou furioso. Veio correndo até mim assim que voltei para o escritório depois das festas de fim de ano.

"O que você está querendo?", berrou. "O que significa isso? É verdade? Você está mesmo fazendo isso?"

"Sim, seu idiota", respondi. Eu fiquei tão irritado com aquela atitude e o odiava tanto que fiquei aliviado. "Estou desistindo".

"Não, não está. Está despedido!", gritou.

Foi tudo muito simples porque eu já estava de saída havia meses, senão anos. Então, fui para os escritórios de Harry, na South Audley Street, em Mayfair.

"Então, sobre nossa nova empresa...", eu disse.

"Sim, sim", disse Harry entusiasticamente. "Vou formar a empresa e você a dirige". Parecia-me uma idéia maravilhosa.

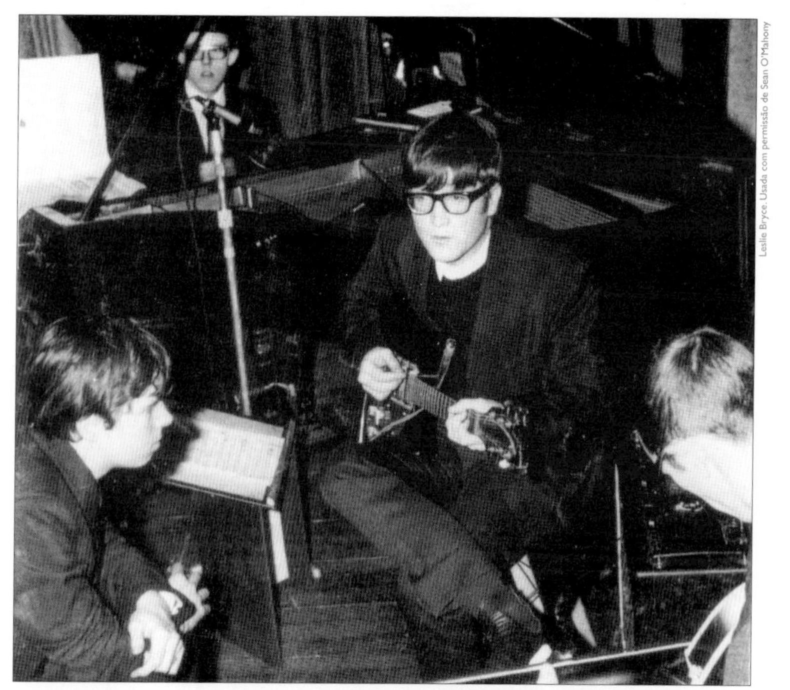

Este sou eu com John, pouco antes de um show em Wolverhamton, no outono de 1963. Não há muitas fotos do começo da banda com John usando óculos.

Esta é uma foto minha tirada em 1965 por Harry Goodwin, fotógrafo do *Top of the Pops*, em um pequeno estúdio da BBC quando estive lá com os Beatles.

Rex USA

O diretor Franco Zefferelli, com gola alta, co
versando sobre o financiamento da Apple pa
Romeu e Julieta, na recepção dos estúdios
Abbey Road com John e Paul. Muitos diretor
que procuravam o envolvimento dos Beatles e
projetos de cinema, incluindo Jean Luc Godda
costumavam aparecer por lá e sentar-se sob o c
chorro da EMI. Goddard apareceu durante mes
e no final pediu que os Stones fizessem "Symp
thy for the Devil".

Sou eu à direita com Pattie Harrison e Tony King, vestindo trajes hippies na sessão de "All You Need Is Love". Na ocasião, Tony trabalhava para os Stones. Naquele dia ele se divertiu tanto conosco que acabou indo trabalhar para a Apple, e depois para John. Atualmente, ele é assistente de Mick Jagger.

Rex USA

Sou eu ao centro, como homem-placa, na sessão de "All You Need Is Love". Foi uma boa idéia escrever "Amor" em várias línguas diferentes – inglês, russo, francês e espanhol. Dá para ver Paul, George e Ringo ao fundo, em frente às flores.

Rex USA

Outra foto da sessão de "All You Need Is Love". Esta foto sempre me traz saudades porque foi a última tirada de Brian, em 25 de junho de 1967. Ele morreria oito semanas depois, em 27 de agosto. Aqui ele parece feliz e relaxado, pela primeira vez sem gravata, com uma camisa aberta no colarinho e um blazer de veludo preto. Peter Brown (e, por algum motivo, um pato de brinquedo) estão atrás de Brian. Entrando no clima, estou usando um colar *hippie* de sininhos.

Rex USA

A apresentação de "All You Need Is Love" foi filmada durante as sessões do *Sgt. Pepper*. Eu apareço inclinado à frente ouvindo com atenção Paul ao piano. Ele usa uma camisa muito colorida pintada a mão com as palavras do *single* estampadas nas costas. Ringo, sentado à direita, está usando um casaco de veludo.

Tony Bramwell, com permissão da London Features International

Achei que daria uma bela foto alinhar os Beatles contra a parede com Stan Gortikov, presidente da Capitol Records, ao centro. Foi na suíte do hotel Royal Lancaster durante o lançamento do *White Album*.

Tony Bramwell, com permissão da London Features International

'irei esta foto de Paul no bangalô ao lado da piscina no hotel Beverly Hills, em junho de 1968, quando ele e Linda ficaram ıntos pela primeira vez. Paul tinha acabado de dar um mergulho e está sentado com calção de banho, tocando e cantando Blackbird".

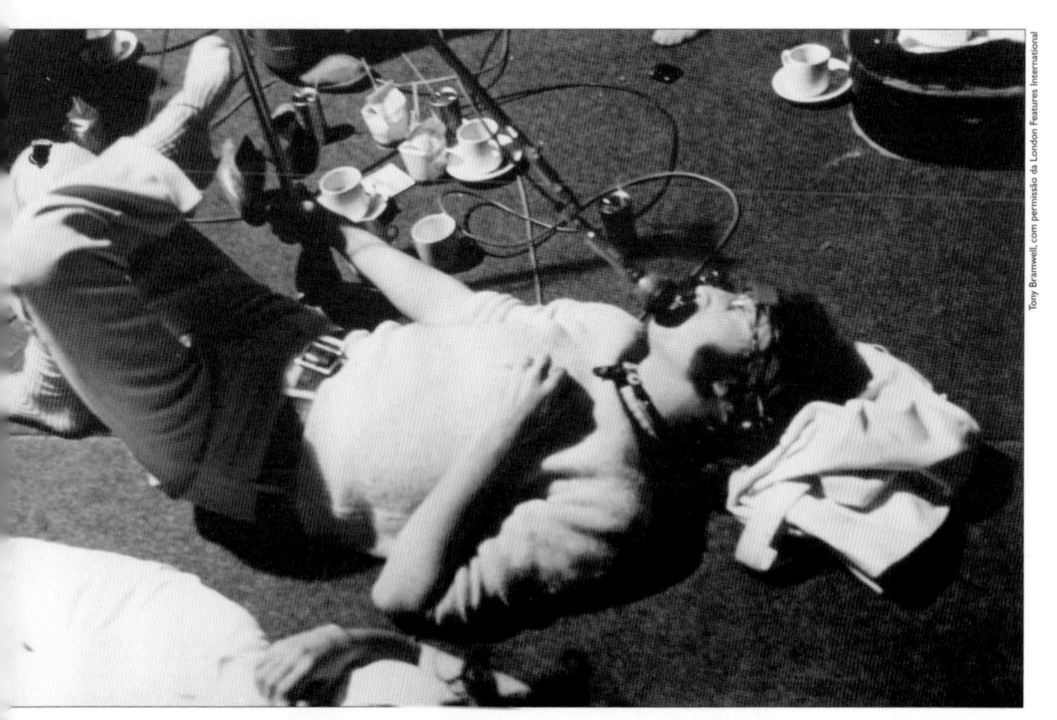
Tony Bramwell, com permissão da London Features International

hn e uma parte de Yoko, deitados no chão gravando "Revolution", que apesar do nome, falava de paz. Não havia drogas e cool nas gravações dos Beatles – veja a grande quantidade de xícaras de chá pelo chão!

Paul, em seu blazer listado, fala com Al Brodax, encarregado da King Features e produtor do desenho *Yellow Submarine*. Tirei esta foto nos estúdios da Abbey Road enquanto os dois conversavam sobre a trilha sonora do filme.

Twiggy, concentrada, olhando para Paul e George gravando nos estúdios da Abbey Road. Ela sempre estava por ali, uma das pouquíssimas pessoas com permissão para ver os Beatles trabalhando.

hn e Yoko, com cara de entediada, nos estúdios da Abbey Road.

ul, sorrindo na cabine de som, ouve alegre um *playback* nos estúdios da Abbey Road.

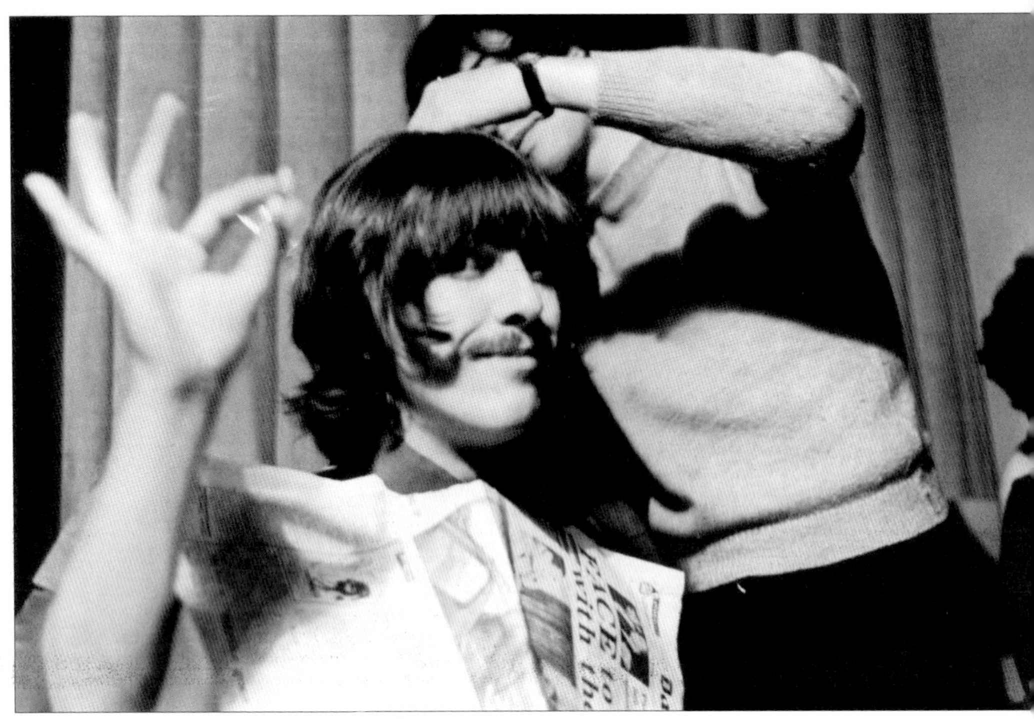

Sinal positivo para Lesley Cavendish enquanto corta o cabelo de George no salão da Apple na Kings Road.

Fotografei esta imagem compenetrada de George Martin, nos estúdios da Abbey Road, durante a gravação do *White Albu*
enquanto ele toca algo no piano cercado pelos Beatles.

Tony Bramwell, com permissão da London Features International

empre gostei muito desta imagem de George com camisa florida e calças listadas. Fiz esta foto em agosto de 1968, na época le "While My Guitar Gently Weeps", porque achei que ele parecia bastante sereno.

Tony Bramwell, com permissão da London Features International

irei esta foto em uma reunião de diretoria na Apple, na Savile Row, antes de os móveis terem chegado. Entre as várias essoas estão John, Yoko, Paul, Francie Schwartz, Neil Aspinall, Derek Taylor, Mal Evans, Peter Brown e Magic Alex Mardas. cho que estávamos planejando como gastar cerca de 2 milhões de libras no período mais breve possível!

Tirei esta foto durante um passeio por Catalina, no verão de 1968. Paul está à direita e Linda é a segunda à esquerda. N esquerda ao alto está Ron Kass. O diretor Mike Nichols está abaixo de Ron. E aquele segurando a câmera é o produtor d filmes Billy Graham.

Linda, Paul e Ivan Vaughan aproveitando o sol na viagem para Catalina. Ivan, que era o colega de escola mais antigo de Pau em Liverpool, tinha apresentado ele a John.

Tony Bramwell, com permissão da London Features International

ɔaixonando-se no Verão do Amor, em 1968. Tirei esta foto no iate de Mike Nichols enquanto estávamos rumando para ıtalina. Paul e Linda têm um momento de sossego dentro do barco.

Tony Bramwell, com permissão da London Features International

ıry Hopkin e Paul sentam-se em um banco em frente à mesa de mixagem enquanto ouvem o *playback* de "Those Were the ıys" – que lançou a carreira de Mary. Twiggy descobriu Mary no *Opportunity Knocks* e a tinha recomendado a Paul.

Andrew Mulligan, fotógrafo do Tower, com permissão de Butlins

Paul com o gerente do restaurante GPO Tower – então o maior prédio de Londres – que era dirigido por Butlins. Estou atrás dos dois. Fomos almoçar para ver se o lugar servia para a festa de lançamento de Mary Hopkins.

Andrew Mulligan, fotógrafo do Tower, com permissão de Butlins

No restaurante, no alto da Post Office Tower em Londres, com Jack Oliver, Paul, o gerente do restaurante, Mal Evans e eu.

Tony Bramwell, com permissão da London Features International

ravando o vídeo de "Hey Jude" no Twickenham Studios, em uma quarta-feira, 4 de setembro de 1968. Saímos para a rua e
mos uma multidão de cerca de trezentas pessoas. O vídeo foi mostrado no domingo seguinte no programa *David Frost*, no
eino Unido, e no mês seguinte no *Smothers Brothers Show*, nos EUA.

Tony Bramwell, com permissão da London Features International

ta foto de Ringo, John, Paul e George no Twickenham Studios também foi tirada durante a gravação do vídeo para "Hey
de", a música que Paul escreveu para Julian Lennon depois que John e Cynthia se separaram.

Tony Bramwell, com permissão da London Features International

Peguei Paul desprevenido e compenetrado nos estúdios da Abbey Road, em 1969. Ele está usando um suéter Shetland e parece estar totalmente alheio a tudo.

Tirei esta foto de Paul e George brincando em dois pianos enquanto Peter Asher está encostado no bar da suíte do hotel Lancaster Gate. Tínhamos levado os executivos da EMI do mundo todo para lá para lançar o *White Album*, em 1969, e os pianos estavam ali por acaso.

Tony Bramwell, com permissão da London Features International

Tirei esta foto de Ringo nos estúdios Abbey Road, enquanto ele compõe e silêncio no piano.

Tony Bramwell, com permissão da London Features International

ípica reunião de negócios na Apple, com todos fumando demais em volta da mesa do escritório principal. Na esquerda está ieorge Harrison, Peter Asher, eu, John Frewin (diretor da EMI), Jack Oliver, Yoko, John, Ron Kass, e a nuca de Neil Aspinall. stávamos falando sobre um disco John-Yoko, provavelmente o *Unfinished Music nº 2*. Não tenho certeza do que George estava zendo ali, porque os outros três Beatles normalmente tinham pouco interesse nas viagens caprichosas de John e Yoko.

Tom Hanley/Camera Press/Retna Ltd

na foto descontraída que tirei de Paul e Linda, alterados e felizes em uma festa de lançamento de uma turnê dos Wings no ammersmith Odeon, em 1974. À direita está Neil Aspinall, que ainda dirige a Apple. Eu promovi todos os discos dos Wings.

Tony Bramwell / Badlands Collection

Tirei esta foto com Bruce Springsteen na piscina do Sunset Marquis quando eu estava em Hollywood trabalhando com Phil Spector. Era um tempo maluco – e Springsteen surgiu na cidade com sua turma. Alguns dias mais tarde, voamos para Londres, onde Bruce estreou com grande aclamação no Hammersmith Odeon.

Na pré-estréia de *The Optimist of Nine Elms*, um filme estrelado por Peter Sellers e produzido por Ron Kass. Ron esta à esquerda, junto de sua mulher, a adorável Joan Collins. Peter Sellers fazia o papel de um velho músico de rua e cantava a música tema, "Mr. Bass Drum Man", que George Martin produziu.

arquivo pessoal de Tony Bramwell

Eu (ao centro) com Vangelis e Dem Roussos (e um charuto!) comemora do o Oscar de melhor trilha sono para *Carruagens de Fogo*, em 1981. E távamos no Seacy, um restaurante e Knightsbridge, atrás da Harrods.

parte 5

1971 - Hoje

TRINTA E SEIS

TUDO SE ENCAIXOU sem grandes esforços. Harry Saltzman, Ron Kass e eu constituímos devidamente a Hilary Music, assim chamada por causa do nome da filha de Harry. A idéia era ter uma pequena gravadora e editora musical, e fazer boas trilhas sonoras para filmes. Minha premissa era a de que a maioria das músicas dos filmes contemporâneos não era muito boa e nem funcionava. Podíamos fazer coisa melhor. Naqueles dias, havia uma música tema, depois fazia-se muita coisa incidental que não servia para vender discos. Harry tinha visto Shirley Bassey vender um milhão de cópias com a música "Goldfinger" e se perguntava para onde tinha ido o dinheiro já que não tinha feito um bom contrato. Eu tinha visto os Beatles fazerem *Yellow Submarine* com músicas em um lado do disco e o conceito de "Yellow Submarine Symphony", de George Martin, do outro lado. Isso fez do disco uma "obra", o que foi muito bom. Mas aquilo foi uma exceção. No geral, as trilhas sonoras até então era totalmente sem foco.

Fomos até a MIDEM, a convenção anual da indústria fonográfica em Cannes, demos uma festa de lançamento de nossa nova empresa e concedemos permissões a várias outras empresas e pequenas editoras musicais, no mundo todo, para trabalharem com nosso catálogo. Foi combinado que eu teria um salário de, se bem me lembro, cem libras por semana, mais dinheiro para as despesas de trabalho. Dividiríamos os direitos autorais. Estes seriam enviados para a conta da empresa na Suíça onde seriam guardados, divididos e devidamente distribuídos entre as partes. Eu estava muito feliz. Sentia que tinha entrado em um negócio no qual podia fazer o que mais sabia e gostava de fazer e, o melhor, ganhando muito mais do que antes.

Comecei a trabalhar imediatamente. O primeiro filme para o qual fui designado para fazer a trilha foi o novo James Bond, *Viva e Deixe Morrer*, que já estava quase terminado. Naquele momento, Albert "Cubby" Broccoli e Harry, que eram co-produtores e tinham os direitos sobre James Bond, mal se falavam. Antes da briga, Harry me disse que ele e Cubby pretendiam seguir o caminho normal e chamar John Barry para cuidar dos arranjos.

"Por que não tentar algo diferente?", sugeri.

"John Barry é bom", respondeu Harry.

"Sei que ele é bom. Mas e quanto a Paul McCartney? Ele sempre quis fazer música para filmes de sucesso".

Harry ficou bastante entusiasmado. "Boa idéia", disse ele. "Acha que Paul faria?".

"Bem, é um James Bond e seria irresistível", disse eu. "Vou perguntar a ele". Fui para a casa de Paul e descrevi o filme. Depois perguntei se ele queria fazer a música tema.

"Depende", respondeu Paul. Achei que ele aceitaria rapidamente.

"Do quê?", perguntei, meio surpreso. Achei que ele adoraria a idéia desde o início.

"Nunca escrevi sob encomenda", disse ele. "A minha música evolui. A música que norteia os filmes de Bond são muito específicas, não?"

Sentamos e ficamos falando sobre o assunto por horas. Paul queria saber em que parte do filme a música entraria e, se estivesse na abertura, como seria apresentada. Fui falar com Maurice Binder, que tinha feito vinhetas maravilhosas para as aberturas dos filmes de James Bond. Ele era um sujeito arrasador. Eu brinquei dizendo que ele tinha passado metade da vida filmando nus embaixo d'água, ou nus ao lado de armas e todos os nus que apareciam na abertura. Eram pequenos filmes, semi-pornográficos, que abriam todos os filmes de Bond.

Tratei com Maurice para que fizesse uma amostra completa de como os créditos de abertura apareceriam, com uma arma atirando e uma mulher nua. Contratei um cinema para a exibição onde Paul e eu assistimos ao filme algumas vezes. Ele parecia aliviado. Possivelmente, teve algumas idéias enquanto assistia porque disse, "Vou fazer. Obrigado pelo convite". Sempre muito educado, este era Paul.

Binder e Paul se divertiram muito trabalhando quadro a quadro com o que ia aonde, e que parte do filme deveria ser mostrada com que trecho de qual música. Parecia fácil, mas não era. Era como fazer um pequeno filme. Cerca de uma semana depois eu fui até o Air Studios de George Martin na Oxford Street onde Paul e sua banda, a Wings, faziam a trilha básica da música tema. No dia seguinte, George Martin fez o resto, acrescentando alguns efeitos especiais e explosões. Quando tocamos, todos ficaram boquiabertos. Era muito poderosa, uma grande música, principalmente quando se ouve pela primeira vez. O trabalho se transformou em um dos maiores temas para o cinema de todos os tempos, um grande sucesso. De certa forma, embora Paul já fosse um dos letristas mais brilhantes de nossa geração, acho que escrever algo sob encomenda mostrava a ele o quanto ele era bom. Também revelava modos diferentes para que mostrasse seu potencial, passando para terrenos que jamais tinha explorado antes.

Pelos bastidores, eu continuava ciente do que estava acontecendo na Apple. A ação no tribunal explodia nos jornais e na TV todos os dias durante as audiências, que começaram em 19 de janeiro de 1971, e duraram nove dias, e isso era discutido diariamente entre todas as pessoas que conhecia. Paul era o único Beatle presente. O juiz, Sr. Stamp, disse que a situação financeira dos Beatles era "confusa, incerta e não conclusiva" e que a condição destas contas era "bastante intolerável". Ele nomeou um Sr. J. D. Spooner para ser tanto o financeiro quanto o gerente. Preocupado com a possibilidade de Klein mesmo assim ser capaz de gastar parte dos fundos retidos para os Beatles, a EMI congelou todos os *royalties* até que o assunto fosse resolvido em uma audiência definitiva. John, George e Ringo apelaram imediatamente, mas retiraram a apelação um mês depois, em 27 de abril, o que lhes custou cerca de 100 mil libras em despesas legais. Por fim, o caso contra Klein se arrastaria por vários anos, tempo durante o qual ele seria preso por crimes contra a receita federal nos Estados Unidos, caso sem relação com a Apple. Finalmente, em 9 de janeiro de 1975, a decisão foi favorável a Paul. Klein foi tirado de cena, a parceria entre os Beatles estava oficialmente terminada e a maior parte de seus ativos – retidos havia vários anos – foi liberada.

Eu ainda me encontrava algumas vezes com John e Paul e eles me contavam sobre o que acontecia na Apple, ou eu ia beber com amigos como Dan Richter – que trabalhava para John e Yoko na Tittenhurst Park. Soube que eles ainda estavam lutando contra a heroína. Os dois passaram a maior parte de abril de 1970 na Califórnia, no Instituto Janov fazendo a Terapia do Grito Primal, antes de voarem para Mallorca com Dan, onde souberam que Cox estava com Kyoko. Na época havia uma batalha sobre a custódia da criança e John e Yoko tinham decidido trazê-la de volta a qualquer custo. A tentativa terminou com a prisão dos dois e a deportação da ilha. Tony Cox e Kyoko desapareceram e Yoko levaria mais de 30 anos para rever a filha.

A bela música, "Imagine" – na qual George toca guitarra – nasceu da confusão em suas vidas. O disco com o mesmo título foi gravado no estúdio da Tittenhurst Park durante junho e julho de 1971. Mas nem tudo foi luz e paz. Uma das faixas, "How Do You Sleep", era um ataque direto a Paul. Segundo Allen Klein, que por acaso estava lá, Yoko escreveu a maioria das palavras da letra. Ela correu para o estúdio agitando uma folha de papel quando encontrou a última e horrível frase, gritando satisfeita, "Olhe, John, olhe!". Tomando parte no círculo de uma vez por todas, Klein também contribuiu com algumas palavras. Vários dos músicos na sessão de gravação – membros da banda Badfinger – sentiram-se desconfortáveis, mas a única pessoa a sentir-se realmente envergonhada era Ringo, que estava à bateria. Ele dizia a John que tinham ido longe demais, mas foi ignorado.

Satisfeito por não mais estar envolvido com o triste circo do *rock and roll* na Apple, continuei com meu trabalho na Hilary Music. Depois de *Viva e Deixe Morrer*, veio *007 Contra o Homem da Pistola de Ouro*. Espremi as idéias para oferecer mais uma vez algo original, algo que deixasse as pessoas de queixo caído. Eu queria Elton John ou Cat

Stevens, mas era a vez de Cubby e ele tinha seus próprios planos. Em segredo, chamou John Barry e Don Black que fizeram uma música bem comum que Lulu gravou. Eu não achei nada criativo e não tive qualquer coisa a ver com aquilo.

Porém, e este é um dos maiores "poréns", alguém que tive a má sorte de conhecer foi um cara chamado Kenneth Richards. Ele era o contador da empresa que ficava na Suíça – que era onde ficavam as empresas de Harry Saltzman. Harry tinha a Stephen Films SA (assim batizada por causa do nome do filho), a Jacky Films SA (nome da esposa) e é claro, a nossa empresa, Hilary Music SA (o nome da filha). Todas tinham nomes de membros da família. Harry Saltzman também era proprietário da Technicolor Laboratories (que na época dava prejuízo), e uma grande fatia da empresa que fabricava as câmeras de cinema Éclair. Tinha também, entre outras coisas, algo a ver com a Open University. Ele tinha empresas e propriedades como quem coleciona quadros. Também tinha adquirido roteiros e peças e estava sempre ficando sem dinheiro. Isso não o incomodava muito. Seus filmes geravam caminhões de dinheiro e os direitos autorais eram depositados nos Alpes.

Sean Connery também estava envolvido com Harry nos filmes de James Bond e outros negócios alimentados por uma das empresas suíças de Sean, contabilizada por Richards. Para aqueles de nós que tinham negócios contabilizados por Richards, a coisa era um tanto por baixo dos panos, porque no Reino Unido estávamos em uma grande recessão e sob leis monetárias draconianas. Ainda tínhamos uma norma que limitava nossos gastos no exterior a 50 libras, por exemplo.

Depois de Bond, passamos para um projeto de David Puttnam, *Melody SWALK* (*Sealed with a Loving Kiss*). O filme era estrelado por Jack Wild e Mark Lester, que tinha estrelado *Oliver*. Fiz a trilha sonora junto com os Bee Gees e Crosby Stills and Nash. Para a época era novidade ter músicas que não eram especialmente gravadas para o filme, mas sim algo feito para fazê-lo funcionar, algo que a platéia gostasse. O disco saiu pela Polydor, com quem tinha conseguido um belo contrato para a Hilary Music. O filme não foi muito bem no Reino Unido, mas foi um grande sucesso no Japão. Havia multidões às portas dos cinemas e o disco com a trilha sonora vendia aos montes. Quando os números das vendas chegaram, muitos esfregaram as mãos pensando nos lucros graúdos com os *royalties* que Kenneth J. Richards recolheria para distribuir.

Depois disso, ajudei a escolher as músicas para *That'll Be the Day*, outro projeto de Puttnam estrelado por David Essex e Ringo. Ainda enquanto finalizávamos este último, fizemos toda a música para o filme de Michael Caine, *Kidnapped*, para o qual coloquei Mary Hopkin cantando a música título. Contratei Tony Joe White como letrista. (Nos anos 1980, Tina Turner usou várias letras de Joe. Portanto, ele tinha sucessos sem ter cedido direitos a ninguém, assim era dono de 100%.) Martin Scorcese também me pediu para conseguir Spector – que eu gerenciava – para a trilha sonora de *Caminhos Perigosos*, o filme que estabeleceu a reputação de Scorcese.

Certo dia, em 1972, liguei para o escritório na Suíça pedindo que me enviassem algum dinheiro para pagar uma coisa ou outra. O telefone tocou, tocou, tocou. Não houve resposta. A campainha tinha um som oco, muito solitário. *Brrrr... Brrrr...* e ninguém atendia. Desliguei o telefone e percebi naquele exato momento. Liguei para Ron. Ele ligou para os outros. Kenneth J. Richards tinha fugido. E acabou sendo uma fuga bem sucedida. Todo o dinheiro de Harry. Todo o dinheiro de Sean Connery. Meus *royalties* acumulados na Hilary Music. Os *royalties* de Ron Kass na Hilary Music. Tudo roubado.

Não sei exatamente quanto perdi porque era o contador quem tinha todos os números. Acredito que tenha sido algo entre 50 e 100 mil libras. No poder de compra de hoje, podíamos multiplicar por 10, então doeu. Não que eu quisesse levar um novo estilo de vida com ele, era apenas para investir e ajudar a empresa a crescer, mas quando o dinheiro sumiu, todo aquele sonho foi por água abaixo. O que ele roubou foi um trabalho já feito e o futuro que viria. Os outros perderam milhões. Estávamos indo muito bem com a publicação e as músicas – até Elvis tinha gravado uma de nossas músicas: "I've Got a Thing About You, Baby". Harry teve que vender todos os seus direitos de participação nos filmes de James Bond, acho que para a MGM. Depois disso, foi trabalhar para a H.M. Tennant's, o pessoal do teatro. Teve até que vender seu apartamento na esquina da Grosvenor Square com a

South Audley Street. Frank Sinatra ficou lá tantas vezes que as pessoas achavam que era dele. Frank adorava o lugar por causa da vista para a embaixada dos Estados Unidos, ele gostava daquilo. Sentia-se seguro porque podia estacionar o carro atrás da embaixada, onde os fuzileiros tomariam conta para ele. Não era de modo algum um grande apartamento. Na verdade era um lugar muito comum mas abrigou ótimas festas. Saltzman vendeu-o para Martin "Marty" Machat, um influente advogado nova-iorquino que atuava na indústria fonográfica e tornou-se um grande amigo meu. As festas continuaram e Frank Sinatra também continuou ficando por lá quando estava na cidade.

Sean tinha perdido todo o dinheiro que ganhou com James Bond, seu pé de meia para a aposentadoria, além de vários outros investimentos. Teve que começar tudo de novo, aceitando vários papéis só pelo dinheiro, acredito. Sean era muito mais estourado do que qualquer um de nós, e ameaçava seriamente causar morte e destruição, ao estilo James Bond, caso encontrasse Richards. Anos mais tarde alguém que trabalhava para Sean Connery conseguiu achá-lo, e ele iniciou um processo para reaver o dinheiro, mas Richards mais uma vez escapou por entre os dedos e nada jamais foi recuperado.

TRINTA E SETE

Uns dois anos depois do famoso disco de Natal que a Apple tinha lançado quando eu ainda trabalhava lá, Marty Machat – que era o velho advogado de Phil Spector – me telefonou. Marty, que tinha ótimas relações em Nova York, representava entre outros, Freddy Bienstock da Carlin Music, um divulgador que tinha várias músicas gravadas por Elvis. Na verdade, Marty era também advogado de Elvis. Foi agente de Leonard Cohen e – Deus nos ajude – era também advogado de Klein. Marty e eu nos dávamos bem. Nós nos tornamos bons amigos. Ele era como um padrinho.

"Phil manda um abraço e quer que você abra pessoalmente uma nova empresa para ele, com base em Londres, e lance novamente todos os discos que ele já tenha feito", disse Marty, falando rápido antes que eu pensasse duas vezes. "Phil fala muito bem de você. Ele acha você ótimo, e se lembra das boas conversas que tiveram".

"O que você quer dizer exatamente?", perguntei.

"Todo o catálogo de músicas dele. O trabalho de uma vida inteira", explicou Marty, como se fizesse aquilo todos os dias.

Eu devia ter pensado duas vezes. Provavelmente pensei, mas não admiti, o que é bem característico no ramo dos discos. Fui para a Warner – uma frase que também resumia bem o negócio da música naqueles dias. Eles ficaram mais do que interessados na proposta e, esperando que Phil não se ofendesse com a seqüência nos créditos, oferecemos um único nome: Warner/Spector. Depois voei para Los Angeles para falar com Phil. Hospedei-me em um hotel e peguei um táxi até sua casa.

Na entrada da frente, ficavam duas armaduras, coisas pelas quais Phil tinha um orgulho especial. Outra coisa que me chamou a atenção foi uma série de placas pelas paredes que iam até a escadaria, incluindo uma com os estranhos dizeres: É MELHOR TER UMA ARMA E NÃO PRECISAR, DO QUE PRECISAR DE UMA E NÃO TER. Havia também um grande pôster de "procura-se" com o rosto de Nixon com cara de bandido e um outro com o rosto de Phil, armado até os dentes. Ele era obcecado por Nixon, quem acreditava ser o Diabo. Certa vez, ele tinha chamado o ex-presidente e dito a ele que queria fazer um disco com as fitas do Watergate.

Voltando aos negócios, eu disse inocentemente, "Qual é o conceito, Phil?".

"Conceito? Seu imbecil!", gritou ele. "Eu odeio ele! Este é o conceito!". Eu não tinha percebido que ele ainda estava falando sobre Nixon.

Depois ele se acalmou e disse, "Será um grande disco. Você já soube da minha Wall of Sound, este será o som das mesmas paredes. Fechando o cerco contra o filho da mãe! Haha!"

A paranóia de Phil, acredito, esteve com ele por toda a vida. Ele continuava sendo, simplesmente, o pequeno órfão judeu em um quarteirão barra pesada de Nova York sendo sempre ridicularizado e tomando tapas na cabeça. Sammy Davis disse uma vez que todo seu sucesso próprio devia-se à síndrome de "Tenho que conseguir! Não posso falhar!". Ele foi empurrado adiante porque, até onde sei, era o único cantor negro, com cabelos vermelhos e um olho só, convertido ao judaísmo, e que podia dançar e interpretar. Da mesma forma, o que Phil viveu na infância pode ter-lhe moldado o caráter, mas o caráter que se formou era o de um monstro genial com medos profundos e psicoses duradouras.

Nada evitou que mesmo incrivelmente famoso, Phil ainda fosse prejudicado por grandes gravadoras. Ele fazia ótimos discos, originais e inovadores que vendiam milhões, com seus grupos de cantoras negras, muito além de seu tempo, discos que inspiraram gerações de músicos, caras como John Lennon. Ele criou outras empresas de gravação, empregando milhares de pessoas, mas não tinha paz interior. Ele era o *enfant* Mozart de seu tempo. Praticamente sozinho, criou a função de produtor de discos como a conhecemos hoje. Antes de Phil Spector havia aqueles ex-soldados arrogantes, não amantes da música sempre reclamando do comportamento dos "terríveis artistazinhos" ou "punks" com quem eram forçados a lidar no estúdio. Tudo o que costumavam fazer era ligar a máquina de gravação. Simplesmente não havia produtores totalmente originais como Phil – exceto Sam Phillips no Sun Studios em Memphis, que produzia Elvis – e Sam era muito básico.

Não teria havido Tamla Motown sem Spector, nem indústria fonográfica negra. Ele fez isso porque *podia* fazer. Podia pegar grupos vocais de três garotas negras como as Crystals e gravar uma música infantil como "Frosty the Snowman", ou "Santa Claus is Coming to Town", e colocá-las em seu disco de Natal, e vender, vender, vender.

Quando cheguei, Phil estava sem a capa de costume que esperava encontrá-lo usando. Ele me levou até o armário da cozinha onde, incrivelmente, guardava toda a obra de sua vida. Todas as fitas originais estavam enfiadas ali, tudo o que ele tinha gravado em seus tempos de Goldstar Studios adiante. *Ouro puro*, realmente. Fiquei pensando onde guardaria a comida. Devia ter me lembrado que nos Estados Unidos as pessoas guardam tudo na geladeira, até os cigarros.

"Melhor empacotar tudo isso, hein?", ele disse.

Lembre-se de que ele era um cara que, em suas próprias palavras, não acreditava em nada nem em ninguém. Apesar da profunda paranóia que não devia nada à do rei George quando perdeu as colônias da América, Phil me deixou encaixotar todo o trabalho de uma vida inteira enquanto olhava das sombras, assistindo a cada movimento que eu fazia. Ele era capaz de girar a arma no dedo indicador e ter ataques de pânico que mandariam qualquer um direto para o velório. Mas, para minha grande surpresa – e era um trabalho para elefantes, retirar, registrar e guardar tudo – ele me deixou ir até o fim.

Em Londres, fizemos testes de oxidação e vários outros testes para determinar como trabalhar com as fitas e preservá-las em perfeitas condições. Depois, começamos a lançar tudo no mercado. Naturalmente, foi quando Phil sugeriu que lançássemos primeiro o *Christmas Album*, mas dissemos que ainda era março. Em vez disso, começamos com *Phil Spector Real Master Series* volumes 1, 2 e 3. *The Best of the Ronettes*, *The Best of the Crystals*, o não lançado *Masters* volumes 1 a 50... era a grande cornucópia de um som lendário e brilhante que parecia não ter mais fim. Era um show que iria durar, durar e durar e eu comecei a pensar no futuro, a pensar naquelas revistas que anunciavam ilhas ao sol, aviões e iates particulares.

No início, as coisas foram bem. Periodicamente, Phil queria que eu fosse para Los Angeles onde visitaria o Castelo do Drácula para mantê-lo atualizado dos fatos. Havia o disco com Leonard Cohen. Sobrevivemos. Phil e Len, ego contra ego, loucura elevada ao quadrado – uma delas em sua fortaleza, a outra em seu monastério. Mas a verdadeira loucura surgiu mais uma vez. John Lennon estava passando pelo que por ali se chamava de "grande problema" com Phil no meio de seu disco seminal *Rock 'N' Roll*.

Certa vez, John tinha cantado uma música famosa sobre "armadilhas da mente". Não sei a que exatamente John se referia naquela letra ácida, mas Phil Spector, que foi a Nova York em 1972 para produzir o disco *Rock 'N' Roll*, era mestre no assunto. Marty me disse uma vez que Phil e Yoko explodiram quando se confrontaram novamente, porque os dois eram irredutíveis e manipuladores, acostumados a fazer tudo a seu modo a qualquer custo. E mais, os dois sabiam disso.

Eu estava tendo grandes problemas também, um momento bastante difícil. Os surtos de mega proporções em sua fortaleza onde Phil erguia os braços como um Kermit enlouquecido, "É tudo meu!" e "Quem é você? Quem o trouxe para cá? Você é um espião nazista!". Isso e muito mais. Ao final, deixou de ser um grande artista para agir como uma criança, e pegou as fitas de volta.

Foi um verdadeiro pesadelo. Era hora da camisa de força. Mas, quando você é rico, os malucos são os outros, não você. Marty Machat tentou mais uma vez controlar o incontrolável e, de certa forma, conseguiu, embora tenha sido uma grande perda de tempo. Eu continuei trabalhado, mas no fundo sabia que não adiantava nada. Por fim, fui embora.

TRINTA E OITO

Nos anos 1970, todos pulavam e saíam das camas como coelhos. Não parecia haver problemas e todos se divertiam muito. Uma mulher de quem nunca vou me esquecer – e com quem tive um delicioso caso durante quatro dias – era a atriz galesa, Rachel Roberts. Eu a conheci em um dos famosos encontros musicais de Nancy Holmes. Nancy era uma bela texana na casa dos 50 que me convidava porque achava que eu era um "descolado do West End" e conhecia muitas pessoas. Os amigos de Nancy eram de todas as classes sociais e ela exigia apenas duas coisas deles: que fossem interessantes e agradáveis. Eram pessoas como Lady Warwick e o velho Lord Warwick, proprietário da Warwick Films e também, é claro, de um maravilhoso patrimônio gótico, o Warwick Castle. O colunista Hawk Allan era outro. E para completar o time das colunas de fofocas estavam o jovem Nigel Dempster, então aprendiz de Hawk no *Daily Mail*, antes de se casar com a filha do Duque de Leeds; além da colunista Jack Tinker, do *Daily Express* e Jack Martin, que estava no *Hollywood Reporter* e no *National Enquirer*. Era um grupo sortido, forte em fofocas e bons no gin com tônica.

Na época em que vi Rachel pela primeira vez, ela estava tendo um relacionamento inconstante com o namorado, Darren Ramirez, um vitrinista méxico-estadunidense que trabalhava para uma das lojas da Rodeo Drive. Ela não estava muito feliz porque ele a irritava como o Diabo, além disso, ela não gostava dele de verdade. Ela queria o ex-marido, o amor de sua vida, Rex Harrison – o problema era que Rex não a queria.

Certa noite, eu fui ao apartamento de Nancy, Rachel me viu e olhou com o canto dos olhos. Ela estava toda extrovertida e maluca, cabelo vermelho, olhos verdes. Não podia dizer que era bonita, mas era vibrante e cheia de vida. Eu sabia que ela devia ter algo especial ou Rex Harrison – a personificação do Professor Higgins de *My Fair Lady* – não teria se casado com ela. Ele era conhecido como o homem mais exigente da cidade. Rachel era empolgante, sem dúvida. Eu a achava irresistível. Não demorou muito para que ela dissesse, piscando com os olhos verdes e fazendo charme, "Acho que me apaixonei por você, Tony querido". Teria sido bom se eu pudesse acreditar nela, mas já que eu não era Rex, sabia que era uma coisa de momento, o que se mostrou verdade.

Eu não sabia que Rachel tinha uma grande fama de ser ninfomaníaca. Para mim, ela era muito divertida, uma mulher que via nas festas de cinema que agora freqüentava graças a Harry Saltzman. Os primeiros três dias de nosso namoro foram da mais completa loucura, sexo e álcool. Eu tinha 27 anos e Rachel, 45. Tinha acabado de se separar de Rex. "Meu querido e sexy Rex", costumava chamá-lo. Soube mais tarde que ela costumava ligar para ele várias vezes no meio da noite, durante nove anos, levando Rex e a nova esposa à loucura.

Quando ainda eram casados, movida a álcool e drogas lícitas, ela costumava sair no meio de um jantar com Rex para seduzir o motorista no Rolls Royce do marido. Depois, voltava à mesa com o batom borrado, as meias tortas e anunciava, "Acabei de transar com o motorista". Rex – saído diretamente de *My Fair Lady* – continuava comendo, sem piscar um olho, o que deixava Rachel louca. Ela simplesmente queria sua atenção e alguma reação. Eu via Rachel rastejar em mesas cheias de copos nos bares, sem calcinha, para agarrar um estranho qualquer, pedindo sexo, oferecendo sexo oral. Nas festas, costumava desaparecer com qualquer um, e voltava sorrindo como uma gatinha, buscando repetir o que tinha acabado de fazer em alguma sala escondida. Sim, ela tinha uma bela reputação, mas eu gostava dela. Ela era divertida, muito agradável, uma atriz brilhante, uma amiga muito generosa de quem era bom estar junto. Logo percebi que ela era também muito solitária, profundamente insegura e muito inatingível.

Eu vivia duas vidas: em uma, estava toda a multidão da música, todos os astros do *rock* com quem sempre tinha estado – na outra, os ricos de famílias tradicionais. Conforme o tempo se passava, é claro, os dois grupos se fundiam e os astros se tornaram a nova aristocracia. Às vezes eu aparecia na casa de Paul Getty na Cheyne Walk. Isto é, Jean Paul Getty II, mais tarde nomeado Sir Paul porque era tamanho filantropo que deu 200 milhões de libras para boas causas, em sua maior parte anonimamente. Foi seu filho, John Getty III, quem foi seqüestrado em Roma e teve a orelha decepada antes que o avô avarento pagasse o resgate de um milhão de dólares.

Na época, Paul II adorava fazer festas e sempre estava totalmente enlouquecido ou fora de si sob efeito da heroína. Sempre pálido e com os olhos fundos, tropeçando em tudo como os monstros de filmes de terror. Esta última impressão somou-se à sua imagem porque estava sempre escuro e sombrio em sua casa na Cheyne Walk. Para mim, era como estar dentro de uma música dos Rolling Stones, que falava sobre ir a uma farmácia de Chelsea.

A esposa batavo-polinésia de Paul II, Thalita Pol, era muito bonita. Modelo, conseguiu alguns papéis pequenos em filmes como *Barbarella*. Infelizmente, assim como Rachel, ela era conhecida não muito por sua beleza, mas por ser uma "piranha", como dizíamos em Liverpool, uma maníaca sexual. Mas, ao contrário de Rachel, ela não tinha senso de humor, nem brilho, provavelmente por causa de seu vício em heroína. Tenho que confessar que fui para a cama com ela, mas meia Londres fez o mesmo. Eu a peguei, ou ela me pegou. Não foi um caso, só um acaso inevitável. E a questão não era quem tinha ido para a cama com Talitha, mas quem *não* tinha. Ela era uma pessoa terrivelmente patética.

Para pessoas como Mick Jagger, Talitha era ainda mais um incômodo. Na Cheyne Walk eu sempre encontrava pessoas como Mick e Keith Richards, David Geffen e Lord Lambton, que estava envolvido no escândalo Norma Levy, que envolvia corrupção policial, prostitutas e Lord Jellicoe, líder da Câmara dos Lordes. Conheci Lord Lambton no prédio gótico de Paul Getty I em Surrey, Sutton Place. Conheci o velho Getty muito bem, e jamais mudei de opinião: ele era realmente estranho – ainda mais estranho do que Bette Davis, que era sempre convidada para os jantares daquele círculo. Ela passava por um modesto relançamento dos anos mais brilhantes de sua carreira, e tinha algumas histórias incríveis para contar. Ela me via e levantava a mão, pesada com as jóias e anéis, e dizia "Jovem, venha sentar-se comigo". Seu rosto era sempre branco de morte, os lábios vermelhos, os olhos cobertos enfiados no crânio. Noite após noite, ela sempre aparecia usando a mesma roupa preta.

Paul II tinha também grandes propriedades no interior e na Itália. Sua casa em Roma era como um palácio romano, onde se faziam orgias que teriam impressionado até a Calígula. Quando Talitha morreu de uma overdose na bela piscina, cercada por laranjeiras, ciprestes e palmeiras com vista para as colinas romanas, o comentário em Londres foi de que Paul II tinha dado a ela uma overdose porque ela era muito promíscua e viciada, enquanto ele queria se livrar das drogas – o que, é claro, não é possível fazer ao lado de uma pessoa viciada.

Então lá estava eu no ano seguinte, 1973, andando pela Broadway em Nova York e a caminho para falar com Allen Klein sobre assuntos da Apple quando encontrei Engelbert Humperdinck.

"Olá, Tone, o que está fazendo?", perguntou.

Quando eu disse "nada de mais", Engelbert disse que estava no Mayfair, e pediu que ligasse para ele. Foi o que fiz na noite seguinte.

"Você está com seu terno?", perguntou. Estava. Sempre levava um terno porque nunca sabia quando podia precisar. Naqueles dias, o traje de noite era obrigatório em vários eventos. "Tudo bem", disse Egelbert. "Vista e vamos sair".

Mais tarde naquela noite eu saí do Drake, onde estava hospedado, e peguei um táxi para o Mayfair para encontrar-me com Engelbert, Mickey Green (que era meu ídolo da guitarra no tempo em que ele fazia parte do Johnny Kidd's Pirates naquelas velhas apresentações nas balsas em Liverpool) e Tony Cartwright, o *roadie* de Engelbert. Fomos a todas as salas de cabaré da cidade incluindo o Wonderbar e o Coconut Grove, onde vimos Supremes, Fifth Dimension e Bobby Darin. Eu tinha visto Bobby quando ele esteve em Liverpool quando eu era garoto e achava que ele era Deus.

Fiquei impressionado quando o vi no palco. Ele tinha acabado de passar por um tipo de ataque de nervos e agora estava usando calças de terno, botas polidas de vaqueiro, uma camiseta com babados e jaqueta jeans. Tinha uma guitarra e tocou músicas de Tim Hardin, como "If I Were a Carpenter". A platéia detestou. Eles queriam "Mack the Knife", "Dream Baby", "Splish Splash" e "Nature Boy", todas as músicas de Darin que estavam lá para ouvir. Gritaram pedindo, e Bobby retrucou.

"Vão se foder!", gritou, muito diplomático. Depois, tirou sua peruca, pegou um banjo e enlouqueceu com ele. Foi maravilhoso, absolutamente inacreditável. Ele estava ótimo e tocava maravilhosamente. Eu e os rapazes gritávamos e assoviávamos, tentando encobrir as vaias. Foi uma noite inesquecível.

Alguns dias depois, fui para Los Angeles e Bobby Darin também estava lá, desta vez tocando no Troubadour, com Roger McGuinn dos Byrds no apoio, um banjo de doze cordas. Fui vê-lo na última noite e mais uma vez fiquei sem fala. O Troubadour era o lugar perfeito para o Bobby Darin transformado. Os comentários se espalharam, "Você tem que ver Darin, ele está completamente diferente". A cada noite, mais e mais pessoas iam ver o show. Ao final da semana, todos do Crosby, Stills and Nash, Joni Mitchell e os Byrds estavam no palco com Bobby, uma enorme banda de *folk-rock* cheia de estrelas, todas cantando. Números como o dos Mamas and the Papas e do Lovin' Spoonful estavam lotando as casas em Nova York, e o Troubadour percebeu isso rapidamente. Tinham feito uma aposta ao agendar Bobby Darin e também foram recompensados. Foi maravilhosos ver o renascimento de um homem cuja carreira tinha chegado ao fundo do poço.

TRINTA E NOVE

EU ESTAVA À TOA em um dia sossegado em Londres com David Mindal, meu amigo e vizinho na Barnes. Dave, letrista e cantor de *jingles*, casou-se com Cherry do Pan's People – as dançarinas do *Top of The Pops* – partindo assim milhões de corações. Estávamos discutindo o que fazer quando ele disse, "Venha, Tone, vamos para Los Angeles".

Era o começo de março em 1974, meu aniversário se aproximava, então pensei, por que não? Não pegamos nada, nem uma escova de dentes, e corremos para o aeroporto. Na chegada, fomos para uma grande suíte no Sunset Marquis e depois de um descanso e um mergulho, telefonamos para alguns amigos. Jane Seymour, outra vizinha da Barnes, também estava em Los Angeles naquela época. Eu conhecia Jane muito bem, porque, além de sermos vizinhos, ela fez parte de *Viva e Deixe Morrer*. Eu tinha ido também ao seu casamento.

Quando telefonei, ela disse, "Vamos sair para jantar. Susan está aqui, e também Olivia com a irmã". Ela se referia a Susan George e Olivia Newton-John.

Naquela noite, nos encontramos e comemos em um restaurante mexicano de Santa Monica. Incluídos no grupo, que parecia cada vez maior enquanto a noite progredia, estavam algumas pessoas da Chrysalis Records. Ficamos totalmente enlouquecidos com as margaritas e comemos pratos bastante apimentados. Naqueles dias, até guacamole parecia muito picante para quem tinha crescido comendo carneiro tostado e molho de hortelã, além do peixe com fritas. Posso me lembrar de como saía água dos olhos. Todos pegávamos as taças de margarita e bebíamos.

No dia seguinte, mal recuperado da noite anterior, eu estava andando pela rua – naquele belo trecho de Santa Monica e la Cienega com palmeiras e vista para o mar – quando vi Ron Kass com sua esposa, Joan Collins. (Desde que Kenneth Richards tinha fugido com todo nosso dinheiro eu não encontrava com eles.) Joan tinha passado a Ron o hábito inglês de dar um passeio antes do almoço para abrir o apetite. Perguntaram se eu gostaria de me juntar a eles. Fomos para o Brown Derby e enquanto pedíamos, disse que era meu aniversário.

"E vai fazer uma festa, Tony?", Joan imediatamente perguntou.

Eu disse, "Não, acho que vou apenas sair para beber com os rapazes".

"Ah, você precisa ter uma festa", disse Joan, com os olhos faiscando. Ela era realmente adorável, com os enormes olhos, o belo nariz e uma pele fantástica com seu belo perfil. Era uma mulher muito bonita – e ainda é.

Eu balancei a cabeça, "Tudo bem, vamos só dar uma volta".

"Não, você vai ter a sua festa, eu insisto", disse Joan. "Fale com ele, Ron".

Ron sorriu e deu de ombros. "Você ouviu a moça", disse ele. "Ela é teimosa quando mete uma idéia na cabeça. Melhor se sentar e aproveitar, Tony, porque a festa vai acontecer".

Joan me fez dizer que estava no Sunset e disse, "Certo, vou mandar um carro para você às oito". Então ficamos ali para almoçar e bater um bom papo.

Naquela noite, a enorme limusine me carregou para a incrível casa de Joan e Ron em Beverly Hills. Achei que tinha visto de tudo, mas aquilo era muito chique, como em Hollywood. Não sei onde, nem como ela arranjou tudo em tão pouco tempo – obviamente Joan tinha sua varinha de condão – e quando Dave e eu entramos, vimos grandes sorrisos e presentes para o aniversariante, Tina Sinatra, Roger Moore e esposa, Luisa, Cybill Shepherd – e, é claro, Jane Seymour e amigos.

O presente que ganhei de Roger foi uma cueca com uma mensagem obscena na frente e um desenho ainda pior atrás. Ele sugeriu que eu a vestisse imediatamente. Não vesti, é claro. Gostaria de ainda ter aquele presente. Gosto de me lembrar da cueca boiando na piscina, aonde foi parar. Eu tinha uma queda por Tina, mas não estava certo quanto ao possível sogro. Comecei a perceber durante o andamento da festa que Joan tinha resolvido fazer o papel de cupido. Ela tinha decidido que Cybill e eu éramos feitos um para o outro. Infelizmente, apesar de muito esforço da parte de Joan, nada aconteceu.

♪

Eu estava de volta a Los Angeles algumas semanas depois e desta vez Don estava envolvido – Don Arden. Eu era encarregado de promoções na Polydor com quem Don tinha um grande contrato de distribuição. Uma de suas estrelas era Lynsey de Paul, namorada de Ringo na época. Ringo e Maureen continuavam casados, e não se divorciariam até 1 de julho de 1975, mas Ringo de repente decidiu que não queria estar casado e estava se divertindo. Promovi o *single* de Lynsey "Sugar Me" para Don, e fiz um bom trabalho.

Depois de sair da Apple, Ron Kass foi para a Warner Bros., lar da Jet Records, de Don. Com Ron, a Jet logo tornou-se uma verdadeira concorrente na indústria. Certo dia em 1974, Ron pediu minha ajuda para promover o novo lançamento de Lynsey, a música título de um seriado na TV, *No, Honestly*, estrelado por John Alderton e sua esposa, Pauline Collins – que por fim faria "Shirley Valentine". Fui para o escritório de cobertura de Ron na Greek Street e papeamos um pouco, botando em dia as notícias e fofocas enquanto esperávamos pela chegada de Don.

Don entrou e foi direto aos negócios, sem "como vai", nem um papo inicial. Ele entrou e logo disse, "Então! Quando você vai começar, Tone?"

Fiz alguns cálculos mentais. Prensagem. Cópias adiantadas. Relações públicas. Eu disse, "Provavelmente amanhã, Don. Tudo bem?".

Ele disse, "Quinta-feira, é? Sim, eu acho que está tudo bem. Mas certifique-se de cuidar de tudo. Apostei muito neste disco". Apostou nada. Estava fazendo cena, interpretando.

Escondi o sorriso e disse, "Sem problema. Venha amanhã, vou estar nas estações de rádio, e ao telefone. Cuidando dos negócios".

"É bom mesmo", disse ele, querendo ter a última palavra. Pensei comigo, "Grosso!".

Naquela noite, enquanto jantava em casa na Barnes, Marty Machat ligou de Nova York. "Você pode vir para cá amanhã, Tony? Phil Spector está fazendo um disco com Leonard Cohen e quer falar com você sobre a promoção. Encontro você em Los Angeles. Aliás, pago seu almoço no Polo Lounge".

Peguei um avião pela manhã e cheguei a Los Angeles. Quando entrei no Polo Lounge do Beverly Hills Hotel, lá estava Marty, sentado com Phil, Leonard Cohen, Steve Marriot – e Don Arden. O queixo de Don caiu quando me viu. Todos se levantaram e me cumprimentaram calorosamente exceto, é claro, Don, que me olhava irritado. Os outros olharam para ele e tentavam desviar os olhares.

Don olhou para mim e disse em seu tom mais ameaçador, "Seu merda! É quinta-feira. Você devia estar promovendo meu disco em Londres".

Olhei para ele como se não tivesse entendido, olhei para o meu relógio e disse, "Estou aqui para uma promoção regional, Don. Só vim para esta reunião, tudo bem? Não sei por que está me tratando assim. Afinal, é uma questão de fuso. Pode ser hora do almoço aqui na costa oeste, mas estamos tão à frente de Londres que na verdade ainda é ontem lá e quando eu voltar será hoje". Don quis dizer alguma coisa. Parou. Fechou a boca. Franziu a sobrancelha.

Marty riu e fez um gesto para que eu me sentasse com eles. Além de cuidar dos negócios de Phil Spector, Marty também estava muito envolvido com o ELO, que era contratado da Warner Bros. Records – que também distribuía a Jet para Ron e Don. Mo Ostin, que estava dirigindo a Warner nos Estados Unidos, tinha acabado de distribuir um memorando internacional para sua equipe dizendo para não se sentirem intimidados por falsos bandidos ou arruaceiros e que a Jet Records devia ser dispensada.

Don tinha conseguido uma cópia daquele memorando oficial e mostrou enquanto comia. "Eles me chamaram de *persona non grata*!", disse ele. "Que porra é essa?"

Várias décadas, a Warner teve a reputação de estar ligada à máfia por meio de Bugsy Siegel, então tornou-se piada na indústria fonográfica a Warner dizer que não queria ligações com a máfia. Inacreditavelmente, o memorando criou um grande pânico e, assim como a Jet Records, várias das sutilezas foram dispensadas. Da noite para o dia, segundo os boatos, altos executivos na Warner perderam tudo.

Don e Marty tinham se encontrado em Los Angeles para falar sobre algum tipo de política unificada. Foi concordado que com a Jet indo tão bem eles podiam procurar um outro acordo. Depois da reunião, Marty, como advogado e representante de Don, foi direto até Walter Yetnikoff na CBS para negociar uma parceria. Yetnikoff ficou muito satisfeito, ficava sempre feliz em cutucar a Warner. Na verdade, Walter, cujos "produtos recreativos" rivalizavam com os de Keith Richards, estava sempre feliz em cutucar qualquer um. "Wildman" Walt cuidava de Michael Jackson, dos Stones, Bob Dylan, Barbra Streisand e Bruce Springsteen. Ele "nunca se humilhava" – exceto para "os japas da Sony", com quem Walt falava secretamente sobre a compra da CBS por 2 bilhões de dólares. Isto tornaria Walt muito poderoso. Ele era tão arrogante e grosseiro que se alguém como Keith Richards o interrompesse ele mandaria o sujeito para a Suíça fazer um transplante de cérebro, depois uma transfusão de sangue. Qualquer coisa era capaz de irritá-lo. Depois de uma discussão acalorada sobre um baseado com um astro do *rock* de sua lista, o sujeito se mudou para um outro selo.

O fato de a Jet estar caindo no colo de Walt por causa de um memorando anti-máfia na Warner não o assustava nem um pouco. Walter gostava da piada e estava feliz em ver sua oposição recompensada pelo valor de US$ 15 milhões para a turnê do ELO. Isso pode parecer muito dinheiro, mas poucas pessoas sabiam que as divisões de discos dos grandes conglomerados industriais como a CBS e a Philips, eram consideradas "brinquedos" ou "segunda linha". Outra consideração era que empresas como a CBS tinham estações de rádio e de TV e se não tivessem música, não tinham nada popular para veicular. Era um caso de "alimentar a fera".

Da mesma forma, a Polygram (que era parte da Phillips) e a Thorn/EMI faziam aparelhos como toca-discos e fitas. Então, fazia sentido fazer discos para que os consumidores tivessem algo para ouvir e também motivo para comprar os equipamentos. A Sony disse que compraram a CBS puramente para ter o software para seu hardware, não pelos discos propriamente. No início, estas divisões de "brinquedos" geravam algumas migalhas aqui e ali até que de repente toda a indústria da música pegou fogo com o surgimento dos Beatles e bilhões eram despejados em seus escritórios. O negócio da música era muito, muito lucrativo, mas, como sempre, ninguém estava preparado para isso. Contadores eram colocados para dirigir estes empreendimentos. De forma alarmante, eram até transformados em responsáveis pelos artistas e repertórios. Depois de hesitar por anos, um dia a bolsa de valores dos Estados Unidos despencou e Akio Morita – o homem da Sony – entrou em cena e assumiu a CBS Records.

Ao final da refeição no Polo Lounge, pude ver que algo mais estava incomodando Don. "Então você volta para Londres ainda hoje, não é?", disse ele de repente.

"Isso mesmo", respondi. "Como eu disse, é uma questão de fuso horário".

Don tirou sua caneta e, franzindo as sobrancelhas enquanto me olhava com cara de mau, começou a rabiscar em um guardanapo. Marty e eu nos levantamos. Phil nos acompanhou. Enquanto eu saía, olhei para trás e vi Don ainda escrevendo e Steve Marriot, balançando para frente e para trás, tentando beber a cerveja, mas rindo tanto que a mão tremia.

Na saída, encontrei Jerry Weintraub, dono de um clube de campo em Beverly Hills. Ele também era empresário de Bob Dylan, John Denver e do Moddy Blues e era casado com Jane Morgan, que fizera grande sucesso vários anos antes com "The Day that the Rains Came Down". Eu tinha jantado com ele na semana anterior, em Londres, para falar sobre a promoção do Blue Jays e a evolução do Moody. Ele parecia feliz em me ver e apertou minha mão com entusiasmo. Apertou a mão de Phil, que parecia completamente confuso, e também a de Marty.

"Olá, Tony! O que está fazendo em Los Angeles?". Ergui o dedo sobre os ombros e disse, "Neste momento, fugindo de Don Arden".

Jerry sacudiu a cabeça como se entendesse bem o que eu dizia e imediatamente insistiu para que fossemos com ele para seu clube. Marty topou na hora, então entramos em um táxi e fomos para lá, onde passamos a tarde bebendo e nos escondendo. Alguns dias mais tarde, eu começaria a trabalhar no disco de Lynsey, e como ele foi muito bem, Don ficou calmo. Pelo menos, parecia feliz ao ver o disco subindo firme pelas paradas. Ganhou até um prêmio Ivor Novello. Fiquei feliz pela minha conquista, mas eu ainda tinha muito mais a mostrar.

♪

Em setembro de 1974, a Warner me pediu para promover o primeiro disco solo de Ronnie Wood com o estranho título de *I've Got My Own Album to Do*. A recepção de lançamento foi feita no bar de Ronnie Scott, no Soho. Foi a festa de costume da Warner Bros. Records com bufe de almoço e bebidas durante toda a tarde então quase inevitavelmente, todos ficaram muito bêbados, especialmente, tenho que admitir, eu e Ronnie.

Em determinado momento, nós nos juntamos aos participantes dos Estados Unidos que tinham ido para lá: Jerry Moss e Mo Ostin, famoso chefe da Warner em Los Angeles, aquele do famoso memorando antimáfia. Quando a tarde terminou e a noite chegou e ainda estávamos em festa, de repente me lembrei, mesmo bêbado, que Ravi Shankar estaria tocando naquela noite no Albert Hall. George tinha me pedido para ir, mas eu disse a ele que tinha uma festa de uma gravadora.

"Bem, leve todo mundo", disse George, entusiasmado.

"Certo", eu disse. Bem, eu não queria decepcionar George, então anunciei, "Vamos pessoal, temos que ir ao Albert Hall para atender George". Arrastei Ronnie, Jerry, Mo, Eric Clapton e alguns outros para o bar em um táxi. Chegamos ao Albert Hall um pouco atrasados e fazendo bastante barulho. Muito empolgados e falando alto. Inteligentemente, George tinha preparado o camarote principal com bebidas para nós. No palco, sentado de pernas cruzadas sobre uma almofada, Ravi estava fazendo seu show.

De certo modo assustado, Mo inclinou-se e perguntou, um tanto alto, como somente um bêbado pode fazer, "Que tipo de música é essa, Tony?".

"Ravi está fazendo um raga, Mo", disse eu. Pelo menos era o que eu achava que era o raga, porque era a única palavra que eu conhecia para descrever uma bela música indiana para cítara e tabla e vários outros instrumentos orientais que apareciam no palco.

"É isso? Um raga, é?", repetiu Mo, desconfiado. Então, balançando a cabeça antes de tomar mais um gole de uísque, ele disse, "Raga. Que que é isso? A porra do raga!".

Uns vinte minutos depois, quando Ravi finalmente terminou seu número longo e chato, principalmente por consideração a George – porque nós ficamos de saco bem cheio – começamos a aplaudir. Na verdade, com um humor bastante generoso, aplaudimos Ravi de pé, fazendo com que levantássemos os isqueiros, assoviando e gritando, "Mais um! Mais um!". Acho que era claro para todos que estávamos bastante alcoolizados.

George ficou maluco. Foi correndo para o camarote, agitando os braços e gritando. Tinha um *walkie talkie* preso à cabeça. Acredito que para manter contato com os engenheiros de som e ajudar o amigo Ravi a ter um equilíbrio no som. Mas George estava verdadeiramente irritado.

"Vocês estão sendo desrespeitosos com um grande artista!", gritou George.

"Mas, George, estamos aplaudindo", protestei.

"Ele está apenas afinando!", ralhou George. Eu ia dizer alguma coisa inteligente, mas George não queria ouvir. Acho que ficou envergonhado porque as pessoas confundiram a "afinação" de Ravi com uma apresentação real, de tão performática que era. George prosseguiu nos acusando de ser "sanguessugas" e de "viver às custas da indústria da música". Do palco, Ravi foi ao nosso camarote, perguntando-se o que seu grande mecenas, George Harrison, estava fazendo. Durante todo o tempo, a platéia ficou olhando para cima. George finalmente se acalmou, nós nos sentamos, e Ravi começou sua apresentação adequadamente. Devo dizer que dali em diante foi uma chatice.

Depois da apresentação, houve uma festa para Ravi no que sempre chamei de "casa do telhado verde" perto da Holland Park. Era uma casa com paredes brancas de estuque e telhado verde esmeralda, famosa pela estranheza, pelos eventos bizarros e os tipos peculiares que entravam e saíam daquelas portas. Muita comida vegetariana e macrobiótica foi oferecida. Eric Clapton e Ronnie Wood evidentemente não aprovaram o cardápio porque começaram a brigar com a comida, atirando feijões e punhados de arroz, atingindo os presentes e sujando as paredes. Foi a gota d'água. George ficou enlouquecido.

"Na Índia, muita gente está morrendo de fome, sabia?", gritou ele. Nós sabíamos disso, de verdade. Apenas tínhamos bebido muito na festa da gravadora e já era muito tarde para qualquer decoro. A "casa do telhado verde" terminou toda bagunçada, com George quase às lagrimas.

Saímos da festa para a noite, não tenho muita certeza de aonde fomos – mas era algum lugar sem cítaras, telhados verdes, arroz integral e sem George.

QUARENTA

Quase no final de 1975, recebi uma ligação de Marty Machat em Nova York. Desta vez, ele dizia que após um longo período de alucinação, Phil Spector finalmente estava mais calmo. Imediatamente olhei para o calendário. Sim, o Natal estava chegando mais uma vez e – adivinhem! – Phil queria lançar o famoso *Christmas Album* mais uma vez. Idiota, aceitei ajudar. Voltei para a Warner e consegui um outro bom contrato. Disse a eles que deveríamos chamar o disco de *Phil Spector – Out of His Christmas Tree,* mas no final prensamos o disco em vinil azul, embalamos com motivos natalinos, usamos o título apropriado, deixamos tudo muito bonito e o disco, mais uma vez, foi muito bem.

Naturalmente, cerca de três minutos depois (metaforicamente falando), Phil se desentendeu com a Warner. Peguei o telefone e soube que ele tinha tido um ataque terrível bem no meio de um escritório da Warner em Los Angeles com chefões da empresa como Mo Ostin, um cara com quem se podia rir muito, mas era melhor não abusar. Previsivelmente, a gravadora decidiu acabar com a Warner/Spector. Eu o levei para a Polydor e começamos tudo de novo com a Phil Spector International. Mas as coisas tinham se desarrumado tão rapidamente que ainda era Natal, então lançamos o famoso disco *de novo*, com outra capa e vendemos mais 200 mil cópias rapidamente. Vendia tão rápido que às vezes ficávamos sem estoque e as pessoas vendiam entre si por 35 pratas – o salário de uma semana para muitos. Inevitavelmente, Phil brigou com a Polydor e nós relançamos o disco mais uma vez, em outro selo. Toda vez que relançávamos, ele vendia 250 mil cópias. Era uma loucura, mas todos ganhávamos muito dinheiro. Bem, pensei em um momento de bastante reflexão: tínhamos saído da Warner/Spector para criar a Phil Spector International, isso não ia durar muito. E não durou. O monstro acordou, saiu de seu caixão para ir até o telefone, me acordou e queria que eu criasse a "Phil Spector's World Records!". E tinha que acontecer.

Phil estava gritando comigo ao telefone com sua voz fina, alta e aterrorizante. "Venha para cá! Quero lançar tudo agora! Quero dominar o mundo! Saia da cama!".

Foi o que fiz. Fui até ao aeroporto, peguei o avião e voltei a dormir. Novamente em Los Angeles, acordei e fui até o Castelo de Spector, a fortaleza de Phil no alto da Mulholland Drive. Minhas experiências anteriores tinham me ensinado que a temperatura na fortaleza de Phil era sempre a mesma do Natal na Inglaterra. O ar condicionado ficava ligado no máximo durante o ano todo, e logo me acostumei a ver pessoas rindo de mim quando eu aparecia no local com casaco militar e luvas. "Ei, cara", diziam os taxistas quando eu os chamava em frente ao Sunset Marquis no meio do dia. "Aonde você vai? Pólo Norte?" é claro que quando ouviam meu sotaque inglês, imaginavam que eu era algum excêntrico.

Desde a última vez em que tinha estado lá, Phil tinha tido tempo para transformar a casa digna de um Bela Lugosi em uma verdadeira fortaleza. Tinha até mais algumas torres de metralhadora nos cantos e arame farpado para manter do lado de fora o mundo sujo e nojento. Para evitar que ela fugisse, trancou Veronica "Ronnie" Ronette como se ela fosse uma princesa da Transilvânia em uma torre e não a bela garota que tinha conquistado milhões de corações cantando "Baby I Love You". Mas, ao mesmo tempo em que a transformava na Prisioneira de Mullholland Drive, Phil esqueceu de trancar o armário das bebidas que Ronnie, morta de tédio, acabou descobrindo. Logo estava cheia de uísque e sonhos partidos.

Às vezes, quando eu chegava, Phil estava atirando na garagem. Eu nunca sabia como ele ia estar porque sempre mudava o cabelo, a maquiagem e toda a roupa a todo instante. Eu ficava pensando se ele terminaria como Howard Hughes, que também trocava de roupa toda hora, antes de desistir de usar qualquer coisa. Depois do segundo de dois acidentes de carro, quando Phil foi tirado das ferragens clinicamente morto e ressuscitou, a experiência o tinha convencido de que ainda estava morto. Talvez fosse efeito de sua fascinação por Bela Lugosi. Seu outro melhor amigo era Stan Laurel. Antes de morrerem, ele sempre reunia os três amigos – Lugosi, Laurel e Lenny Bruce – para jantar. A conversa provavelmente era algo surreal, como nos filmes. Quando Lenny morreu, com o coração partido, Phil organizou o funeral mais espetacular ao estilo de Nova Orleans, com cavalos negros e bandas marciais, no meio de Los Angeles. Eu sempre achei que Phil pensava que, mesmo depois de mortos, os amigos continuavam aparecendo para o jantar, em espírito.

Sua fascinação pelo macabro também estendeu-se à decoração, que era como um *set* de filmagens de um filme de Gloria Swanson, *Crepúsculo dos Deuses*. A maioria dos cômodos era preta. Um tanque de peixes iluminava a sala de estar. Talvez fosse para esconder os estragos que o acidente de carro tinham feito em seu rosto. Tinha tomado vários pontos e cobria as cicatrizes com uma grossa maquiagem. Eu sempre me lembro dele, durante nossas maratonas alcoólicas, andando pela casa como um menestrel cantando "Baby I Love You", tocando violão com seu 38 e batendo nele como se fosse um tambor irlandês. Eu procurava um canto para me esconder, convencido de que poderia ser pego de surpresa por uma bala. A felicidade para ele era definitivamente uma arma ainda quente – embora eu não saiba como ele não conseguiu atirar em si mesmo.

Seus três filhos adotivos tinham cerca de oito, seis e cinco anos, quando nos conhecemos. Não faço idéia de quem cuidava deles. Tenho a sensação de que talvez fosse o guarda-costas de Phil, George, que os alimentava e os fazia ir para a escola e para a cama. Não houve qualquer sinal de outra mulher depois que Ronnie se foi. Mas as crianças pareciam ser adoráveis, encantadoras e bem ajustadas e era óbvio que Phil as adorava. Ele as segurava pelas mãos, afagava seus cabelos e sorria para elas.

Certa vez, quando Phil mostrou a elas uma fotografia dele no estúdio com Ike e Tina Turner, as crianças disseram, "Qual deles é você, papai?".

Às vezes, quando eu chegava, Phil dizia, "Volto em um minuto – " E desaparecia me deixando sozinho, gênio maligno que era.

Quando me acostumei com suas brincadeiras, pensava, "Ah, não. De novo. Hora de brincar". Quase sempre ele desaparecia por horas. Ou ia fazer compras! Quando eu perdia a paciência e levantava-me para ir embora, ele sempre parecia perceber de alguma forma, e vinha correndo, com um sorriso estranho no rosto para me desafiar para um teste de resistência alcoólica. Os testes eram bem a seu favor. Eu tinha que beber uma garrafa de vodka enquanto ele bebia um Cabernet Sauvignon para diabéticos. Dez minutos depois, eu estaria fora de controle cantando "Frosty the Snowman" a plenos pulmões, e ele estaria fazendo a dança da guerra gritando, "Ganhei! Ganhei!". Surreal! Mas não era nem um pouco surpreendente considerando-se que acima do bar ficava uma de suas placas que dizia: MANTENHA-SE BÊBADO.

Certa vez, Phil não voltou por horas. Eu estava convencido de que ele me via por uma câmera escondida, ou escondido atrás da porta me olhando pelo olho mágico, então continuei ali. No final, achei que nem mesmo Phil Spector seria capaz de ficar assistindo tanto tempo a um Tony Bramwell entediado, então me servi de uma bela dose de bebida e saí andando pela casa fazendo o sinal de V sempre que achava ter passado por uma câmera escondida.

Por fim, cansei daquilo e, encontrando uma sala com uma bela mesa de bilhar, resolvi jogar sozinho. Por que não? Ao contrário da competição alcoólica, ali eu podia vencer. As bolas estavam todas na mesa, então eu as recolhi, arrumei, tirei cara ou coroa com uma moeda para ver quem começaria. Eu ganhei e estourei as bolas como se estivesse na final de um campeonato em Las Vegas. Continuei jogando, tomei mais umas doses. Joguei mais um pouco. Fumei um charuto da caixa que estava no bar. Tirei meu casaco do exército. Afrouxei a gravata. Estava quase pronto para uma jogada de três tacadas, e já imaginava a multidão torcendo para mim, "Vai Bramwell! Vai!"

Mas era George, guarda-costas de Phil, quem estava gritando nervoso, "Não! Bramwell!", George vinha olhando para mim.

Ótimo, vou jogar com ele. "Vou arrumar as bolas", gritei de volta.

George agitava os braços e gritava, "Não, não, não! Ai, meu Deus!

Phil vai me matar!". Ele estava branco. Achei que era o frio e ofereci meu casaco, mas logo ele conseguiu falar direito, e disse, "Olhe, Brammers, você estragou tudo. Nossos empregos estão em risco".

"Mas eu não saí da casa, George", respondi, "só tomei umas bebidas. Ah, e fumei uns dois charutos".

Ele me ignorou completamente. "Você se lembra da posição das bolas antes de começar a jogar?", perguntou com a voz trêmula.

Eu disse, "Não exatamente, George. Estavam espalhadas pela mesa".

Ele disse, "Isso mesmo. Mas é melhor começar a se lembrar rápido, porque foi assim que Minnesota Fats as deixou quando estava jogando com Phil. E como agora ele está morto, não vai mais poder terminar o jogo. Na verdade ele pegou suas coisas e abandonou o jogo, pela primeira vez na carreira dele. Ele disse que nunca tinha visto algo como Phil e nem queria ver de novo. Então esta mesa é um santuário, Tony. Fats é o ídolo de Phil. Ela tem que ficar do jeito que Fats deixou quando foi embora, para sempre".

Eu olhei para ele e disse, "George, não se preocupe. Eu tenho uma memória fotográfica, e acabei de me lembrar exatamente onde estava cada bola".

O mausoléu da sala de bilhar estava gelado, mas mesmo assim George teve que enxugar o suor da testa. Ele sorriu, "Sabe de uma coisa?", disse ele, "Acho que acredito em você".

Recoloquei as bolas no lugar e apagamos os vestígios de minha presença antes de voltar à sala de estar para esperar por Phil. Obviamente, ele não estava me vigiando por uma câmera, porque quando entrou, nada foi dito, e nós começamos a conversar sobre dominar o mundo. Mais uma vez.

No meio da conversa, Phil decidiu ir para os estúdios produzir um disco com Dion DiMucci. Eu o deixei praticamente sozinho nisso e aproveitei meu tempo tomando sol na famosa piscina do Sunset Marquis. Estava impressionado em ver o fluxo constante das pessoas que conhecia bem ali pelo hotel. Elton John estava fazendo seus famosos concertos no Dodger Stadium, vestido com seus trajes de beisebol chamativos. Ele tinha passado por toda a imprensa e mídia do *showbiz* no

Reino Unido, incluindo Bob Harris e o pessoal do *Old Grey Whistle Test*. Durante um descanso da fortaleza, eu estava sentado à beira da piscina, lendo a *Rolling Stone*, quando ouvi a voz familiar de Bruce Springsteen atrás de mim.

"Olá, Bramwell – o que está fazendo?".

Quando Bruce soube que eu estava trabalhando para Spector, seus olhos se acenderam. "Meu ídolo! Pode me apresentar a ele?", pediu.

O E Street Band usava muito a Wall of Sound de Spector – na verdade, *Born to Run* era muito parecida com uma produção de Spector. Bruce estava cantando por uma semana no Roxy, e quando a imprensa descobriu onde ele estava hospedado, apareceram com força máxima. Porém, ele já tinha uma reputação com a imprensa, então eles tinham medo de se aproximar dele. Mesmo os jornalistas mais calejados mantinham distância como chacais, acenando e tentando atrair sua atenção. No final, quando fui para o banheiro, fui cercado. "Ei, Tone, que tal nos apresentar a Bruce, hein?". Rapidamente tornei-me o relações públicas informal de Bruce Springsteen. "Bruce, este é Ray Coleman. Tony Parsons, este é Bruce Springsteen".

Os shows no Roxy ficaram muito próximos do sensacional. Tudo o que Bruce tinha se esforçado para fazer, começava a se encaixar. Ele estava no auge de sua forma. Calças militares e gorro de crochê. Uma banda perfeita estrelada por um mago, o tipo de show que só acontece no vídeo. Isso foi antes de Bruce começar a fazer exercícios. Ele ainda era magro, era estranho, de verdade. Roubando todos os corações das garotas. No primeiro show, sentei-me com Annette Funicello, a ícone dos filmes de praia e principal *mouseketeer* da Disney. Conosco também estava Carol Connors, que era uma das Teddy Bears de Phil quando ele havia composto "To Know Him Is To Love Him". Depois do show, apresentei Bruce às meninas. Ele decidiu que queria ir à Disneylândia. Todos fomos para lá no dia seguinte, com os passaportes VIP conseguidos por Carol, que então escrevia para a Disney. Passamos um dia maravilhoso e inocente por lá, brincando com tudo. Parecia irreal. Eu na Disney com a ratinha chefe e a E Street Band. Só mesmo nos Estados Unidos.

Antes de irmos embora da cidade, sabia que Bruce me pediria mais uma vez para apresentá-lo a Phil. Por mais engraçado que fosse a mim, um inglês, apresentei um norte-americano ao outro com grande satisfação. Adverti que se Phil agarrasse Bruce pelo pescoço gritando "Você roubou meu som, seu maldito, vou arrancar a sua cabeça!", haveria pouco que eu poderia fazer, exceto talvez oferecer-me para lançar mais uma vez o disco de Natal. Felizmente, os dois se entenderam bem. Bruce ficou impressionado (suas próprias palavras) em saber que Phil ia fazer um disco com Dion, que era outro dos ídolos eternos de Bruce. Era como dizer, "Aqui está tudo o que sonhou ver, Bruce". Eu também quase não acreditava.

Ao mesmo tempo em que tinha visto a imprensa cair aos pés de Bruce, ele agora estava "em êxtase". Era tímido, tanto com Spector quanto com Don. Depois, ele e Phil se juntaram e produziram algumas músicas.

Finalmente, Phil se mudou de sua fortaleza – muitas lembranças tristes, disse ele – e foi para sua nova casa, em Alhambra, onde um corpo foi descoberto em 2003, causando sua prisão. Fiquei triste em saber disso. Durante todos os anos em que o conheci, embora mulheres parecessem achá-lo fascinante e de sempre ter tido casos com as cantoras que produzia, jamais soube de ele ter pegado mulheres para aventuras de uma só noite, como parece ter sido o caso da mulher cujo corpo foi encontrado em sua casa. Mas sei de uma coisa: qualquer pessoa que o conhecesse dos velhos tempos não estaria surpresa.

Era quase previsível. O milagre foi ter demorado muito. Como disse John Lennon, que junto com Paul escreveu "Happiness is a Warm Gun", "Phil é um gênio, mas é maluco". John reconheceria a personalidade dividida de Phil porque sua descrição servia exatamente para ele próprio.

George e Ringo, e principalmente Paul, eram pessoas bastante comuns, mas não havia dúvidas de que John era diferente. Costumava ver rostos nos espelhos e ouvia vozes. Assim como Phil – ou Philips, como preferia ser chamado quando eu era seu agente – ele era, francamente, impossível de ser agenciado. Não há como negar que ele era, como dizia John, maluco. Louco no estúdio, tiros nas lâmpadas quando os técnicos não faziam o que ele queria, tiros na máquina de refrigerantes, assopros na ponta da arma como Billy the Kid. Ele estava sempre nos tribunais, sempre em encrenca. Preso em sua fortaleza. Escondendo-se atrás de sua capa na torre oeste, olhando pela vigia de sua torre o movimento de intrusos, quando talvez tudo o que havia à sua porta eram três garotas negras querendo gravar um disco: "Desça aqui e nos deixe entrar, Phil".

♪

Ao final de outubro, eu saí da loucura do castelo de Phil. Voei de volta para Londres, junto com Bruce, e todos do *Old Grey Whistle Tests* mais a imprensa musical. Todo o contingente tinha ganhado volume. Os artigos foram escritos no avião e em Londres, na manhã seguinte, os jornais diziam: "Londres Está Pronta para Bruce Sprinsgteen?".

O longo vôo me deu tempo suficiente para pensar sobre Phil e Bruce, os dois brilhantes no que faziam, ambos propensos à depressão. Um deles era acessível, o outro nem tentava ser. Em meados dos anos 1970, muito antes de o produtor Jon Landau, nos Estados Unidos, ter cunhado a frase "Eu vi o futuro do *rock and roll* e ele é Bruce Springsteen", e a *Time* e a *Newsweek* pararem para prestar atenção, Bruce já era conhecido como um tipo de "Bob Dylan de Nova Jersey".

Eu promovi o primeiro disco de Bruce no Reino Unido, *Greetings from Asbury Park.* Imediatamente, o disco ganhou um bom espaço no ar, e eu consegui levá-lo ao posto de primeiro disco da semana no programa de Noel Edmunds e também no de Kid Jensen na Radio Luxembourg. Não demorou muito para eu perceber que, inacreditavelmente, ninguém daquele lado do Atlântico estava interessado em gravar as músicas de Bruce. Perguntei ao seu empresário, Mike Appel, se eu podia ajudá-lo em um contrato de publicação. Mike gostou muito da idéia e então Adrian Rudge e eu levamos o material à Intersong, editora musical da Polygram, e Bruce foi contratado. Então Adrian convenceu Manfred Mann a gravar seu "Blinded by the Light". Foi um sucesso. Eu convenci os Hollies e seu vocalista, Allan Clarke, a gravar músicas como "Fourth of July", "Asbury Park", e "The Priest". Bruce era um homem feliz e nós cultivamos uma bela amizade.

Porém, Bruce tinha atingido alguma estabilidade e continuava fazendo apresentações no Bottom Line, em Nova York, ou no Stone Pony, no Asbury Park, e embora fossem ótimos lugares para se apresentar, sua banda, que logo seria apontada como possivelmente a melhor banda de apoio de todos os tempos, estava sempre descontente porque ele não podia pagar aos músicos apropriada ou regularmente. Bruce também tinha seus próprios problemas e estava sempre deprimido. Olhando para estas situações, parece mentira. Bruce Springsteen deprimido e sem ninguém com quem conversar? Mas isso acontecia o tempo todo. Minhas lembranças estão cheias de pessoas talentosas que não se deram bem com o outro lado do sucesso. Não há garantias de que apenas ser rico é tudo o que se precisa para ter sorte e ser vitorioso.

Bruce me ligava a qualquer hora, procurando algum alívio ou ânimo. Mais tarde, começou a ligar com mais freqüência porque outras coisas estavam acontecendo com ele na Europa. Nós nos tornamos "amigos de telefone", nossas conversas duraram muito, até que *Born to Run* explodisse nos Estados Unidos. Ele era como Spector em adrenalina. "Rodas cromadas, tanque cheio e pronto para largar...". Legal.

Foi capa da *Time*, *Newsweek* e *Rolling Stone* e sua carreira estava a todo vapor. Como é bom ver alguém com talento decolar.

Quando chegamos a Londres, Bruce foi para o Churchill, na Portman Square, depois fomos fazer uma passagem de som no Hammersmith Odeon, onde ele faria uma apresentação naquela noite. Aquele momento foi como se Bruce fosse o flautista de Hamelin. O pessoal do *Whistle Test* estava filmando e os jornalistas escreviam. O lugar estava cheio. Era como se todos sentissem que algo explosivo no mundo da música estivesse acontecendo bem diante de seus olhos. A história diria que sim.

Eu olhava para Bruce com muito cuidado, e algo mais estava acontecendo. Como disse Bob Dylan certa vez sobre o infeliz jornalista, "Você sabe que alguma coisa está acontecendo, mas não sabe o que é, não é, Sr. Jones?". Eu não sabia se ele estava com ressaca de vôo ou cansado apenas, ou se as coisas estavam indo rápido demais. Bruce certamente não estava bêbado nem tinha tomado anfetaminas. Mas eu podia ver algo crescendo dentro dele. Ele estava ficando muito impaciente, principalmente com o pessoal mandado pela CBS, sua gravadora.

O mundo da música é, e sempre foi, muito bem abastecido de babacas, e a CBS tinha mandado um belo exemplo de falsidade em pessoa, um cara que simplesmente era a pessoa errada para o serviço. Talvez estivessem esperando um artista mimadinho dos Estados Unidos que gostava de paparicos, mas Bruce não era esse tipo de gente. Walter Yetnikoff tinha chamado Bruce de chato, mas ele não era. Era apenas uma pessoa com os pés no chão e absolutamente normal.

De repente, Bruce desapareceu. Foi encontrado do lado de fora do Odeon, muito irritado, rasgando e destruindo cartazes e pôsteres. No processo, machucou os dedos, mas apesar disso, o show foi bom, mas não tão bom quanto o show em Los Angeles, nem chegou perto disso. Foi bom o bastante para mostrar às pessoas de Londres do que ele era capaz. Mas ele continuava muito irritado e saiu correndo do palco.

Toda a hierarquia da CBS, entre eles Mo Oberstein e Paul Russell, foi para os camarins para os apertos de mão, tapinhas nas costas e para levar Bruce dali, como um herói triunfante, para uma grande festa após o concerto. Limusines estavam esperando, mas nosso homem continuava irado.

"Tire essas pessoas de perto de mim, agora!", gritou. Ele trancou o camarim, recusando-se a falar com eles. Toda a hierarquia foi embora, esperando que o astro logo se acalmasse e aparecesse na festa mais tarde. Assim que a poeira baixou, Bruce abriu a porta. "Pode me tirar daqui?", perguntou. "Vamos para algum lugar".

Chamei um táxi e fomos para minha casa na Barnes, onde nos sentamos e conversamos a noite toda. Seus ânimos deviam estar a mil, mas ele estava deprimido. Todos queriam estar perto do ídolo, mas às vezes o ídolo pode estar pensando, "Por que demoraram tanto? Onde estava todo mundo? Lembram-se de quando me tratavam como um Zé Ninguém?". E foi assim a noite com Bruce. Todos os pequenos incômodos vieram-lhe à cabeça. Ele resmungava amargurado contra a CBS Records, dizendo que não estava preparado para fazer o jogo de "astro". Pelo menos, não para fazer um jogo em benefício deles.

Bem, não é novidade ver um astro cuspir na cara de sua gravadora. Quando ele esfriou a cabeça, sugeri que víssemos um filme. O vídeo-cassete era novidade e eu tinha muito orgulho do meu tijolão da Phillips. Coloquei a fita e nos esparramamos pelo chão para ver um filme sobre a vida de James Dean. Bruce adorou, então assistimos de novo.

Ao amanhecer, Bruce foi para o Churchill e algumas horas mais tarde, eu fui para o meu escritório na Polydor. As fofocas se espalharam sobre a festa sem o astro. Lá estavam eles, prontos para estourar o champanhe e sem um ídolo para celebrar. "Ele não pode nos tratar assim!", acho que foi o que disse Mo. "Colocamos muito dinheiro nele. Ele está maluco? Tem algum problema?"

Bruce foi tocar em alguns concertos pela Europa, depois voltou para um novo show no Hammersmith. Desta vez, foi uma loucura. Ele fez a platéia explodir. Mais tarde, tudo se desmancharia de novo: seu agente, sua distribuidora, sua banda, sua carreira. O "futuro do *rock and roll*" tinha chegado a mais um fim, para renascer de novo – e de novo.

QUARENTA E UM

CONHECI JACK NICHOLSON quando os Stones tocaram em Knebworth, em 1976. Estávamos no palco principal, muito agradável, e a coisa estava mesmo pegando fogo. Depois de um tempo, tive que ir para o fundo do palco para resolver alguma coisa com os Stones. Jack me pediu uma carona na minha Harley Davidson para atravessar a multidão e chegar à área principal.

"Monte aí", eu disse.

Então lá estava Jack na minha Harley, acenando e dando seu grande sorriso de maluco. Era como naquela cena de *Sem Destino*, em que tocavam a música "Wasn't Born to Follow". Mas aquilo não era um *set* de filmagens, nem uma estrada. Eu já tinha tomado umas bebidas e a grama estava molhada. Nós derrapamos e caímos. A moto, Jack e eu tombamos, eram pernas e braços por todos os lados e as rodas girando para o ar.

Jack levantou me xingando e cambaleando. Então eu o empurrei para dentro da barraca da Moet e fui embora. Soube mais tarde que o ajudaram e o acolheram muito bem.

Um outro lugar onde o champanhe corria como água naqueles dias era o grande mercado internacional da música, conhecido como MIDEM (Marche International de la Musique). Acontecia sempre em Cannes, primeiro no velho Casino, depois no novo Palais. Desde os meus tempos de Apple, eu participava todos os anos, como um relógio. Logo conhecia todos os velhos rostos, que também iam para lá todos os anos. Quando lançamos a Apple Records, cobrimos a parede de nosso estande com o logo da Apple, e tínhamos caixas de maçãs para distribuir que, ridiculamente, trouxemos de Londres. Tenho uma fotografia em que apareço no estande, com cabelos compridos e usando um terno cinza de seda à moda da época. A foto resume bem a época: uma grande caixa de maçãs com o carimbo APPLE – LONDON, duas garrafas abertas de cerveja francesa e uma Gauloise.

Um ano eu estava por lá, em um perfeito clima do sul da França em janeiro: comida sensacional, céu azul, mar borbulhante. Fui para o Piano Bar, que ficava na esquina do Martinez, onde, naturalmente, alguém estava sentado ao piano, tocando. Normalmente eram apenas amadores, mas aquele pianista era sensacional. Fiquei sentado ouvindo um pouco, tomando uma cerveja gelada ou duas. No intervalo, perguntei se ele tinha uma fita, sem esperar que realmente tivesse. Mas ele tinha. De volta a Londres, na reunião da Polydor pós-MIDEM, perguntaram se eu tinha encontrado algo que valesse a pena. Eu disse, "Sim, vi um pianista no Piano Bar e ele era muito bom".

Colocamos a fita e logo se ouviam os "oh!". "E como é a cara dele?". "Ele é bonito, parecido com Bobby Crush", eu disse. Houve mais suspiros coletivos pela sala e alguém disse, "E para que precisamos de um outro Bobby Crush?". Fiquei quieto porque achei que deviam saber do que estavam falando. O pianista que quase descobri era Richard Clayderman, que foi descoberto por mais alguém e chegou a vender cerca de 93 milhões de discos.

Alguns MIDEMs são mais memoráveis do que outros. Em 1977, eu estava lá, como sempre, com Marty Machat – o advogado de Don Arden – porque Don, que gerenciava as carreiras de vários astros como o Black Sabbath e Ozzy Osbourne, tinha acabado de fazer um grande contrato para o ELO. Como presente de aniversário, ele tinha dado a função de agenciar Lynsey De Paul à sua filha, Sharon, que tinha cerca de 18 anos e era linda. Eu estava com Marty, Don, Sharon e Lynsey de Paul – uma verdadeira beldade com a cachoeira de cabelos loiros e uma pinta sensual bem acima da boca. Estávamos no Grand Casino, quase pedindo o jantar, mas algo parecia incomodá-los. Marty sorria e conversava, mas eu pude sentir uma corrente de tensão no ar.

Eu estava ciente de que havia uma batalha entre Patrick Meehan, que na época dirigia a NEMS, e Don – então vi Meehan sentado no bar, olhando para nossa mesa. Não demorou muito para que ele gritasse, "Ei! Arden! Você não consegue fazer nada direito. Você é um grande panaca". E fez um gesto com a mão.

Fiquei pensando, *Isso pode ser interessante*, quando Sharon e Lynsey juntaram forças para responder à provocação. A próxima coisa de que me lembro foi Patrick pulando do bar para dar um soco tão forte bem no meio da cara de Don que seu nariz quase desapareceu. Foi um soco e tanto. Ossos apareceram e o sangue jorrava, o vinho voou por todo lado. Marty pulou imediatamente e correu. Eu deveria ter ido atrás dele, mas demorei. Então, um cara grande como um gorila apareceu do nada. Lynsey pulou nas costas dele, agarrou-o pelo pescoço e começou a arranhá-lo. Sharon levantou-se e começou a gritar com Patrick. "Deixe meu pai em paz!". E chutou sua canela e socava seu rosto enquanto gritava.

Eu continuava assistindo, mas agora a coisa parecia uma briga de filme de faroeste. O gorila se livrou de Lynsey com urro e parecia que ia acertá-la com um belo soco, então eu me levantei e acertei-o. Ele foi parar no meio da mesa. E foi isso. Barulho. Caos. Gritos. De repente houve uma sirene francesa saída dos filmes de Clousseau. Policiais vieram correndo com os cassetetes ao ar. Fomos todos presos – exceto o cara que eu acertei. Ele veio em minha direção e ralhou alguma coisa em francês.

Soube depois que ele era o encarregado da segurança do lugar todo, então nem adiantava mais pedir a comida. Certamente ninguém atenderia ao nosso pedido. Don ficou muito irritado, é claro, e gritou vários insultos que, além dos palavrões, eram ininteligíveis, pois o que lhe sobrava do nariz estava entupido de sangue. Eu não conseguia mexer a mão, que parecia quebrada. Os policiais tinham torcido meu braço para trás. As garotas ainda gritavam obscenidades e os garçons juntaram-se em círculo, aplaudindo. Uma ambulância foi chamada para Don, e ele foi nela para o hospital com uma toalha em volta da cabeça. Fomos todos levados para a delegacia.

Levamos tempo para encontrar Marty, o advogado em fuga, cujos hábitos de tenista finalmente serviram para algo. Ele acertou o primeiro soco, mas no final, mesmo em uma cidade cheia de advogados musicais bêbados em um tempo em que ainda não existiam telefones celulares, conseguimos encontrá-lo. Ele apareceu encabulado, mas logo retomou o tom gozador. Fumava o charuto com raiva. Agia como um George Burns arrancado da cama. Inclinou-se sobe a mesa. Esbravejou algo e disse que ligaria para o amigo, prefeito de Cannes. A polícia decidiu não arriscar e nos levou depressa.

No dia seguinte, estávamos todos enfaixados e engessados em volta da piscina. Bebidas e analgésicos fortes. Cuidávamos dos ferimentos enquanto falávamos de vingança e processos. Lynsey estava fora de controle, furiosa, e Don jurava todo tipo de vingança.

Ainda tenho as fotografias tiradas com o olho roxo. Nelas, Sharon era quem tinha o olho mais roxo. A ironia é que naquela época Lynsey estava presa a um processo com Don, a quem processava por vários outros assuntos. Parecia notável que não apenas logo estariam dividindo o pão, como também tinham lutado do mesmo lado no cassino, e podiam sentar-se juntos na beira da piscina comparando os planos de vingança como soldados do mesmo exército.

Toda a família era bem conhecida por ser disfuncional ao máximo. O irmão de Sharon, David, estava preso por ter trancado o contador da família em um armário no próprio escritório do sujeito, uma cena saída direto de um filme de comédia, "Entre no armário, seu contador de merda! Não vou deixar você sair até dizer o que fez com meu dinheiro. Depois você morre". Alguém ligou para a polícia. Eles não acharam nada divertido. Quando ele saiu do armário, sentiu-se aliviado e cheio de motivos para processar David por seqüestro, agressão, cárcere privado e outras coisas. Mais uma vez, Don tinha sido infeliz.

Os acontecimentos do seqüestro foram antes da fase de Ozzy e de Don como seu sogro. O então namorado de Sharon era Adrian, o motorista, que acabou se tornando chefe de promoções na Sony. Naquela época, Don era o agente da banda de Ozzy, o Black Sabbath. Há duas versões que contam como Sharon se envolveu com Ozzy, ambas com um fundo de verdade. Quando os pais se separaram, Sharon ficou do lado da mãe. Para criar caso, ela tirou Ozzy do pai e ficou sem falar com ele durante anos. A outra versão diz que Don deu à filha o contrato de

Ozzy como presente de casamento, mas todos entendem que isso foi feito à força. Sharon tinha Ozzy e não deixaria que o pai fosse seu empresário, então Don fez a coisa certa. Mas Sharon era muito determinada naquela época. Foi agente de turnês de Lynsey de Paul por uns tempos e segundo Lynsey, que teve um ataque histérico por isso (e segundo a própria Sharon, que se gabava do fato), quando brigaram Sharon defecou na dentro da pasta de Lynsey. Também foi dito que Don colocou vários de seus contratos, além da mansão em Los Angeles, no nome de Sharon quando teve problemas com a receita. Quando tudo se resolveu e ele pediu suas coisas de volta, Sharon sorriu suavemente e mandou Don passear.

Encontrei-me com Ozzy pela primeira vez quando o Black Sabbath morava em um barco no Tamisa. Para quatro caras que estavam ganhando muita grana, aquela era uma situação inacreditável. Nunca vi tamanha imundície em toda a minha vida. Era como uma balsa de transporte de lixo, com portas em vez de tampas. Fedia a gente suja, vômito e esgoto. Havia sacos de lixo, cinzeiros transbordando, meias podres, cuecas sujas, banheiros entupidos. Era um pesadelo.

Em contraste total estavam os Osmonds, que a Polydor me pediu para promover. Estes eram bebês em um tanque de tubarões. Os Scotti Brothers, Tony e Ben, cuidavam deles nos Estados Unidos. Os Osmonds foram contratados pela MGM Records. A promoção de quase todos os produtos da MGM era conduzida pelos Scottis, provavelmente porque Ben e Tony tinham a excelente fama de poder fazer com que suas coisas tocassem nas rádios. Seus feitos nesse sentido são inigualáveis. Eu tinha a mesma fama, mas havia uma diferença muito simples. Eu andava por aí *pedindo* para que tocassem meus discos. Eles *mandavam* as pessoas tocarem os deles.

Nesse período, praticamente todas as festas que freqüentei em Los Angeles durante duas ou três décadas tinham grandes pratos com cocaína nas mesas, como se fossem bandejas de salgadinhos. Os contratos eram comemorados não com champanhe, mas com cocaína. Era um simples, “Sirva-se”. Eu sempre fiquei na minha. Ria e dizia, “Não, obrigado, prefiro beber" – o que era bem verdade. Sou bebedor, não drogado, mas teria sido tão fácil me perder por esse caminho, como muitos fizeram. Vi coisas que parecem inacreditáveis, envolvendo grandes nomes e executivos. Vi tudo acontecer. E continua acontecendo.

QUARENTA E DOIS

VI PELA PRIMEIRA VEZ uma garota chamada Lesley Woodcock quando era encarregado da Divulgação Internacional e Promoções na Polydor e precisava de uma nova secretária. Pedi ao pessoal que procurasse algumas candidatas e entrevistei umas dez, mas todas já tinham experiência no ramo musical e eu tinha meu próprio meio de fazer as coisas. Não queria ninguém que viesse de outra gravadora, porque sempre diriam, "Não é assim que fazíamos na Chrysalis/EMI/Sony".

Lesley trabalhava para o *Times Literary Suplement* quando todo o pessoal do *Times* entrou em uma greve de quase um ano, entre novembro de 1978 e novembro de 1979, porque o sindicato se opunha a novas tecnologias que imaginavam ameaçar vários postos de trabalho. Todos tinham a cobertura do sindicato, mas não faziam nada, e Lesley fazia. Depois de alguns meses, ela ficou entediada em ir para o trabalho e receber sem ter nada para fazer. Procurou outro emprego em vários lugares e fez duas entrevistas: uma comigo e outra com o núcleo de novelas da Thames TV. Ela tinha praticamente se decidido a pegar o trabalho da TV mas eu pedi a ela que viesse trabalhar comigo. Ela era adorável. Muito tímida, não discutia e parecia saber exatamente como fazer as coisas. Desde o início, ela se deu muito bem com o trabalho. Era tão boa que nem me dei conta de sua presença por um bom tempo. Eu era muito ocupado e estava morando com uma pessoa, uma irlandesa ruiva e maravilhosa chamada Bernadette Sheridan.

Foi mais ou menos na época em que o Who se juntou novamente logo depois da morte de Keith Moon, com o ex-baterista dos Faces, Kenney

Jones. Eu então preparei uma pequena turnê promocional para lançar seu filme de 1979, *The Kids Are Alright*. Eles tocariam em Glasgow na sexta-feira à noite e eu estava sentado em meu escritório pensando no que fazer e de repente disse a Lesley, que trabalhava até tarde, "Reserve algumas passagens para Glasgow e um hotel. Vamos para lá ver os rapazes!". Achei que seria divertido e que devíamos mostrar ao grupo algum apoio por parte da Polydor. Eu não precisava de um motivo especial, mas acho que disse a ela algo como, "Acho que já é hora de você ver como é uma banda na estrada. Você nunca esteve em uma apresentação. Vai ser uma bela estréia". Eu estava brincando. O Who era muito selvagem. Devia ter dito, "Vamos, você vai entrar de cabeça".

Lesley ficou bastante empolgada. Telefonou para a mãe, disse que ia voar para Glasgow à noite. Acho que a mãe dela ficou um pouco assustada. Ela era uma mulher difícil de se lidar. Tinha sido assistente do editor chefe do grupo jornalístico Mirror, depois trabalhou para Robert Maxwell, que comprou o grupo, até que fugiu com o dinheiro e foi encontrado morto, depois de ter pulado ou sido jogado para fora do seu iate nas Ilhas Canárias. Como ele era um ex-agente secreto, vários boatos circularam sobre sua morte.

Glasgow foi fantástica, um batismo maravilhoso para Lesley no mundo da música. O Who estava incrível. Como sempre, o volume era inacreditável. Quase explodiram o teto da casa. Quando terminaram, fomos para os camarins, mas fiel à sua reputação, quando chegamos lá, a banda não tinha mais camarins. Parecia mais um canteiro de obras na Berlim pós-guerra. Dizer que o Who tinha revirado tudo pelo avesso não basta. O teto tinha sido destruído. O que provavelmente foi entregue no local como comida estava agora espalhado por todos os cantos, no teto, nas paredes e nos próprios músicos. Era como uma instalação em construção.

Keith Moon estaria rindo de tudo. Sem entrar no caminho, acenei para os rapazes de longe. O queixo de Lesley caiu. Sem perder o embalo, Pete passou segurando a guitarra pelo braço como se fosse um machado, com um sorriso maníaco e um baseado entre os dentes – obviamente seguindo para uma missão destruidora – e resmungou "Tudo bem, Tone?".

"Tudo bem, Pete. E você?".

John Wolf, o agente de turnês, estava em um canto comendo vitela. Era um retorno próprio ao Who – e fiquei maravilhado. Voltamos para o hotel e ficamos acordados o resto da noite bebendo e rindo enquanto lembrávamos de velhas histórias de Keith. Ele realmente parecia estar presente naquela noite. Pete Townshend e Roger Daltrey eram extremamente engraçados e divertidos e naquela noite estavam felizes e em boa forma. Lesley ficou sem fala. Eram coisas que só conhecia pelos jornais e adorou tudo o que viu. O teatro do *rock and roll*. O Electric Circus.

De manhã, fomos a uma pré-estréia de *The Kids Are Alright*. Depois, eu disse a ela, "Você quer ficar por aqui para ir à apresentação em Edimburgo, amanhã?". Ela disse, "Podemos?". E assim fizemos.

Quando voltamos para o escritório, comecei a vê-la com outros olhos. Conforme se passavam as semanas, eu a levava vez ou outra para almoçar ou beber depois do trabalho, mas nada mais acontecia por causa de Bernadette. Depois comecei a trabalhar como *free-lancer* e perdi contato com Lesley durante dois ou três anos. Ela foi trabalhar com Elton John na Rocket Records. Aparentemente, gostou da reputação de ser a mais durona do prédio. Ela achava engraçado, mas havia "muita emoção por dia". Mas a atmosfera de inveja e traição acabaram esgotando Lesley, que foi trabalhar para Richard Branson na Virgin Records como assistente de promoções.

Eu continuei mantendo contato com Paul, promovendo os Wings. Em 16 de janeiro de 1980, quando eles chegaram para uma turnê no Japão, Paul foi preso no Aeroporto Internacional de Tóquio depois que a polícia encontrou duas sacolas plásticas em suas malas com quase 200 gramas de maconha. O Japão era famoso pela dureza contra as drogas e Paul sabia disso. Acho que ele pensou que a polícia jamais esperaria que ele tentasse entrar no país com maconha. Mas a polícia esperava. Revistaram as malas e Paul foi logo algemado. Para seu espanto, uma corda foi amarrada em seu corpo e ele foi levado para a cadeia onde passou nove dias.

Ao que parece, a culpa foi mesmo de Paul, mas eu não fui o único a imaginar que tinha sido uma cilada de Yoko Ono. Ela não era somente japonesa, mas também vinha de uma família de banqueiros muito rica e influente. Paul e Linda e todos os amigos mais próximos acreditavam que Yoko tinha informado à polícia japonesa que Paul muito provavelmente levaria maconha em sua mala. Embora Paul fosse bastante aberto sobre seu consumo de maconha e embora possa ter sido ingênuo a ponto de ser pego, acho que havia algo da "política japonesa" na história. No mínimo, Yoko tinha inveja de Paul estar fazendo um concerto no Japão antes mesmo de sua Plastic Ono Band ter tido tal oportunidade. O Japão era *seu* território, e por um longo tempo ela nutria o desejo de chegar ao país coberta de glórias, em uma volta triunfal da heroína, mas não tinha conseguido – e lá estavam os Wings, com Linda, invadindo sua terra.

Para piorar ainda mais as coisas, Linda também se apresentava junto com Paul. Muito foi dito quando Paul saiu da cadeia e ele, Linda e a banda voltaram para casa. Não foi nada agradável. Acho que foi Linda quem colocou a maconha nas malas, e Paul gentilmente assumiu a culpa por causa dos filhos ainda jovens. "Eu tinha certeza de que seria condenado a nove ou dez anos", disse quando foi solto. "Morri de medo".

Eu estava na MIDEM logo depois, quando Denny Laine, que era dos Wings, e a esposa Jo Jo, caíram em desgraça. Ou pelo menos Jo Jo. Ela bebeu muito champanhe Pol Roger e começou a zombar de todo mundo, xingando Paul e Linda de todos os nomes por causa do problema com a maconha. Jo Jo reclamava porque a turnê toda foi cancelada e ninguém ganhou dinheiro. Os Wings não apenas perderam o dinheiro que ganhariam com os shows, como ainda tiveram que pagar a todos os promotores japoneses pelo que ganhariam também. Denny dependia do dinheiro que entrava com esses trabalhos e disse que acabou tão quebrado que teve que vender todos os seus direitos autorais. Quanto a Jo Jo, acabou sendo uma das várias "esposas" na lista de Lord Weymouth em Longleat, sua grande propriedade em Wiltshire. Acho que Denny – que começou com o Moody Blues e foi vocalista no primeiro grande sucesso do grupo, "Go No" – e Jo Jo voltaram a ficar juntos depois que ela se cansou de ser integrante de um harém. Ele era original com uma bela voz e tinha estudado guitarra espanhola, mais especificamente a flamenca. Tinha cordas em sua banda muito antes do ELO ter pensado nisso. Sempre pensei sobre o fato do ELO ter saído também de Birmingham, e me perguntava se havia alguma sinergia. A lavação em público dos sentimentos de Denny acelerou o fim de sua relação com Paul e Linda e foi o motivo dele ter saído dos Wings. Mais tarde, Denny organizou uma banda, um tipo de banda tributo, para fazer um "Denny Laine canta Wings". Muito gentilmente, Paul concedeu sua bênção, mas segundo a banda, Denny não aparecia nos ensaios e a idéia murchou.

Em fevereiro de 1982, comecei a fazer alguns trabalhos como *freelancer* para a Virgin, promovendo o *Five Miles Out* de Mike Oldfield e um disco chamado *Rhythm of Youth* para uma banda canadense com o nome ridículo de "Men Without Hats". Parecia estranho que Richard Branson – o estudante estranho que nos tinha atormentado na Apple – era agora um homem de negócios extremamente bem sucedido. Tinha crescido em tamanho e força e conquistou grande influência. Tinha uma fortuna de 2,6 bilhões de libras que incluía um selo de gravação, publicações, vinhos, companhias aéreas, bancos, ferrovias e ilhas. Apesar de sua paixão pela indústria fonográfica, não tenho certeza se ele realmente chegou a compreender este ramo de negócios, mas tinha algumas boas pessoas trabalhando com ele, como Simon Draper. A atitude da Virgin Records não era o padrão do setor. Parecia ser mais de "atirar barro na parede para ver se gruda". A quantidade de discos que lançavam era enorme. Infelizmente, havia muitos contratos para *singles* de uma só música que não davam em nada e acabavam desaparecendo. Eu não podia acreditar que conseguissem sobreviver. Homens mais inteligentes como Mickie Most lançaria apenas alguns discos e os promoveria intensamente. Magnet fazia o mesmo. A palavra para descrever o *modus operandi* da Virgin era *sorte*: ver quem andava tocando por aí, contratar, dizer que foram maravilhosos, gravar um disco, depois, como George III fez com as colônias da América em 1776, dizer, "América? Não me lembro. O que é isso?". Apesar do *Tubular Bells* de Mike Oldfield, a Virgin Records lutou para sobreviver até lançarem o Culture Club e o Human League.

Na Virgin, o primeiro trabalho de Lesley foi promover o Culture Club de Boy George. Eles tinham feito dois discos com a Virgin quando ela começou, e a gravadora estava prestes a dispensá-los, então um terceiro disco iria decidir o futuro da banda. Foi mais ou menos "é melhor venderem alguns discos, meninos e meninas, ou estão fora". A Virgin lançou o *single*, "Love is Cold", e agendou a banda com a BBC para o *Pebble Mill*, um programa no horário do almoço, que tinha uma grande audiência durante o dia. Lesley foi para Birmingham cuidar deles. Eles cantaram a música que estava no lado A, depois, no programa, cantaram a música do lado B, "Do You Really Want to Hurt Me?". Lesley adorou, e o público também. Ela voltou à Virgin para relatar a reação do público. Bravamente, disse, "Virem o disco. O sucesso está no lado B". Naturalmente eles discordaram. Não queriam ter ouvido isso, mas ela estava tão segura, tão certa e acreditava tanto naquilo que os enfrentou até ouvir, "Tudo bem, tudo bem! Que seja".

Foi um grande sucesso, assim como ela esperava que fosse. Com isso, Lesley conquistou muito respeito e era sempre ouvida dali em diante. O outro *single* foi "Karma Chameleon", que colocou a banda de vez entre os grandes. Na verdade, sem querer me gabar, também tenho minhas histórias sobre "virar" o disco. Quando ainda estava na Polydor, contratamos Gloria Gaynor e fizemos alguns sucessos, incluindo "Never Can Say Goodbye". Depois ela teve um sucesso menor nos Estados Unidos com "Substitute", uma música que também foi gravada por uma banda de garotas sul-africanas chamada Clout, que levou a música ao segundo lugar no Reino Unido. Percebi que não valia a pena lutar contra isso e, quase sem querer, ouvi o lado B e fiquei eletrizado. Era "I Will Survive". Colocamos a música no lado A e ela foi direto para o topo das paradas. Todos esses anos depois, ela ainda é um hino inquestionável.

Assim, quando nos encontramos de novo, Lesley estava na Virgin e ia muito bem. Eu a convidei para sair e desta vez, nos apaixonamos. É claro que havia Bernadette, minha namorada de muito tempo. Ela vinha de uma família católica muito fervorosa que morava em Epsom, perto de uma pista de corridas de cavalos. O pai era construtor e quando nos encontramos ele me perguntou o que eu fiz durante a guerra, e eu pensei, *guerra? Que guerra?* Fui imediatamente até o espelho para ver se tinha ficado velho, ou se aparentava algum sinal de fadiga de guerra.

Depois perguntaria, "Qual é a sua religião?" e eu diria, "Sou da Igreja da Inglaterra", o que era um pouco de exagero, mas era o que se escrevia nos formulários naqueles dias. Ele olhou para mim e disse, "Você não tem chance em nossa família, amigo!".

Quando contei a Bernadette sobre Lesley, ela se mostrou mais do que irlandesa e ruiva. Logo depois, ela conheceu Peter Reichert, com quem se casou. Ele era um figurão da EMI Music Publishing em Londres. Peter era judeu. Além disso, colecionava divórcios. Não sei como o pai dela lidou com isso, posso apenas arriscar um palpite. Mas Bernadette e Peter ainda estão juntos e são felizes.

Lesley e eu alugamos uma maravilhosa casa na Barnes High Street, com um jardim de frente para o Tamisa, quase no final da raia de corridas de canoas. Ficava ao lado do *pub* White Hart, de costa para um bosque verdejante. Era perfeito.

Uma das duplas mais interessantes contratadas pela Polydor quando eu estava lá foi Demis Roussos e Vangelis Papathanassiou, conhecido simplesmente como "Vangelis". Mas na verdade não os contratei como uma dupla. Eles eram músicos bastante individuais, o dueto formou-se na cozinha. Quando o conheci, Demis passava por um grande sucesso musical, mas a fama verdadeira ainda não tinha chegado a Vangelis. O motivo era que ele insistia em fazer apenas sua parte. Era extremamente talentoso, mas difícil de se lidar. Comecei a gostar muito dele. Apesar de ser um ótimo anfitrião, às vezes conseguia ser bastante mau, um gênio bem difícil de várias formas. Gravou um belo disco chamado *China*. Foi um estouro, muito esquerdista e esotérico, baseado na famosa marcha de Mao e na Revolução Chinesa. Achei que seria difícil de vender, mas a qualidade sempre fala mais alto. O disco vendeu bem e todos o copiaram.

Lesley e eu costumávamos visitá-lo com freqüência em seu luxuoso apartamento perto do Albert Hall, e todos nos tornamos grandes amigos. Demis também estava sempre por lá e, quando estava, era sempre uma ocasião única, um dueto, com Demis cozinhando. Fizeram parte da banda grega, Aphrodite's Child, uma banda de grande sucesso na

Europa, uma banda bem servida de homens grandes cheios de apetite por comida e pela vida. Às vezes, nas horas livres, eu pensava em como seria organizar um *buffet* para aquela banda.

Um pouco mais tarde, quando David Puttnam queria algo diferente para um filme que estava organizado, chamado *Carruagens de Fogo*, imediatamente pensei em Vangelis por causa do modo mágico com que lidava com os instrumentos eletrônicos. Falei com ele sobre isso porque sabia que ninguém mais seria capaz de fazer melhor. Tinha que ser ele. Mesmo antes de começar, tive uma sensação de como seria, mas primeiro, tínhamos que conversar muito, cozinhar, comer e abrir garrafas de vinho.

O filme era bem lento, uma daquelas coisas que nunca mais saem da memória, algo que se pode ver de novo, de novo e de novo. A música tinha que combinar com isso e ser ampla, etérea e triunfal. Costumávamos ir ao Nemo, o estúdio de Vangelis na Edgware Road, onde os fragmentos eram entregues todos os dias para que ele pudesse colocar o som nas imagens. Levou séculos e ele ficou muito frustrado porque continuavam mudando as coisas e não havia diálogos nos fragmentos. Costumávamos passar dias e noites no Nemo com ele.

Na primeira pré-estréia, os produtores mostraram o filme sem a música, o que foi extremamente embaraçoso. As pessoas simplesmente não sabiam o que dizer, ou para onde olhar. Acharam que a música não tinha funcionado e nem sabiam se podiam recuperá-la. Ouvi alguém dizer bem alto no silêncio, "É, não ficou bom". Era um estranho filme inglês da era Hugh Hudson e seria um transtorno tentar vendê-lo. Mais tarde, mostraram novamente o filme com a música e aquelas seis notas que se encaixavam tão bem. Era tão contagiante que as pessoas se levantavam e começavam a torcer pelos corredores. Soube desde quando ouvi a trilha concluída que ela levaria o filme à disputa do Oscar. E foi isso mesmo que aconteceu – e foi lá, na entrega do prêmio, que Colin Welland cunhou a expressão: "Os ingleses estão chegando".

Eu não supervisionei Vangelis para a Polydor. Na verdade, ele era provavelmente impossível de ser supervisionado. Quando surgiu *China*, a Polydor International ficou tão empolgada que queria lançar Vangelis como um novo grande astro. Nós o colocamos no Royal Festival

Hall. O pessoal da Polydor veio do mundo todo, jornalistas e profissionais de difusão também voaram em grande número e foram colocados em hotéis caros de Londres. Mas em vez de tocar o que todos estavam lá para ouvir, aquelas maravilhosas composições que eram sua marca registrada e podiam fazer as pessoas chorar, Vangelis preferiu tocar músicas de vanguarda, experimentais e eletrônicas acompanhado de um percussionista. Meu coração gelou. Não pude fugir, mas muitos foram embora dizendo que aquilo era um lixo.

Na festa depois da apresentação, foi muito chato porque ninguém sabia o que dizer. Ninguém foi até Vangelis para parabenizá-lo, então ele ficou em pé na festa, com cara de desapontado. Não tão desapontado quanto nós, acredito. Seria generoso pensar que ele não tinha uma visão muito comercial. Ele realmente não entendia por que deveria tocar o que as pessoas queriam ouvir. Pessoalmente, podia tê-lo esganado. Foi muito bom que ele não estivesse na CBS ou na Jet. Podia ter acabado no fundo do mar Egeu.

Para se ter uma idéia do quanto Vangelis era bom, seu assistente era Hans Zimmer. Zimmer é hoje um compositor líder de trilhas sonoras e muito mais comercialmente viável no ramo do que seu mentor anterior. Não tenho dúvidas de que ele provavelmente viu o que aconteceu quando estava trabalhando com Vangelis e ouviu as críticas, aprendeu a evitar as quedas e também a fazer a coisa certa. Depois de *Carruagens*, convidei Vangelis para fazer *Blade Runner*, que começou como um outro pequeno filme estranho. Como de costume, a produção foi atrapalhada por vários problemas financeiros, com diferentes financiadores entrando e saindo, e mudou de forma várias vezes. Os executivos foram trocados. Tudo foi trocado o tempo todo, exceto o diretor, Ridley Scott.

Ridley era outro gênio, um gênio que se mantinha lúcido. Vangelis estava fazendo a música mas o filme não foi gravado na seqüência correta e ele recebia fragmentos desconexos. Ele não conseguia enxergar a obra como um todo e imaginou que jamais seria capaz de realizar uma trilha sonora completa e abrangente. Por fim, o disco com a trilha sonora não seria lançado por uns 15 anos, e os direitos musicais mudaram de mãos várias vezes também. No final, a Warner arriscou lançá-lo em um de seus selos baratos. Era uma música impressionante e, embora tenha gerado muito dinheiro, não chegou nem perto do dinheiro que deveria ter gerado se tivesse sido lançado junto com o filme. O engraçado é que Vangelis subia ao palco e tocava o que lhe vinha à cabeça quando se sentia pressionado, mas quando trabalhava nos filmes, queria que tudo funcionasse exatamente conforme o figurino.

Vincenzo La Bella também entrou em minha vida neste período. Ele era o encarregado do Serviço de Filmagem e TV do Vaticano que, sim, caro leitor, existe de verdade – assim como a Santa Inquisição. Ele tinha o trabalho bastante estranho de administrar um grande orçamento, que era investido em filmes pelo mundo todo em favor do Vaticano. Produziam também programas de TV e discos. Era um trabalho incrivelmente bem pago, assim como várias coisas realizadas pelo Vaticano. Vincenzo viajava pelo mundo, ficando nos melhores hotéis e comendo nos melhores restaurantes. Jantar com ele era uma experiência única. Pude ver a opulência em que os verdadeiramente ricos vivem.

Os Beatles, com toda sua riqueza, na verdade viviam muito modestamente, mesmo com todo o vinho e caviar que inundavam as cozinhas e mesas da Apple. Com Vincenzo, eu sempre me encontrava para falar sobre investimentos no cinema, embora não muito do que falamos tenha se concretizado. A mim, parecia um estilo de vida que poucos conheceram desde os tempos de Nero. Acho que preferia ficar com Vangelis e Demis vendo-os cozinhar, comendo, bebendo e rindo. Parecia muito mais real.

QUARENTA E TRÊS

DURANTE MUITO TEMPO, o único Beatle com quem tive contato freqüente foi Paul, mas ainda tinha notícias de tudo por meio de nossas conversas e amigos em comum. John foi para os Estados Unidos em 16 de outubro de 1971, e permaneceria por lá até o fim dos seus dias, por um longo período sob ordem de deportação, enrolado com problemas com o visto de permanência e incapaz de deixar o país. Mas durante 18 meses, entre 1974 e 1975, ele separou-se de Yoko e teve um caso com sua assistente, May Pang. No início – e de certo modo contraditoriamente dado seus sentimentos ambivalentes por Yoko – Paul tentou ajudar na reconciliação do casal. Soube que Yoko tinha telefonado para Paul para pedir sua ajuda. Paul disse, "Ela parecia tão triste que me vi envolvido como negociador, dizendo a John que ela o queria de volta. E Linda dizia que estávamos tão felizes que eu deveria esquecer as antigas diferenças". Paul ia para Nashville para gravar e fez um desvio por Los Angeles, onde John estava levando uma vida altamente pública de excessos e vícios. Por fim, mesmo relutante, John voltou para Yoko. Ela o teria convidado para ir ao Dakota para uma misteriosa "terapia com fumaça". May Pang convenceu-se mais uma vez de que ela tinha enfeitiçado John, porque ele ligou para ela soluçando e dizendo que queria voltar para seus braços, mas sentia-se virtualmente preso. Apesar de tudo, ele continuaria escrevendo em seus diários durante anos o quanto sentia saudades e queria estar com May.

Fiquei triste quando Ringo e Maureen – minha velha amiga da adolescência – se divorciaram em 1975. Seis anos depois, Ringo casou-se com a estrela de cinema, Barbara Bach, enquanto Maureen casava-se com Isaac Tigret, um dos fundadores do Hard Rock Café, em 1989. Tristemente, quando Maureen morreu de leucemia cinco anos depois, os quatro filhos, seu marido e Ringo estavam ao seu lado. George e Pattie, que também estiveram separados por um tempo, divorciaram-se em 1977. Pattie casou-se com o antigo amor, Eric Clapton, e no ano seguinte, George casou-se com Olivia Arias, secretária no quartel general de seu selo de gravação em Los Angeles. Um grande choque em nosso outrora círculo próximo foi saber da morte de Mal Evans sob circunstâncias bastante estranhas em um motel de Los Angeles. Ele estava em meio a uma psicose causada pelas drogas quando sua namorada chamou a polícia. Eles chegaram arrebentando a porta e atiraram em Mal. Um fim tão violento para um homem que gostava tanto da vida incomodou a todos que o conheciam, e reforçou minha aversão particular às drogas.

Tempos melhores viriam para mim. Lesley e eu nos casamos em 6 de agosto de 1982, uma sexta-feira. Foi também o dia em que o Roxy Music começou os ensaios para uma nova turnê – que eu estava promovendo. Eles estavam ensaiando em Cork, na Irlanda, então Lesley e eu nos juntamos a eles durante a lua de mel. Foi uma ocasião bastante particular, para dizer o mínimo, partilhar a lua de mel com Brian Ferry e toda a equipe da turnê. Depois de alguns dias em Cork, fomos para um pequeno teatro em Limerick para aprontar o show, depois passamos uma semana em Dublin antes de chegar ao Reino Unido. Sempre achávamos graça dizendo que eles tinham nos acompanhado em nossa lua de mel, embora a verdade fosse o contrário!

Quando Lesley ficou grávida pela primeira vez, deixou o trabalho e o mundo da promoção perdeu uma estrela em ascensão. Ela me convenceu de que era hora de termos nosso próprio teto, então compramos uma casa em Mortlake onde moramos até termos dois filhos, depois decidimos nos mudar para Devon.

Eu ia para Devon com freqüência ao longo dos anos, desde os tempos em que eu ficava com Brian Epstein quando ele estava trabalhando em suas memórias. Quando Simon, meu filho, tinha cerca de dois meses de idade, Lesley e eu fomos para uma pequena cidadezinha que encontramos perto de Exeter para fazer uma pesca esportiva. Ficamos três meses em uma cabana de pesca, um lugar adorável com ar fresco e água pura jorrando para o mar, que estava ali perto. Compramos uma casa para usar nos finais de semana, depois o fim de semana transformou-se em quatro dias, e então semanas inteiras até que simplesmente não voltávamos mais para Londres. Quando os garotos começaram a ir para a escola, tivemos que tomar algumas decisões sobre onde morar definitivamente. Devon venceu. Até certo ponto, a economia era importante porque logo depois que me casei com Lesley, perdi todo meu dinheiro de novo.

Desta vez, não era uma quantia tão espetacular quanto à que perdi com a Hilary Music, porque quando se está construindo uma empresa com tipos como Harry Saltzman, o produtor dos filmes de James Bond, e Ron Kass, o céu é o limite. Na segunda vez aconteceu o seguinte: envolvi-me com a IDS (Independent Distribution Services), uma empresa criada por ex-membros de vários selos e financiada por um banco. Concordei em fazer a promoção para eles por 3% dos *royalties* mais uma quantia atraente de quinhentas libras para cada disco promovido por mim. Na época, receber participação nos discos promovidos, era uma atividade bastante inovadora.

O primeiro deles foi um *single* de *break*, feito pelo grupo que nos trouxe o Village People. Foi o primeiro sucesso de *break* nos Estados Unidos, onde atingiu os primeiros cinco lugares nas paradas. No Reino Unido, vendeu cerca de meio milhão de cópias. O *single* seguinte vendeu mais ou menos o mesmo e o disco vendeu cerca de 250 mil cópias. Eu estava muito feliz com os 3% de tudo isso. Depois, veio Evelyn Thomas com "High Energy", que chegou ao primeiro lugar. Tivemos também um sucesso menor com "So Many Men, So Little Time", de Miquel Brown (que era mãe da rainha da *dance music* dos Estados Unidos, Sinitta). Depois vieram algumas versões em *reggae* de músicas de Lionel Richie que ficaram entre as cinco mais. Então, o dinheiro estava surgindo. Acho que foi um ano e pouco de grande sucesso desde que começamos.

Promovi "Gloria", um grande sucesso de Laura Brannigan, na Warner, no verão de 1984, ano em que meu filho, Simon, nasceu. Recebi então o cheque com minhas quinhentas libras e um registro do que estava acumulado até o momento. O extrato terminava com as seguintes palavras, "Os *royalties* estão sendo calculados bla bla bla...". Depois de uns dias, outra carta veio dizer que a IDS tinha caído nas mãos dos credores. "Caso tenha qualquer reclamação contra, favor contatar o Henry Ansbacher Bank na –". Eu perdi mais ou menos 100 mil libras, o que há vinte anos atrás era muito dinheiro.

Dizem que gato escaldado tem medo de água fria. Há também o ditado que diz que errar uma vez é acidente, duas, é burrice. Então talvez eu fosse bem burro porque já era a terceira vez que perdia todo meu dinheiro.

A primeira vez foi quando Kenneth J. Richards, que esteja no inferno, fugiu com vários milhões – e alguns eram meus. A segunda foi quando a IDS quebrou, a terceira foi em 1988, quando meu querido amigo, Marty Machat, morreu. Ele era o advogado de Allen Klein nos Estados Unidos. Foi assim que o encontrei pela primeira vez. Era também o advogado de Leonard Cohen. Leonard era outro com quem era muito difícil lidar, embora não tanto quanto Klein. Ninguém era pior do que Klein, exceto, talvez, Phil Spector, e este eu já conhecia bem. Porém, por acaso ou de propósito, Marty foi quem riu por último contra Leonard.

Houve sempre uma piada em nosso meio que dizia que a música de Leonard Cohen era *música para o suicídio*. Mas, como lembra Elton John, "sad songs say so much". Ele tem razão. Leonard escrevia músicas tristes com a melhor das inspirações e, se há alguma que não tenha sido escrita, essa contaria a história de todo o seu dinheiro desaparecendo em uma conta numerada nas Ilhas Caimã. Na verdade, Marty cuidava do dinheiro de seus clientes, entre eles eu e Leonard, como se fosse seu. Mas, quando alguém esconde o dinheiro, cria mistérios, como piratas que escondem um tesouro. O X marca o local, mas só se encontra o tesouro se você tiver o mapa com o X marcado nele.

Marty sempre me telefonava, às vezes para falar de negócios, várias vezes apenas para jogar conversa fora. Sempre via nele uma figura paterna boa e gentil, então dei a ele algum do dinheiro que ganhei nos Estados Unidos para guardar em uma conta *offshore*, um tipo de fundo de aposentadoria para o meu futuro. Marty gostou de mim e nos tornamos bons amigos. Ele era um anglófilo, que adorava ir a *pubs* ingleses e fazer coisas inglesas ao mesmo tempo em que parecia ser meu padrinho norte-americano. Não há como negar que enquanto esteve vivo, realmente tomou conta de mim. Ele conseguia projetos, pedia para que me ligassem para garantir que meu nome e competência estivessem envolvidos. Se eu precisasse de mil libras para pagar alguma coisa, elas estariam na minha mão no dia seguinte.

Quando passei a trabalhar apenas como *free-lancer*, minha receita vinha na forma de um pagamento fixo mensal, mais despesas e, acima de tudo, dos *royalties*. Por meio de Marty, promovi a música de *Dirty Dancing*, na qual tenho algum crédito, o que é bom porque o disco foi um grande sucesso, algo que ninguém esperava. A história de como tudo aconteceu é um pouco complicada. Originalmente, Jennifer Warnes tinha feito um disco com músicas de Leonard Cohen para um pequeno selo chamado Cypress Records que era distribuído pela RCA. O nome era *The Famous Blue Raincoat*, e era um belo disco dedicado a Leonard, que fazia dueto em uma faixa. Stevie Ray Vaughn tocava um pouco de guitarra. Isso tornou a música de Cohen algo especial e eu me apaixonei por ela.

Eu já tinha trabalhado com Laura Brannigan. Ela e Jennifer tinham sido vocalistas de Leonard. Certo dia, Marty ligou para dizer, "Se você promover o *Raincoat*, Tony, vou tentar conseguir para você cinco pences por disco".

"Ótimo", eu disse. "Vale para o mundo todo?".

Ele disse que sim porque, assim como várias outras coisas, acreditava que se o disco chegasse ao primeiro lugar no Reino Unido, os Estados Unidos iriam atrás. Consegui difusão imediata em todos os cantos. Pessoas que jamais pensaram em tocar um disco de Leonard Cohen – provavelmente porque uma grande quantidade de ouvintes poderia cometer suicídio e a rádio seria processada – tocavam o disco de Cohen cantado por Jennifer. Quando o disco decolou, ela se apresentou em toda Londres. Eu a achava difícil. Ela sofria de grande ansiedade, mas nós a colocamos na TV de uma forma que não lhe daria tempo para pensar, e de repente tive a sensação de que tudo iria dar certo. Sabe?

Dá para sentir isso quando o público acompanha a música e parece querer correr para as lojas. Foi uma combinação de várias coisas: a bela voz de Jennifer, uma seleção perfeita de músicas e a promoção, tudo funcionou muito bem.

Então Marty telefonou e disse de repente, "Dá para parar com isso?".

Eu não entendi, "Parar com o quê?"

"Parar com a promoção do *Raincoat*", respondeu ele.

Fiquei assustado, mas Marty explicou que a RCA nos Estados Unidos iria lançar a trilha de um filme chamado *Dirty Dancing*, com Jennifer e os Righteous Brothers, além de uma porção de outras estrelas. "Eles querem que este disco estoure antes de *Raincoat* decolar. E você poderia promover este também?".

"Mas Marty", eu disse, "Estou me matando por este disco. O *Blue Raincoat* está pronto para explodir".

"Sim. Mas não nos Estados Unidos", disse ele. Eu não sabia o que dizer. Marty disse que iria negociar minha porcentagem. Inocente, já que a RCA era quem assumia a responsabilidade, concordei. Não posso reclamar todos os méritos pelo enorme sucesso de *Dirty Dancing* porque ele também foi promovido pelo pessoal local da RCA, mas o disco estourou como uma bomba. Depois veio *Dirty Dancing 2*. Quando passou toda aquela onda, pude retomar o *Blue Raincoat* de Jennifer por dinheiro ou por amor. Eu estava esgotado. Era o fim. Adeus.

Liguei para Marty para dizer a ele e ele me ligou de volta de algum lugar das Ilhas Caimã, onde estava jogando tênis. Marty jogava muito tênis apesar de já estar perto dos 70. Falamos sobre isso e Marty disse que iria pensar, falar com algumas pessoas e ligar de volta para mim. Achei que ele não parecia muito bem e perguntei, "Como você está, Marty?".

"Para ser honesto, Tony, não me sinto muito bem", disse ele. Parecia preocupado. "Tenho uma consulta com meu médico daqui a dois dias. Estou aqui nas Ilhas Caimã organizando as coisas. Estou fazendo uma lista dos meus negócios e das contas numeradas e bens dos meus clientes".

"Ah, vai dar tudo certo, Marty", confortei-o.

"Bem, um homem em minha posição tem que botar as coisas sempre em ordem, Tony", disse ele. "Todo mundo vai receber seu número de conta se me acontecer alguma coisa". Achei a conversa muito sombria e tentei animá-lo. Terminamos a conversa e desejei boa sorte.

No outro dia eu estava jantando quando o telefone tocou. Marty tinha morrido. Liguei para a família. O corpo foi levado de avião para Nova York onde os médicos o abriram para examinar e viram que ele estava carcomido pelo câncer. Não havia nada a ser feito, ele morreu no hospital.

Pensei comigo mesmo, *Bem! Alguém vai cuidar do dinheiro.* Logo depois balancei a cabeça e disse, *Não seja idiota, Tony. Ninguém vai cuidar de nada. Mexa-se.* Alguns dias depois falei com um de seus filhos. Ele disse que havia problemas. Alguns desconfiavam que Marty tinha sido envenenado. Deveriam enterrá-lo? Deveriam congelá-lo? Logo a história ficou parecendo um episódio de *Law and Order*.

A grande questão era "Onde estaria o dinheiro?". Era um assunto difícil de se abordar assim tão logo após a morte de Marty, mas o filho, que também era do ramo musical, assim como outros filhos de Marty, sabia que ele cuidava de muito dinheiro de várias pessoas. Liguei para ele e repeti a última conversa que tive com seu pai, e perguntei se Marty tinha deixado alguma instrução para mim ou para alguém mais. Perguntei, "Ele deixou uma lista com os números?".

Ele parecia bastante preocupado. "Estamos passando um pente fino nos papéis do meu pai, Tony", disse ele, "e ainda não achamos nada. Leonard está furioso porque parece que foi quem perdeu mais. Aliás, acho que perdeu tudo".

"O que quer dizer com isso, 'perdeu tudo'?", perguntei cauteloso esperando que não fosse o que realmente entendi.

A única coisa que posso dizer é que o dinheiro está em algum lugar, fora do alcance, e acumulando juros eternamente. Desliguei o telefone e entrei direto em um bar. Phil Spector entrou em fúria. Leonard Cohen entrou para um monastério, e os advogados de Nova York entraram em reunião até que um deles disse "Já almoçaram?" e foi só. É como disse Leonard quando soube da notícia: "O que se há de fazer?"

Ao longo dos anos, os Beatles continuavam mantendo contato comigo. Eu considerava Paul meu amigo e era com ele que tinha mais contato. Promovi os discos e turnês dos Wings, e fiz o mesmo com o pessoal da NEMS e da Apple. Os outros três me ligavam de vez em quando, sempre que estavam por perto, se quisessem que eu promovesse para eles algum disco ou para me chamar para algum evento. Eu também mantinha contato com o círculo mais próximo da Apple. Às vezes meses ou anos se passavam até que me encontrasse com algum deles.

A última vez que falei com John foi quando eu estava na Polydor e ele estava gravando mais uma vez depois do longo hiato em que ficou sendo apenas marido. Fui para Nova York e ainda tinha saudades dele. Não era grande surpresa. Ele tinha parado de ver os velhos amigos como Pete Shotton e até mesmo Paul. Pete tinha ligado para ele certa vez e ele e Yoko se encontraram para um jantar japonês com arroz macrobiótico. "Ligue de novo amanhã", disse John. E Yoko pareceu furiosa. No dia seguinte, quando Pete ligou, ouviu Yoko cochichando, "Mande procurar a turma dele!". John disse que não podia falar naquela hora e eles nunca mais se viram.

Foi a mesma coisa quando Paul espontaneamente apareceu no Dakota com seu violão esperando que ele e John pudessem tocar um pouco. Ele ligou para John da recepção. Distante, John disse, "Olhe, Paul, não é mais como no tempo de criança em que aparecíamos um na casa do outro. Nós já crescemos". Bem, a tia Mimi também não gostava de vê-lo tocando com os rapazes. Sempre havia um motivo para que mantivesse John distante dos outros; o corte de cabelo errado, a roupa errada. Não sei quais eram os motivos encontrados por Yoko.

Naturalmente, eu também não conseguia me aproximar dele. Sabia que ele estava procurando um novo contrato, um novo selo para o disco em que estava trabalhando. Escrevi para ele de Londres perguntando se queria assinar com a Polydor, que era tão grande quanto qualquer outra. Ele respondeu alguma coisa e eu esqueci o assunto. Então, eu estava trabalhando até tarde no escritório – já eram sete ou oito da noite – quando o pior zelador do mundo – eu o chamava de Bloggs – veio atrás de mim. Eu tinha dado meu número direto a John, mas ele deve tê-lo perdido.

Quando Bloggs me viu, ele disse, “Um tal de John Lennon está no telefone querendo falar com você”. Bloggs era um cara que tinha barrado um “gordo barbudo com sotaque estrangeiro que dizia ser Frank Ellis”. Era Vangelis, a quem estava esperando. Mas Bloggs era Bloggs e continuou sendo um chato. Uma vez insistiu em manter do lado de fora e na chuva um “cara meio bicha” enquanto ia saber quem ele era. Era Brian Ferry do Roxy Music. Então, quando Bloggs deixou John Lennon esperando, eu não me assustei.

De volta ao seu covil, Bloggs colocou John na linha e logo depois que nos cumprimentamos ouve um “bip” e Bloggs disse, “Desculpe, acho que desliguei”.

Tentei ligar de volta para John, mas não consegui encontrá-lo. A segurança do Dakota não me deixaria passar. Duas semanas depois, no dia 8 de dezembro de 1980, meu telefone tocou. Eram 5 da manhã e eu atendi ainda meio dormindo. Era um DJ ligando de uma rádio em Nova York. “John Lennon está morto”, disse ele. “Como se sente? Estamos no ar, ao vivo”.

Simplesmente não pude acreditar no que estava ouvindo. “Tem certeza?”, perguntei.

No ar, muito empolgado, ele me contou o que tinha acontecido, contou como um maluco tinha atirado em John enquanto ele estava entrando no Dakota com Yoko. Eu engasguei, tentei ao máximo dizer algo coerente.

“Ele era um grande cantor e uma grande pessoa”, eu disse. “Vamos sentir muita falta dele”. Foi tão clichê. Mas dizer o quê? Nenhum dos Beatles conseguia explicar, nenhum deles tinha as palavras certas. Então desliguei e fiquei ali sentado, no começo do dia, pensando nos velhos tempos com John, o menino que botou fogo no auditório da cidade. Era o fim de uma era, sem dúvida. Então meu telefone começou a tocar, e continuou tocando por horas, centenas de ligações. Era verdade. John estava mesmo morto.

Naquela manhã, tive que juntar minhas forças para me vestir, pegar o trem para o Water Mill Theater em Newbury, Berkshire, onde Marti Webb estava gravando um grande especial para o *Tell Me on a Sunday* de Andrew Lloyd. Eu estava envolvido no programa, mas não queria fazer nada a não ser ficar em casa, sozinho. Mas o show tinha que continuar. Enquanto eu estava lá, fui solicitado para falar sobre John nos programas de rádio do meio-dia. Programas de rádio e TV continuavam pedindo para eu falar sobre John. Assim como muitas pessoas no mundo todo, eu estava em choque, e não tinha idéia do que dizer.

Além das inúmeras lembranças, fiquei pensando naquela conversa interrompida no telefone. Fiquei pensando no que John teria para dizer. Será que era uma resposta à minha carta, dizendo que queria assinar com a Polydor? Ou seria algo mais profundo? Soube que John queria deixar Yoko e voltar para casa. Ele tinha telefonado para Mimi três dias antes de morrer e avisou os primos e meias-irmãs de Liverpool. “Estou com saudades. Vou voltar para casa”, teria dito.

Foi difícil entender como me senti quando nossa conversa foi cortada. Parece ter sido algum sinal. Talvez John quisesse apenas dizer um oi. O triste é que jamais saberei, mas um oi já teria sido muito bom.

Em algum momento, provavelmente quando começou a trabalhar ali, alguém disse a Bloggs: “Ouça uma coisa. Preste muita atenção em quem deixa subir”, e ele levou isso muito a sério. Ou então era mesmo um idiota. Por exemplo: Ringo, que era contratado da Polydor, veio me ver um dia. Lá de baixo, Bloggs disse, “O que você quer?”.

“Vim falar com Tony Bramwell”.

“Agora? E quem é você?”

“Ringo Starr”.

Meu telefone tocou. Eu atendi.

“Alguém está aqui para falar com você... qual é mesmo seu nome?”

“Ringo Starr”.

“Ele diz que se chama Ringo Starr”.

“Mande subir”.

Quando Ringo chegou ao elevador, Bloggs gritou para ele: “Achei mesmo que fosse você!”. Ringo saiu do elevador ainda rindo. Ele disse, “Onde encontrou esse aí?”. Nós nos lembramos da Apple, quando a garota da recepção, que vivia cercada de todo tipo de malucos, interfonou para Derek Taylor e disse, “Derek? Um Sr. Hitler está aqui para falar com você”.

"Mande subir", falamos em coro.

Derek me diria depois, "Tony, é sério. Mesmo se fosse o próprio Hitler, eu estava com o saco tão cheio, que daria a ele um emprego. Mas imagine a confusão com ele na próxima vez que Keith Moon aparecer aqui vestido como o *Führer*".

O selo homônimo de Ringo tinha contrato com a Polydor e eu estava promovendo o *Rotogravure*, seu primeiro disco conosco. Para termos um bom começo, organizei uma grande coletiva internacional de imprensa com um jantar em Paris e levei todos para lá, vindos de todo canto do mundo. Ficamos no George V, cenário da noite eufórica tantos anos antes quando Brian e os Beatles souberam que estavam em primeiro lugar nos Estados Unidos. Muita água rolou por debaixo da ponte desde então. Quando Ringo entrou no hotel, olhei assustado. Tinha raspado a cabeça. Ele percebeu meu espanto e sorriu. Esfregou a cabeça com ares de arrependido e disse, "Queria ver como eu ficava careca".

"E o que achou?"

"Fiquei com cara de careca", respondeu ele.

Ao longo dos anos, trabalhando em minha casa em Devon, continuei promovendo discos, freqüentemente para Ringo, Paul ou George. Um dos meus maiores feitos foi lançar a carreira internacional de Eva Cassidy com *Songbird*. A tragédia foi que Eva não estava mais ali para receber os prêmios e aplausos. O disco foi direto para o topo das paradas no Reino Unido, assim como na Europa, Japão e Austrália. Eva já tinha gravado alguns discos antes de morrer prematuramente em sua casa de Washington, vítima de câncer, mas eles mal foram notados. Tudo aconteceu quando ouvi uma das faixas e adorei. Sua voz simplesmente me cativou, mas não tive certeza de como me envolver.

Estava pensando nisso no dia seguinte em meu carro enquanto ouvia pela primeira vez depois de anos a Radio 2. O ano anterior tinha sido tão terrível que fiquei sem ouvir nada. Agora, estava totalmente renovado e melhor. Fiz algumas ligações, falei com algumas pessoas para extrair informações e parece que um produtor chamado Jim Moir tinha feito maravilhas. O público antigo estava voltando aos montes.

Logo pensei que aquela nova Radio 2 seria perfeita para promover Eva. Ela se encaixava muito bem no que a rádio estava fazendo. Pensei, *bem, embora ela não esteja mais conosco, sua voz mágica pode viver eternamente*. Ela podia ser um sucesso tão grande quanto James Taylor e Carole King. A qualidade de sua voz e as músicas que gostava de cantar eram uma combinação perfeita.

Fui para Londres e mandei umas dez cópias para pessoas como Paul Walters, o lendário DJ Terry Wogan, Roger Bowman e outros. No outro dia enviei um fax dizendo simplesmente que tinha enviado alguns discos no dia anterior que eles gostariam de ouvir. No dia seguinte, Paul Walters respondeu meu fax e disse que o disco era maravilhoso. "Vamos tocar amanhã". No dia seguinte Terry Wogan tocava o disco e, enquanto isso, lia o texto do *release* e soube que Eva estava morta. Ele ficou espantado e chocado e, acho, bastante emocionado. Sua reação emotiva no ar foi tão sincera que as pessoas puderam notar.

Dali em diante, Eva decolou. Percebi que o público podia estar com ela porque sua voz era tocante e sua vida falava muito de experiências que todos vivem. Falava das coisas importantes na vida que podem desaparecer em um instante e devemos aproveitar. A mensagem era: pare por um momento e ouça algo belo. Ouça Eva cantando "Fields of Gold" de Sting. Ela diz tudo. Faz arrepiar. Não apenas arrepia os pelos do braço e da nuca, mas também o coloca diretamente nos campos que a música descreve, falando de um lugar, um momento e um amor. Ser capaz de fazer isso com uma música e a voz não é coisa pouca. Para mim, é o que importa, é como ouvir Paul cantando "True Love Ways" de Buddy Holly.

Eva não decolou quando foi lançada porque não vinha em um pacote, em uma embalagem bonita como a de Celine Dion ou alguém do tipo. Promover discos é um negócio em que se vê o potencial e se trabalha com ele da forma correta, mas muitos não querem trabalhar com isso ou pensam demais sobre isso. Simplesmente aceitam o que as grandes empresas dão a eles. A música *pop* pode ser uma grande diversão, mas às vezes pode também lançar um artista por acaso. Às vezes tudo surge com uma combinação de coisas que impulsionam, fazem as pessoas viver ou talvez tragam emoções que as pessoas achavam não mais possuir.

O "erro" de Eva foi não querer ter uma imagem como cantora *folk* ou de *rhythm and blues*, ou ser uma diva qualquer. Ela simplesmente queria cantar algumas músicas de que gostava. Mick Fleetwood adorava sua voz. Ele disse que quando ela cantava uma música de alguém, era como ouvi-la de novo pela primeira vez. Ela cantava em seu bar, o Fleetwood's, em Washington. A Atlantic Records apareceu e ela preparou uma amostra para eles, mas Mick disse que eles não entenderam. Ela se apresentou mais algumas vezes mas eles não a aceitaram muito bem e Eva disse a Mick, filosófica, "Se eles não me querem como sou, então não quero estar com eles também".

Ele dizia que se tinha mesmo uma alma, e esperava ter, Eva podia tocá-la com sua voz. Eu não a explorei como uma voz fantástica, nem o fato de ter sido ignorada enquanto estava viva. Mas, conhecendo a natureza humana, tenho certeza de que alguns acharam isso muito comovente. Era muito tocante, acima de tudo. Em poucos meses, *Songbird* tinha atingido o disco triplo de platina. Com mais quatro discos de Eva Cassidy esperando para serem lançados pela Hot Records na Europa, fui à MIDEM e vendi-os para o mundo todo.

Recentemente soube que "Yesterday" é atualmente a música mais gravada no mundo, com mais de três mil versões diferentes. Eva gravou uma delas. Era uma bela gravação, uma que Paul adorou. Ficamos tristes quando pensamos que aquela voz maravilhosa jamais cantaria novamente. Paul e eu conversamos sobre fazer um dueto – "Eva e McCartney cantam 'Yesterday'". Era uma idéia sedutora. Teríamos que ir para o estúdio e juntar seus vocais aos de Eva, mas não seria nada difícil.

Fiquei bastante empolgado com isso – e ele também – mas infelizmente isso não aconteceu. Não foi por culpa de Eva ou Paul, mas por questões legais. Às vezes, os sonhos e as grandes idéias simplesmente são enterrados e temos que aceitar. Sei que tudo passa e minha vida provavelmente tenha mais "yesterdays" do que "tomorrows". Escrever este livro trouxe isso à tona.

Pelo menos eu tenho um belo passado e continuo aqui com vocês. John, George, Linda, Maureen e Eppy se foram, assim como muitos outros. Sinto saudades, mas no meio de tanta diversão e lembranças do Fab Four, consegui uma esposa e uma família e isso faz de mim um homem de muita sorte. Olhando para o passado, ainda parece incrível que tudo aquilo tenha acontecido. Naquele tempo, eu não via que estávamos em uma era que influenciaria tantas coisas e tanta gente. Não fazíamos idéia nenhuma de que os Beatles e aqueles anos alucinados eram o centro de uma "Revolução Cultural". Eram apenas quatro rapazes de Liverpool e mesmo assim mudaram o mundo. Tenho orgulho e sou muito grato por ter feito parte disso.

Brindemos ao ontem e ao amanhã. Saúde!

EPÍLOGO

A ÚLTIMA VEZ EM QUE VI GEORGE foi no inverno de 1998. Eu estava saindo do metrô para o escritório do Genesis-Phil Collins para falar sobre uma promoção com o agente da banda, Tony Smith. George vinha em minha direção usando um sobretudo e um cachecol enrolado no pescoço com as sobrancelhas levemente franzidas. De repente me notou, como se tivesse acabado de acordar, ou como se tivesse saído de pensamentos profundos.

"O-lá!". Foi um cumprimento de duas notas e em voz alta. Houve também um grande sorriso. Ele me um longo abraço e disse, "Para onde você está indo?".

Era a mesma pergunta que eu tinha feito a ele dentro do ônibus naquela noite quando ainda éramos crianças.

"Para o Genesis, falar com Phil", respondi.

Ele me disse que estava indo para os escritórios da Apple, que ficavam ali na esquina. George disse, "Depois que terminar, venha beber alguma coisa comigo".

"Ótimo", respondi. Bem, minha reunião demorou muito mais do que o esperado, como às vezes acontecia, e quando finalmente cheguei à Apple, George tinha deixado um recado dizendo que teve que sair. Bebi com Neil Aspinall, mas foi um tanto triste porque Derek Taylor tinha acabado de morrer de câncer no pulmão, e George tinha acabado de saber que também tinha câncer. Tomamos nossa bebida e ficamos sentados, em silêncio, com as lembranças percorrendo nossas mentes. Parecia que em um minuto éramos crianças e no outro, estávamos diante da possibilidade de morrer.

Alguns dias são assim. Eu me lembro de estar em uma *van* tarde da noite, na estrada, a caminho de uma apresentação. Neil e Mal estavam na frente e os quatro Beatles, atrás, ensaiando a melodia estranha de "She Loves You", em que George tinha que atingir uma sexta no "yeah" final. E John dizia, "Aquele merda do George Martin diz que não gostou. Dá para acreditar? Diz que parece música velha. Bom, quero que ele se foda. Se ficar boa, vamos tocar essa porra".

George riu tanto no fundo da *van* que quando finalmente foram gravar a música, todos tinham certeza de que ele ia se lembrar do que John disse e estragaria tudo. Mas ele acertou a nota de primeira. As lembranças daquele dia, e de tantas outras como aquelas, me enchem os olhos d'água.

A primeira vez em que vi George, ele era só uma criança, correndo para a minha casa em Liverpool para brincar. Cinqüenta anos depois, a última vez em que o vi, ele estava indo embora, seguindo seu caminho. John, Paul, George e Ringo. Como eu os amava! E tudo foi, como diria George sobre John, "Tantos anos atrás".

Tony Bramwell

Devon, 11 de janeiro de 2004.

AGRADECIMENTOS

Agradeço muito a todas as pessoas que me ajudaram na realização deste livro. Entre elas estão as excelentes equipes da Thomas Dunne Books e da St. Martin's Press: os editores, Tom Dunne e John Parsley, e o editor de produção, Mark Steven Long. Meus mais calorosos agradecimentos a Barbara Gratch Cohen por sua sabedoria. E minha sincera admiração ao meu agente literário, Jeff Kleinman, pelos esforços além da conta. Sem Don Short, que me apresentou à minha co-autora, Rosemary Kingsland, este livro jamais teria sido escrito. Por fim, meu muito obrigado a Neal Jefferies.

Esta obra foi composta em Georgia 10/14
sobre papel Pólen Soft 70 m/g².

IMPRESSÃO E ACABAMENTO *Bartira Gráfica e Editora S/A*